凤凰卫视
凤凰书品

凤凰卫视这些年

张林 / 著

中国出版集团
现代出版社

图书在版编目（CIP）数据

凤凰卫视这些年 / 张林著 . —北京：现代出版社，2016.1
ISBN 978-7-5143-3393-0

Ⅰ. ①凤… Ⅱ. ①张… Ⅲ. ①电视台—概况—香港 Ⅳ. ① G229.276.58

中国版本图书馆 CIP 数据核字（2015）第 258583 号

凤凰卫视这些年

作　　者	张　林
责任编辑	张　霆
出版发行	现代出版社
通讯地址	北京市安定门外安华里 504 号
邮政编码	100011
电　　话	010-64267325　64245264（传真）
网　　址	www.1980xd.com
电子邮箱	xiandai@vip.sina.com
印　　刷	三河市南阳印刷有限公司
开　　本	710mm × 1000mm　1/16
印　　张	26.25
版　　次	2016 年 1 月第 1 版　2016 年 1 月第 1 次印刷
书　　号	ISBN 978-7-5143-3393-0
定　　价	59.80 元

如果你想爬上山头，

最好去问问曾经登顶的人。

目　录

楔子

生命是我们行走的影子

吐鲁番城边一个小饭馆门口，竖着一根仿古的杆子，飘一面锯齿状的蓝色酒旗，上书一个大大的“面”字。

一帮人高马大的男人伴着火炉旁鼓风机呼呼的风声和红红的火焰，吐噜吐噜地吃拉条子。拉条子是西北特有的一种面食，筋道、香辣，越吃越顺溜。正吃着，维吾尔族大师傅掀开门帘从灶间出来，本打算喘口气，却突然眼睛一亮，止住了脚步，冲着男人当中块头最大的那个叫道：“哎哟，你不是那个——凤凰卫视的刘书记吗？”话音未落，一双油脂麻花的大手就拍到了刘长乐的肩膀上。

那一刻，刘长乐的眼眶真有点潮。“书记”可能是当地人心目中很高级的尊称吧，在一个边地小城，一个大师傅喜欢凤凰卫视并知道刘长乐是“当家的”，这比什么奖励都更让人提气。

陈鲁豫曾经用她的幽默这样调侃刘长乐：

在我们凤凰，你基本上可以从一个人的身高“体重”身材规模判断出他在公司的地位。凡是瘦骨嶙峋的，不外乎前台 Amy、秘书 Lily 和司机小 D 之类。反之，海拔高，吨位大的，至少也是个部门经理。

以我为例，身高 1.63~1.64m（高兴时 1.64m），体重则常年徘徊在 43~45kg 之间，BMI 指数约为 16，严重低于正常标准（BMI 指数等于体重 kg 除以身高 m 的平方，18.5~25 为正常）。于是，你尽可以得出结论：我在凤凰的大舞台上，充其量不过是匪兵甲一名。

同理可推，如果你在凤凰会馆的走廊上看到一位肤色黝黑、身如铁塔、面似弥勒佛的男子（请想象弥勒佛晒黑后戴金丝边眼镜的样子），你尽可大胆迎上去问他：

“请问，您身高 1 米 8，体重 100 公斤吧？”

然后，不等对方回答，只管握住他宽大绵厚的双手，叫一声：

“老板，我可见到您了！”

放心，你一定不会认错人……

刘长乐常在这样的调侃中出现在员工面前。

有一次《人物》杂志的女记者采访他，稿子颇为写实，说他“大大眼镜，眯眯小眼，印堂发亮，耳垂面方，嗓音浑厚，彬彬有礼”，不知是奚落还是夸奖。刘长乐只好将计就计，提笔改动一字，把“眯眯小眼”改成了“眯眯细眼”，也算充分尊重他人的知识产权。

林语堂戏言，大师带学生往往不是在课堂上，而是在沙龙里，抽着大烟斗闲聊，烟雾缭绕中就把学生熏陶出来了。

凤凰卫视熏陶人异曲同工，这群媒体人往往在正式正规的场合，不正式不正规地激发自己的想象力，没大没小，没心没肺，嘻嘻哈哈地就把想说的话说了，把想办的事办了。毕竟，幽默是心智健全的标志。

凤凰卫视老板刘长乐

传媒大师麦克卢汉说，在欢乐嬉戏中我们恢复了整体人的天性，而在工作和专业生活中，我们只能用上人的一部分天性。

与所有的企业头头一样，刘长乐被公司里的人称作“老板”。刘老板正式的头衔是“凤凰卫视董事局主席、行政总裁”，一听就不是大陆的叫法。大陆电视界习惯叫头头为“某台”，不论正副。

但是，刘长乐这个所谓的老板一般不会吊个脸耍威严，也不会苦个脸装忧患，讲话也不爱玩深沉。记得在2008年的凤凰节目总结大会上，凤凰各路精英齐聚，竖着耳朵准备聆听刘长乐的战略大计，却见他从口袋里摸出一封信念起来：

“亲爱的乐乐，我天天看你们

的节目。”

底下笑翻。

刘长乐苦着脸说：“虽然我这人比较随和，但叫我‘亲爱的乐乐’也太萌了。人家女孩儿说，我是在电视上认识的你，经常想捧着你那憨憨的可爱的脸亲一下——说我憨憨的倒是有点儿，可爱不可爱那就两说了。再往下一看，不得了，叫我‘亲爱的乐乐’的这个女孩儿明年芳龄就满二十了——‘我爸爸说明天就有人来给我提亲，我已经下决心了，非你不嫁！’”

刘长乐对大家说：“我有压力了。一个少女鼓起勇气写来这么动情的信，容易吗？我相信咱们在座的凤凰男主持人都接到过女粉丝的这类信，女主持人接到男粉丝的信就更多了，这说明凤凰有影响力了，有声誉了。想过吗？这是一种厚爱，一种不能亏待、不能辜负的厚爱——观众对凤凰的厚爱。”

那一天，刘长乐提出了凤凰卫视要做到的五个“大”：

立大志——

凤凰要做国际大台，要做国际大媒体公司。我们这家民间电视台已经能够在国际舞台上发声并在许多场合扮演重要角色，是不能用增加多少广告、挣多少钱来衡量的。

积大德——

在中国电视业青春发育期的躁动里，在有人靠“裸体 + 尸体”的媚俗文化吸引眼球的时候，凤凰始终坚守自己的文化追求和道德追求，这让我们对民生、环保、慈善以及体现人类爱心的节目保持着敏锐与关注。

挑大梁——

凤凰从诞生的第二年就组织“飞黄”直播，随后在香港回归、“9・11”事件、阿富汗战争、伊拉克战争和别斯兰人质事件等突发事件和大型直播报道中，证明自己具备了挑大梁的实力。

建大业——

凤凰从成立之初的上无片瓦、下无立锥之地，到现在，在美国、英国、俄罗斯、日本、加拿大等国家和地区有了自己的产业和大楼。北京、深圳、香港三地的凤凰大厦在当地颇受好评：香港总部已经成为当地的一个观光点，被评为亚洲设计最独特新颖的电视台；北京的凤凰国际传媒中心作为北京的地标性建筑之一，也于 2011 年竣工。我们还将开设新的频道，拓展新的领域，尽快把凤凰变成全媒体、超媒体的传媒集团。

成大器——

在中国的凤凰文化中，凤凰涅槃是为了新生。美国优秀的电视栏目，平均年龄是 20 年，我们也要珍重、珍视、珍爱凤凰卫视那些优秀的栏目。同时，我们还要创新。创新的秘诀就一句话：张扬个性。创新的核心动力是激情与乐趣。

记得那一天，《有报天天读》当时的主持人杨锦麟上台前，有人笑称这个胖老头儿的肚子越来越大，他顾影自怜戚戚然道："知道吗？这里面装的都是冤屈呀！"杨锦麟上台后说，咱们都是专业人士，删我的稿子要给出专业的意见。他对凤凰卫视内部严格的自我约束和审查不高兴，说是凤凰卫视应该有工会，允许表达不同意见。

刘长乐插话："欢迎所有建设性的意见。老杨，我可以去你那个工会当主席。"

老杨嘟囔了一句国骂，在众人的笑声中，得胜似地闪了。

那一天，获奖的娱乐节目主持人尉迟琳嘉发言时，不忘娱乐本色："感谢老板给了我这份合同，拿着它，我经常不敢相信自己已经成为凤凰的一分子了。我虽然做不到'合同天天读'，但也经常'开卷八分钟'。祝愿凤凰的股票和'神六'一样升升升，祝愿我们的工资和猪肉的价格一样涨涨涨！"

在一个特别务实的社会里，刘长乐的五个"大"显然有点儿堂吉诃德式的英雄主义梦想。但他说，人生来就是要做梦的，一个人一生什么梦想也没有，是不是太惨了点儿？

一群不同国籍、不同教育背景、不同政治观念的华人置身凤凰，既拥有文化共同体一般的价值认同感，又拥有生命共同体一般的内在归宿感。

这是好公司的境界。

凤凰卫视从 1995 年创业之初的 3 个人，发展成为拥有员工 3000 人的全媒体集团。目前旗下有中文台、资讯台、美洲台、欧洲台、电影台、香港台 6 个电视频道，有遍布全球的 44 个记者站，有日流量超过 3 亿的门户网站凤凰网，有广播业务、有供高端人士阅读的《凤凰周刊》，还有出版机构凤凰书品、电视剧制作中心、凤凰都市传媒、凤凰教育机构、凤凰文化等门类众多的媒体。2015 年上线的智能金融服务平台"凤凰金融"已经创造了 75 亿元的交易额。

凤凰卫视的节目覆盖了全世界 200 多个国家和地区，特别是在美国、英国、法国、俄罗斯、日本等东西方大国，均进入其主流播出平台，全世界有 7 亿以上的人群可以收听、收看凤凰卫视的资讯。

在号称世界传媒霸主的美国，凤凰卫视通过 G3-C 卫星，在美洲地区入网落地，美国最大的有线电视网 Comcast、时代华纳、麒麟电视以及 AT&T、Verizon 电信公司推出的电视服务网里，全部有凤凰的信号。在加拿大、巴西的主流平台，凤凰实现了全面入网。凤凰美洲台在美国运营 15 年，覆盖率、影响力和收视户达到华语电视行业第一。

在欧洲，凤凰覆盖了近 50 个国家和地区，又通过音频和宽频，向非洲撒哈拉以南地区推广，成为欧洲华语媒体的领军者。

在日本，在新加坡，在俄罗斯，在澳大利亚，在港澳台，凤凰都有不俗的表现。

凤凰卫视是一条通往中国的血脉之河，世界信息的每一根毛细血管都与它相连，切住凤凰卫视的脉搏，就能听到中国的“心跳”。

凤凰卫视是一架连接世界华人的桥梁，一头通往我们共同的祖先与文化，一头通向每一个华夏子孙的心。

生命是我们行走的影子。

一家媒体像一个人一样，她赢得尊敬的方式，不在于她播报了多少新闻，而在于她是否为世界贡献了某种截然不同的东西，是否启发了世界不同的思想方式……

凤凰卫视正在向世界讲述着一个与以往刻板印象完全不同的少年中国，而作为讲述者本身，凤凰自己也成为了一种变革的力量，一股奔流不息的清泉，活泼而有冲击力。

第一章

大愿　发心越大成就越大

（1993—1995）

四个疯子描绘的世界

1

媒体的现代革命是由四个疯子折腾出来的。

不是吗?

第一个疯子出现在 1925 年。

那一年，英国青年贝尔德发明了电视机。当时，这个病歪歪的青年为了搞到一点钱研究电视，跑到伦敦大大小小的报馆去求情，门房接到的指示是“把那个疯子赶走”。

后来，他终于用电信号将人的形象搬上了屏幕。

从那一刻起，电视就注定要改变世界。

但是，当时几乎没有人意识到这一点。

因为在常人眼里，所谓天才，都是疯子。

第二个疯子的出现与第一个疯子相隔了 20 年。

1945 年，一个名叫阿瑟·克拉克的英国大兵说出了一句让世界震惊的话：优胜者将是第一个飘过月球的人。

这句没头没脑的疯话，让阿瑟·克拉克成为世界最伟大的预言家。

这个想象力超群的人物，才是电视传播的真正先知。

在人们根本无法想象卫星是什么怪物的时候，克拉克预言了通信卫星。他在《世界无线电》杂志上发表了一篇文章叫《地球外的中继》，提出了关于卫星通信的科学设想，不仅预言了卫星通信的可行性，还重新界定了关于国家主权的概念。也就是说，国家安全仅仅保卫自己的领空是远远不够的，在比我们的领空更高更广的天际，一颗与地球同步转动的卫星将会把某个国家的一切秘密尽收眼底。

“紧紧系在悬索上的大圆盘形太阳帆，已经鼓满了宇宙间的长风”，“它是那么的轻，一平方公里薄膜只有 1000 公斤重，可采集 2 公斤辐射压力。假如给它系上悬索，它就能拉着我们上天。第一秒钟，我们移动 5 毫米；一小时后，我们以每小时 13 公里的速度移动；一天之后，我们以每小时 3000 公里的速度移动；一两天内就可以达到第二宇宙速度。这一切，无须耗用一滴燃料。”这是克拉克关于卫星运载工具的想象。

从我们站的地方向上再向上，到达35860千米的高度，就进入了另一种天空。

没有空气的天空，是一个超凡脱俗的世界。

在那儿，没有空气的反射，天空变成只有星光闪烁的黑灰色，火球一般的红太阳变得像雪一样洁白耀眼，让人不禁想起佛经所言，“洁白其心，犹如雪山”。

在这样的世界里，只有神鸟能飞。

把巨大的太阳翼当成翅膀的通信卫星带着改变世界的魔力，与地球同步旋转。它们是地面上的智者用无限延长的手臂在太空中玩的把戏。卫星以君临天下的高度和明察秋毫的能力，颠覆了人类大量的固有观念。在克拉克的预言发出13年后，1958年12月18日，美国发射了世界上第一颗通信卫星。1965年4月6日，美国又发射了世界第一颗实用静止轨道通讯卫星。这颗卫星大约能够覆盖40%的地球表面，使覆盖区内的任何地面、海上、空中的通信站能同时相互通信。通信卫星的出现，使电视能够播放遥远的地方传回来的画面，电视逐渐成为传媒业的霸主。

第三个疯子出现在1952年。那个年代，美国所有的政治家都把电视视为毒药，认为它是低档、庸俗的代名词，以不看电视为荣。而报社的记者也认为，电视记者根本称不上专业，不过是一群油腔滑调的小青年，“他们更像一群演员”。

但是，一个改变他们看法的人出现了。

那一天，电视制作人舍恩布伦正在指点准备在电视上竞选总统的艾森豪威尔。

舍恩布伦：“你的头有问题。”

艾森豪威尔：“我知道我是秃子，你还能告诉我什么呢？”

“你总爱低着头，那就把头拉长了，使头显得更长更秃，活像一个鸡蛋壳。大概你得换一个方向侧头，稍稍往后一点。”

艾森豪威尔十分不情愿地接受了，但随后就对舍恩布伦建议他化妆的要求咆哮起来：“你为什么不去找一位演员，他才是你真正需要的。”

但是，不喜欢电视的艾森豪威尔最先意识到电视是一个有力的竞选工具。他知道，在没有广播的时代，白宫每天只会收到几十封来信，只需要雇用一个人处理，而罗斯福向全国发表了广播讲话后，白宫每天会收到4000封信。

艾森豪威尔是一位职业军人，职业军人需要很快地适应新的武器，而电视显然不是新式武器。尽管他在实践中不喜欢拍电视节目，在理论上更是厌恶电视的意义，但他还是创造了电视传播中的许多第一：

第一位通过电视实况转播发布总统竞选宣言的候选人。

第一位利用电视广告间隙出镜的候选人。

第一位利用电视转播记者招待会的总统。

而他的对手则是传统政治的代表，电视、喷气式飞机、计算机都与他们格格不入。

可以说，艾森豪威尔是在电视的帮助下，在激烈的竞选中最终胜出的。

从那时起，电视人舍恩布伦将美国总统竞选变成了名副其实的电视事件。

从那时起，世界上的所有大事都变成了电视事件。

电视的厉害之处在于不仅传播信息，还能传播图像，使地球上每一个角落的人都如同置身事件的现场，成为一个亲历者和参与者。

舍恩布伦算疯出了水平。

第四位疯子出现在 20 世纪 60 年代。这是一个理论疯子，他叫马歇尔·麦克卢汉。他被世界传播界尊为“老大”，却没有办过一份报纸，更没有办过电视台，只是一个加拿大教书匠，所教专业是英美文学。但是，与一切智力超群的人一样，他根本不甘心守在自己的领地里，而是每每面对传媒大发感慨。他的思想狂放不羁，他的语言晦涩难懂，传媒人嫌他烦，嫌他费解，却不得不承认他开辟了一条没人走过的路。

他说，媒介即人的延伸。文字和印刷媒介是人的视觉能力的延伸，广播是人的听觉能力的延伸，电视则是人的视觉、听觉和触觉能力的综合延伸。

这不是严密的科学考察结论，而是一种“洞察”。

他还拿中国的《老子》说事，称这是一本有 4000 年历史的管理学著作。

他说，老子“明道若昧，进道若退”这句话讲的是创新，是说向自身的反方向转化，是事物自然规律的运动方式，新东西实际上是旧东西的幽灵。昧而不彰的变化之力产生新的速度，这种速度可以改变一切力量的形态。

他的智力世界像魔方一样费解而有趣。

他创造的“地球村”“媒介即讯息”“电子媒介是中枢神经系统的延伸”“部落化”等语汇正在被电子时代一点一点证实。

传播史上的四个疯子从视觉、听觉、感觉、观念和中枢神经系统等方面，告诉我们一个完全不同的新世界。

2

作为中央人民广播电台的记者，刘长乐一生当中报道过许多次卫星发射，是中国第一个用现场口播方式报道卫星发射的人。

现场口播，欧美早已有之。1940年9月21日傍晚，美国记者爱德华·默罗在“二战”中的德军轰炸现场，望着侵略者疯狂的机群，站在伦敦一间民居的屋顶上说：“你好，这里是伦敦……听！这猛烈的、冷酷的爆炸声。”

这句话后来成了世界名言。爱德华·默罗成为广播电视记者心中的英雄。

1965年，57岁的默罗死于肺癌。哥伦比亚广播公司（CBS）纽约总部至今挂有一块献给他的牌匾，上面写着“他树立了无与伦比的典范”。

然而，中国广播电视直到20世纪80年代中期还没有现场口播的习惯，中国新闻播发工序烦琐，每有大事，一般都是录音播发新华社通稿。那时刘长乐刚入新闻圈，不懂“行规”，啥事都想试试，就先试了口头现场播报。影响最大的一次是1982年10月7日，中国在深海水下发射运载火箭。当时，刘长乐在降落区负责现场报道，他的声音同步出现在中央电台的广播中。他说话本来就快，声音也亮，让听众在急促的语速中产生了一种紧迫感，渲染了现场的气氛。事后，这一报道引发了内地新闻学者的争论，大概是说这样的播报万一出现口误，影响难以挽回云云。

后来刘长乐到中国传媒大学读书，课堂上讲到一个案例正是这次直播，让他暗自兴奋了好几天。

然而，人生是有缺憾的，本来刘长乐是靠报道火箭、卫星发射进入教科书的，却偏偏错过了一颗神奇的卫星发射。这颗被错过的卫星，恰恰与他的命运紧密相关，并在随后的日子里引发了一连串惊心动魄的媒体战争。

它叫“亚洲一号”。

1984年2月，美国 Western Union 通信公司的 Westar 6 通信卫星和印度尼西亚的 Palapa B2 卫星，由“挑战者”号航天飞机送入太空。然而，如此高的待遇并没有带来幸运，这两颗卫星在脱离航天飞机后，近地点发动机没有按预定计划点火，因而没能进入预定轨道。于是，它们成了天空中孤苦无依的流浪汉。

所幸技术高超的美国人监测到并计算出两颗卫星的具体位置，他们报告说，卫星状况良好。Westar 6 的制造商美国休斯飞机公司和美国国家航空航天局（NASA）紧急探讨了回收卫星的可行性，认为回收这两颗卫星是可行的。

与此同时，支付了卫星发射失败保险费的保险公司也盘算了一番，觉得回收这两颗卫星在经济上是划算的。于是，他们委托休斯飞机公司和美国国家航空航天局共同完成卫星回收任务。

当年11月8日，美国人再次进入太空，这次他们换了一架航天飞机，“挑战者”

号变成了“发现”号。4天后，他们回收了Palapa B2卫星。14日，他们飞到了距离Westar 6卫星9米的地方，两名航天员步出机舱，前往卫星，指挥航天飞机上的机械手将卫星抓回货舱，然后顺利返回地面。

这两个“流浪汉”被运送到休斯公司。这一番折腾后，它们成了全球知名的卫星。

1988年，新成立的亚洲卫星公司[①]决定从保险商手中购买Westar 6卫星，并将其重新命名为“亚洲一号”卫星。卫星的有关技术参数也根据覆盖亚洲地区的要求做了调整和更新，中国长城工业公司负责将这颗卫星二度送入太空。

1990年4月7日，中国的“长征三号”运载火箭将“亚洲一号”卫星送入预定轨道。

“亚洲一号”是当时整个亚洲地区第一颗商用通信卫星，它的重要意义不言而喻，因为这个时代是卫星的时代。

3

当刘长乐把目光对准“亚洲一号”时，那颗星上已经客满为患了。

不过，冥冥之中他觉得与那颗星有缘。

20世纪80年代，刘长乐在中央电台的传媒生涯突然被打断，他“下海”了。

当一个螺旋上升的轨道突然被打断，会发生什么呢？

就像当初的“亚洲一号”没能进入预定轨道一样。

离开了预定轨道，他挺失落，但也因此有了重新开始的可能。

不是人人都有这种可能的，人的惰性是顽固和强大的，没有更强大的压力和变故，谁也不愿费力费劲走出关键的那一步。被迫重新选择人生的痛苦是一种奢侈的痛苦，要浪费许多不眠的夜晚。

他因为这次离队而淘到了第一桶金。

1994年，刘长乐在房地产和石油贸易方面赚了一些钱后，脑子里想的还是文化事业。他对纯粹为了赚钱的商业贸易不感兴趣，权当是实现文化梦想的一种手段吧。

---

① 亚洲卫星公司（AsiaSat）成立于1988年2月24日，是亚洲首家私营区域性卫星营运组织，总部设在香港。先后成功发射了“亚洲一号”“亚洲二号”“亚洲3S”“亚洲四号”等8颗通信卫星，为世界2/3人口提供卫星通信和广播电视服务。

刘长乐成立了一家公司，起名“乐天”。

“乐天”这个词在中文里有一种独特意境：达观。写过《长恨歌》的江州司马白居易的另外一个名字，就叫“白乐天”。

乐天文化公司是个很小的公司，小到谁也没把它当回事。当时全中国的公司如雨后春笋般长得满地都是。有个很流行的笑话说，天上掉下来一块砖头砸倒了三个中国人，其中两个是总经理，一个是副总经理。意思是说，现在是个人都给自己安个“总经理”头衔，是个人都说自己是办企业的。

但是，刘长乐的这个公司可能有点不一样，因为他们的梦想是要办电视台，名字就叫“环球华人卫视”。这群人究竟是真有闯荡世界的万丈雄心，还是一帮好大喜功之徒，或是一群精神病患者，咱们走着瞧。

因为贸易，刘长乐有了走遍世界主要国家的机会，因为这种“走遍”，他的世界观发生了很大的转变：一是终于知道在中国之外，世界上的灿烂文明还有如此之多；二是终于知道中国已经落后，而且差距还在拉大；三是终于知道西方主流媒体基本掌控了世界话语权，那些不负责任的负面报道和相对真实的负面报道相互交织，构成了一个西方人心目中的中国：落后、贫困、偏执、极权。

他很心痛，因为中国是他的精神恋人。

那里住着他的父亲母亲，承载着他的事业与人生。作为一个在中国偏远地区当过农民、工人、士兵的人，他知道中国的民风是多么古朴淳厚，民间的伟力是多么内敛强大，改革开放是多么艰难不易，也知道西方的偏见有多么固执难改。

在一个大的时代面前，人人都有困惑。落后和困惑并不可耻，最重要的是敢于直面存在的问题与不足，赶紧找到解决的办法。

1950 年代人是把责任感当生命的人。

1950 年代人是吃过大苦挨过大饿的人。

日本学者说，挨过饿的一代是最有爆发力的一代，他们埋头苦干的力量是任何一代人都无法企及的。

有一则古老的故事说，古希腊哲学家泰勒斯仰观天象，一不小心跌进坑里，他的女仆把他拉出来后说：“您只顾仰望天空，怎么能看到脚下的土地？”泰勒斯对这句富有哲理的话大为惊叹。但是，两千多年以后，德国哲学家黑格尔对这句话进行了新的解读，他说：“只有那些永远躺在坑里从不仰望高空的人，才不会掉进坑里。”

黑格尔的意思是，绝不要轻视仰望高空的人。一个民族有了关注天空的人，这个民族才有希望。如果只关心眼前脚下的事情，这个民族便没有未来。

刘长乐也在仰望高空。他要拿到天空中的卫星转发器，让全世界听到华人怎么说、怎么想。

不久，机会出现了，在挤得满满当当的"亚洲一号"通信卫星上，空出来一个转发器，那是蒙古国卫视因为手头紧，想退租。

刘长乐听说后，一分钟也不敢耽误，立刻带上老战友兼事业伙伴崔强，前往香港清水湾的亚洲卫星公司。他们穿得很正式，笔挺的西装，打着领带，开辆金色的沃尔沃车，很隆重的样子。然而，人家却客客气气地让他们碰了个软钉子。

亚洲卫星公司说，"亚洲一号"卫星共有24个转发器，年租金约2500万美元。但是，这些转发器全部名花有主，除了中国政府租用的一部分外，其余掌握在香港卫星电视（STAR TV）[①]手里，而STAR TV已经由香港富豪李嘉诚的儿子李泽楷卖给了世界传媒巨子、美国新闻集团[②]的大老板默多克。

也就是说，"亚洲一号"卫星上有可能转租的转发器全部握在默多克掌心里。为防竞争对手涉足，默多克与亚洲卫星公司商定，只有他本人拥有转发器出租与否的决定权。如果有人想用转发器办电信工程项目，OK，没问题。如果想办电视，特别是想办STAR TV中文台那样的综合频道，对不起，不可以。

接待人员最后撂下一句话："你们还得找老默去，因为你们是搞电视。"

原来，卫星不是谁想上就能上的，也不是谁有钱就能上的。

卫星之上，难以免俗，那儿是另一处红尘。

刘长乐二人只好先行撤兵，研究对策去了。

4

"他来了。难道你感觉不到吗？就像硫黄的气味。"一位碰巧在火车上遇到过默多克的澳大利亚商人这样描述他对默多克的感受。

似乎从踏上世界媒体舞台的第一天起，默多克就显得咄咄逼人和无比醒目。

按正统的看法，默多克是个老地主新资本家。一开始是在澳洲守着自己的地盘，积累财富，20世纪80年代，这土财主跑到欧美国家攻城略地，收购了几十家

① 星空传媒（STAR，2001年前称STAR TV），前身是卫星电视有限公司，1991年8月26日正式启播。星空传媒总部设于香港，曾为新闻集团的全资附属机构，2010年后转由华人文化产业投资基金（CMC）控股。

② 新闻集团（News Corporation）是全球最大的媒体集团之一，核心业务涵盖电影、电视节目的制作和发行，无线电视和有线电视、广播，报纸、杂志、书籍出版，数字广播，以及加密和收视管理系统开发。2013年，该集团拆分为两大公司，一是专注于报纸和出版业务的新闻集团，一是专注于广播和影视业务的21世纪福克斯公司。

老牌资本主义国家的传媒。顿时，羊群里跑骆驼就显他大了。他还大玩变脸把戏，半路出家当了美国人。未拆分前的新闻集团是世界上规模最大、国际化程度最高的综合性传媒公司之一，资产超过550亿美元。

从某个角度来说，默多克在这几十年里的扩张，像是在麦子地里跑马，有一种横扫千军如卷席的快感。他所征服的传媒版图，比亚历山大大帝和成吉思汗所征服的疆域还要辽阔。

是性与丑闻使这个传媒帝国像月亮一样冉冉升起，从缺到圆。

1970年11月17日，刚刚买下英国《太阳报》的默多克命令编辑将乳房赤裸的美女辣图刊登在报纸上，有一个编辑不听话，立刻被解职，又一个编辑不听话，又立刻被解职。默多克相信为了饭碗，总有人会听话的。当三版女郎终于光着膀子上场时，这张貌似冷静的小报立刻变得热气腾腾，销路大增。

看来不论西方东方，不论素养如何，都喜欢少穿或不穿衣服的美女。

默多克的对手挖苦他是“色情挖掘者”。但是，在令人眼花缭乱的手段背后，默多克真正的“攀缘绳”不是色情，而是卫星。

更要命的是，这个靠低俗赚大把银子的默多克一朝钱在手，就把政治来关心，好让自己显得孤高自许、目下无尘，有世界媒体领袖的派头。

刘长乐与默多克

他自我感觉超好地跑到英国白金汉宫去当意见领袖那天，很渊博地提到英国作家乔治·奥威尔在1948年写成的小说《1984》。奥威尔在这本书里描写了极权主义者如何用科技手段控制人们的思想，默多克却不以为然地说，奥威尔其实搞错了，大众传播科技事实上并非极权手段，而是一个伟大的解放者。

他说："通信科技的进步，已经成为各地极权政权的明确威胁，传真机让异端分子得以回避政府控制的平面媒体；直接拨号的通话使得国家机关难以控制人与人之间的语音通信；而卫星传播则给了许多封闭社会中渴望资讯的居民舍弃国营电视频道的可能性。"

这番话是默多克1993年9月1日在宴请伦敦数百名广告商和传媒买家时说的，美国著名的新闻频道CNN把这段视频传给了世界，也送到了中国人面前。当时苏联和东欧社会主义阵营已经解体，中国成了硕果仅存的社会主义大国，老默说这话，不是"拿豆包不当干粮，拿村长不当干部"吗？

自从默多克收购了香港卫视以后，中国人就发现天空中突然生出一个"帝国主义"的宣传工具，而且是用普通话广播的，这很要命，一旦有事怎么办呢？如果发生不和谐的事情，这个卫视中文台会不会变成煽风点火的媒体？于是国务院发布了第129号令，规定中国公民不能私自安装天线接收卫星电视节目。

虽然话题极其严肃，但中国在走向全面开放的过程中，老百姓看境外的玩意儿已经非常容易：VCD、双卡录音机、录像带……特别是邓丽君的歌、李小龙的武打电影、美国的警匪大片，都成为当时中国人津津乐道的东西。

按常理，刘长乐初出茅庐，想在中国办传媒，最好绕开默多克。可是，当时亚洲只有"亚洲一号"这一颗地球同步通信卫星，要办电视台，必须跑到人家画的圈圈里去跳舞。

刘长乐就这样与"亡我之心不死"的传媒大亨默多克撞了个满怀。

刘长乐能成为优胜者吗？

机会越少，价值似乎就越高

1

世界还是那个世界，只是多了个绕不过去的默多克。

说句公道话，默多克是这个世界上最先看到中国巨人所蕴藏能量的传媒大亨，中国新近兴起的消费主义狂潮让他吃惊。他知道，吃下这个10亿电视消费者的庞大市场，就是一只小虾米也会变成超级巨鳄。

他在 1985 年就来过中国寻找投资媒体的机会，结果，除了在秀水街买了一大把花花绿绿的便宜领带，在央视附近投资了一个传媒大厦并迅速脱手外，连个媒体的毛也没捞着。但是，他的寻找行动从来没有停止过。

接下来，他与央视合作，赠送给人家 50 部 20 世纪福克斯电影公司的老电影，然后他又投了巨资与《人民日报》合作，帮助这家报社建立网站，甚至还于 2003 年到中央党校做了演讲，一时成为中国媒体的热门话题和热点人物。

但是，人生不如意事十常八九，"表面上，红顶商人大有进展。实际上，其影视商机隐晦不明，若说利润，更像是天上的彩虹，可望不可即"。

但是，"默多克有极大的自信，自认有能力应付任何敌意。他已经在许多国家遇到过许多问题，他相信只要跟特定的政治领袖坐下来谈，就可以达成皆大欢喜的和解"。

默多克起码派遣了三路精英前往中国，寻找一切机会结交高层，希望在中国的"长城"上找到缝隙。然而，半年过去了，没头苍蝇般的各路精英快被默多克一天两次的电话逼疯了，但工作却进展缓慢。政治隔阂太深，文化差别又大，他们遇到了双重障碍。

就连吃饭这样的小事也闹笑话。

新闻集团与《人民日报》谈判如何创办网站的第一天，眼看到了中午开饭的时间，东道主以为美国人的胃接纳不了当地的饮食，大老远跑到新开张的麦当劳买了午餐，热情洋溢地端了上来，却让饥肠辘辘的美国老外大皱眉头，原来那是些冷汉堡和冷薯条。

不久，当中国人知道老外的胃对中国的美食也有足够的消化能力时，一位金融界的官员以私人晚宴的形式请新闻集团两个负责中国事务的老外吃饭。当第一道菜送上来时，两个老外以为是用整朵香菇做成的高汤，其中一人舀起一朵放进嘴里咬了一口，发现这是他此生吃过的最硬、最滑溜、味道最特别的香菇。他小心地把香菇吐到汤匙里，轻轻放回碗里，然后悄声问翻译：

"这是什么？"

"我想应该翻作公乳猪的括约肌或大肠头。"女翻译客气地说。其实这道菜有个学名叫"葫芦头"。

"猪的屁眼？"

"对呀，"她说，"把括约肌翻过来看，真的很像香菇底下那一面，应该先看清楚。"

于是，老外们礼貌地把碗推向一边，脸上全是反胃的表情。

默多克不得不承认他对中国的很多事情没有先看清楚。

他特别想不通的是，他在白金汉宫的那段可说可不说的话竟然带来这么严重的后果。

他后悔地说，那篇演说是美国经济学者、《星期日泰晤士报》专栏作家厄文·史泰泽帮他拟的稿，此人是他的好朋友。

“演说当天下午，我把它念了一遍，也没有发现什么问题——如果不扯上中国的话。其实我当时想到的是所有发生在苏联的事，以及柏林围墙的倒塌。没有想到我的话会被那样解读。”默多克说。

2

但是，如果你以为默多克会轻易放弃，那他就不是默多克了。

1993 年 7 月，默多克在他 48 米长的豪华游艇“晨晖”号上，望着地中海蔚蓝的水波，与 27 岁的香港人李泽楷讨论收购 STAR TV 事宜。

这个一贯大手笔的人在听到李泽楷有意出售 STAR TV 后，紧急中断休假，邀请这个“小超人”和他的幕僚到船上来。几个小时后，他们成交了，默多克决定用 5.25 亿美元收购卫视 63.6% 的股权。在此之后，他共以近 10 亿美钞的代价，全面接手 STAR TV。据行家估计，双方的成交价为原有投资的 6 倍。和记黄埔公司与李氏家族在这两项交易中，各获 15 亿港元的收益。

李泽楷是香港富商李嘉诚次子。

STAR TV 被默多克收购这件事一公布，他名声大噪。

美国《华盛顿邮报》1994 年 1 月 24 日刊出一篇关于李泽楷的文章，开篇说道：“莫看香港只是一个繁荣的小都市，当中不乏自命不凡的青年才俊。在芸芸众子中，最瞩目而又最惹众人羡慕的，当算是香港首富李嘉诚 27 岁的次子李泽楷。这位身材瘦小，神情紧张，头发修剪得极短的富家子弟，讲英语时带着极夸张的腔调，使他本身看来像富贵圈中骄纵的小公子。”

李泽楷生于 1966 年 11 月，13 岁时赴美读大学预备学校。他的同学们不论出身富家或平民，皆有很强的独立意识。一次，李嘉诚去看儿子，发现他假日在网球场捡球赚钱，偶尔也去麦当劳打工。17 岁时，李泽楷进入美国斯坦福大学，专修计算机工程。1987 年，21 岁的李泽楷大学毕业，进入父亲参与投资的一家加拿大投资顾问公司，成为最年轻的执行董事。

1990 年，李泽楷在丧母后决定回港发展，不料父亲起初只安排他到和记黄埔做小职员。李泽楷曾向父亲抱怨薪水太低，还不及他在加拿大时的十分之一，连清洁工都不如。

李嘉诚说："你不是，我才是全集团最低的！"

李嘉诚从集团支取的袍金是5000港元。

1991年3月，卫星电视有限公司（STAR TV）成立，李嘉诚家族与和记黄埔各占一半股权，李嘉诚任主席，马世民、李泽楷任执行副主席。卫视将向亚洲卫星公司的"亚洲一号"卫星租用线路，而和记黄埔又占有亚洲卫星公司三分之一股权。

对于儿子担任要职，李嘉诚送他两句话：一是"树大招风，保持低调"；二是"做事要留有余地，不要把事情做绝。有钱大家赚，利润大家分享，这样才有人愿意合作。假如拿10%的股份是公正的，拿11%也可以，但是如果只拿9%的股份，就会财源滚滚来"。

做大事的人才能说出这种大气的话。

在STAR TV出现之前，香港已有两家电视台："无线"和"亚视"。当时的人们认定，这个弹丸之地只能容纳这两家免费的无线电视台。现在STAR TV要横插一杠，简直是往人家喉咙里扎钉子。何况这两家电视台各有大老板撑腰：无线有利氏家族和影视大王邵逸夫；亚视有李嘉诚的同乡林百欣家族、好友郑裕彤家族。在商言商，在重大利益上没有谦谦君子。

经过一番精明的算计和激烈的博弈，1990年12月，STAR TV正式获得了香港政府颁发的营业牌照，但有两个附加条件：一是不可播放粤语节目；二是不得向用户收取费用。

这是一桩啼笑因缘，因为两家电视台向港府施压，李嘉诚和李泽楷的电视台成了受气的"小三"。谁都知道，多数香港人不看普通话节目，甚至听不懂普通话，不让电视台播粤语，等于赛跑时先挑了对手的脚筋。

一向斯文的李嘉诚甚至不惜借助媒体开骂，指责港府竟然荒谬到不准一家香港本地注册的电视台播放本地话节目，简直滑天下之大稽。

STAR TV于1991年开播，共开办五个频道，其中四个播英语，分别是MTV（音乐台）、BBC World Service Television（新闻台）、Prime Sports（体育台）和专门播放《奥普拉脱口秀》等美国热门节目的娱乐频道STAR TV Plus（合家欢台）。此外，还有一个播国语的频道，就是卫视中文台，主要播出五花八门的国语娱乐节目。

李泽楷原本以为他的卫星电视一开，数百万亚洲人就会像仰望北斗星一样仰望他们，大把的银子会如流水般滚滚而来。但是，实际情况却有点不妙：首先是他的电视信号不能在大陆落地；其次，那些过惯了苦日子的中国人不仅没有订阅他的节目，反而开始盗用他的电视信号。STAR TV 的信号没有加密，一些脑筋转得快的商人觉得这简直就是从天上往下掉钱，纷纷以极低的成本安装天线，把电视信号接收下来再转手卖钱。

李泽楷一计不成，又生一计，转而鼓励盗取和转销电视信号的行为，通过扩大影响力卖广告赚钱。

到了 1993 年 4 月，也就是出售 STAR TV 前三个月，李泽楷宣称，该公司拥有观众 4500 万人，还有 360 个广告商承诺砸 3 亿美元在卫视做广告。然而，任何一个稍有常识的人都知道，这不过是墙上画出来的大饼。由于无法精确统计，观众人数只是理论上的估计人数，广告商的承诺与真金白银到手还要经过九九八十一难，李泽楷的大胆假设禁不住财务人员的小心求证。和记黄埔的财务报告指出，该公司在开始的两年里已经向 STAR TV 注入了 1.25 亿美元，每年亏损 9000 万美元。

来自家族内部与和记黄埔高管的巨大压力，迫使李泽楷想尽快将 STAR TV 脱手。

3

STAR TV 距离大陆一箭之遥，对于卫星电视来说，这简直就是对门邻居。在如此近的距离，中国“长城”上有什么缝隙可以看得一清二楚，默多克觉得他已经成了钻进铁扇公主肚子里的孙猴子，可以一展身手了。

在此之前，业界比较一致的看法是，STAR TV 羽翼未丰，距离有影响力能赚钱的日子不说还有十万八千里，起码也有五万四千里。

默多克的私人技术顾问彼得·史密斯在回答记者“花费昂贵代价，购得卫视控股权，是否物有所值”的提问时说：“本集团看中的是卫星电视的潜在价值，因为卫视在亚洲经营已有经验及影响，涵盖范围很大，而在卫视租用第二颗卫星后，涵盖范围会更大。”

默多克站在他位于香港太平山顶租住的豪宅里，心里那叫一个痛快，即便是多付了钱，他仍然认为自己买到了便宜货。在他画出的媒体帝国势力圈内，STAR TV 在亚洲，就如同福克斯电视网在美国、天空电视台在英国的影响力一样，是让他的触角遍及全球无人能敌的关键一环。

“10 年或许 15 年后我希望它将成为滚滚财源。”他说。

在默多克眼里，他买的并不是一家卫星电视台，而是“触及近 30 亿观众，相当于全世界三分之二人口的购买潜力”。中国的“长城”已经不是障碍，默多克正朝着建立第一个全球电视帝国迈进。

想到这里，他笑了，那张皱纹纵横的脸笑成一朵苍劲的霸王花。

但是这一次，老默可能有点失算。

以他这样的老手，竟然忽略了一个重要的细节：李嘉诚为什么不经营这家电视台？

一个腰缠万贯、一个多次忍受过哪怕巨亏也要让企业策划案成功的商界巨子，为什么如此急于将卫视脱手呢？

这里面一定有玄机。

因为大陆不允许境外卫星电视落地。

到目前为止，世界上所有的电视台都是靠广告生存的，一个专为华人办的电视台无法在大陆落地，就少了大约10亿观众；少了观众，就少了活下去的银子；少了银子就等于亏损的窟窿无法填满，甚至变成一个无底洞。

默多克太膨胀了，忘记了“细节决定成败”的教训，没有深究其中的细节。

为了挽回影响，换得一个好印象，默多克以“亚洲一号”转发器有限为由，决定用一个播普通话的电影频道换掉新闻集团付费播放的英文BBC新闻频道，因为这个频道经常播发关于中国的负面新闻。好在默多克从来就不怎么喜欢BBC，他解释说：“别人会说这样做很懦弱，但对我们而言，为了打进那里，为了被接受，我们还是砍掉BBC吧。”

于是，整个西方都臭骂默多克，末代香港总督彭定康甚至指责他做出了“最差劲的背叛”。更要命的是，中国人并不因此而买他的账。

默多克并不以为然。据说他曾经拜读过中国伟大的兵法家孙子的著作，并且特别欣赏孙子的一句话：善于进攻的人，能使敌人不知道怎样防守；善于防御的人，能使敌人不知道怎么进攻。

1994年年底的一天，默多克带着包括他当时的妻子安娜在内的新闻集团十几位要员来到中国，希望能见到主管部门的关键性人物，谈一谈STAR TV在中国落地的问题。

接待他们的中国官员是以中国广播电视国际经济技术合作总公司代表的名义出现的，也就是说，这家公司传递的是4个字的信息：民间接触。

传媒大亨一落座，就很诚恳地谈开了。毕竟是高人，他把自己包装得很好。他说，1997年香港就要回归了，很多外国公司会离开香港，我默多克的公司STAR TV不会离开，我想做合格的中国公司，我想当合格的中国公民，但是我不知道该怎么做，请你们教我。

这段开场白相当感人，但更感人的还在后边。传媒大亨接着说，我知道，中国的广电部希望通过通信卫星搞个收费平台，在卫星电视技术方面，我默多克是最好的，我在伦敦的天空电视台有非常现成的先进技术，我愿意把我的技术无偿地送给中国朋友，我愿意出钱支付你们使用通信卫星平台的账单；同时，我也提一个小小的要求，将我 STAR TV 的这几套节目放到你们的平台上去，我们频道可以交给你们管，你们觉得适合中国老百姓看，你就开放它，不合适看，你就关了它，这就是我的态度。

谈了两天，默多克把自己感动得够呛，以为中国人应该跟他一样感动，然后他就走了。中方参加谈判的人立即开了个会，商量事情如何进行。许多人在默默地期待着一种变化。但是，一个意想不到的场面出现了。最先发言的一位官员说，西方垄断的传媒与我们党和人民的传媒怎么合作？

此言一出，与会者你看我我看你，都不说话了。

五六分钟后，主持会议的人宣布："散会。"

默多克又一次愿望成空。

但是，让他没有想到的是，在跟他对面而坐的中方人员中，一个不显眼的人却挨个留下了新闻集团联系人的电话。

4

此人叫余统浩。

余统浩个子不高，留个寸头，方面大耳，阔嘴宽鼻，有精明之气。一次在香港坐火车，困倦难当之际，他很高明地把装钱的公文包压在屁股底下，把穿不惯的皮鞋脱下来，蜷起腿深沉地睡去。不久，小偷光顾，徘徊半晌，看着钱却下不得手，一生气就把余统浩的皮鞋拖走了。余统浩醒来，生气之余是庆幸。他拉拉西装整整领带，光着脚，在众人的注视下，沉着镇定地走回公司。于是大家夸他智慧而不失大将之风。

余统浩的起家之地是珠江经济广播电台。

1984 年的时候，因为管制渐松，香港电台等几个电台的中波广播长驱直入杀入广东。一项调查显示，百分之七八十的广东市民已经不听本地广播而改听香港广播了。那时候，大陆这边一篇报道从写到播要过五六道关口——记者采访、编辑审稿改稿、主任审稿、播音员录音、整音、放音，然后那声音听众才能听到。香港那边则是直播，双向交流，每逢整点是高密度的新闻和服务性的节目，点歌、购物、天气预报什么的都有。

对比本地广播"我说你听"式的官话套话和冷淡，香港广播多了温情和人性，让人想到邓丽君的歌《我一见你就笑》。特别是到了台风季节，人家每小时一次的天气预报真的很及时、很贴心。余统浩身为广东电台最年轻的副台长，也得倾听人家的广播，他觉得丢脸。

1985 年年初，余统浩带队去香港转播省港杯足球赛，忙里偷闲跑到香港电台和商业电台讨教。什么讨教啊，压根儿就是刺探军情，攻其不备。

余统浩的上司是一个“三八式”的“老革命”，这个人一辈子打胜仗，哪儿能咽下输给香港电台这口气。“老革命”听了余统浩的报告，一拍大腿：“小余，你给我上！给你一个部门，挑七八个人，拿一个频道出来，搞广播改革。”

“输给他们，对不起父老乡亲，对不起党和人民。”“老革命”补充说。

余统浩带领一个八人小组筹划了一年多，设计了各种类型的节目方案，公开招聘主持人和工作人员，然后一步到位，新创办的珠江经济广播电台采用直播、开通热线电话双向交流等现代广播套路上线了。开播第三天，收听情况逆转，三个月后收听率稳定上升，一年后香港商业电台把大陆波段取消了。

广东的电台改革就这样领风气之先，第一个经济电台，第一个交通电台，都是广东执牛耳。什么买菜难、行路难、住房难，直播室把听众代表请进来，把相关领导请进来，把热线电话开通，直接面向听众回答问题。还有粤港音乐专线，粤港法律专线，粤港经济专线，每月一个小时的全球华语广播联播……两个字：热闹。

因为做了这么一件事，广东省人民政府给余统浩晋升工资一级，奖励证书一个，从此他每月工资多了 7 块钱。

余统浩因此被调到北京的广电部，研究是否能到海外开办商业电台、电视台，以改善海外对中国的认知。

余统浩到美国考察了 29 天，结论是海外商业电台、电视台办不了，有两大障碍：第一，中广公司没有那样的财力，在英语国家办传媒不是开饭馆，需要多年不断地投入，而回报基本上没有；第二，政治和人事屏障难突破，那个时候说共产党国家派人去美国办意识形态的东西，人家签证都不会给你，你没法打工，没法生活，难度太大。

上面领导不死心，问：“美洲不行，亚洲行不行？”

余统浩又考察了 30 多天，说：“柬埔寨可以。”

这个结论他自己都觉得搞笑，柬埔寨区区 600 多万人口，国际影响力基本没有，有什么意思呢？

这些事搞不成，余统浩就到那个名字很长的中广公司当了副董事长。中广公司赞助了北京广播学院，余副董事长就挂了个学院董事的名。

这让他认识了王纪言。

5

王纪言是中国第一个电视学教授。自称蒙古人，履历表上填的却是汉族。内蒙古是王纪言出生的地方，是他“父亲的草原母亲的河”，一听到游牧民族那悠长悲怆的长调，泪与笑就会同时在他心底荡漾。

他老爸20世纪30年代就到内蒙古的地盘上打鬼子，是有名的抗日功臣。母亲也是“老革命”“三八式”。“文化大革命”期间，王纪言跟着爹妈倒霉，遭了不少罪。庆幸的是，他靠自己的努力当了地区小报的记者，整天乐呵呵地骑着辆破自行车上蒙古包里去采访，报社的老记者夸他是个好后生。

招工农兵大学生那阵，他被推荐去报考北京广播学院播音系。他最想考的是新闻专业，但是人家只给了播音的名额。那时候，机会难得，他慌不择路地跑到内蒙古广播电台的播音室里试音，唱了一首歌，朗诵了一首诗，念了一段新闻稿，虽然声音很大，但是按专业的说法，他的舌尖前音z、c、s和舌尖后音zh、ch、sh分不清，属于内蒙古地域性普通话，因而播音系没有录取他。幸运的是，人家看他是个好后生，给了他一个电视摄影专业的名额，于是他就成了一个搞电视的人。

多年以后，王纪言说：“假如播音系的老师不负责任地录取了我，那么北京广播学院的毕业生里，就会多了一个不合格的播音员，少了一个合格的电视人。”

王纪言毕业后留校，教了20年书，当上了北京广播学院副院长。

王纪言碰巧赶上了中国电视最蓬勃发展的时期。电视的迅速普及让学者们非常震惊地发现：中国人对电视一见钟情，他们对电视的狂热追捧与信奉，在世界上其他国家是罕见的。

王纪言发现，电视所具有的强烈的移情作用，使之成为左右中国改革开放的重要声音，凡是中国电视关注的话题，瞬间就会变成街谈巷议。

王纪言那时逢人就讲的一句名言是：“电视很重要，重要是电视。”

北京广播学院的教授们有一个特点，就是动手能力强。王纪言当过中国第一部中日合拍的大型电视专题片《丝绸之路》的编导和摄像，给中央电视台策划设计过大把的节目。中国电视界的头头脑脑、大腕小编们，不是他的同学就是他的徒弟，更多的则是徒子徒孙。北京电视界的大事小情，他样样门儿清。

1994年春节后，王纪言跑来找余统浩，故意把一贯高亢的大嗓门压低了说：“老余呀，有一个神秘的人物，将在香港或澳门办电视台。他拍过电视片《邓小平》，很有实力，眼下他想搞一个海外办台的方案，我这些方面不太熟，你能不能帮我弄一弄？”

余统浩调到北京半年，天天琢磨海外办台，一听这事，马上就说行，然后下笔千言，搞了一个方案送过去。

过了一个月，王纪言说：“老余，有些地方还要改改。”

第三次，王纪言又来了：“老余，还要改。干脆我带你去见见那个神秘的人物吧。”

凤巢　理想主义是一道光芒

1

王纪言、余统浩两个人坐地铁二号线从崇文门站下车，向东百余米，进入东交民巷一带。

东交民巷距离天安门一公里，是明清两代“五府六部”所在地，清乾隆、嘉庆年间曾有“迎宾馆”供外国使臣居住。第二次鸦片战争打完，这里有了英、法、俄、美等国使馆，1901 年后改为使馆街，共有 11 个国家在巷内设立联合行政机构，还设有美国花旗银行、法国东方汇理银行、英国汇丰银行、日本正金银行及教堂、医院等。

这段挺闹腾的历史为东交民巷留下一批风格迥异的西洋建筑。

昔日的比利时使馆是这群建筑里比较突出的，它是典型的欧式建筑，楼是尖顶，石柱回廊，年代久远的木地板显出疲态，人走在上面咯吱咯吱响。

现在这儿叫紫金宾馆。刘长乐的乐天公司设在这个宾馆的一号楼和二号楼。

英国《金融时报》记者艾伦在这里采访过刘长乐，他写道：“在北京市中心的一家欧式宾馆，可以看到一辆早已报废的中国最早的红旗牌轿车，据说这辆手工打造的豪华汽车是江青的坐驾。这里是刘长乐的北京办公室……他本人曾经是中国人民解放军的士兵。”

余统浩就在这里见到了刘长乐。

他俩谈了一会儿，有点相见恨晚。刘长乐说：“老余，你到我这儿来干吧。”

余统浩说：“可以。”

余统浩事后说：“我从刘长乐身上看到了一种理想主义的光芒，也许这就是人格魅力吧。”

刘长乐生得人高马大，身高一米八二，脑袋比一般人大一号。当兵时，军队最大的军帽是“特号”，可他硬是戴着紧，只能放在脑瓜顶上。那时候，兵们剃的是光葫芦头，他大头小帽，不像军人，倒像个出家的和尚，在操场上一走，给严肃的军营带来些许幽默和笑意。中国民间有种说法，头大聪明，刘长乐也认为自己的脑袋比较好使，遇事反应也快。

在他形成人生观的年代，中国还看不到电视，他的信仰、志向和观念大多来源于书本。小时候，他是个书虫子，14 岁时已经读了大约 100 本世界名著。其中苏联小说《船长与大尉》里有两句话他用红笔画了下来，念给小伙伴听。

第一句是：“探求奋斗，不达目的誓不罢休。”

第二句是：“永远做一个出类拔萃的人。”

刘长乐说：“要求自己出类拔萃不见得就是想出人头地，在某种意义上讲，一个有追求的人就是出类拔萃的人。”

2

刘长乐的父亲是一个造反者，很小的时候就秘密加入共产党，在国民党统治时期，担任过山东省苍山县第一任县委书记和地委宣传部长。

上海解放时，刘长乐的父母随部队南下上海。刘长乐就出生在上海长乐路的一家医院，所以起名长乐。

上海号称东方巴黎，大都会，人洋气，看不起共产党的土包子。当时有笑话说，这些胜利的造反者坐在法租界的洋马桶上拉不下屉屉，非要蹲在马桶上才能解决问题。刘长乐曾经问老爸是不是确有其事，老爸说，土是真土，但是也没有土到那种程度。

虽然生在繁华都市，但是，让他认识人生的却是贫穷的中国西北。20 世纪 60 年代中期，他的父母调往甘肃任职，他真正长大成人是在兰州。

兰州远在黄土高原的尽头，祁连山和六盘山之间峡长的一条。黄河带着浑黄的水从青藏高原激流而下，又穿城而走。河岸边有清真寺的尖顶，有大佛寺的香炉，还有高大的水车吱吱呀呀地转动，缓慢而沉着。

那时的兰州城，少有柏油路，土路上铺些碎石已是上好的路面，偶有汽车驶过，立刻黄尘滚滚，屁股后拖一条久久不散的土龙。走卒贩夫在路边晒太阳，面前摊有烤羊肉串的炉子，扇子一扇，炭火就蹿起白蓝色的焰，燎得肉串吱吱冒油。戴小白帽的回民扯直了嗓子，用土话吆喝着叫卖。这个千百年前自波斯迁徙而来的民族，多数人已不会说自己的母语，而把兰州话说了个嘎嘣脆。

除了感受西北的干冷与贫穷，刘长乐和同学们有大致相同的经历：童年时代“饿”了一家伙（20世纪60年代“三年困难时期”）；少年时代“乱”了一家伙（“文化大革命”）；青年时代“下”了一家伙（上山下乡接受再教育）。他经历了父亲被批斗、母亲被剃阴阳头、双亲被隔离审查、自己由“红五类”变成“黑五类”的心灵冲击。

父亲在抗日战争中投身民族救亡，经历了多次人生的大起大落，但是他很坚强。在刘长乐的印象中，父亲只流过两次泪。

1967年，红卫兵“破四旧”、打砸抢，国家领导人一夜之间沦为囚徒。有一天，父亲突然流着泪对刘长乐说：“以后就靠你们了，我们这一代是不行了，你们要挺住。”那年父亲52岁，但是刘长乐突然觉得他一夜之间苍老了许多。那是一种内心备受打击的苍老。

不久，刘长乐出去搞了一阵大串联，在一个天很黑的晚上回来了。一到家，他就兴致勃勃地对父亲讲串联中在北京、上海等地见到的人和事。父亲一直静静地听着，突然轻轻地对他说：“我被游街了。”

刘长乐一下子傻了。他刚才还在讲串联时候看到的“走资派”被游街、挨打的事情，没想到父亲也被游街了。这时候他才明白“你们要挺住”这句话的意思。他过去觉得父亲是坚强的靠山，现在靠山塌了，他十分难过，也很羞愧，恨不得有个洞，自已藏到里边去。

父亲还说，当天晚上他必须学会唱一首名叫《大海航行靠舵手》的歌，如果学不会，造反派就要当众用皮带打他。

刘长乐会唱那首歌，但从没想到会在如此屈辱的情况下教父亲唱歌。他唱一句，父亲学一句，泪水顺着他的脸颊淌个不停，父亲也老泪纵横。

就这样，16岁的刘长乐在学校里还强装镇定，继续当红卫兵的头儿，带着一帮小孩响应支工、支农、支商的号召，跑到百货商店去帮人家卖东西。有一天，一个同学突然跑来说：“有张大字报你要不要看？”

“写的什么？”

“我不敢说。”

他知道不好，拔腿跑去看，一眼看到妈妈的名字被打上大红叉，称她为“历史反革命”。

十几岁就当地下交通员的妈妈也被打倒了。

刘长乐如当头挨了一闷棍，呆在那里动弹不得。他的心很痛，母亲在单位挨批斗，心上顶着这么大的事，却从没给家人讲过，还想着不让家人担心，不牵连孩子。

他这才想起来，这一段时间，妈妈每天回来很晚，神情疲惫，一言不发。

刘长乐从小是个孝子。当时，他们家住在北京辟才胡同中组部的宿舍楼，母亲在白堆子上班，来回坐公交车。只要天下雨，他就扛着雨伞去接妈妈，因为不知道妈妈什么时候到家，有时会等很长时间。妈妈看见他，总是搂着他的肩膀往回走，他呢，就挺起腰板，努力像个男子汉。

后来妈妈又经历了许多折磨，被剃了阴阳头，但是回到家里还是装作啥事也没有的样子。刘长乐憋了很久才小心翼翼地问："妈，你没什么事吧？"妈妈说："没什么事。"

再后来，妈妈生病住院，红卫兵却说她是装病，冲到医院要看她的病历。刘长乐急了，戴着拳击手套冲出去说："谁敢动我妈，我就跟谁拼了！"

但是，病重的妈妈还是被造反派用沙发抬着，拖到单位挨批斗去了。

父母亲被"打倒"，刘长乐从来没想过要跟他们划清界限或者反戈一击什么的。他从那一刻起，从"红五类"变成了"黑五类"。

17岁的时候，刘长乐去了"五七"干校[①]，下乡当了一阵子农民。"斜光照墟落，穷巷牛羊归"，睡在牛粪烧热的土炕上，闻着呛人的烟火味，他终于知道了什么叫土里刨食，什么叫忍饥挨饿，现实中的农民与宣传画上意气风发的形象完全不搭界。他终于知道，无产阶级解放全人类之前先得把自己的肚子喂饱。

不久，他回城当了兰州制药厂的机修学徒。

挣钱养家，是工人最实际的生存方式。但对于刘长乐来说，从来没有把这活儿当成终生要从事的职业，他的理想是当一名外交官。

兰州是中国唯一一座黄河穿城而过的城市。工厂在黄河北岸，直线距离不过千把米，如果骑自行车去，需要绕行到七公里外的黄河铁桥。刘长乐少年轻狂傻大胆儿，异想天开要游过黄河去上班，真下了水才知道，黄河水是青藏高原上消融的雪水，水深流急，冰凉刺骨，还有很大的漩涡。民间有种说法，长江往外翻，黄河往里卷。意思是说黄河会把人卷入漩涡，吃人不吐骨头。果然有一次他被漩涡漩住，在水里左冲右突，拼命挣扎却出不来，眼看就要被卷入河底。危急时刻，他突然意识到惊慌与挣扎是无用的，于是尽量放平展开身体，顺势借力，冲出漩涡，逃过一劫。

这次经历让他明白一个道理：危机之中，不要无谓地挣扎想摆脱，而要静气敛神，顺应大势，想出对策。

① "五七"干校，是"文化大革命"期间将党政机关干部、科技人员和大专院校教师等下放到农村进行劳动改造的场所，也有部分学生被下放到这里接受"再教育"。

刘长乐他们也会与街头的小混混儿打架。有一次，刘长乐与画家常书鸿[①]的儿子常嘉煌等几个男女同学出去玩，在甘肃天水的一个小饭馆里吃饭，碰到一群小混混儿横行叫板。对方人多势众，他们想忍气吞声求平安，可人家不干，冲进来要动手。

这时候，他们有三种选择：一种是认栽挨打，一种是拔腿逃跑，一种是冒险反抗。刘长乐虽然是同学当中年纪最小的，却挺身跳起来大喝一声："我跟你们拼了！"他飞腿劈碎了饭馆里一条长凳，让四个男生一人握一条长凳腿，准备迎战。

当时常嘉煌手一缩，说："我……我……我不会打人。"

刘长乐眼一瞪："拿着！"

小混混儿一看这伙人真要拼命，被镇住了，半天没敢动手。警察来了，把双方带到派出所各自陈述事件经过，常嘉煌赶紧表白："警察叔叔，你看我们都是文弱书生，怎么会打架呢？"

刘长乐二话不说，踹他一脚："什么文弱书生，凭什么长他人志气，灭自己威风。"

出来后，刘长乐跟常嘉煌解释："这话如果让那帮小混混儿听到，出去打你个埋伏怎么办？"

1970 年，刘长乐当了制药厂车间的小头头，但征兵一开始，他就报名了。那时候，中国的优秀青年要谋求更大的发展，似乎只有参军一条路。

当时刘长乐父亲的一个老战友还在部队，说是让他挑个喜欢的行当，比如开车、放电影或是进宣传队，都是比较轻巧的活儿。

刘长乐觉得这些行当不足以实现"出类拔萃"的梦想，就选了一个最苦最累的行当——工兵。

工兵的职能是逢山开道，遇水架桥，抢险救灾冲在前。

他朦胧地觉得"劳其筋骨，饿其体肤"是成就事业的必修课。

1975 年，刘长乐 24 岁，当了工兵排长。当年发生的海城大地震[②]让他第一次面对天崩地裂的生死考验。排长虽然在军队干部中是最低军阶，但却是第一线的指挥者。他意识到，在大的灾难面前，指挥官的责任，不是要保一个人，而是要保一片人。

---

① 常书鸿（1904—1994），著名画家、敦煌艺术研究家，敦煌艺术研究所首任所长。一生致力于敦煌艺术研究与保护工作。

② 1975 年 2 月 4 日，辽宁省海城县（今海城市）、营口县（今大石桥市）一带发生 7.3 级地震。由于地震部门对这次地震做出预报，使地震灾害大大减轻，伤亡人员总数为 29579 人，其中死亡 2041 人。

1976年的唐山大地震①，刘长乐以工兵连指导员的身份再次参加抢险，历时将近三个月的抢险，救了许多人的命，自己也把世上该吃的苦吃得差不多了。那些天，一连几顿吃不上饭是常事。有那么几天，青岛送来的海鲜大虾因为缺少车辆，送不到灾民家里，快臭了，就让部队吃掉，那一阵吃得他一闻到臭虾味就想吐。

“瘦得厉害，双手10个手指头的指甲都磨掉了一半，指头肚上全部结痂。”妈妈忘不了刘长乐当时的样子。

刘长乐说，现在回想起来，时代赋予我们这代人的使命远远超过我们的承受能力。我15岁开始串联跑遍全国，16岁时父母被囚禁，20岁出头就领兵了。孟老夫子有句话，天将降大任于是人也。我们那一代人，在还没有准备好的时候，大任就咣当一下砸到脑袋上来了。

3

中国打开自家大门的那一天，不客气地说，刘长乐这一代“50后”的人生观被冲得七零八落。幻灭的痛苦，如波德莱尔的诗，“思想就像被洪水冲刷过的墓地，大大小小布满了墓穴”。

改革开放猛然闯进生活时，只有那些有能力、有勇气直面冷峻历史的人，才能从近乎偏执的狂热中解脱，换得一份经历动荡艰辛的清醒，一种挣脱错误认知方式后的成熟。

这是一种觉醒的痛苦。

还好，刘长乐是一个能够及时调整航向的人。

他承认西方的发达与富有，但他更相信强大来自内心。

20世纪50年代，中国人与美国人在朝鲜打了一仗，美国军事家、五星上将马歇尔在《河与挑战》中认为，中共军队在朝鲜打了一场胜仗。然而，他却隐瞒了美国军方另一场紧锣密鼓的战争：计算机战争。

朝鲜战争对计算机需求的扩张促使美国空军建构了洲际防御网络。每个计算机与雷达相连，计算机之间的信息传递通过电话线在内部完成。这个网络，推动了以后用于计算机的大多数发明。同时，导弹早期预警系统的招标，使得IBM在1959年11月构思出了第一台半导体计算机，开创了人类进入智能世界的时代。

当时的美国总统艾森豪威尔说，这是一场政治斗争……这是一场科学斗争……这是一场智力斗争……这是一场精神斗争……因为这场斗争的关键在于，

① 1976年7月28日，河北省唐山市发生7.8级地震，震中位于唐山市区。造成24万多人死亡，16万多人重伤，直接经济损失达30亿元以上。

它最深层目的不是要争夺土地和食品，也不是争夺权力，而是争夺人的灵魂。

几十年之后，人们终于知道，信息和资讯可以决定和改变个人和国家的命运。

20 世纪 70 年代末，中国只有 186 家新闻报纸、32 家电视台，都由政府拥有。大部分媒体内容来自新华社、《人民日报》、中央电台等中央新闻单位，它们筛选并调整国际新闻，传播政府的宣传意志，担当“喉舌”。

但在邓小平宣布改革的时候，这一切都改变了。

刘长乐说，我这个人的感觉是敏锐的，在我的脑海里，常常把二十几年前的情况和今天的情况对比，每一条街道的面貌，每一张面孔，公民权利，商业活动自由程度，每一个在中国长时间生活的人，都能体会到这些进步和发展的沉甸甸的分量。对于经历那些让人透不过气来的窒息的人来说，春天确实来了。

在此之前，全中国都陷入一个传统的怪圈中：市场经济等于资本主义，社会主义只能搞计划经济。邓小平打破了这个怪圈，从而使中国可以与世界其他国家、民族的人一样，开始快速工业化，开始谈论生活、谈论幸福。

刘长乐内心有一种说不清道不明的冲动，渴望中国好起来，迎头赶上。

1990 年，他在新加坡从事石油贸易时，一直在关注这个国家的媒体运营。

新加坡有被严格控制的媒体行业，华语电视、广播非常受欢迎。媒体既有高质量的娱乐和新闻节目，也可以承担复杂的政府宣传工作，公开讨论问题，努力解决问题。

刘长乐觉得新加坡办新闻的办法值得学习，而大陆电视台的节目宣传味道太浓，观众会产生逆反心理。

到了 20 世纪 90 年代中期，细心的圈内人发现，中国媒体开始发生一些根本性的变化，私营企业家开始尝试向媒体投资，外资也以各种曲折的方式进入传媒业。

也许机会来了。

虽然经商多年，刘长乐骨子里还是一个媒体人，渴望通过自己的努力去改变中国在世界上的形象，同时也促进中国民众自身素质的提升。这与他从小就有的外交官理想是一致的。他通过海外的视角观察中国电视好多年了，知道问题的症结和改善的方法。他觉得自己隐隐触摸到了中国电视的未来方向，希望能开办一个华语电视台，名字已经想好了，就叫“环球华人卫视”。

当时，华语境外媒体基本上是“大漠流沙，聚散无形”。有钱了，兴致来了，就办个媒体，抒发一下情怀；没钱了，热乎劲下去了，关门了事，谈不上什么影响

2002年，现代包公在开封用“大宋公平秤”给刘长乐“称斤两”

力。

这也促使他走上“维护华人的话语权，让世界听到华人声音”的理想之路，投入到“争夺人的灵魂”的战斗之中。

那时候，他还不太清楚这个目标是多么遥不可及，只是觉得自己实现文化梦想的时机到了。他说：“我这个人胆子比较大，从小就有一股闯劲。邓小平1992年视察南方的谈话给了我最大的动力。看准了就大胆地试，大胆地闯。”

刘长乐就是在这时决定回到自己的老本行，创办“环球华人卫视”。

他知道自己走上的是一条艰难的路。

莎士比亚的《特洛伊罗斯与克瑞西达》第三幕里，俄底修斯说：“不要放弃眼前的捷径，光荣的路是狭窄的，一个人只能前进，不能后退；所以你应该继续在这一条狭路上迈步前进，因为无数竞争的人都在你的背后，一个紧追着一个；要是你略事退让，或者闪在路旁，他们就会像汹涌的怒潮一样直冲过来，把你遗弃在最后……”

4

乐天公司所在的紫金宾馆一号楼分上下两层，刘长乐在二楼办公，一楼的大办公室里坐着崔强、王纪言、余统浩等人。墙上挂着巨大的世界地图，地图上标着世界各国通信卫星所覆盖的地域。

刘长乐和崔强、王纪言三人是核心：

刘长乐为主帅，负责制定战略方向及拍板决策。

崔强是副帅兼公关总理大臣。

王纪言是先锋官兼节目策划。

崔强是与刘长乐前后脚调到中央电台的。二人同年同月生，属兔，天蝎座。按星座书上列出的优点，天蝎座的人不是天才也是全才，共有 28 种强于他人的优势：智慧、理智、感性、领导能力、组织能力、洞察力、判断力、宽容、原则性强、温柔、善解人意……

对于属兔的人来说，他们宁愿相信这些都是真的。

崔强当兵出身，毕业于复旦大学新闻系，酷爱中国古代散文，特别喜欢李密的《陈情表》。那是李密因不愿出来做官而写给皇帝的一封信。有时喝了酒，来了雅兴，崔强会用他厚实的声音背上一段："臣密今年四十有四，祖母刘今年九十有六，是臣尽节于陛下之日长，报刘之日短也。乌鸟私情，愿乞终养。臣之辛苦，非独蜀之人士及二州牧伯所见明知，皇天后土实所共鉴。愿陛下矜悯愚诚，听臣微志，庶刘侥幸，保卒余年。臣生当陨首，死当结草……"在他看来，李密说服人的功夫是全国第一，值得认真研读。

他还写得一手好文章，最得意的一篇是被《红旗》杂志转载的长篇通讯《报春花》。那时候，《红旗》杂志位列"两报一刊"之首，一个解放军士兵的文章能被加上评论转载，不得了。

崔强在大学里最佩服一个叫王中的人。此人不是他的老师，也不是他的同学，而是复旦新闻系的老主任。1949 年上海解放时，王中就是上海市军管会新闻室的军代表，后调复旦大学当教授。王中写的新中国第一部《新闻学原理大纲》在当时掀起轩然大波。

王中说，报纸不是阶级斗争斗出来的，而是一定历史条件下的产物；办报要有读者观点，要满足读者需要，应该"把群众作为报纸的主人"，"这是办好报纸的根本"。他认为，党报具有双重属性——工具性和商品性，"要在商品性的基础上发挥工具性"。因为如果人们不爱看，不花那几分钱买你的报纸，你就达不到宣传工具的作用。

这些在今天看来完全是常识的话，在当时可是犯了滔天大罪，上至最高领导，下到全国新闻系统，铺天盖地地批判他。他成了中国"资产阶级新闻观点的总代表"，被定为"右派分子"，但他从不认错。

年轻的崔强在仅有的几次讲座上，见到了白发苍苍、意志不摧的王中，感到一股正气飘然灌注于心。

刘长乐调到中央电台当上部门领导后，拉上崔强去看望单位里的老主任、老编辑。那时，大家都住筒子楼，三代人拉个布帘同住一室，来个客人坐都没地方坐，只能站在那儿说话。刘长乐一激动，就提出要给这些老同志盖房子。

崔强后来回忆说："我们要盖房子，别人觉得不太可能，但也没人反对，反正你干好了大家得利，你干不好自己负责。"

说干就干，刘长乐毛遂自荐当了基建领导小组组长，崔强当基建办主任，给老师们和兄弟们盖房子。写了无数报告，找了无数领导，申请钱，申请地皮，拼死拼活干了15个月，把房子盖起来了，而且室内有窗帘盒和壁纸，厨房和厕所里有排风扇和瓷砖，好像真要跨世纪不落后。老师和同事们是敲锣打鼓放鞭炮住进去的。多年以后，大家提起这事还竖着大拇哥说："神啦！"

后来刘长乐因故离开中央电台。走的时候，他把自己喜爱的一堆书送给崔强，对他说："好好干。"过了一年多，他回北京时，专程找到崔强说："你也出来吧，咱们还一块儿干。"

崔强二话不说，同意了。按当时的话说，这叫下海。

什么叫铁哥们儿？不是你叫声哥，我们就成哥们儿了。哥们儿就是永远帮助你，永远支持你，永远对你好的那个人。

崔强说："长乐，我对做生意不在行，也没多大兴趣。我弄一套书吧，叫《中华古文明大图集》。"

崔强就去跑投资，找合作伙伴。

崔强长相英俊，有一张特别诚实的脸，说话特诚恳，让人特信服。他不仅游说了国内大牌媒体《人民日报》投资，甚至把台湾出版界的朋友也说得心痒难耐，投了钱。

崔强开辆老款的劳斯莱斯围着京城到处跑，大学、图书馆、出版社，还有老教授们的家，约顶级的专家，请顶级的写手，找顶级的图片。润笔费太少，拿不出手，崔强的招数是夏天拉车西瓜，挨家给人家降温降暑，冬天拉半车羊肉，让写作班子暖胃暖心……事多心急，开车剐蹭的事就有点多。刘长乐笑他："崔总，你这辆车前后左右都撞过了，就剩车顶没碰了。"话说完不久，崔强打电话来报告，车在二环路上翻了。

因为四轮朝天，这次碰的是车顶。

好在全套重达10多斤的《中华古文明大图集》大获成功，盈利数百万元。结账那天，刘长乐对崔强说："你这几年不容易，拿上这些钱自己去发展吧。"

那时候的几百万元可是一大笔钱，足以叫人几天睡不着觉。但是，崔强第二天就把钱交到柜上了。

他说："长乐，我还得跟着你干。"

外界的朋友说，刘长乐与崔强、王纪言是一个超级三人组合。刘长乐被称为

“老板”，崔强被称为“崔总”，王纪言因当过广院副院长，延续下来的称呼为“院长”。刘长乐敏感而喜欢谋划，崔强稳重理性，王纪言热情诗意。三人的共同特点是从上幼儿园开始就当班干部，都是孩子头儿，都是从最基层干起，一直干到厅局级，都是脑子里创意滔滔不绝，抢话说的主儿。有时三人开会，每张嘴都在说话，弄得刘长乐不得不打断他们：“哎，你们先等等，让我先说完。”还有一点就是他们仨都好像跟睡觉有仇似的，一整宿不睡觉，早上看上去还倍儿精神。

5

从 1984 年 12 月 19 日中英正式签署关于香港问题的联合声明那一天起，全世界都知道 1997 年 7 月 1 日香港要回归中国。此前，邓小平与英国首相、“铁娘子”撒切尔夫人[①]进行了激烈而又不失理智的交锋。

撒切尔夫人说，马克思写了一部《资本论》，可他恰恰最缺资本！

撒切尔夫人说，中国人不懂资本主义，所以管理不了香港。

邓小平说，那我们就找一个懂资本主义的人来管理嘛。

邓小平说，中国 1997 年收回香港的政策不会受任何干扰、有任何改变，否则我们就交不了账。我不解决这个问题，我就是李鸿章[②]。谁不解决这个问题，都是李鸿章。

智者的交锋往往散发出一种迷人的气息，刘长乐为此感叹。

1994 年，距离香港回归只有三年了，刘长乐必须行动了。他和崔强商量，一定要在香港回归之前把卫星电视办起来。在香港注册，在香港办台。国际卫星电视是当时最新的概念，也是影响世界最便捷的手段。在香港办电视台，一是“一国两制”，政策宽松；二是依托大陆，市场广阔；三是文化相通，南北互补。

“立足香港、依托大陆、覆盖全球”，当时就定了这么三句话作为办台方针。

用像风一样的速度影响世界。

刘长乐开玩笑说，咱们的志气不是一般大，而是超级大。

① 撒切尔夫人（1925—2013），英国右翼政治家，1979 年至 1990 年任英国首相，以政策强硬著称。在任期间对英国的经济、社会与文化面貌做出了既深且广的改变，1982 年为争夺马尔维纳斯群岛的主权，与阿根廷爆发了战争。因高调反对共产主义，被媒体戏称为“铁娘子”。

② 李鸿章（1823—1901），安徽合肥人，晚清重臣。一生历经太平天国运动、捻军起义、洋务运动、中法战争、甲午战争、义和团运动，因与列强签订包括《展拓香港界址专条》在内的多个不平等条约，被指责为“卖国贼”。

刘长乐分析了自己这个小公司的优势：第一，了解这个产业，了解它的运营环境和政策空间；第二，人脉关系好，从央视到省市级电台、电视台，都有一个锅里搅马勺的同事、同学，可以找到最好的人才，比如王纪言、余统浩这样的，都是本行业的佼佼者；第三，自己是记者出身，懂传媒又懂管理，还有商业运作的经验，正是“天将降大任于是人也”！

刘长乐郑重宣布，要把这些年赚的钱拿出来，办一个在全世界都能叫得响的电视台。

刘长乐也许低估了困难。在海外做电视，很难自己包打天下，如果想把所有人才都找到，把所有设备都买好，从一张白纸到把电视信号发向天空，需要大把金钱，需要漫长的时间，弄不好就成了遥遥无期的纸上谈兵。

他们庆幸转发器的拥有者是那个严苛的默多克，这使他们有机会去找到一条新的路。

就在刘长乐苦思冥想如何与新闻集团交涉，在“亚洲一号”卫星上立足的时候，余统浩恰到好处地出现了。他带来了默多克因为STAR TV长时间亏损、无法落地而焦虑不已的信息：默多克正在寻找通过与中国媒体合作获得变相落地的机会。

“咱们站在巨人的肩膀上就比巨人还高。”余统浩说。

默多克已经明确表态不希望在香港再出现一个竞争对手，那么能不能与他合作呢？这是个特别难的难题。

默多克公开向中国示好的消息，刘长乐早就听说了，但与他合作的事却最费踌躇。

默多克是公开鼓吹对中国和平演变的人，与他合作会不会事办不成反惹一身骚？自己是否会被人当枪使？发展空间会变大还是变小？将来是否会与合作方发生激烈的观念冲突？

司汤达写过著名的小说《红与黑》，那可是以悲剧结尾的。

还有那些老小愤青，动不动就会说你是汉奸。

不管你的血有多热，情有多深，一旦被误解，多少年都翻不了身。

敢冒这个险吗？

这个决心难下，刘长乐想了好多天。

既然绕不过去，既然不能井水不犯河水，既然必须迎头相撞，那就想一个办法相互拥抱。

拥抱，有时是表示亲密无间，有时是为了把对方的肋骨勒断，有时是庆祝达成妥协。

几个星期后，刘长乐说：“好吧，我们直接与新闻集团联系。”

余统浩把电话打给了新闻集团。

不几天，刘琳达出现了。她身穿白色热裤，配一件鲜黄色的T恤，很酷的样子。她活泼、健谈，说话口气很大，名片印的是“新闻集团中国地区负责人”，但她谁也不领导，专门负责高层公关。

根据极其有限的资料，刘长乐他们知道刘琳达是华裔澳大利亚人，40多岁，在新闻集团任职之前从未到过中国，却得到默多克超乎寻常的信任。

事成于秘

1

刘长乐与默多克方面约定，所有的谈判都在秘密状态下进行。

事成则合，事不成各走各的路，就当什么都没发生过。

中国的事情特别奇怪：有些事明明是坏事，可是任你喊破天也没人管；有些事明明是好事，你敢透一点风立刻被掐死。

所以他们在绝密的状态下工作，连秘书们都不能旁听。

与刘琳达的谈判比较艰难，因为她不懂电视，条件苛刻，不愿妥协。而香港回归的时间却在一天天迫近，现在已经是1995年了。

刘长乐只能亲自到香港与STAR TV高层见面。

新闻集团中国区副总裁、澳大利亚人布鲁斯·多佛清楚地记得当时的情景：

“这位从前门从容走进STAR TV位于香港港口区豪华办公室的健壮、戴眼镜的中国地产开发商，与那些跟世界最有势力的人之一坐下来谈判的生意人非常不一样，默多克虽然已经习惯和世界领袖、亿万富翁、大亨，以及暴君短兵相接，但面对一个要求分享中国一家电视台合资企业半数股权的神秘百万新贵，可是头一遭。”

“身高一百九十公分，体重近一百公斤的刘长乐，是个体格魁梧，但野心更大的男人。他要成为华语电视界的默多克，并拥有一个全球性的电视网。而且，他一面说，一面把高大的身躯安置在STAR TV经理室的一张豪华沙发上，他要利用与默多克一起创办的合资企业，在中国展开他雄心勃勃的计划。刘长乐的言行之中不乏自信与胆识。”

刘长乐就这样结识了有决策权的人物戴格里。

戴格里时任STAR TV行政总裁，是新闻集团的重要人物。他是澳洲人，原是报童，当过排字工人。按咱们中国话说，此人也是个苦出身。后来，他得到默多克的赏识，平步青云，成为新闻集团核心人物。默多克创办英国天空电视台后，与英国传媒打得一塌糊涂，电视台出现巨额亏损。默多克将戴格里派往天空电视台担任要职，戴格里不辱使命，成为天空电视台扭亏为盈的推手。现在受命于危难之际，被派到香港挽救危局。

戴格里不管天热天凉，都喜欢穿一双半高靿的黑色皮靴，走起路来腰板挺直，很自信的样子。

戴格里与刘长乐见面时，在STAR TV行政总裁的职位上已经待了一年半。有人说，这是个了不起的成就，因为他的两位前任因为业绩太差，屁股还没坐热就被调走了。

戴格里是个精明人，一上任就大刀阔斧地把STAR TV前一年的1亿美元亏损砍掉了2000万，结束了一堆乱七八糟的节目及分销合约，并把自己的卫星信号一分为二,一个主要覆盖中国地区，一个对准印度，这使得他的经营颇有起色。

但他也有弱项。他从未在亚洲待过，对中国相当生疏，缺乏得力人手，要想在“长城”上找缝隙，他还需要时间。但是，默多克等不及了，差不多隔一天就打一次电话过来，询问他工作的进展情况。

他的直觉告诉他，他需要一个真正能干事的合作伙伴，这个人必须能替他推开中国的大门。

戴格里与刘琳达的关键不同在于，两个人所处位置不同。刘琳达不当家不知柴米贵，这桩合作谈不成可能不愉快，但不会有切肤之痛；而戴格里身上压着每年1亿美元的亏损，那种心理压力会让人坐卧不安。

戴格里跟刘长乐谈了两个小时后，有了新想法。他说，刘长乐与众多前来献计的人完全不一样，虽然从未涉足付费电视业务，但是他比任何人都更清楚新闻集团在全球各地的运营情况，而且进军世界传媒业的野心可能仅次于默多克本人。

同时，刘长乐对中国法规环境的了解也让戴格里印象深刻。

双方相谈甚欢。刘长乐提议，由他的香港今日亚洲有限公司与新闻集团合资经营一个华语电视频道，双方各占一半股份。这个频道指的就是卫视中文台。

刘长乐说："由于对内地媒体运作尺度、规则的熟知，希望由我方负责节目内容的编辑制作。换句话说，在合资公司里担任行政总裁的应该是我。"

这个条件，让新闻集团颇费踌躇。

多佛后来回忆说："要想说服默多克，可得费一番唇舌。首先，这桩交易打破了他的黄金戒律：绝不拥有不受你控制的东西。他也不相信刘长乐有'关系'可以弄到落地权，而那是他极力巴结中国领导层，并且投下大笔资金后，至今仍得不到的东西。"

戴格里费了很大的劲才能让默多克接受他的想法。他对默多克说，如果刘长乐进来，就算这个华语频道落不了地、挣不到钱，起码也能减少一半亏损。这虽然不是一桩最划算的交易，但在与北京的关系没有解冻迹象的情况下，这种合作会使新闻集团得到一个证明自身实力的机会。

戴格里很有些禅意，退后原来是向前。

人的腰杆和思维在账务的重压下容易找到办法。

2

在得到默多克的默认后，戴格里开始亲自到北京与刘长乐谈判，陪他来的还有两个人：一个是留着"小辫子"的澳洲人、高级广告副总裁，名字是 Robert Blend；另一个是 STAR TV Chinese Programming 的负责人梁浓刚。

他们一共进行了 27 次谈判。从公司结构到股权分配，从人事安排到节目制作，协议是逐字逐句修改的。

双方语言不通，为了便于沟通，开始他们是在黑板上把各自的表述写下来，后来发现不行，黑板一擦，讨论结果就消失了，于是赶快买了一个巨大的教学用架子，挂上可以翻页的纸，每天把讨论的结果用中英文整理出来，分呈双方高层。

会议经常开至深夜才结束，余统浩留下来起草文件，然后连夜由三个新加盟的处级干部潘红星①、吴晓镛②、刘庆东③打印出来，第二天一早由崔强分送谈判对手。

刘庆东记得，余统浩写文件飞快，但不会打字，常常是起草完文件后打电话叫他过来打印。有一天早上，他打了一晚上的文件快完了，办公室进来个美女同事程珊珊。珊珊一惊一乍长吁短叹地说他真辛苦，刘庆东一产生共鸣就有些松懈，

① 潘红星，凤凰卫视中文台前副台长。

② 吴晓镛，凤凰卫视美洲台台长，凤凰卫视美洲分公司总裁。

③ 刘庆东，凤凰卫视国际运营副总裁。

起身到小卖部买了包烟。他没存盘，回来一看电脑屏幕完全吓傻，那里一片空白。他忙问："咋回事？我打了半天的东西呢？"程珊珊说："我也不知道，我一按键怎么什么都没啦？"

余统浩当场被气个半死："你这个程珊珊，自己不学习，还乱动别人的东西！"

美女哆哆嗦嗦吓跑了，刘庆东叹口气又从头开始。

创办凤凰卫视的谈判时间之长、之艰巨，快赶上巴以和谈了。

每次谈判都极其保密，除了几个核心人员，谁也不知道谈的是什么，只是从人们越来越轻松的表情上，判断事情进展还算顺利。他们每天谈完就去吃饭。那时候紫金宾馆附近有个"驴肉王"饭馆，有一天大家高兴，就点了最贵的"全驴宴"，驴头肉、驴耳朵、驴杂碎什么的，最后上来一盘菜叫"驴三件"。Robert Blend 好奇地问："驴三件是什么东西？"刘庆东就给他解释："驴三件相当于男人和雄性动物身上的那三样东西，女的没有。中国人有一个说法叫吃哪儿补哪儿，所以你多吃点有好处。"Robert Blend 脑子灵，很懂中国人的幽默，伸手把这盘东西端到自己面前说："这一盘是我的了。吃哪儿补哪儿，今天晚上我就给老婆打电话，说我吃了驴的那个东西，我补成驴的那个东西就不得了了。"

梁浓刚光笑，对这些东西碰也不碰。

3

梁浓刚是一个活得非常精致的文化评论家，大到身上穿的西装，小到就餐用的纸巾，都讲品牌，甚至一生只喝一种牌子的矿泉水，大陆没有这种牌子的时候，他恨不得自己带着水过来谈判。他的英文非常好，好到可以一字不落地用原文高唱甲壳虫乐队的经典歌曲，但他一说普通话，大家就得竖起耳朵，听得很辛苦。好在他文字表达能力强，出版了两本品位很高的书——《回归佛洛伊德——拉康的精神分析学》《快感与两性差别》。

香港知名文化人陈冠中说："我的旧上司梁浓刚，一方面研究拉康，另一方面在电视台任职高层。也许那一代香港文化人就是这样，见多识广，游历丰富，但却不太张扬，无论干了多少很值得称道的功业，总是好像什么事都没有发生过一样。"

梁浓刚是谈判的主力，也是戴格里的翻译。

刘长乐的秘书兼翻译段敏说，梁浓刚这位谈判代表出现得恰到好处，他是比较传统的香港人，一是对中西文化特别了解，会沟通；二是对 STAR TV 的业务熟悉，两边的意思他都懂。最主要的是，他了解戴格里的想法与习惯。这很重要，因为好的翻译有时候需要准确完整地表达，有时候要稍微润色一下再表达，把金刚怒目的气氛变得柔和一点，要不然就可能谈崩了，僵在那儿了。特别是双方在谈节目审查权的时候，事关电视台的命运，中方坚决不让，一定要拿在自己手里，结果谈判陷入僵局。

关键时刻，是梁浓刚把本来已经很对立的情绪给调节过来的。最后，戴格里终于同意把节目审查权交给刘长乐。

这不仅是一个英文程度的问题，也是一个倾向性问题。

在新闻集团与凤凰卫视达成合作意向这件事情上，梁浓刚立了功。

他后来一直在凤凰卫视担任常务副行政总裁，直至退休。

4

1995 年的春天，段敏她们这些秘书经常听到刘长乐等人在办公室里讨论电视台的名字，但灵光一现的时刻是在香港某家酒店。

当时是这么想的，电视台的名称一定要有中国特色，按地域来叫，可以叫“长江”“黄河”，缺点是这些名字有点像我军英雄呼唤炮火的暗号，何况那时候已经有了山西省的黄河电视台，再叫“长江”有点搭着人家名字走的嫌疑。“长城”“牡丹”的名字也想过，好像都不那么靠谱。后来刘长乐按照中西融合的路子，想到了中华文化的三个图腾：第一个是龙，但龙在世界各地并不都受欢迎，特别是西方人，他们把龙当成凶恶的形象；第二个是麒麟，麒麟名字还行，但样子不太招人喜欢；第三个是凤凰，凤凰比较飘逸，五色兼备，西方人容易接受，但却有个涅槃的说法，不知道是否吉利，也比较折磨人。

按照民间的理解，涅槃就是圆寂、往生。其实，中国文化中并没有“凤凰涅槃”的说法。这一说法，是郭沫若为了歌颂“五四”狂飙突进的时代精神，把埃及（一说希腊）神话里的“不死鸟”（Phoenix）自焚后将灰烬放进蛋壳，飞送到太阳神祭坛上再生的故事加以改造，结合中国佛教“涅槃”的转世说而创造出来的概念。

由于这个新的传说与中国民族复兴的精神契合，所以被民众所接受，呼唤中国如凤凰般浴火新生。这个新生的意境，也算是对刘长乐传媒人生的一个暗喻吧。

反复对比，最后决定叫“凤凰卫视”。

与龙相比，凤凰柔和，不事张扬，却又曼妙。

《诗经》曰：凤凰于飞，翙翙其羽。

《左传》曰：凤凰于飞，和鸣锵锵。

《离骚》曰：吾令凤鸟飞腾兮，继之以日夜。凤皇（凰）翼其承旂兮，高翱翔之翼翼。

这是个很中国的名字，也是一个寓意交汇融合的名字。俗话说，一阴一阳谓之道，一凤一凰谓凤凰。凤为雄，属阳；凰为雌，属阴。在中国文化里，阴阳相合，此消彼长，是宇宙万物运行之道。

既然以“凤凰”为名，就要在形象上与凤凰“名副其实”。戴格里联系了一家美国设计公司叫 Three Ring，为凤凰卫视设计 LOGO。

这一天，紫金宾馆来了位美国老太太 Phyllis Seifert。刘庆东说，此人看不出年龄，反正一看就是个老太太。Phyllis Seifert 双手 10 个指头上戴了 8 个戒指，特有艺术气质。Phyllis Seifert 不会说中文，但是懂英文的兄弟们都哆嗦了一下，因为她说设计费是 40 万美元，当时约等于 400 万元人民币。

中国老话说，便宜没好货，好货不便宜。敢开这样的价，说明人家这公司实力不俗。刘长乐心想时间不等人，就是她了，赶紧把自己找到的各种各样的凤凰形象找出来给她看，介绍中国的图腾文化，连说带比画地要求这位美国老太太设计一个西方人能够接受和理解的东方传媒形象。

美国老太太看了半天听了半晌，眨巴眨巴眼睛，终于明白了。她特认真地说出她的心得：“噢，凤凰是会在天上飞的一种大鸟。”

她明白了，刘长乐却傻了。这样的人能设计出有中国特色的台标吗？

他很快就发现担心是多余的。

美国老太太又来了。这一次，该她震撼凤凰的团队了。她手里拿了一摞 A4 纸打印的卡片，全是凤凰的图案，一张一张摆开，把大会议室的桌子、椅子、地上全摆满了，古代的、现代的全有。等大家看完，老太太阐述了自己的设计理念，然后像开党小组会一样，三人一组分组讨论，汇总意见上报组织。

刘长乐相中了一个由两只凤凰组成的团凤形象。不过，这个图案每只凤凰只有双尾，中心位置上也没有现在的凤冠。经过几个回合的反复探讨，这两只凤凰变成了三尾，LOGO 的中心多了一个凤冠。凤冠为两只凤凰共有，表达的是中西文化融合。同时，它又像一只注视着世界的眼睛。LOGO 的颜色是明黄，但又掺杂一些热烈、耀眼的红色。

刘长乐向外界解读这个 LOGO 的寓意时说，一凤一凰两只鸟，盘旋飞舞，共容在一个圆内，如阴阳太极图。一是说明东方特色的凤凰台是东西传媒合作的产物；二是两只凤凰尾部呈弧形打开，寓意以开放的姿态融入世界；三是两只团凤本身构成一个地球，寓意凤凰将把影响力扩大到世界。

5

1995 年 6 月，北京颐和园将要闭园的时候，一艘可容纳 200 人的巨型龙船悄

在颐和园的湖光山色中，刘长乐与戴格里（左一）完成了催生凤凰卫视的关键性谈判

然驶出，刘长乐与戴格里、崔强、王纪言、余统浩、梁浓刚等人徜徉在湖光山色之中。

轻风拂面，谈笑风生，丝毫没有剑拔弩张的氛围，但所有人心知肚明：此次谈判涉及凤凰卫视的股权分配问题，这是合作的要害。那一天，刘长乐是说话最多的一个，前 30 分钟，签约的事一字没提，只是给戴格里讲解颐和园的历史和掌故。戴格里听得眉飞色舞，无形中为双方最后签约创造了好的氛围。

关于股权，刘长乐建议，考虑到央视的影响力与人脉，可由央视在香港的公司控股凤凰卫视 10% 的股权，这将对解决凤凰在内地的落地问题有所帮助。经过请示老默，新闻集团同意了这个建议：凤凰卫视由新闻集团和刘长乐旗下的今日亚洲公司各控股 45%，由央视的香港公司控股 10%。

不知何时，月牙悬空，鸟惊匝树，凤凰卫视呼之欲出。

双方达成合作意向的那天晚上，刘长乐在北京西山的一个会所举行了级别相当高的酒会，与戴格里以及 STAR TV 副董事长、默多克长子拉克兰一起开怀畅饮。拉克兰非常高兴，结果喝醉了。他给老爸打电话说，刘先生很能喝酒，把我灌醉了。

电话那头的默多克很冷静地说，东方人喜欢和朋友开怀畅饮，喝得多说明是好朋友，但我希望不是酒帮助你们达成这个协议的，而是你们有成熟的想法。

1995 年 8 月底的一天，小雨淅淅沥沥下个不停。正在央视五套制作《中国冠军录》的广院学生潘力接到他的老师钟大年教授语调急促的电话，让他带上摄影设备，火速赶到人民大会堂，为老师的老师王纪言拍东西。拍什么？不知道，保密。

潘力和一个同学火速到了，接头的人把他们带到二楼一个会议厅里等着。那个厅叫什么名字已经忘了，他只记得从窗户可以看到天安门和长安街。从那时起，潘力不断地被不同的人告诫，事前不能问，事后不能说。潘力跟个磕头虫似的不停地点头，心想我谁也不认识，想泄点密也泄不了哇！

不多时，刘长乐和崔强、王纪言、余统浩进来了，戴格里、拉克兰、梁浓刚也来了，陪同的人有段敏、李辉、宋莹坤。在这群人里，潘力只认识王纪言。由于不知道拍什么，潘力和他同学开机就拍，围着这群人转来转去，累得“两头大汗”。

潘力说，我记得人们落座后，刘老板和颜悦色地向老外们介绍了人民大会堂和窗外的天安门，然后一行人转入另一间大厅，大厅正中放一长案，上面放着待签文件。段敏招呼大家站好，刘老板和戴格里各自落座签约。

这时候潘力才明白，凤凰卫视就此成立了。

下午，潘力赶到紫金宾馆，把录像带交给王纪言。王纪言首先客气地对潘力同学饿着肚子工作的精神表示感谢，然后话锋一转，坚定地说：“拿回去，让你们钟大年老师编好后交给我。”

现在想来，这也许是凤凰卫视的第一份影像资料。

新闻集团专业化程度如雷贯耳，他们的主要领军人物都是在传媒一线的战火硝烟中拼杀出来的，特别看重实战经验。戴格里从小在家乡小报当报童、印刷工，经过层层打拼，最终才从人堆里冒尖出来，因此他不大看得起大学教授，认为教授可以夸夸其谈做学问，不能扎扎实实做电视。

签约之后，他问刘长乐：“刘先生，请问由谁来主导电视节目制作？”

刘长乐一把拉过王纪言说：“是这位王先生。他是广播学院的教授。”

戴格里狐疑地看了王纪言一眼，没有说话。

眼前这个人，虽然骨骼粗大，手掌有劲，不戴眼镜，有强悍之气，但教授的身份……唉，事情可能要糟糕。

直到戴格里退休要离开香港时，他才端着酒杯对王纪言说了实话：“我现在可以告诉你，我当年最看不上在传媒界工作的教授，特别不愿意聘用教授管理传媒业。我害怕你把电视台办糟了。”

这是可以理解的。在国外，那些潜心学术的教授们一般是不操作传媒业具体事务的，理论专家的动手能力可能弱一点。但国内完全不一样，中国电视起步晚，电视台从成立那天起，做节目就跟广播学院绑在一起，广院的教授就是节目的策划人和编导。

王纪言从参加中日合拍的《丝绸之路》开始，在教师的岗位上 20 年从未离开电视前沿，“过了把瘾，练了把活，认了把人”。而这批人，后来成为中国电视大发展过程中一些关键人物。这些经历，让王纪言不仅没有把事情办糟，反而游刃有余。

第二章

另类　长成“四不像”就对了

（1996—1998）

五色兼备　混血儿的美丽与茁壮

1

“所有的道路都通向城市。”比利时诗人凡尔哈伦如是说。

作为时代与社会变迁的隐喻，诗人暗示了城市是世界权力与财富中心。

1996年3月初，凤凰卫视第一批骨干进入香港。

香港虽然没有笑容，却还是充满了关怀，这种关怀表现在到处都有要求你守法的提示，要求你用克己的行为维护公共的利益。还有，各个楼群伸出的雨檐，让你躲开艳阳和雨水。香港人的生存智慧让香港这个名字早已不再是一个地理学上的意义。这座城市，回归之前的GDP三倍于上海、五倍于北京，相当于一个土耳其或半个俄罗斯。

通向这座陌生城市的路是通衢大道，还是条死胡同？

漂泊是一种生活，也是一种状态。人类本身就是不断漂泊的种群。不管你是否愿意，漂泊的命运一定会在前方等着你。不论是灵魂，还是身体。

就在凤凰卫视积极准备立足香港的时候，历史上的第四次台海危机正在发生：针对甚嚣尘上的“台独”势力，解放军先后在东海、南海和台湾海峡进行了大规模的联合演习，海、陆、空部队展开三栖登陆、空降及山地作战演练。与此同时，台湾空军和飞弹部队也进入最高警戒，美国方面命令“独立”号航空母舰战斗群前往台湾海域与“尼米兹”号航空母舰战斗群会合，台海局势骤然紧张，“好像只要丢下一根火柴棒，爆炸就可能发生”。

3月8日，解放军的4枚“东风”15导弹以一小时一枚的间隔，从福建省内的一条铁路上喷火而起，预定目标区域为台南高雄以西47英里处。在当天开幕的全国人大会议上，中国重申将继续奉行“和平统一、一国两制”的政策，但同时也强调，中国将“绝不允许任何势力以任何方式改变台湾作为中国不可分割的一部分的地位”。

而在这一年的年初，香港特别行政区筹备委员会在北京召开了成立大会，国务院、中央军委公告称，解放军驻香港部队将于1997年7月1日0时正式进驻香港。

这一系列重大新闻事件似乎预言着凤凰卫视的历史使命，让刘长乐这个搞新闻出身的人热血奔涌。

那时候，中国人经常会用不同的心情、不同的理解重复毛泽东的一句话：“美帝国主义和一切反动派都是纸老虎。”默多克是美国人，不管他是真老虎还是纸老虎，他毕竟给了刘长乐这个并没有真正操作过电视台的年轻人一个很大的平台，使他从一开始就站在了一个制高点上，避免了万事从头干起的艰难与风险。

那时候，“借船出海、借鸡生蛋、借梯上楼”的理念很时髦，凤凰这些嫁接到老默这棵美国大树的中国传媒人，要站在老默的肩膀之上，向世界发声了。

野蛮生长，带着青春逼人的气息。

与新闻集团的合作是股权转换方式的合作，STAR TV 中文台以前的运营费用，包括亏损，都与凤凰卫视无关，凤凰卫视运营费用按股东持有的股权分摊：双方各出45%，央视香港公司出10%。由此，STAR TV 中文台现成的架构全部并入了凤凰。

在大时代开始的时刻，刘长乐是一个幸运者，凤凰卫视的诞生，使他们得以在国际媒体业的高点上出现，在东西文化互补性上创新，在两岸三地华人融合上发声。

新诞生的凤凰有“三结合”：富有激情的内地媒体人与严谨、专业的国际媒体的结合；西方媒体创新能力与东方媒体厚重知识底蕴的结合；东方管理智慧与西方企业制度的结合。

王纪言说，凤凰要面对世界华人，单纯依靠香港、台湾的传媒人，单纯依靠大陆或西方传媒人，都不可能像现在这样具有博大的包容性和创造性。

中国有一句古话：纳天入怀。

凤凰如果容不下所有这些传媒人，就撑不起这片天。

2

凤凰的主持人里，第一个找到的是体制外的许戈辉；接着，从美国回来的陈鲁豫出现了。这俩人都曾在央视主持过节目，有媒体经验，英语水平高，又“无业”一身轻，很顺利就加入了凤凰。

1996年3月20日下午，天下着小雨，凤凰紧急招聘来的主持人陈鲁豫、许戈辉，音乐制作人黄小茂，体育记者孙艾琦，由潘红星带队，忐忑不安地来到了深圳罗湖海关，准备过境香港。因为时间紧急，他们拿的是七天内必须返回的旅游通行证，陈鲁豫甚至连这种证件也没来得及办，只拿了一个美国的什么证件，准备以过境为由进入香港。这五个人都没有到过香港，心情有点紧张。办手续时，他们排成一队，鲁豫排在第四，潘红星负责断后。前面三人还行，都进去了，轮到鲁豫，卡住了，海关警员说，鲁豫过境需要有赴美国的机票才可以。

这下完了，那边三人，这边两个，没辙啦。潘红星做了一个痛心的决定，留下鲁豫，其余四人先走。那时候，大家都穷，没有手机，潘红星跑出去找了个公用电话，让深圳的联系人过来接应鲁豫。

鲁豫那会儿就是一张娃娃脸，她跟在潘红星身后可怜兮兮地说，你们不能扔下我一个人走哇，要不就买一张去美国的机票吧！潘红星摊开手，咱哪买得起去美国的机票哇！你放心，马上就会有人来接你的。说完，把鲁豫交给联系人就走了。

鲁豫噙着泪站在那儿，潘红星都没敢回头看。

等潘红星过了关，已经晚上 8 点多了，只见戈辉等三人都没敢走，饥寒交迫地坐在楼梯上等他呢。好悬，再过几分钟，最后一趟火车都赶不上了。

好在第二天，鲁豫顺利过关到了香港。

香港人讲粤语，于是，会讲广东话的窦文涛、梁永斌出现在人们的视野里。窦文涛是余统浩的部下，当时已经在广东电台干了七年。余统浩和王纪言为了说服这位小弟，把他拉到一个小屋子里头，向他描绘凤凰的未来。窦文涛直听得如入仙境，天花乱坠，当场激情四射地同意加盟。不过，狡兔三窟，文涛留了一手，为了防止丢了社会主义的铁饭碗后再被资本家解雇，要求在自己的合约上多加一项工作：撰稿人。

后来，香港同事让他撰稿，他嘟嘟囔囔地说，为啥不让许戈辉写呢？她文笔很好呀！同事说，人家是主持人，你是主持人兼撰稿，责任不同呀！

主持人团队里还有后来在《还珠格格》里演皇阿玛出名的张铁林，游泳名将庄泳，演员柯蓝。

3

STAR TV 总部设在香港红磡海滨广场一座，那是李嘉诚的一处上好的地产。凤凰卫视办公地在九楼。九是中国最大的阳数，但愿这是一个好兆头。

1996 年 3 月 31 日晚 7 点，STAR TV 中文台信号停止播出。同时，在一家酒店的大厅里，张铁林、许戈辉、李辉、陈鲁豫、窦文涛、柯蓝、庄泳、梁永斌列

开台首日，刘长乐与凤凰卫视部分主持人合影留念

队站定，宣布凤凰卫视正式开播。

那天的编导创意超强，鬼使神差地借用了香港电影表现黑社会大佬的手法，找了一个特殊的摄影队，室里室外都打上灯光，窦文涛跟张铁林，坐一辆锃明瓦亮的金黄色劳斯莱斯，唰地停在了酒店门前，然后一边一个从车里钻出来，摘了墨镜，手插在西装裤兜里，左顾右盼一番，神气活现地走进了酒店大厅。

张铁林：大家好！欢迎收看“群星相聚凤凰台”。

许戈辉：今天是凤凰卫视开播的日子，也是一个非常有纪念意义的大日子。

李辉：全球有 50 多个国家和地区的人能看到我们的精彩节目。

窦文涛：你会发现我们凤凰卫视中文台有很多不同类型的节目。

此时凤凰卫视的 LOGO 如飞鸟一般旋转而出，有着朝阳一般的色彩。

然后是新加坡人张妙扬深厚的旁白：凤凰卫视中文台，开创新视野，创造新文化。

镜头一转，刘长乐出现在镜头之中，编导给他的任务是介绍凤凰卫视名字的来历：“凤凰是中国古代的民间传说中的一种吉祥鸟，是百鸟之王。它是中华民族一种图腾的象征，我们的祖先用它来寓意美满吉祥。这种鸟，它的声音响亮，羽毛秀美，舞姿也非常动人，我们用这样一个图腾，这样一只吉祥鸟的名字，命名我们新的中文电视台，目的是要延伸和拓展中华民族的智慧和理想。”

此时此刻，仰望“亚洲一号”卫星，他想，原来这颗卫星是为凤凰卫视而生。

有人说，卓越的人有三条命：性命、生命和使命。它们分别代表着生存、生活和责任。

在时代的风声里，他们等到了自己的使命。

凤凰卫视的架构如下：

刘长乐：凤凰卫视董事局主席、行政总裁

崔　强：执行董事、常务副行政总裁

梁浓刚：执行董事、常务副行政总裁

王纪言：执行副总裁、中文台台长

余统浩：执行副总裁

杨家强（原 STRA TV 财务高管）：执行副总裁

王纪言的本行是电视，主管节目和公关传播，余统浩是搞广播出身，改行去管经营，主管广告和入网（落地）。财务和人事由杨家强主管。

如果从大的结构上划分，凤凰卫视行政管理归合资方新闻集团负责，节目、发行及广告经营归刘长乐负责。节目的编辑制作，大部分是由 STRA TV 以承包的方式运作。

新闻集团在运作和管理上，有一套成熟而独特的风格。大约是为了鼓励竞争的缘故，凤凰各级主管的职位很接近。例如，台长，副台长，助理台长，台长助理……好像每个岗位的人都不用太担心你走了公司会找不到替代者；而每个部门需要多少人，基本上也是和工作量挂钩的。正常情况下，一些单位有 10 个人的工作量就配备 10 个人，或者 12 个人，以便有人生病或出差，替补队员能跟上来。但凤凰的人力设计却是每个部门都缺人，三个人的工作两个人干，踮着脚，摸不到，跳一跳，够得着。当业务扩张太快的时候，才开始逐渐增加人手。它似乎暗合了这样一种逻辑：不需要让人吃得太饱，七八分饱的状态是最好的。吃多了人就懒了，总想睡觉不想干活；吃少了，又过于饥饿，不利于身心健康。

凤凰卫视开播那一刻，凤凰高层管理人员开始碰杯。

他们喝的是王纪言珍藏的一瓶法国高级红葡萄酒，1976 年出产。事实上，他们根本无心品酒。STRA TV 中文台的原班人马（多是港人）和凤凰卫视的人马（大陆人和台湾人）不仅大多互不相识，而且个个心中无数：一个新频道出生了，在这个风云险恶、利欲熏心、成王败寇的世界上，它到底能走多远？

这个百十号人马的电视台，全年的广告收入4000万港币，运营成本1.5亿港币。今后是柳暗花明谱新篇，还是继续赔本唱老调？如果接着赔，相信就是默多克这样的大佬也会心如刀割，玩不下去的。

有人甚至暗暗请香港、台湾著名的风水大师来这里看了风水，风水大师说，STRA TV八楼大厅与凤凰卫视所在的九楼正中有一个楼梯信道，这个信道就像一个大漏斗，把金钱和运气都流走了，所以STRA TV才会年年赔钱。必须请一尊护法神镇守着这个漏斗，凤凰卫视才能盈利。

不久，一尊铜铸护法神立在了这里。

这时候，刘长乐也是睁眼闭眼，宁可信其有，不可信其无。

4

后来担任凤凰中文台副台长的程鹤麟有感于开播日的忐忑和主持人的不伦不类，套用内地忆苦思甜一首儿歌，诌了首不伦不类的诗，以不伦不类的方式载入史册：

不忘那一年，
天上布满星，
凤凰卫视开大会，
我们开播了。
忆昔碰杯时，
相互不熟悉。
偷偷看两眼，
各自想心事。
这正是：
赵钱孙李，周吴郑王。
天地玄黄，宇宙洪荒。

陈鲁豫说，我要鼓足勇气，才敢看1996年的3月31号那天晚上拍的照片，因为非常非常傻，每个人都很傻。特别是张铁林，脖子老是梗着的，那个劲儿老是拿着，像跳新疆舞。

张铁林因为那段时间电影严重不景气，滞留于香港徐克导演的电影工作室。

无奈之下，他在STRA TV中文台开了一个叫“电影世界”节目，这个节目延续到了凤凰卫视。张铁林没有可怜自己，倒是心疼陈鲁豫和许戈辉，他说，当时，鲁豫和戈辉两个就像掉了队的小鸭子，每天下了班之后无所事事。

张铁林跟窦文涛是邻居，两个人的办公桌就隔着一块板。只见窦文涛桌子上像戈壁滩一样荒凉，每天都是一摞报纸一个茶缸子，除了去做节目就是坐在那里望着天花板……张铁林说，我那会儿特别佩服窦文涛，不知他哪儿来的那么大的定力，沉着镇定。

凤凰卫视当时只有一个真正自办的节目《相聚凤凰台》，其余节目都是外购或是STRA TV中文台延续下来的。

5

就在陈鲁豫、许戈辉、窦文涛他们觉得挺迷茫、挺没有目标的时候，凤凰卫视却带给中国内地节目以极大的冲击。

布鲁斯·多佛在他的《默多克的中国大冒险》中写道：“凤凰中文台的出现，为中国电视产业的改变带来了巨大的催化作用。由于凤凰中文台是个综合娱乐、中文发音的频道，因此让中国观众首次见识了与严肃的国营电视台截然不同的节目形态。凤凰台挟着创新的节目、电脑制图，以及流畅的呈现技巧，震撼了中国观众——虽然人数有限，但影响极大。它采用一群上镜头的女记者和男主播，把西方式的新闻与时事节目带到观众面前，且那些俊男美女是真的外出采访，而不是面对着灰暗的摄影棚布景，坐在主播台上乖乖地念着稻米产量的数据。1998年，当时的总理朱镕基在一场记者会上宣布，凤凰台已经成了他最喜欢的电视频道时，他是道出了大多数观众的心声。不到一年，央视就投资了数千万美元添置新的制作设备及摄影棚，并开始推出一些新的新闻与时事节目，与凤凰台较劲儿，而那些节目又被全国每一家电视台仿效。”

凤凰引进了一些大陆人从来没见过的节目，如台湾的《非常速配》《性爱学分》《我猜我猜我猜猜猜》，这些节目一个最大的特色就是把中国人平时最羞于说出口、很严肃的事变得很娱乐、很坦率。台湾美学教授蒋勋说，人最深最深的心事，在语言里面是羞于见人的，所以它都是伪装过的，随着时间、空间、环境、角色而改变。语言本身没有绝对的意义，它必须放到一个情境里去解读。在这样的节目里，人们终于找到了一个光明正大倾听男女私事的理由，可以了解另一种人生观和世界观，他们很少受到性教育，凤凰卫视也许是最先为他们补课的媒体。

凤凰卫视内部的人们更多的还是在揣摩他们的老板。

每个公司的员工都想知道刘长乐究竟是什么人，他的经营目标和经营理念，他的人脉与背景，他是严厉还是和善、刻薄还是厚道。

那时，刘长乐为了理顺凤凰的内外部关系，差不多每周都要往来于大陆、香港之间，一直没有在内部管理层开过会、讲过话。员工们称他是“神秘的大佛”。

开播5个月后，1996年8月，刘长乐召开了全体管理人员参加的战略研讨会，地点在香港皇朝会会所。

与湾仔君悦酒店相邻的皇朝会是香港上层名流贵胄耳熟能详的名字，这个高档会所只接待自己的会员，入会费30多万港币。选择在这里开会，公开的理由是办公楼空间太小，而刘长乐真实的想法是为了向内外各界显示实力，还想让大陆来的管理人员长长见识，了解一下什么叫贵族、什么叫资本主义。

不巧，开会那天刘长乐发烧了，体温38℃多，脸都烧红了。但那一天的讲话很重要，不能不去。他敷了一阵冰袋，开始了演讲。会场里除了七八个大陆来的凤凰高层，其余20多个都是港人。

刘长乐没有讲稿，只有3页纸的一个提纲，上面用粗笔写着很大的字。

他先讲了变化：

几个月以来，STAR TV的人突然觉得身边多了一帮人高马大的“强人”，街上走，两个人一并排就把人行道占严了；坐电梯，人家往里一瞅就不敢上了；听话音，粗喉咙大嗓子全是北方话；看领带，个个牌子都是“金利来”。又过了一阵，发现这些人静悄悄地变了，衬衫、领带的牌子变了，西装改手工缝制的了，“金利来”改成“登喜路”了，“土八路”变成“洋八路”了。

众人就笑。

变化就是新鲜，就是风格。

话锋一转，他宣布了凤凰卫视的政治抱负、经营目标和理想：

一、我们已经做了什么

一次历史性的整合。

一次前无古人的“联姻”。

二、凤凰的文化理念

为中华文化的弘扬，

为两岸三地及整个华人世界的融合，

为祖国大陆的进步开放，

为中华民族的兴盛，

效劳。

三、凤凰三年的经营目标

财务目标：三年实现收支平衡，力争第四年上市。

业务目标：三年内成为除CCTV外最具影响力的华语电视台。

四、我们的优势

地缘优势——地处香港　游刃有余

人文优势——三地精英　相得益彰

合资优势——实力雄厚　后劲十足

基础优势——原体健康　市场现成

时间优势——继往开来　时逢大运

五、我们要解决的矛盾与问题

渴望高质量节目和低成本经营运作的矛盾。

规范化商业性电视台和不规范、封闭型大市场的矛盾。

强化自我宣传和低调谨慎姿态的矛盾。

既要迎合观众和又要遵守各种法规、政策的矛盾。

要继承更要开始。原始创业时只要挑战公认的正统思想即可，再创业时则须有挑战本身信念的雅量。

最后，刘长乐引用了六句著名的中国古训作为凤凰的行为原则：

志不坚者智不达。

——《墨子·修身》

合军聚众，务在激气。

——《孙膑兵法》

大丈夫处世，当交四海英雄。

——《零陵先贤传》

备周则意怠，常见则不疑。阴在阳之内，不在阳之对。太阳，太阴。

——《三十六计》

是故智者之虑，必杂于利害。杂于利，而务可信也；杂于害，而患可解也。
——《孙子兵法》

乐天知命，故不扰。
——《周易·系辞上》

刘长乐喜欢古代经典中的短句，寓意深刻，读来似有金石之声。

讲完了，底下有人笑了。

刘长乐说，本来以为他们会摩拳擦掌、热血沸腾呢。

尤其是在他说“三年实现收支平衡，力争第四年上市，三年内成为除 CCTV 外最具影响力的华语电视台”时，底下爆发出的不是振奋人心的掌声，而是意义不明的笑声。

老板确实是发烧了，不仅说梦话，还说疯话。

梦话和疯话是会让人发笑的。

墙上画的饼好看不好吃，作为凤凰管理层的成员，他们认为老板给股东们画个饼是可以的，但是也不能画得太大，太大人家就不信了。也许他们发笑的原因是觉得饼画得太大，看上去不像饼而像个气球。

凤凰卫视当时共有 108 人，从 STAR TV 接过来的账本上显示，中文台全年的广告收入是 4000 多万港币，支出是 1.5 亿港币以上。累计亏损约 2 亿美元。

商业性的卫星电视台，亏损期一般是 5 年，5 年内只有投入，没有产出。很多投资者没有挺过这 5 年，就一头栽了下来。进入中国的境外电视台没有一家赚钱的，境外卫视台的台长，没有利润指标，全是减亏指标。一般都这样说：“第一年只能亏多少钱，第二年减半，第三年打平。”

因此，业内称卫星电视是个“烧钱”的行业。所谓“烧钱”，意思是你的钱多到可以烧着玩了，才能考虑去办卫星电视。当卫视的老板，需要有足够的心理承受能力，看着成百上千号人放火“烧钱”而镇定自若或者做出镇定自若的样子，不容易。

随着人员和投入的增加，凤凰卫视要真正实现盈利，大约需要 3 亿港币的收入，这 100 多号人，平均每人每年需要挣 300 万元。台下听讲的弟兄们想，我们哪有这本事呀？

那一天，潘红星本来没去参加会，半道上让他去送材料，才进了会场。潘红星是刘长乐在中央电台工作时的部下，后来跟刘长乐一起到香港创业。他看见了那些让人不舒服的笑，但表示理解。他说，那些业务增长表、广告创收增长表都是我按照高层的要求画出来的，上面写着第一年收入多少个亿，第二年收入多少个亿……我边画边想，天下没有免费的午餐，就这几个人几杆枪，上哪儿去挣那么多亿呀？转念一想，嗨，反正是忽悠老外的，让我画我就画。谁愿意相信谁相信，反正我不信。

那天，他承认"刘长乐的思路完全超出了我们思考的范畴"。

超出思考范畴是不行的，因为刘长乐那天宣布的实际上就是企业经营指标，就是分配给他们的任务。

众人没被吓傻已经算心理素质很坚强了。

6

刘长乐被这笑声刺痛了：人生无梦，枉过一生。

人类所有的光荣都是梦想的复制品。

无梦的人生乏味而庸常。

所谓梦，不是现实的翻版，也不能空泛缥缈，应该天马行空，思接万里，有鸟语花香，也有刀光剑影。刘长乐的传媒梦，就是向一切有识之士提供一个做梦的舞台、一个造梦的空间。

20 世纪 40 年代，毛泽东穿一身土布棉衣，坐在延安杨家岭的黄土坡上，兴致盎然地看着他为打破经济封锁而开出的菜地。那时他还是一个吃不饱穿不暖的"非法武装"的首领，却底气十足地对着一群怀揣理想的年轻人讲了愚公移山的寓言故事：中国古代一个名叫愚公的老爷爷门前有两座大山，他嫌这山太碍事，就带着自己的儿子每天挖山不止，要把大山挪到渤海边上。有个老头子名叫智叟的看了发笑，说是你们这样干未免太愚蠢了，你们父子数人要挖掉这样两座大山是完全不可能的。愚公说，我死了以后有我的儿子，儿子死了，又有孙子，子子孙孙是没有穷尽的。这两座山虽然很高，却是不会再增高了，挖一点就会少一点，为什么挖不平呢？愚公批驳了智叟的错误思想，毫不动摇，每天挖山不止。这件事感动了上帝，他就派了两个神仙下凡，把两座山背走了。

随后，毛泽东说了一句很有名的话：下定决心，不怕牺牲，排除万难，去争取胜利。

愚公真的傻吗？未必。智叟真的有智慧吗？也未必。愚公能感动上帝，但智叟就不可能感动上帝。

能说感动上帝的人傻吗？

这个世界没有奇谈怪论没有奇思妙想，不就太单调了吗？

导师和门徒的区别在于导师专门想门徒不愿想不敢想的事。

刘长乐解释说，媒体企业与其他行业既相同又不同，媒体人既是奇思妙想的设计大师，又是一砖一瓦盖房子的手艺人。创意产业的从业者，必须做到用力、用心、用神。用力比较容易，但也不是所有人都可以做到；用心，就是认真去做，有一定的难度；最后就是用神，要做到出神入化更加困难。聪明不等于智慧，聪明人不用力、不用心、不用神，只是小聪明。

此后，刘长乐在凤凰内部批了半年“智叟”。

智叟也有用处，智叟就是企业内部的反对派，他们的横挑鼻子竖挑眼，会让愚公想更多的办法去感动上帝。一个企业在有人反对时会得到更大的前进动力。

这次会议，被称为凤凰历史上的遵义会议。

后来，凤凰的研究者发现，凤凰的行动策略，都可以在那六句著名的古训中找到出处。

如果没有影响，就想个有魔力的点子

1

刘长乐从凤凰创立那天起，就开始为这个媒体的生存而搏命。

香港的传媒企业是个讲究预算的地方，在广告收入不到实际支出三分之一的情况下，被批准的节目预算可以一分不少地花出去，白花花的银子流水一样投入，上亿港币要从刘长乐的兜里掏出去。

这个兜不是取之不尽的聚宝盆，长此以往，就会变成一个掉了底儿的漏斗。

这是一块压在凤凰身上的石头。

要改变，需要埋头苦干，更需要一战成名。

如果没有影响力，就想个有魔力的点子，创造影响力。

研究、论证、争执，黄花菜早凉了。

必须一步跃上一个高度。

如果你是一颗太阳，升得越高越能让更多人看见你的光芒。

媒体的魅力在于它可以创造历史和记录历史。

这是让刘长乐着迷的。

凤凰初生，需要爆发，需要一个有魔力的点子。

于是，他们与那个外号叫“小黑”的人握手了。

2

小黑者，柯受良也。

一个从社会底层奋斗出来的人。

柯受良从小生活在台湾的渔村里，16 岁时到台北当一个洗车的小混混儿。他的长处是酷爱骑摩托，而且胆艺过人。1982 年，29 岁的柯受良首次到香港为影片《最佳拍档》做特技，他驾驶摩托车从一栋商业大厦的三层破窗而出，飞降地面的时候，惊呆了在场的人，也惊呆了港台影视圈。不久他在台湾驾跑车飞越了近 45 米宽的峡谷，又驾超级跑车在欧洲飞越了一条车辆穿梭的高速公路。

小黑有了“中国第一飞人”的美誉。

1992 年 10 月，柯受良在北京驾驶摩托车越过了金山岭长城。飞越完成后，有记者问柯受良：“你的下一个目标是什么？”沉浸在成功喜悦中的柯受良随口答道：“黄河。”

君子无戏言。

在之后的几年里，柯受良真的开始筹备飞越黄河了。这个总在要求自己飞翔的人已经不能不飞。

小黑放弃了电影圈的活动，放弃了生意，甚至卖了房产，把资金集中起来，还专门注册了一个“飞越黄河有限公司”。但他一个台湾艺人，资金和能力毕竟有限，尤其是他将飞越地点选在黄河的壶口，壶口的两边一边是山西，一边是陕西，想协调两个省把屁股坐在一起合作“飞黄”，可能比飞越本身还难。一直到 1996 年凤凰卫视开播时，飞越黄河依然还是一个纸上的策划。

小黑原以为自己是长天一啸，却不小心差点成了苍天一叹。

巧了，在小黑仰天长叹之时，刘长乐的朋友、外号“黑子”的王彦军和北京赛特文化公司的董事长宗璐璐把柯受良飞越黄河的企图心告诉了他。刘长乐一听很激动，这件事如果独立地看，也许就是个热闹，但如果把它与凤凰卫视铆足了劲要直播香港回归的事联系起来，意义就大了：凤凰在香港回归前，让自己有足够的影响力和关注度，才能一战成名。而飞越黄河，是一次直播预演，是一场备受关注的热身赛。

这就是刘长乐正在百般寻找的有魔力的点子。

那一天，正在台北小酒馆里喝闷酒的小黑接到刘长乐的电话，凤凰卫视愿意全资赞助并全程直播他飞越黄河。

小黑说，凤凰卫视救了我的命。

而小黑没有想到，凤凰也从他的灵感里汲取了丰富的营养。

为此，凤凰花了1200万元人民币，他们购买的是思想观念，这个“点子”含金量十足。

1996年11月9日，在北京梅地亚宾馆，凤凰卫视、北京赛特文化发展公司和柯受良正式签订了合约，定于1997年5月底6月初，由柯受良先生驾驶汽车从黄河的一岸飞越至另一岸，地点为黄河壶口瀑布。

凤凰卫视作为本次活动的主办单位之一，提供全部资金。

刘长乐任命崔强为这次活动的总指挥。

20多年前，崔强下乡到山西河曲县五花城村，住在山顶废弃的窑洞里。从山顶上眺望黄河，九曲十八弯，宛如一条彩练蜿蜒在浑黄的山间，那种苍凉之美伴他度过了一段艰苦的日子。

凤凰卫视与柯受良在北京签约合作飞越黄河

崔强听到要驾驶汽车从黄河这边飞到那边，脑袋“嗡”的一声就大了。不说别的，那里前不着村后不着店，没吃的，没住的，手机连信号都没有，千军万马集中在那个地方，有人伤了病了，没有直升机根本别想运出去，到时哭都来不及。

这是凤凰的第一个电视行为，也是风险最大的电视行为。新闻集团方面不同意参与这个行动，他们说风险太大，万一出现闪失，不仅是柯受良的闪失，更是凤凰的闪失，有可能是对凤凰品牌一个毁灭性的打击。另外，高风险的电视行动很难拉到赞助。

品牌风险大，投资难度大，不应介入。按常规思考，没错。

但是，凤凰不搏命，怎么会有知名度？面对一个不可多得的创举，是机遇还是灾难，不同的心态会产生不同的判断，刘长乐认为，这事风险再大也要干。

崔强说，有时候，刘老板是很牛劲的。

刘长乐告诉他，按照力学理论计算，驾车飞越黄河应该是有惊无险。

3

转眼开春了，凤凰兵分三路与小黑一起筹备飞越黄河。

一路人马由刘庆东负责，任务是配合小黑训练。汽车是小黑的团队从日本买来后改装的，然后他们到东莞、西安去训练，论证、测试跑道和降落场的长度、坡度数据。

人命关天，大意不得。

第二路由加盟凤凰的中央文献出版社原副社长周志兴带编导宋彦俐、张绍刚、李家琦等人，协调两个省、两个地区、两个县做好筹备工作。这个公关范围上至国台办、国家旅游总局，下到搭台子的木匠头儿，不论是管天的还是管地的、管吃的还是管住的、管唱歌的还是管道路的，从“县官”到“现管”，哪一路神仙都得拜几拜。他们还负责拍一部造势的电视专题片《飞越黄河》。

第三路负责组织在黄河上施工，搭飞越平台。这平台，不光是一条跑道，还是一个舞台，从天空朝下看是一面国旗横跨在壶口瀑布上。这个组光是买材料就花了几百万元。

三路人马只有第一路任务相对单纯，可是他们偏偏出了事，差点把小黑送上奈何桥。

那是为了筹款。刘庆东陪小黑到玉溪卷烟厂表演，目的是打动企业赞助飞黄。

这样的飞车表演，本是小事一桩，将一块木板搭成跳板，摩托车高速冲上跳板后腾空飞越一段距离后落地，表演即告结束。但在试车时，却发生了意外。当车的前轮高速冲上跳板时，跳板瞬间被冲开一个大洞，摩托车连轮一沉就翻了跟头，柯受良像颗子弹一样射了出去，肩部着地，疼得面容扭曲。

问题出在跳板上。

柯受良有一个助手，大家叫他呆呆。呆呆人很好，话不多，却也真够憨的，他铺设的跳板居然不是真正的木板，而是经高压处理的蔗渣纤维板。这块板子看起来很结实、足够厚，却是真正的“豆腐渣”板。

在后来柯受良住院的一个星期里，见到呆呆就开骂。不管怎么骂，呆呆只是不吭声，忙来忙去照顾师傅。事后才知道，这个呆呆一点不呆，当时已经暗中与一位西安女孩儿私订终身，分了心，哪能不出事!

刘庆东遇事爱瞎想，越想越后怕：一是如果跳板再结实一点，试车时承受住了，而在正式表演时破裂，那地上躺着的10个人全得血肉横飞。二是柯受良虽然受伤，但幸无大碍，只是锁骨脱臼，如果摔个严重骨折，飞越黄河这事就彻底玩儿完。

好可怕，没法想。

柯受良反过来安慰刘庆东，我命中注定要靠拼力气赚钱，一生从来没有闲下来过。演过电影，当过导演，人家记不住，只会记住我怎么玩命的。

说实话，当时凤凰卫视凭自己的力量搞这么大规模的直播是有困难的。在策划之初，凤凰高层就把中央电视台拉到了主办名单上，挂名的是央视文艺中心，挂帅的是时任副台长赵化勇。好在原来都是同事，哥们儿弟兄，讲义气，把凤凰的事当自己的事来办。

崔强和赵化勇是两个电视台的飞黄总指挥，陕西、山西两个省各出了一名副省长任副总指挥，省以下各级组织也定一个负责的头儿，以示高度重视。

央视来看地形的是当过春晚导演的大胡子张晓海一行，周志兴代表凤凰负责接待。周志兴对中央电视台的人很有好感，他们聪明、敬业、能吃苦、反应快，基本上都是人尖子。

事实上也是这么回事，中央电视台在现场18个机位、3架直升机、3个微波站，从空中、地面采集的信号直接打到卫星上，两个频道现场直播，转播人员、编导、技术保障、卫星传输大约200人，全都没有说过费用的事，确实有点扶植小兄弟的味道。当然也免不了牛气哄哄。

周志兴还记得张晓海第一次给他打电话的情景：“老周，我不知道你原来在什么单位工作，我们是中央电视台，前面是中央两个字，你懂不懂？”

周志兴目瞪口呆。

到了壶口现场，张晓海递给周志兴一部对讲机："老周，你是总指挥，我给你这个对讲机，我什么时候叫你，你什么时候到我这儿来！"

张晓海是王纪言的学生，由于执导过央视春晚，中国演艺界明星大腕都曾听命于他，专业和头衔让他得到了应有的尊敬，也让他有了一套让人乖乖顺从的说话方式。

不过，他也有碰到对手的时候，比如陈鲁豫就治服过他。

陈鲁豫还在广院上学的时候，一天，王纪言带着一群人呼啦啦进来。其中一个大胡子就是张晓海，他是为一个新的栏目挑主持人的。台下是播音系 88 级、89 级的学生，还有英语系的陈鲁豫。

试镜开始了。每一位候选人要做一段现场采访，被访者就是张晓海，采访内容不限，可以把张晓海假设成任何一个人。

播音系的女孩儿一个个上场了。她们声音圆润、吐字清晰，几乎每个人都有着修长的身材和飘逸的长发。

从张晓海礼貌的表情可以看出，他没有惊喜。

轮到陈鲁豫上场时，张晓海眼神里有一丝不易察觉的不耐烦，毕竟他已经站了两个多小时。陈鲁豫对张晓海并不了解，只知道他是中央台文艺部最有潜质的年轻导演之一，广院毕业，仅此而已。但她隐约记得中央台文艺部还有两个大胡子导演：赵安、张子扬，也颇有名气。于是，她的第一个问题就从大胡子开始："为什么文艺部的导演都留大胡子？你、赵安、张子扬。"张晓海愣了一下，鲁豫紧接着提出了问题的关键："你们三个人是中央台最年轻有为的导演，你们之间的竞争厉害吗？"

后来，张晓海多次提到鲁豫对他"恶狠狠"的采访，说那些问题一个比一个尖锐，逼得他没处躲没处藏。但是那天，他当场就选中鲁豫主持《艺苑风景线》。

张晓海需要对手，但在他看来，凤凰卫视并不是他的对手，而是他的扶贫对象。

那时业内普遍认为凤凰卫视顶多算个县级电视台，而中央电视台是直属中央的，从中央到县，差四个级别，所以他们和凤凰卫视的合作，完全是对凤凰的慷慨支持。

4

壶口瀑布位于陕西省宜川县和山西省吉县之间，是中国的第二大瀑布。

黄河流到这里，如寒光闪闪的一把大砍刀，将秦晋高原劈为两半，豁开一道深不见底的峡谷。250米宽的河谷骤然收缩成30余米，形成“听之若雷霆之鸣，望之若虹霓之射”的大瀑布。冼星海、光未然观之，写出千古绝响《黄河》，几乎成为民族的精神图腾。

然而，伴随大壮美大风光的往往是大空旷大苍凉。

壶口所属的这两个县都是穷县，何况壶口还距离这两个穷县县城几十公里开外，生活保障非常不易。

壶口附近已经集合了近千人了，施工搭台的士兵与民工、排演节目的两省歌舞演员、两家电视台的大队人马，还有小黑请来呐喊助阵的港台、大陆演艺明星……歌星那英也得住八人一间的县招待所。

这大队的人马，人人要吃要喝，每人一天吃三顿饭，补助5块钱，再弄俩鸡蛋弄瓶矿泉水什么的，一天就得支出几十万。如果再给歌舞团的好几百号人置办服装行头，那窟窿就更大了。

崔强觉得自己浑身的油水都被榨干了。

幸亏央视财大气粗，他们的队伍都是自己保障，器材、设备没向凤凰要一分钱。不说别的，如果哪一天人家说，喂，咱们把直升飞机的账结一下，凤凰就得背过气去。

在事情终于有模有样的时候，大家几乎同时意识到一个严重的问题：壶口没有电。于是，两个省的副省长被请过来紧急开会。

崔强介绍情况后说，建议从陕西省宜川县拉一条电缆到壶口，解决转播用电问题。但宜川方面说，两个省合力办的大事，却让一个穷县出钱，也太强人所难了吧！问山西，山西那边“王顾左右而言他”。毕竟两个省为办这事都花了百万以上的银子，再挤也挤不出什么油水了。

这时候，张晓海站起来，面对着一群高官，用一种不容置疑的权威口吻说：“各位领导听好了，我们是中央电视台，前两个字我想大家都懂，我们是代表中央的。中央之后，就是电，说明了电的重要性，没有电，就不叫电视台了，也完成不了中央交给我们的任务。大家想一想，是不是很严重？”接着，他索性下达了任务：“宜川县的领导来了没有？来了，很好。你们一定要在5月30日前把电缆拉到壶口，耽误了就是你们的责任。”

全场哑然。

听惯了好听话的官员们猛然听到这种强势的表达，很不习惯，也很不自在，但问题就这样解决了。两个省在投入百万的基础上，又承诺各省的电各自解决，负责把电送到壶口瀑布各自一侧 30 米的地方。

崔强说，我是总指挥，我都不敢这么说话，这个张晓海他敢，关键时候还真能“镇”住台面。

5

吴小莉来到壶口的时候，小黑飞车的跳台已经搭好了。

小黑黝黑的脸上看不出心情。他看到小莉，过来摸摸她的头说：“丫头，你来了，也不过来打招呼！”

小莉像个男子汉般用力拍拍他的肩。

小莉的节目脚本上设计了一段访问，是她和另一位主持人朱军在跑道上寻问小黑起飞前的心情。彩排时，她兴高采烈爬上跑道，却见搭建工人像中了邪似的惊慌大喊：“女士不能上跑道，女士不能上跑道！”挥手让小莉下来。

原来小黑迷信，“女士不能上跑道，更不能碰他的战车！”这条跑道是他的圣地。

小莉嘴里虽然嘟囔着“小黑哥重男轻女”，但还是赶快下来了。“只要小黑哥心里舒坦就好。”

当晚，四个主持人对稿，吴小莉是凤凰卫视的唯一代表，分工她和朱军在山西起飞现场，周涛和张政在陕西落点现场，节目两边穿插播放。

这时她才知道，飞越黄河是现场直播，中央电视台一套、四套，凤凰卫视，香港无线、亚视，台湾中视届时将向全球播报。张晓海担心节目现场主持人说话“擦枪走火”，严厉地对所有主持人说：“脚本上的稿，一个字不能改！”

吴小莉明白，这是冲着她来的。

中央电视台对主持人的训练，一向是照着本子走，生怕一字不慎出现错误。台湾主持人在央视录播节目已经有过多次，但参加现场直播，这还是头一遭。

吴小莉有点慌乱，她自认记忆力不好，尤其是背不了不是自己语气的文稿，一来担心主持起来不像自己；二来害怕达不到“一个字不能改”的要求。

当晚小莉紧急和王纪言商量，最终达成一致，既要尊重中央电视台的要求，又要体现凤凰的香港媒体特色，允许吴小莉“照着稿子的原意，以自己的口气顺一顺”。

5 月 31 日，壶口狂风。

彩排照原计划进行，但摄像机最怕漫天的细沙，他们没有开机，只让表演人员分别在山西、陕西两个大舞台上走位。

来自黄河两岸的锣鼓队、腰鼓队呼呼啦啦几百人往台上拥，又是第一次，场面那叫一个乱。

由于这也是唯一一次彩排机会，脾气本来很好的副导演周小冬也忍不住发火了，在台上连声大声叫："当地领导在不在？有临汾地区的领导在吗？到台上来！马上到台上来！"

连着喊了几遍，才看到台下站起一个人来，用同样大的嗓门喊："我是临汾地区的副专员安永全，凭什么让我上去，你为什么不能下来？"

谁也没有见过这种阵势，全场顿时僵住了。

张晓海不知从什么地方出来了，他几步跨到安副专员面前，瞪了安副专员十几秒钟，然后对着安副专员鞠了一个大躬，一字一顿地说："安专员，我张晓海记住你了！"

如果不在现场，可能觉得这动作这语言也都没啥大不了的，但实际上，张晓海和安副专员两个人鼻子尖之间的距离，不多不少正好能塞进一根手指头。眼睛则喷射着怒火，一眨不眨，直刺对方。

有人说，这种剑拔弩张，是京官与地方官互不示弱的表现，特别是两个人都血气方刚。

谁也不怪，大家心情一样沉重，明天就要正式飞越，可眼前的狂风和漫天黄沙一点没有消停的意思，把大家弄得灰头土脸，比兵马俑还丑。

小黑看着这一切，一言不发，脸色阴沉。毕竟明天只有他才是唯一的主角，玩命的也是他。众人排练完毕时，只见他在刘德华、曾志伟等人陪同下，来到跑道上，向着准备飞越的方向跪拜上香，向上苍祈祷。

那一刻，所有的人都在心中祈祷明天的壶口风调雨顺。

凌晨1点，壶口宾馆里灯火通明，会议室内，所有台前幕后工作人员仍在一段段对脚本流程，因为舞台现场无法架机进行演练，所有上片头、进影片、换场景，都只能在纸上练兵。张晓海面色凝重地说："兄弟姊妹们，咱们明天是'带机彩排'了，大家切实照着流程走！"

临睡前，吴小莉去看了一下小黑哥，见刘德华、赵传一伙朋友正陪着他，但他坐不住，一会儿回房里走走，一会儿说上香拜佛的时间到了。小黑的小儿子更禁止任何人提到飞越黄河的事，佯装明天只是普通的一天。

凌晨两点多了，仍夜不能寐。崔强和赵化勇不约而同来到了黄河边。壶口瀑布的水声震耳欲聋，四周一片漆黑，只有舞台上亮着一盏灯，那是一些搞技术的人还在做最后的调试。

赵化勇说，老崔，有个事咱们交换一下意见。

崔强说，我也有个事要和台长交换一下意见。

他们想的是同一件事：万一柯受良飞不过去，掉下去了，怎么说？

怎么说？不知道。按照直播程序，飞越成功后，压轴戏是刘德华等演艺明星和小黑合唱一首歌，把节目推向高潮。这个直播程序里，没有规定失败后怎么办。但是如果真的车毁人亡呢？

两个人面向着黑暗中咆哮的黄河，一言不发。

半晌，赵化勇说，我们要向全国人民负责，要对两家电视台负责，万一发生不幸，要继续直播。这是我们中国人在母亲河上挑战自我，挑战极限，向世界展示想象力和创造力。是挑战难免有失败，失败也是一种激励，激励我们进行新的挑战，直到成功。

他们紧紧握手。

四只手连接的是两颗颤抖的心。

这就是男人。

6

突然，本该安静的夜晚人声杂沓，喇叭声不断，仔细一看，糟糕，通往壶口瀑布的唯一通道挤满人与车。陕西、山西的乡亲和远道而来的参观者，全都赶在半夜抢进现场，打算露宿壶口，等着看柯受良飞越黄河。

其实，早在 5 月 31 日上午 10 点就开始往壶口放行车辆了。

在香港回归之前飞越黄河，这件事，激发了中国老百姓内心蕴藏了许久的民族自豪感，在那么穷、那么偏远、地形那么复杂的地方，两岸聚集了大约 1 万辆大小汽车。通向壶口的公路很窄，很快就堵得水泄不通。崔强与两个省的公安、交管部门的头头研究开进方案，掐着表算，停车、验证、再启动需要 15 秒，1 分钟 60 秒通行 4 辆车，一个小时 60 分钟，可放行 240 辆车，一天 24 小时，两边才能放行万余辆车。所以从 5 月 31 日就开始放行。

第二天天刚亮，就发现两岸已经堵了好几百辆车。陕西这边急了，上来一个旅游局的局长，五大三粗的一个人，他走到验证的地方，上去就踹了指挥人员一脚，给我放车！你还验什么证啊！这很有魄力的一脚，使陕西这边堵车不太严重，该进的人都进去了。但是山西那边不太幸运，没有这么个敢踹人的局长，还在那儿严肃认真地验证呢，千军万马堵在那儿动不了窝。

刘长乐恰好是陪一位领导从山西那边过来的，等他们终于明白这条路就是天王老子的车也过不去时，立刻下车急行军往壶口赶，七八里山路，走得大汗淋漓。

凤凰公关总监王多多带一台大巴，拉20多个港台女记者，从西安开夜车来到壶口，大家慌慌张张下车，想找个山坳方便一下。可她们还没蹲下来，就看到头顶满山的人影朝圣似的往壶口这边涌，再往远看，只见两边的山头上成千上万的人坐着、蹲着，等着看飞越黄河。

港台女记者们只好脱了外衣互相挡着方便。然后约定，从飞越那一刻计算时间，如果成功，大家一个半小时后回来登车，如果不成功，3个小时后见。

传媒大学的女硕士、编导张力也随凤凰的拍摄团队站在了壶口，她的父亲刚刚因为车祸去世，母亲也受了伤昏迷不醒。她站在母亲的病榻前，泪流满面。苏醒过来的母亲说："孩子，走吧，工作要紧，有你哥哥嫂嫂陪着我就行，我们会守在电视机前看你的节目。"

中国母亲总是这样深明大义。这是传统。

张力说："那段时间真难熬，白天工作，晚上想家。尚未康复的母亲天天会与我通话，问我为什么看上去无精打采，衣服为什么不选颜色鲜艳一点的……"母亲的关怀就像一支强心针，她时刻会提醒自己：精神点，妈妈在看。

7

1997年6月1日，离香港回归还有整整一个月。

飞越黄河是以迎接香港回归祖国为名义举办的。周志兴说，我到今天也没有弄明白飞越黄河和香港回归有什么关系，要是有什么象征意义的话，飞越失败了，我们的麻烦大了。

但这时候，飞越黄河本身已经有了自己的生命和意志，已经不容策划和创造它的人想什么了。

壶口天气不错。

柯受良神闲气定。

组织者们的神经却随着飞越时刻的临近越绷越紧。

在空中拍摄壶口的全景，场面壮观。

山西一侧是260米长、5米宽的跑道，由铁制的架子、厚厚的木板铺就，从黄河边的路上开始，笔直地伸向壶口瀑布；陕西一侧是铁架子和木板搭成的落台，上面堆满了纸箱，这是让小黑哥安全降落的缓冲物；在跑道和落台稍前的位置，是一个硕大的舞台。舞台上是巨大的国旗和象征香港回归的紫荆花。

“大家好，我是中央电视台节目主持人周涛，我是凤凰卫视中文台节目主持人吴小莉……”凤凰卫视和中央电视台第一次联手制作主持的飞越黄河现场节目，开播了。

不料，风又刮起来了。

主持人的头发已经开始随风乱舞。

众人一边悬着心，一边等待着。

上午 11 点，跑道头传来消息，“柯受良已经披挂停当，准备提前飞越。不然情绪会下来。”

主持人接到命令“节目更动，随时准备飞，你们随机应变！”

吴小莉和朱军乐得丢掉脚本，开始将现场万头攒动的壮观和昨天彩排被暴风吹成泥人的真实感受一一告诉观众。同时强调，原定飞越黄河的时间要提前。

吴小莉站在正对壶口瀑布的位置，可以清楚地看到小黑要飞越的那生死攸关的 50 米空间。只见小黑戴白色头盔，穿大红的赛车服，手擎三炷香，跪在了跑道

这辆汽车高高飞翔的瞬间载入了中国电视直播史册

的尽头。

脚下黄河奔腾，腾起的水雾随风打在人脸上，构成强大的威慑力。

心理素质差的人不要说飞越，就是向下看一眼都可能心脏痉挛。当飞越这事与生死相连时，再好的车手也会紧张万分。

小莉忍不住心里直念：“阿弥陀佛！”

只见小黑钻进跑车，嘭地关上门。跑车加速，10 万观众屏住了呼吸。

突然，嘎！跑车突然在跑道中间急刹车！车的惯性把跑道的木板刨去了薄薄的一层。

“哦！我的天！”小莉捂住了嘴，生怕这一声轻呼会直播出去。但是她却听到了偌大的壶口瀑布上空，10 万观众齐声发出的惊呼。

各种耳语传来：

“一定是故意制造紧张效果！”

“他是不是害怕啦？”

白色的跑车慢慢倒回到出发点，柯受良出来稳了稳神，又一次钻进车里。

全场鸦雀无声。

引擎再次怒吼，一道白光唰地闪过，只见汽车飞速掠过跑道，略一扬头，飞向空中，如白色闪电霹雳掠过，呼啸着冲向西岸的平台。轰然一声，摞成两层的缓冲物四散惊飞，又骤然收拢，小黑的车被埋在里面，只露出一个车顶。

用时 1.58 秒。

欢呼声响起来，又突然静了，因为车子飞行的距离明显不够，没有飞到降落区，而是冲进了缓冲区。

10 万双眼睛眼巴巴地看着那堆纸箱子。

车里，小黑好像在解固定身体的装置，也可能在流泪，他的头盔挡住了摄像头。整整 20 多秒过去，他还没有出来。这时，有人敲车窗，他终于打开了车门。

欢呼的人们冲了上去。

一个工作人员向着对岸仰头做了一个喝庆功酒的动作。

壶口上空回荡着小黑的声音：“感谢我的家人对我的支持，感谢中华儿女对我的支持，谢谢大家！”

后面原来还有节目，但是，不管是多大的腕儿，刘德华也好，那英也好，一概都不演了，演员们冲过来，争着与柯受良拥抱。

散落在壶口各处的几十位凤凰人热泪飞溅。

吴小莉说，这次飞越黄河，飞过的不只是壶口瀑布，更飞越了两岸三地电视人不同文化背景的鸿沟！

来不及庆功。记者要立刻发稿，编导要立刻编片，崔强等人要保护被人群围得寸步难行的小黑一行安全撤离。

王多多立刻招呼20多个港台记者上车，她命令司机，必须在夜里12点前赶到西安。“我们要向世界发稿。”她底气十足地说。

那司机原是个北京知青，后来阴差阳错落户陕西，当时已是年近五十。他头天夜里开了八九百里山路来到这里，饭没吃觉没睡，又要开回去，不禁面带难色：这一车宝贝疙瘩，万一出了事咋办？

王多多和累极了的记者们上车不久就睡着了。凤凰的另一位王姓姑娘往嘴里塞了几片黄连素也睡着了——因为任务太重，上厕所太难，她不吃饭却吃了一瓶黄连素，说这是她发明的可以多天不用上厕所的高招。

王多多是被司机大呼小叫的吵架声惊醒的，她以为出了事故，但睁开眼环顾四周，车还在行进，记者们都在沉睡，司机在跟谁吵架？

仔细一听，司机是自说自话。

司机的体力已经到了极限，每分每秒都可能睡死过去，他必须大声跟自己吵架才能保证车辆向前。

王多多坐到他身边跟他说话。知青哥哥，你不能睡，我们要赶回去发稿。

然后他们大声说着毫无意义的笑话，摇摇晃晃驶向西安。

看见西安城的时候是晚上10点，“知青哥哥”踩了一脚刹车，对王多多说，我没有误事，快打个电话叫公司再派车来接你们。说完，他立刻睡死了过去，谁叫也不醒。

8

1997年是凤凰卫视最艰难的时期，折腾一年多了，还没弄出多少头绪。此次与CCTV联手搞“飞黄”现场直播，观众遍及中国及世界30个国家和地区，电视转播车一直开到“壶口瀑布”悬崖边上，吊足观众的胃口。数以亿计的观众从来没见过凤凰的LOGO，这次被CCTV掀开了盖头。业内人士称：这一次，凤凰卫视借助“上帝之手”，打进了一个精彩的“进球”。

此次直播，凤凰卫视投资1200万元，几乎倾囊而出。刘长乐当时面临的压力很大，但事后证明：这场豪赌，凤凰卫视赢了，CCTV也赢了，凤凰赢得了声誉，CCTV赢得了一个实力不俗的对手。

有时候，对手是我们最好的朋友，是成功的磨刀石。不是有句著名的话吗——

"如果想成功，需要朋友。如果想非常成功，需要敌人。"

2003年12月9日，柯受良在上海因哮喘猝然病逝。

就在两天前，他还因为在上海的飞车计划取消而与记者进行了最后一次对话，他说，飞车是我的工作，不是有了名气就不做了。

他还说，我是个非常努力的艺人，这么多年，我的努力没白费。

他的悲剧，似乎在印证一句古诗：时来天地皆同力，运去英雄不自由。

小黑曾在一首专门为他而作的歌里唱道：

盼望一天你会看见
我是真的改变
但没有脸来要求你等一个未知天
只恨自己爱冒险
强扮英雄的无畏
伤了心的诺言
到了哪天才会复原

柯受良多次说，飞越黄河是他一生中最风光的。如果没有凤凰卫视，飞越黄河根本不可能完成。其实，感谢是互相的，飞越黄河对凤凰的意义也非常重大。

吴小莉说，人类因为有梦想而伟大，小黑哥是一个很义气的男子汉，很男人，很英雄……

刘庆东说，小黑在天堂里一定拥有一辆他最喜欢的车，而那里再也没有危险。

读到这些话的时候，刘长乐的眼里噙满了泪水。

从娱乐至死到新闻立台

1

"我们将毁于我们所热爱的东西！"

这句看似没头没脑的话，却是一种严重的警告。

美国传媒学家尼尔·波兹曼说，有两种方法可以让文化精神枯萎：一种是让文化成为一个监狱，另一种就是把文化变成一场娱乐至死的舞台。

波兹曼的成名之作就命名为“娱乐至死”。这本书的封面上画了四个围着电视而坐的人，他们只有身体，没有脑袋。

波兹曼认为，电视是对思考和阅读的哀悼，电视弱化了人们的思考能力，阅读的理性被抛到了九霄云外。

娱乐不会让人们有性命之忧，相反，人们热爱无所不在的感官刺激，沉浸在放纵、庸俗的文化中，而对它的危害毫不察觉。波兹曼悲愤而又无奈地写道：“政治、宗教、新闻、体育、教育和商业都心甘情愿成为娱乐的附庸，毫无怨言，甚至无声无息，其结果是我们成了一个娱乐至死的物种。”

戴格里掌控STAR TV时，办台方针是“娱乐娱乐再娱乐”，他和他的老板默多克坚信，美国人的电视性格和电视格调对全世界都极具号召力。凤凰接手STAR TV中文台时，自办的节目只有一个《相聚凤凰台》，从STAR TV延续下来的节目，除一个深夜播出的财经节目外，其他全部是娱乐节目。

因此，凤凰卫视成立时一个记者也没有，更没有外出采访的任务。主要是包装、翻译一些海外娱乐节目热热闹闹地播出，供人哈哈一乐，还挺节约成本。

但刘长乐是搞新闻出身的人，他认为新闻将有更多的收视率和影响力。客观上，1997年大事不断：2月19日邓小平逝世，7月1日香港回归，8月30日的英国王妃黛安娜车祸，都是世界瞩目的重要事件。特别是邓小平逝世的消息，凤凰是世界上最早知道这一消息的电视台之一，但是，因为没有自己的新闻节目，无法即时播报，而让香港的一家电视台抢了先。

凤凰卫视是第二天以特别节目方式报道这一消息的。

刘长乐坐在电视前，难掩饰心中彻骨之痛。

除了对邓公的追悼，还有一个专业新闻人的职业之痛。

这件事，本来是该由凤凰卫视首先告诉世界的，却因为缺少新闻平台而失之交臂。

这种遗憾终生的感觉是非专业人士很难体味的。

刘长乐抢新闻是一把好手。

想当年，台湾飞行员李大维驾机投奔大陆，他得知这一消息后，谁也没请示就狂奔机场。去福州没有票，他就紧急飞往上海，转飞福州，千辛万苦说服军区首长，对李大维进行了录音采访。采访结束，他飞奔到中央台福州记者站，想把录音用微波传回北京。技术人员说，这玩意儿太先进了，没有人会用，都生锈了。

他掉头又跑到机场，说服一位机长把录音带回了北京。潘红星千难万难地进到首都机场的停机坪，拿到带子，连夜层层请示，终于得到主管宣传的高层同意，在第二天中央电台的新闻与报纸摘要节目中播出。这条新闻不仅成为当年最为震动的新闻之一，也成为北京广播学院的录音教材。

刘长乐的一个想法越来越坚定，娱乐只会“至死”，一定要靠新闻立台。

凤凰卫视回归新闻的想法，遭遇了新闻集团的反对。

提出异议的是曾经极力赞同与刘长乐合作的戴格里。

他认为，世界电视趋势或者说电视市场化的趋势是娱乐、娱乐、再娱乐，新闻这条路是行不通的。那时，凤凰的编导基本上是STAR TV的原班人马，他们编个新闻节目也要习惯性地“娱乐”一下。窦文涛说：“凤凰第一年的时候，香港导演让我和小莉在节目开始时，镜头边上一边站一个，一喊开始，我们就要像只兔子啪地跳出来，对着镜头喊道：‘Hi，大家好！’这不是我能干的事，我在镜头前特别丑，很差劲。”

2

从1997年年初，凤凰卫视开始筹备新闻节目。

刘长乐让潘红星负责新闻节目，规定了一个“另类”新闻路线：凤凰新闻要与央视完全不一样。

中央电视台新闻联播靠短和即时性取胜，新闻都是按秒来计时，咱们即时性比不过人家，就在长度和深度上下功夫，在视角上找亮点。每一条新闻都要照着3分钟、5分钟去做，一期节目24分钟，大概也就五六条新闻。

另一个“另类”的办法就是节目名字一律由港人来起，大陆新闻人的思维有定式，死板，香港人起的名字反而活泼一些。那时，广州到香港刚有了直通车，负责节目包装的港人程国华想出的新闻栏目名字叫“时事直通车”。

刘长乐一听，就是它了。

所谓“直通车”，还是香港回归的一个政治概念，意思是1995年港英政府主导下选出的香港立法机构，可以过渡到1999年。但是后来这一方案因种种原因没有实施，却被凤凰卫视的第一个新闻节目借用至今。

新闻是雷区，是“双刃剑”。

凤凰偏好“时事”而回避“新闻”，搞《时事直通车》，有点障眼法的味道。把那些有分量、有影响的新闻事件报道拉长到3~5分钟，甚至10分钟，尝试进行深度分析和解读。除了让观众感受不一样的播报方式，还有一点给自己留退路的意思：这不是新闻，而是时事分析。

刘长乐在大陆权威新闻机构做了10年记者，对中国新闻的口径很清楚。比如，发布一个人去世的消息，用“享年”还是用“终年”，一字之差，就有政治态度上的亲与疏。一个记者的稿子写出来，在编辑删改后，还要经过至少两道审查，红笔圈点几遍，你的文章不仅变了样，而且变了味。

删改是一种痛苦，也是一种教育，刘长乐的稿子给人家改过无数遍，也无数遍改过别人的稿，所以，对新闻稿中什么能说，什么不能说，什么能变着法说，什么连碰也不要碰，统统了如指掌。套用一句“文革”语言，早已是“铭刻在脑子里，融化在血液中”了。

3

潘红星在狭小的办公空间里找到一处放杂物的拐角，又打掉了另一间办公室的墙，使这里变成了一个宽2米、长8米的窄条形办公区，虽然每一个经过这里的人都要侧身而过，但凤凰的一个新物种就此正式诞生了。

新闻主播定的是吴小莉和窦文涛。

凤凰卫视开播时，吴小莉是STRA TV中文台驻台湾公司的负责人。这是一位直觉特别敏锐的新闻人，也是一位敢于只身闯天下的姑娘。从小在眷村长大的她因为学习成绩好，深得老师宠爱，老师将班上三个成绩最好的女生，命名为大当头、二当头和三当头，吴小莉自然是大当头。有一次午休时间，班上男生不肯睡午觉，全部躲进男生厕所，并挑衅柔弱的女警卫股长说：“有胆进来捉呀！”吴小莉知道后，头也不回，直冲男生厕所，大喝一声：“你们给我出来！”吓得一帮男生个个屁滚尿流，乖乖就范。这使她创下小学六年级就进过Men’s room的极高知名度。

大学毕业，吴小莉进入台湾华视成为出镜记者，七个月后坐上主播台，很快就红透全台湾。台湾媒体报道说，小莉长得眉清目秀，无论是何时何地总是以微笑待人。记得她刚上新闻主播台时，以一口标准的国语为大家分晓天下事，好像是隔壁家青涩小女孩儿在说故事……

1993年，STRA TV正式向吴小莉提出邀请，希望她前往香港主持财经类专题节目《台湾财经眺望》。

吴小莉是个格局较大的女孩儿，她想让自己的节目让更多人看到，决定接受总部的邀请。

公司的长官兼好友提醒她：“香港有‘九七’的问题，怎么办？”

小莉笑着回答:“我就是想去看‘九七’，这是百年碰不到一次的事。”

长官说:“那里如果不好，你就回来！”

“甜姐儿”正式到香港工作不久，经历了一些从来没有经历过的事。香港房租的昂贵和文化、语言的不同经常让她有挫折之感。她租一间斗室，在地上铺一张床垫，就成了家。要买一只电灯泡，因为店家听不懂普通话也听不懂英语，只好回家拿一只旧灯泡比画半天，才让人家明白她想干什么。

好在节目是用汉语普通话。吴小莉很快成为STRA TV财经节目的当红女主播。之后，又升为财经节目的经理。

凤凰卫视正式启播后，吴小莉作为STRA TV中文台女主播顺理成章进入凤凰。

直觉超强的吴小莉看好这群内地来的大汉，她明白，媒体战不但需要有决策的魄力，更要有了解市场的眼光。她隐约感到，这只凤凰与众不同，它新潮锐气，风风火火，没有弱小者常有的犹豫不决和忧虑胆怯。

4

吴小莉在凤凰一出场就是一个悬念的高点。

1996年12月11日，香港特别行政区候任行政长官董建华当选并召开了临时记者会。300多位中外媒体架起了层层摄像机和脚架，小莉这个组因为内外场跑，捕捉和追访委员，所以只抢到最靠边的位置。董建华发表当选感言后开放媒体发问，现场顿时响起一片抢问声，全都是以广东话一问一答。吴小莉似乎得不到任何机会，她在想，什么问题才能打动这位首任特首。

这时董建华说:“最后两个问题！”

她心中一急，提着气大声发问:“董先生，请您用普通话向亚洲区的观众说明，未来五年您将如何兑现您的承诺，不辜负今天高票当选的所托？”

普通话，这是一个极好的点子。在回归的时刻，普通话的分量在香港人心里也有了微妙的变化。终于，这个说普通话的大嗓门让董建华回了一下头，他看了吴小莉一眼，以普通话回答了提问。这句普通话的一问一答，成为当晚CCTV新闻中唯一采用的答案。

回到公司，吴小莉受到英雄式的欢呼。

同事们说：“整个记者会，就听到你尽责地不断提问的声音，终于轮到你发问时，我们看到电视转播镜头一转就看见你站在第一排，拿着凤凰的麦克风，不疾不徐地提问，你是唯一一个观众看得见的提问记者！”

紧接着，董建华又给足面子，专程在深圳与刘长乐会面，顺便给了吴小莉15分钟时间专访。

5

董建华告诉吴小莉，香港人有一个特点，就是时时记着“积谷防饥”。

凤凰卫视的《时事直通车》定于1997年3月31日发“车”，而当年3月全国人大、政协“两会”成了他们最好的战前演练。练好本事，就是最好的“积谷防饥”。

凤凰卫视的全部采访人员只有五人：吴小莉、王多多、刘星光、张绍刚和矫捷，还有一个制片兼司机——崔永元他哥崔永兴。这算是凤凰当时最大规模的采访行动了。

凤凰刚刚起步，条件比较艰苦，五个人只在北京饭店租了一个房间，每天早出晚归，累得“呼儿嗨哟”的，却也乐在其中。

那阵子他们带的摄影机没有机头灯，白天在户外采访好说，最惨的是代表们进到会场里面，他们的镜头内只见“昏天黑地”，不见代表模样。

办法自然有。别的电视台采访时，机头灯一亮，他们就趁机在旁边拍。缺点是尽跟着人家，没有独家的东西。立即改变策略，每次提前进入会场，先找电源插头，插好碘钨灯，两个摄像师在灯前等着，由三个女同胞分别将要采访的对象请到“定点位置”。虽然费点口舌，倒也屡试不爽，发回的新闻效果也不错。后来该行动被简称为“拉客”。每晚总结时就会互问：“今天你拉客多少？”破纪录的一天，是三人共“拉客”24人。

差点出洋相是专访香港委员范徐丽泰的时候，前一天，张绍刚采访时为了争抢有利位置，裤子的中缝被别人的支架戳了个小口，好在破处不明显，又没有带备份的，也就穿之任之了。不料，当范徐丽泰走到采访位置坐定，绍刚架好机子，撅着屁股刚要拍，裤子突然“全线崩溃”，幸亏有内里的棉毛裤遮丑，没有造成不良影响。受访嘉宾自然不知道绍刚的“身后事”，大家忍住笑，一本正经地将采访进行到底。结束时，张绍刚用摄像机挡住臀部，倒退着点头与嘉宾告辞。为了与他保持一致，其他采访人员也一边与范太握别，一边倒退出房间。

那天的范太也许会高度评价凤凰报道组集体倒退送行的礼貌周全。

崔永兴身上的乐天细胞不比他弟弟崔永元少，那天他从北京饭店一上楼，就神秘兮兮地对大家说，不好啦，我一上电梯，就有一个女人声音，让我勾引她，可我看了半天也没瞧见人影。说着，就让小莉帮他分析这是什么人。众人大眼瞪小眼，如同看了惊悚电影般说不出话来。

第二天，香港报纸刊发花边新闻：《电梯骂我“够淫荡”，原来它是说英语》，称北京饭店的电梯会用电子发音器很机械地讲英文：Going down。

原来，崔家兄弟都是搞笑的天才。

6

《时事直通车》计划在开播的头一个星期推出两档重要的新闻专题：其一是邓小平与香港，其二是专访《南京条约》签约地。

香港是共产党早期活动的重要据点，其广东省委的办公地就设在香港跑马地的凤凰台。邓小平一生三次到过香港：第一次是 1920 年，16 岁的邓小平远赴法国勤工俭学，途经香港。第二次是在 1929 年 7 月，25 岁的邓小平秘密从上海途经香港，在凤凰台附近会见了中共南方局书记贺昌和广东省委军委书记聂荣臻。三天后他取道越南到广西发动百色起义。第三次是 1931 年 3 月，邓小平在红七军遭敌重创的情况下，经广州、香港乘船到达上海向中央报告。这一次，他没有在香港停留，后来也没再来香港。

这个名叫凤凰台的地方现在是一片林立的高楼，当年的革命遗址已不复存在。好在刘长乐当年投资拍过大型纪录片《邓小平》，存有许多影像资料，结合香港的故事，剪巴剪巴用上去，这个专题自然叫座。

去南京静海寺拍片的人是编导张力。

静海寺位于南京城西北部狮子山下，因明朝皇帝朱棣为褒奖郑和下西洋的功绩而建，又因 1842 年 8 月清政府在此与英国政府议约而蒙羞。《南京条约》是中国近代史上第一个不平等条约，中国由此成为半殖民地半封建国家。

瘦小的张力单枪匹马，一个人拎着包到了南京，没有设备，没有摄像师，只有任务。当时人们对境外媒体警惕性很高，何况还是一个根本不知道名字的电视台。她不敢报凤凰的名字，只说自己是团中央电教中心的，那是她毕业实习的地方。她找在南京电视台工作的同学帮忙，雇了一个摄像，拍下了静海寺和南京市民迎接回归的状态。片子的最后，人们撞响了警世钟，一群鸽子振翅而起，鸽哨在天空犁出道道嘹亮的歌声。

与这两个专题片一起受欢迎的还有吴小莉和窦文涛。

吴小莉当时播新闻有一些小创新，就是她播到比较软性的新闻时，会加上一些小小的感叹和点评，她还是大陆“笑容播报”的创始者：该笑的时候就笑，尽显“甜姐儿”的甜。那时候大陆播音界是赵忠祥、邢质斌时代，新闻播音员为了表达新闻本身的公信力，要求不带任何感情色彩、一丝不苟念稿。

毕业于武汉大学的窦文涛沿用了大陆的播音方式，严肃而正襟危坐。他甚至在看邓小平的纪录片时流了泪：“你看他南巡时的那种神情，改革开放肯定是遇到了阻力。一个老人，知道自己不久于人世了，就像临终遗嘱一样，拼尽自己最后的气力，也要把事情讲清楚，不改革开放就要亡党亡国。而且他说，他是中国人民的儿子，深深地爱着祖国和人民。一个人只有心地非常纯洁才能做到这一点。”

凤凰新闻的第一个男主播和第一个女主播就这样一张一弛、相得益彰。

凤凰卫视静悄悄地由娱乐向资讯转向。

台湾女孩儿当上凤凰首位记者

1

1997 年 2 月 20 日凌晨，台湾 TVBS 驻香港记者曾瀞漪的电话响了，朋友告诉她，邓小平先生于 19 日晚上去世。曾瀞漪立刻起身办机票，天亮时她已经坐上了最早一班飞机前往北京。

应该说，飞机上的曾瀞漪是茫然的，不知道怎么采访，也不知道采访谁，只知道先冲到现场再说。也许是一种直觉的指引吧，她看到旁边不远处坐着一个学者模样的台湾人，她冒失地问了一句：你是否了解邓小平？

那人说，我认识他，而且见过他。

真是得来全不费功夫。

此人是当过台湾大学教授的陈鼓应。1985 年 5 月，邓小平专门会见了正在北京讲学的陈教授，通过与他的谈话，传递了一个重要的治国思路：稳定。

邓公说：“总之，一个目标，就是要有一个安定的政治环境。不安定，政治动乱，就不可能从事社会主义建设，一切都谈不上。治理国家，这是一个大道理，要管许多小道理。那些小道理或许有道理，但是没有这个大道理就不行。”

曾瀞漪一下飞机，就把陈鼓应请进了一间演播室，请他讲当年跟邓小平会面的情况，并立即把这一消息发回台湾。按说，这是一条非常独特的新闻，但是，当时两岸正处于第四次台海危机之中，TVBS 虽然号称公正客观，但挡不住工作人员屁股坐不正的状况。这段新闻只播了一小段，做了一个连线就完了。

在接下来的一个星期中，曾瀞漪每天传送在北京采访到的新闻，但是台北的TVBS似乎并不愿意看到太多人们悼念邓小平的画面。

3月2日早晨，凭着直觉，曾瀞漪觉得邓公骨灰撒向大海的行动会在这天，于是前往地安门附近的邓宅去打探。那里虽然平静，但她还是发现警察比平时多了几个。她把车停好，躲躲闪闪向邓宅接近，但终于难逃警察的法眼，一个警察过来大声问：干什么的？

曾瀞漪只好坦白，我是香港记者，想拍邓公的新闻，你不会把我们抓起来吧？

警察说，香港记者，太好了！你们今年就回归祖国了，为什么抓你们？

曾瀞漪冲邓宅一扬下巴颏，待会儿是不是要出来？

对。你们别那么早出来，有动静我告诉你们。

警察因为香港回归的情怀，特别照顾了自称香港记者的台湾人曾瀞漪。

7点50分左右，载着邓小平骨灰的车队出来了。

警察示意他们赶快跟上。

曾瀞漪不知道他们要去哪里，只知道死死跟上车队。

车队上了长安街，转进了中南海。

曾瀞漪雇的北京司机熟悉地形，并想方设法满足雇主的需求，他钻进附近的小巷子里面东转西绕，一下绕到了中南海的正门口，就在他们刚把机器架好的时候，车队出来了。

作为境外媒体记者，曾瀞漪拍了一条独家新闻：邓公的灵车缓缓从新华门开出，所有的卫兵都向他敬礼，他们胸佩白花。

之后，曾瀞漪判断邓公的骨灰可能会送往西郊军用机场，就又赶过去。从外面看，那里很平静，正疑惑间，机场里响起了哀乐，证实车队在这里。曾瀞漪试着走进去，但被阻止。于是，他们就在门口拍。虽然什么都拍不到，但是她让摄影师的镜头一直转，录哀乐的声音。

后来，他们又拍到了车队返回的画面。

CNN买下并播出了曾瀞漪拍的这条新闻。

但这样的新闻，在当时的TVBS电视台不被重视，它不会为自己的记者做了一个世界独家新闻而欣慰。因为那是一条大陆新闻。

失落的曾瀞漪想离开了。

刚好凤凰成立了新闻部，要做《时事直通车》，曾瀞漪的老上司关伟加入了凤凰。曾瀞漪问：我能试试有没有机会吗？他们的报道有什么原则？关伟说，没有什么特殊要求，不要搞“一中一台”“两个中国”就好了。

噢，这个我接受。

曾瀞漪祖籍广东大埔鹰潭村，祖先大约在150多年前迁到了台湾。更早的时候，他们家是山东人，是孔子的重要门徒曾参的后代。她父亲就是一名记者，从小教她背诵杜甫的《春望》：

国破山河在，
城春草木深。
感时花溅泪，
恨别鸟惊心。
……

但是，她加入TVBS时却是绿营的一员，据她自己说，当时买牙刷都偏好绿色。到香港的几年间，随着不断进入大陆采访，感情不断地变化，最终理解了父亲的苦心。她说，那时，我会看着天上月亮的圆缺，想到国家和个人的遭遇，觉得分裂是一种特别让人难过的状态。

她成为“一个中国”的坚定拥护者。

就在吴小莉等人在“两会”上忙得“呼儿嗨哟”的时候，台湾原住民曾瀞漪成为凤凰的第一位正式招来的记者。

2

《时事直通车》虽然初战大受好评，但刘长乐没有表扬他们，而是一个电话打过去批评了潘红星：“台湾媒体把‘白晓燕命案’已经炒翻天了，这么好的新闻题材你不追，还报什么？”

台湾“白晓燕命案”是震惊台湾和整个华人社会的大案。

该案从1997年4月14日艺人白冰冰的女儿白晓燕被歹徒绑架开始，延宕至当年11月最后一个犯罪嫌疑人被捕，歹徒先后4次与警方枪战，包括白晓燕在内有8人殒命，多人被绑架，19名女性受到性侵犯。

该案不仅对台湾社会政治格局影响巨大，也引发了新闻伦理的大讨论。

人们指责部分新闻媒体在人质未获安全之时就发布新闻，置人质安危于不顾。而在确认白晓燕遇害消息后，媒体报道内容更是巨细靡遗，刊登被害人裸露照片和惨遭凌虐的尸体照片，更引发舆论挞伐。更有媒体对于罪犯性侵害案进行细节描写，甚至请性学专家探讨罪犯是否为“性变态”，内容不堪。

潘红星初涉境外重大案件报道，又是台湾的，怕拿捏不准，所以只发了几条新闻，没有给予应有的重视。被批评后，赶紧跟进，每天最少一条。这个决心确实下对了，人们没有想到案情发展那么复杂，一会儿枪战了，一会儿失踪了，然后又在某个房间被逮住……简直比警匪片还惊心动魄。

由于置身事外，他们的报道反而能够冷静客观，颇受观众认可。

凤凰突然发现，台湾报道是他们最容易“另类”、最容易与大陆电视台区别开来的优势地带。

此案结束后，曾滲漪把所有的专题梳理了一下，合成了一个专题片，放在周六的晚上播出，结果收到了许多观众来信，认为将重大新闻事件做成即时性专题片的做法很专业。

这种做法被固定下来，凤凰另一个新闻专题性质的节目《皇牌大放送》就这样开了先河。

60 小时播不停

1

香港回归那天，大雨如注。

苍天把攒了百年的爱恨倾注下来，电光闪闪，像火苗点燃人们心中复杂的感受。每个经历了这一事件的人都对这场大雨进行了自己的解读。

英国人的不舍不甘，中国人的悲欣交集。

香港是西方文化登陆中国的桥头堡，是锈迹斑斑的国门被强行撞开的铁证，也明示了一种文化腐败到极点时新的生机就会孕育而生。

多年之前，一个法国教授说过，一个民族不够老，不会懂得吃臭。而臭里面却是文化的另一种期待。当最腐烂的东西也必须吞下去的时候，当生命最底层、最本质的东西被撞出火烙般的永不消退的印痕时，距离璀璨的发生已不遥远。

一百年前我眼睁睁地看你离去
一百年后我期待着你回到我这里
沧海变桑田，抹不去我对你的思念
一次次呼唤你，我的 1997 年……

中国人清越的歌声在雨帘中穿行。

而英国人奏响的是降旗的国歌《天佑女王》。

两种不同的乐曲，让不同文化背景的人心中打翻了五味瓶。

中英两国在回归的细节上一直在反复谈判，时间精确到秒。

比如，英方表示英国的国旗将在 7 月 1 日零时 0 分 0 秒降下，至于中方国旗何时升起，英方不作评论。经中方多轮交涉，最后英方同意在 30 日 11 时 59 分 59 秒将英国国旗降下，而留给中国的这一秒钟甚至连军乐指挥的指挥棒抬起来都不够。中国代表说："香港已经被你们占领了 150 多年！现在我要的只是两秒钟，你却这样无理相拒。"最终，英国人亮出底牌：英国的旗帜可以在 6 月 30 日 11 时 59 分 58 秒降下，甚至还可以提前。但中方必须保证，中国国旗一定要在 7 月 1 日 0 时 0 分 0 秒升起，绝不能提前。中国表示同意。

无数的讨论争锋，中英直到 6 月 27 日才最终敲定一个关键细节：作为中国政府恢复对香港行使主权的象征，解放军驻港部队应在 7 月 1 日 0 时进驻营区执行防务任务，其先头部队共505名军事人员和39台车辆，于6月30日晚9时进入香港。其中进驻查尔斯亲王军营的人员，将于 30 日午夜前后参加一个简单、得体的交接仪式。

此时距离凤凰卫视的现场直播只有三天了。他们的直播程序一直定不下来。

如果说飞越黄河时，CCTV 像只大鸟一直用翅膀护持着凤凰这只毛茸茸的丑小鸭，那么，仅仅一个月后，他们在香港见面时，已经是各自独立战斗的生命体。

CCTV 作为国家电视台，要独立完成它的世纪之战。

凤凰卫视作为一个"城市青年台"，根本不在世界媒体的视野之内。

凤凰内部的忐忑和不安是可以想见的。

心里没底呀！

特别是生着英俊小生模样的潘红星更是圆睁着一双眼睛，忧心如捣。当年 4 月底，一次北京集训，当他把香港回归策划的任务交给广院才子、刚加入凤凰不久的程鹤麟时，程某人居然问，"添马舰"是只什么级别的军舰，属于我军还是英军？更让潘红星感到胆战心惊的是，在那次集训策划会上，除了他本人之外，竟没有人对香港回归报道提出一星半点建议。

不过潘红星返回香港时，脸上已是笑眯眯。因为王纪言宣布，在北京成立香港回归报道工作领导小组。王纪言用充满理论色彩和诗情画意的语言阐述了回归直播的意义："这是本世纪最后一件重大历史事件。7 月 1 日凌晨，在香港这块弹丸之地，将发生一场媒体间的世界大战，全球6000名记者，将在那里做本世纪最后一次重量级、面对面的较量。”

4月底的时候，报名参加香港回归报道的记者是6000人，而到了6月底，到港记者超过8000人，的确有“世界大战”的味道。

北京广院电视学院副院长钟大年教授奉老领导王纪言之命应邀前来支援，他冷静地分析了凤凰卫视面临的局面，“九七香港回归，是传媒难得的机会，但对于凤凰卫视这个才诞生15个月的电视台来说，却是一个严峻的考验。干好了，观众最多认为你尽到了责任；干得不好，观众不会因为你是个年轻的电视台而原谅你。

“直播是一个电视台最基本的功夫之一，几乎每一个传播系的学生都会背诵直播的程序与方法，这是他们必学的技能。

“但是，你不要因此以为直播会变得简单。直播最检验电视台的专业能力，同时对主持人的要求极高。直播一旦开始，什么情况都可能出现，丝丝相扣的环节一旦发生了最微小的变异，那后面的程序即刻被全部打乱，乱到能要人的命。好些资深的电视人应付日常节目时吆五喝六跟个大爷似的，一碰上直播，立刻六神无主，不知所措。

“直播搞得好显不出本事，基本功罢了。搞不好就难看了，脸都丢到姥姥家去了。”

2

凤凰独立作战的首次直播是一次晋级式的大考。是高手还是菜鸟，一战见分晓。

直播是技术，更是视野。

技术不能掉链子，这一点刘长乐有自信。香港传媒业的专业化程度是一流的，他从国内带来的专家也是一流的，关键是要反复合练，熟悉程序。

而视野则是由知识、观念、思想、境界共同构成的，媒体与媒体的较力，主要比的是视野、是观念。

刘长乐告诉员工，这次媒体“世界大战”要打好，关键是要立足香港，放眼世界。什么叫放眼世界？就是国际视野，全盘呈现各种观点和各种不同的心情与表情。这是一个媒体最显功力的地方。

说到容易做到难。

为了保险起见，刘长乐请老前辈沈纪出山，担任总策划。

查沈纪其人，60余岁，自称老汉，但走起路来虎虎生风，说起话来铿锵作响，办起事来麻利中带着点急躁。这位资深的新闻工作者，曾任 CCTV 的副台长，1997 年春天加盟凤凰卫视，被委以节目总监。但是沈先生初来乍到时，几乎处于半雪藏状态，在人人忙得四脚朝天之时，这样的重量级人物却只起一种咨询作用，让人生出不少疑惑。到了香港回归报道小组成立，宣布沈先生领衔担纲，人们这才明白管理层的用心。

现在轮到北京方面的企划人员头痛了。刚刚弄明白"添马舰"是什么意思的程鹤麟日坐愁城，夜不能寐——换谁都一样，7 月 1 日眼见着一天天逼近，但是官方公布的一系列庆典活动安排等资料，都还只是一个大体的轮廓。这就使以分秒计时的策划人员有点无从下手。

况且，那时他还不怎么会使用电脑打字，一会儿拼音一会儿五笔，实在业余，把凤凰卫视打成"奉还卫视"，把五星酒店打成"王星洒店"，这都还能意会，但是把电视台打成"电视船"，就让人丈二和尚摸不着头脑了……沈纪这种眼里容不下半点沙子的老领导，此一时彼一时，只能摇头叹气无奈地读下去。

5 月 1 日是国际劳动节，加上周末双休日，全中国劳动人民放假三天，但沈纪这老头儿好狠，不尊重《劳动法》，命令策划组连干几个通宵，拿出了一份方案。方案建议，中文台直播香港回归报道从 6 月 30 日 12 时至 7 月 2 日 24 时，一共进行 60 小时的直播报道。总片名—— "九七香港回归世纪报道"。

这个直播时间比 CCTV 的直播时间少 12 个小时，有小兄弟不逞能的意思。

沈纪提出了报道原则："大事不漏，扬长避短，拾遗补缺；用公共信号，做自己文章，着凤凰色彩。"

这个原则很重要，也很聪明。CCTV 偏重于报道中方情况，BBC、CNN 等西方媒体偏重报道英方情况，香港的几家媒体共同组成联合转播体，向世界媒体提供公共信号。

凤凰除了使用自己的信号外，也会使用上述媒体的信号，不管是东方的还是西方的，不管是对立的还是友善的，无成见无门派，只要你武功一流，都可以拿来使用，从而最大限度地丰富凤凰的画面。

5 月 18 日，距离香港回归仅剩 44 天。而对于凤凰卫视来说，迫在眉睫的还不是 44 天后香港回归的报道，而是 14 天后柯受良驾驶汽车飞越黄河的直播。两件大事是由同一套人马来做的，并且所有的人还都担负着每天日常节目的制作。在凤凰卫视，你必须有至少三套脑子，同时分别想着不同的事。

那天深圳的天气格外闷热，站在没有冷气的户外，就像站在桑拿浴室的入口处。刘长乐将凤凰节目企划制作、广告经营、行政后勤及财务等各路兵马召集到深圳，讨论回归报道方案。看着大家一脸严肃，他笑着说，战略筹划变为战役推进了，有人坐不安稳了。

那天主要讨论了怎么制作“罐头”。

香港电视人把先期制作的节目称为“罐头”，谓其具有先行储备，随时可供播出的特点。

“罐头”总量为15个小时。京港两地同事分工，各负责制作一部分。

“罐头”的承制人是程国华、伍淑娴、程鹤麟、王新生等人。他们分别是《相聚凤凰台》《时事直通车》等节目的主编。

凤凰卫视这批业务精英的身份很难定位，凤凰的组织人事结构不是金字塔形，而是菱形，像一颗大橄榄。如果你把管理层比作统帅部，那么，温港成（中文台副台长，特点是光头特别亮）、邱伟华（中文台副台长，特点是说普通话别人基本不懂）、程国华、伍淑娴这样的监制、主编就是将军了。可是，将军之下，士兵不多。有时你会感到凤凰卫视“满天将军一把兵”。这就造成了一个绝对定理：士兵不够将军顶。于是，每位将军都得这么操练——拿一把令箭，先把自己定位成将军，制订作战方案、部署战略战术，然后又把自己定位成士兵，自己向自己发出一道道命令，然后一次次接受命令，“Yes，Sir！”跑步前进，卧倒，射击……这些“将军”们，往往身兼创意、撰稿、编辑、剪辑，有时还得播音解说。

大陆有句口号：革命加拼命，拼命干革命。意思是横竖不要命。现在凤凰的大陆员工开始把这种干活方式传染给香港同事。

3

6月29日一早，所有台前幕后工作人员第一次也是最后一次进行脚本流程的纸上演练。刘长乐到场为所有人打气。每次凤凰有大任务，他总是要找机会出现在大家面前，打个招呼，面授机宜，让大家激情出战。

那天晚上，没有人下班。

22点30分，吴小莉主持《时事直通车》下来，凤凰开始了直播彩排。

吴小莉和窦文涛是节目的总主持，坐镇位于红磡的凤凰卫视摄影棚。

“这60小时，主持人很重要。整体风格定位：活泼、跳跃、轻松、幽默。”刘长乐告诉她。

“如何呈现？”她问。

谁也没试过。

王纪言很有把握地说：“只要把60小时的前半个小时走顺了，后面就顺了！”

小莉要在6月30日中午12点整，说第一句开场白。

彩排倒数 5、4、3、2、1 时，她喃喃说道："We will be great."（我们将是最棒的。）刘长乐觉得她已经找到了感觉，并想把这种感觉传递给窦文涛，让他别太紧张。

6 月 30 日，凤凰卫视兵分多路，前往各自负责的地域待命。

刘长乐和王纪言坐镇指挥部，调度各路兵马。

每有大事发生，刘长乐往直播间一站，浑身的血流就会加快，激情会使许多灵光一现的想法奔涌而来。

刘长乐总结过当记者的四种人：一是会提问写稿好的；二是会提问但写稿一般的；三是不会提问但稿写得好的；四是提问写稿都不行的（最后一种记者趁早干别的去吧）。他喜欢那种一听到有大事就兴奋得脚底板上安弹簧、一蹦三丈高的记者。因为他自己就是这种人。

凤凰直播兵马兵分 11 路。

吴小莉、窦文涛在大本营直播。

许戈辉和卜邦贻在会展中心演播室充当前锋。

曹樱在会展中心三号会堂直击。

陈鲁豫在江泽民等领导人下榻的九龙红磡海逸酒店待命。

曾瀞漪在查尔斯、彭定康等英国领导人登船离港之地"添马舰"坚守。

李辉在维多利亚港码头报道。

解放军入关之地落马洲、港督府和驻港部队营地均有凤凰记者。

还有一个秘密武器，就是凤凰总部海滨广场楼顶的一个点，由刘长乐亲自蹲守。

江泽民和夫人来香港入住的是海逸酒店，这个酒店与凤凰总部所在楼是连体大楼，从海滨广场楼顶可以拍到江泽民的活动。刘长乐在海逸酒店预订了一个房间，这使他有可能用随身携带的小 DV 摄像机拍下高层领导人的独家画面。

在北京天安门广场，凤凰也有一路记者。

6 月 30 日 11 点 50 分，导播催着进场，红色西装配明黄色丝巾的吴小莉坐进主摄影棚。

"凤凰卫视世纪报道，60 小时播不停，您好，我是吴小莉……"

手执话筒的窦文涛跑进画面，"60 小时后面的精彩内容太多了"，他边跑边说，与小莉击掌，坐下播报。他穿的是红西装白 T 恤。

这大约就是他们当时追求的活泼。

直播开始时，还算井然有序。

很快到了广告时间，王纪言跑进摄影棚打气：“很好，很好，就是这样，基本上你们总主持的身份已经确认，继续调动各现场主持人的气氛和情绪。”

吴小莉、窦文涛在摄影棚里做马拉松式的主持工作

16点45分，现场正在进行末代港督彭定康告别港督府的仪式，耳机突然传来指令：“中国政府代表团专机降落启德机场，我们要加入这个画面，小莉、文涛做点解释。”

3分钟后，耳机再度传来指令：“等待时间太长，我们再切回你们，到告别仪式现场。”这是第一个没法事前预料、没法按照节目脚本流程走的情况。

预料之中的意外发生了，所有的时间和脚本都乱了，下面要播什么？现场指挥和导播们边商量边决定，哪个预先做好的“罐头”长度适合，先放上再说。同时又做好随时切换到各重要场景的准备。吴小莉和窦文涛嘴里说着临时现编的词，耳里还要听着导播随时更换的最新指示：“小莉、文涛，我们收到‘添马舰’的讯号，下面别去真心快乐MTV，先到‘添马舰’。”

天安门广场现场收到了，转现场！

最后一刻得知江泽民主席不走原定陆路而改乘飞机提前到港，转现场！

董建华记者会直播急需主持人用普通话即时传译，转现场！

天降大雨导致花车大巡游临时取消……

凡此种种，都要快速应变。吴小莉和窦文涛看似沉着，内心却在“抽筋”。耳机里不时传来相隔几秒就截然相反的导播指令，一会儿要你多说话，拖长到3分钟，马上又要你立刻住口。“不行，孟广美那边的信号还过不来，先到万众同心大汇演。”

6月30日晚9时前，其他主持人来接班，连续在主播台坐了几个小时的窦文涛正准备去洗手间，忽听有人到处叫他，原来是收到解放军驻港部队先遣队进驻香港的信号，临时调他进行即时旁述报道。

窦文涛一脚刚踏进演播室，驻港部队画面已经播出，他只有边看电视边解说，一口气说了将近40分钟，直说到最后一辆军车都驶入香港境内。

没有人告诉他什么能说，什么不能说，全凭着内心的指引。好在在此之前，窦文涛曾两度进入军营采访驻港解放军，加上直播前夜临阵磨枪，读完了一尺厚的报刊资料。所以，窦文涛能在“危难之际”喋喋不休。

整个直播过程瞬息万变、跌宕起伏，事先预计的程序与现实发生的情况常有冲突，刘长乐一边遥控指挥，一边坚守着他的另一职责：在海逸酒店拍摄江泽民、卓琳等高级别中国官员出现的场景。现场是不许拍摄的，他事先准备了小DV机，目标小，不易发现，终于幸运地拍到了江泽民等人出发前往会展中心的独家画面。

7月1日凌晨，等到窦文涛下班时已是3点多，而5点多又要准备直播解放军主力部队6时抵港。窦文涛又匆忙去浏览相关资料，等到看完最后一页时，抬手一看表，已是4点多，只好在公司化妆间地毯上睡一小时，用主持人服装柜里的衣服做枕被，花花绿绿盖了一身。

吴小莉就比他懂生活，悄悄地把家中睡垫、闹钟、棉被带到公司，一有空当，就马上躺下假寐，效果颇佳。一位同事奇怪地问，我睡觉前看到你，睡醒了，怎么还看到你，精神这么好哇！只不过，由于直播60小时，带妆时间48小时，导致皮肤严重过敏，“妆都不成妆了”，小莉撇嘴。文涛笑她：“整个就是出土文物，斑驳的青铜器。”

4

1997年7月1日凌晨，大雨继续从天上浇下。凤凰记者曾瀞漪和摄像师站在“添马舰”边临时搭建的一个三层楼高的记者平台上，浑身湿透。

就在香港特首董建华等一干港府官员，向中国中央政府宣誓就职的时候，刚刚从香港会展中心出来的末代港督彭定康与家人一起，陪同查尔斯王子来到“添马舰”码头。

此前，在傍晚6时15分，“添马舰”东面举行了象征英国管制结束的告别仪式，最后一任港督彭定康向前来送别的好友、幕僚和市民发表了告别演说。彭定康显得有点语无伦次：“对全香港来说，今天是值得庆贺而不是叫人伤感的日子。然而某些人也许多少有点感触。任何惜别的场合，都难免引起离愁别绪。容我稍后再细说。历史不单是一连串的年月日。历史不仅是我们记忆所及的日子，还有那些日子前后发生的事情……过去五年，能够与你们共同生活在这片美好的家园，并且能够为你们的将来尽一点力，实在是我毕生的莫大荣幸。如今，香港会由香港

香港回归日，刘长乐在演播室里与主持人合影

人管治，那是你们得到的承诺，也是一个不容改变的进程。”

彭定康 1992 年 7 月出任第 28 任末代港督时，自嘲说，殖民地的总督就像是苏门答腊的犀牛，佛罗里达的海牛，都是濒临绝种的动物。欧洲 19 世纪帝国的余晖已落，对英国来说，末代总督的号角余音已在各大陆及海洋上回荡。而英国一家报馆的主编告诉他，有朝一日你离开香港时，搭乘皇家游艇或从总督府宴客厅屋顶搭乘直升机离去的概率，大约各是一半。因为“什么结局都可能出现——从经济的全面崩溃到都市暴动，从民众大举出走到资金争相外流，从社会脱序到街头出现流血场面”。

可惜，这些上层英国人预期中的动乱没有发生。

雨越下越大。

轮到查尔斯王子讲话了。

查尔斯事后说：“聆听彭定康甚令人动容的演说，我喉咙哽咽，听罢随即奏起的《义勇军进行曲》，更加激动哀伤……当我走到演讲桌前的一刻，暴雨随即猛降。我看着手上湿淋淋、黏作一团的数页讲稿，尝试辨认文中的内容。我生平从未试过在‘水中’发表演说，这是首次。事实上，没有人听到我说了些什么，因为大雨打在雨伞上的声音太吵了。”

听清了，查尔斯王子说的是：“英国国旗就要降下，中国国旗将飘扬在香港上空。150 多年的英国管制即将结束。”

7月1日0时40分，刚刚参加了交接仪式的查尔斯王子和彭定康及其家人登上“不列颠尼亚”号的甲板。在回首挥别时，他们表情哀伤，而彭定康的女儿眼中满是抑制不住的泪水。

凤凰卫视对整个过程的报道详尽而周全。特别是彭定康女儿泪眼回望的镜头，让不少人动容：一段沧桑历史的开始，是一个叫爱德华·贝尔彻的英国舰长在港岛升起了英国国旗；一段沧桑历史的结束，竟是一个英国花季少女用泪水表达的离愁。

现场的曾滢漪也掉泪了。不是同情，也不是忧伤，而是对对手的尊重，是人性的共鸣。她体会到了什么叫悲欣交集。

CCTV没有直播查尔斯王子等人登船离去的全过程。在众人拥抱握别时，他们的主持人发表了一段《香港的明天会更好》的评论，结束了直播。

6月30日下午，彭定康一家告别白墙蓝瓦的总督府，这是直播的重头戏。CCTV的直播较少给出同期声，主要由站在高处的一个评论员伴随画面评论。他说：“彭定康将最后也是永远地离开了，在同一时钟上，中英两国向不同的两极迈进。英国的殖民统治正在向终点一步步迈进，而中国大步走向新的起点。”

根据惯例，港督卸任时，会乘坐轿车在总督府前的行车路绕圈三周，表示将来会重临旧地，但彭定康的坐驾只绕圈两周便离开了。CCTV评论员说：“彭定康上车了，但他并没有走，车子围着港督府转了一圈儿，又转了一圈儿，但每个人都知道，历史的车轮并不会在原地转圈儿……彭定康带着刚刚降下的国旗，收拾好行李，离开了港督府，而我身后，紫荆花正在开放。”

CCTV评论员的评论犀利辛辣，豪情满怀，语调铿锵，使人想起毛泽东的名篇《别了，司徒雷登》。

而凤凰卫视的直播，大半时间都给出了同期声，让仪式的庄严与隆重反衬了总督府最后一位主人的落寞心境。特别是当彭定康拭去脸上的雨水或泪水的时候，当他手捧降下的总督旗帜低下头颅时，人们对昔日老大帝国的没落与无奈感同身受。主持人许戈辉声调平和，她说：“彭定康上车了，车子围着港督府绕了一圈，其实这是每一位港督离任时候的惯例，唯一不同的是，这次，港督再也没有继任者了。”

最后的车窗上，印着彭定康告别的手臂。

5

凤凰卫视传递了这样一个信息，这个媒体今后将会使用一种客观、独立的播报方法。对于那位一百个不愿意香港回归、人为设了不少障碍的彭总督没有讥讽、评判，只是平实客观地讲述事实，转犀利为平和，化违缘为道用。

巴尔扎克在他的得意之作《高老头》中，描写了出身名门的巴黎社交皇后鲍赛昂子爵夫人因没有了金钱，被迫退出巴黎上流社会的情景。巴尔扎克竭力用生花之笔描写“皇后”离开时的优雅身影与奢华的车马，抒发他对贵族夫人的向往与留恋。但是后人感受到的，却是一曲没落贵族的无尽挽歌。

描写越是奢华，结局越是苍凉。

只有亲眼见了落寞与悲伤，才能更真切地体味历史的重量。

这是一个美学问题。

直播不仅仅表达的是政治态度，也许更考验人的审美能力。

即将接近7月2日0点，“少眠少休”的凤凰编导们也开始进入疯狂状态，只是不知是狂喜、狂欢，还是狂累？

随着吴小莉和窦文涛在节目中最后一次击掌，60小时直播“大功告成”。

那时他们真是年轻，丢开麦克风，跑着到各个房间去与幕后的工作伙伴拥抱、欢呼、冲着镜头扮鬼脸。

大家都饿了，刘长乐掏钱让司机去给大家买夜宵。可惜大雨之中的香港已经没几家饭店开门了，只买回了普通的叉烧饭、冰镇啤酒，外加一桌子塑料盒饭、一摞纸杯。他们只能以高调的姿态举起纸杯相庆，纸杯相碰，响声稀松平常，但在这些人听来，却如天籁般动人。

吃罢喝罢，大家都想赶快回家“洗洗睡了”的时候，吴小莉竟然冲着刘长乐问了一嗓子：“老板，我们下一个重要的案子是什么？”

刘长乐说：“我们仍是小米加步枪！”

这是什么意思呢？台湾来的小莉显然没有听太懂。但是作为从中央电台出来的记者，面对这场媒体世界大战，刘长乐看到了凤凰距离自己的梦想还有十万八千里。

凤凰是弱小的，但梦想是伟大的。

刘长乐喜爱法国戴高乐将军充满激情的话：“是的，一个伟大的国家，为了自己和世界的未来必须继续保持伟大。但是，如果它的儿女都舍弃了它，它怎样继续保持伟大呢？如果它的战士不是它的荣誉的象征、勇敢的泉源、希望的中心，它将怎样再建立它的统一、恢复它的伟大光彩呢？”

“……我们将追随那些从它的历史开始以来为它服务的人，以及在它永久的未来中为它服务的先驱者，用庇古的话简单地对祖国说，母亲，看看你的那些战斗得那样艰苦的儿子们。”

6

隔日，是庆功宴。吴小莉说：“我想我如此迷恋电视工作，除了自己的表现欲外，更重要的是电视是一个群体创作，在最辛苦难挨的时候，你都不会是一个人孤单地面对，一定会有一群台前幕后的工作人员陪伴着你，而这种历经大事之后的‘革命情感’绝非一朝一夕所能培养。感谢凤凰卫视给我一个没有呈现方式框架、信任我言论尺度的表演空间，让我能如此放松、如此自如地带着观众参加这场历史盛事。”

这是典型的台湾叙事法。

参与香港回归报道的北京广院教授钟大年从理论的角度总结了一段话：“凤凰比较出彩的地方，一是博采众长，画面丰富。不仅有自己的画面，还大量采用CCTV、香港无线、亚视、英国BBC的画面，谁的画面好就用谁的。二是独家画面，胜人一筹。比如江泽民、卓琳在海逸酒店里的镜头，是刘老板用小DV拍的，与官方的图像感觉不一样。彭定康和妻子、女儿在‘添马舰’上船时，其女儿伤感的眼泪和她回头招手的表情，给人印象比较深。三是平民角度，自由发挥。内地电视台的记者和主持人说什么，都是事先准备好的，说完以后就冷场，经常大段地沉默，而凤凰的主持人就比较放松，可以在大的框架下自由发挥，老百姓觉得亲切。四是人员较少，指挥灵活。不过问题也很多，大姑娘上轿头一回，现场指挥真是手忙脚乱，乱成一团。”

一点没错，蹲守会展中心码头的主持人李辉因为设备的原因，在第一次连线后就和总部失去了联系，虽然她与凤凰总部遥遥相望，可就是联系不上。他们一直守到7月1日凌晨4点多，看看实在不可能再有什么建树，只好撤了。

本来一切顺利，窦文涛非要狗尾续貂，60小时直播一完，他就回家休假了，回来第二天，公司举行一个仪式，向中英联合联络小组的代表赠送了一套回归节目的录像带，让他和吴小莉主持，结果当着好多香港记者的面，他冲着联络小组的双方代表深情地说：香港回归，中英联合联络小组也就完成了它光荣的使命，虽然机构解散了，但是我们还是非常怀念你们过去所做的工作……说到此处台下哄堂大笑——他哪知道人家根本没解散，回归后还要继续履行职能啊！

凤凰卫视就是这样，成为香港回归的见证者、参与者与记录者。

所谓天才，就是享受每一次出场机会

1

一个天才的记者，会在非常有限的空间里唱出动人的大戏。

细细揣摩每一个角色、每一个人物，享受每一次出场的机会。

因为爱，所以竭尽全力。因为爱，所以闪射光芒。

不久后加入凤凰的闾丘露薇说："《时事直通车》刚创立那段时间，新闻制作非常不规范，我以前那些同事看了，都觉得不像是在看新闻。那些新闻，有的很长，有的很短。一年后才发现板块开始清晰了，港澳的、社会的、大陆的、两岸的。这跟我们卖广告有关系，因为出来卖《时事直通车》的广告，也希望里面的小板块再卖更多的广告，市场在逼着你跟观众互动。

1998年凤凰卫视出彩的事件，就是当年高票当选的新任国务院总理朱镕基"钦点"吴小莉提问，一位大国首脑公开表达对一个媒体的欣赏和偏爱，这样的事，放在哪家媒体身上都是大事。何况凤凰还是"在野"媒体，民间的电视台，影响力还有待提高。

为了能在新总理的首次记者会上发声，刘长乐动了不少脑筋，动用了一些"关系"，但回答都不是肯定的，天下本来就没有那么多肯定的事，每个人都是"偶然"中的一枚小棋子。

吴小莉也在想办法。当时保障她采访的是公关总监王多多和编导宋彦俐。小宋看她为了能采访到新总理像小学生见老师一样忐忑，不禁笑道："你想和朱总理说什么话，就写下来，我或许有机会托朋友的朋友转给他！"

"我只想表达对中国未来发展的支持，但又不晓得他认不认识我，这样做会不会太唐突？"小莉突然害羞起来。

"不会的，不会的，他会知道你是谁的！"

于是小莉写下这样一张卡片："亲爱的朱总理，毛遂自荐地写一张卡片给您，是要诚挚地祝福您，您未来五年想要完成的所有事都能实现，因为不论作为一个媒体人或是中国人我们都会为此祈福。"

3月19日10点多，吴小莉完成人大闭幕式采访后，赶到记者会现场，同事们已经为她抢了一个前排正中的座位。小莉再度拿出准备好的问题，做沙盘推演。

这是朱镕基上任后的首次中外记者会，又是这次“两会”最高层级中国领导人面对媒体，所以现场吸引了600多位中外媒体记者。CCTV，凤凰卫视，香港无线、亚视、有线，美国CNN，英国BBC等，都做现场实况转播。

没有多少人认识她，也没有多少人认识凤凰卫视。在人群里，一个个子很高，若有所思，手里举着一个印着凤凰卫视LOGO的话筒的女孩儿……那LOGO也没有多少人熟悉。

怎样才能在600多人中脱颖而出？

吴小莉做记者的那份勇气突然涌现：“为什么不搏一搏，或许有机会自己把那张鼓励新领导班子的卡片交给朱总理！”

她把想法说了出来，宋彦俐立刻抽出另一张卡片说：“昨天那份我没带来，你再写一份等会儿碰碰运气！”

此时，国务院新成员陆续进场，朱镕基落座前往台下扫视了一下，突然看到了小莉，意外之中，他似乎对小莉颔首微笑了一下。小莉有些惊讶，心想可能是我坐在首排，朱总理在和媒体打招呼时有地利之便吧，她赶紧双手合十，用唇语轻声说了句：“您好！”随后钱其琛副总理落座，也对小莉笑了一下，这个笑容小莉不陌生，因为几天前钱副总理的记者会她也坐在第一排，但举手老落空。

小莉想，他对我这个认真而可怜的女孩儿，可能有些印象吧！

2

记者会开始了，媒体记者争相发问。《时代》[①]杂志的吉米成为第一个向朱镕基提问的记者。这打破了以往由中央电视台记者首先提问的惯例。

此前数周，朱镕基刚刚登上《时代》杂志的封面。《时代》的标题是：《朱的远见——傲慢的经济沙皇意图激进地改变中国模式》。

吴小莉几次举手都落空了，眼看记者会已经过半，她心里火急火燎的。当新闻官点名一位俄罗斯记者发问后，她低头划掉同行们已经提过的问题，准备新的提问。

奇迹说来就来。

耳边突然听到有人叫她的名字：“你们照顾一下凤凰台的吴小莉小姐好不好，我非常喜欢看她的广播。”

说话的人正是朱镕基。

① 《时代》(*TIME*)，美国出版的新闻杂志，创刊于1923年，共有美国版、欧洲版、亚洲版、南太平洋版四种版本，每期印数约340万份，在西方有较大的影响力。

小莉先是被吓了一跳，然后就是受宠若惊的感觉，等回过神抬起头时，只见朱镕基托着下巴在微笑。小莉再次双手合十向他回礼，会场响起了一片笑声。翻译官朱彤也笑了起来，因为她也很意外，不知如何翻译这段话。

“我非常喜欢看她的广播”，什么广播？就是《时事直通车》。这个节目当时除了内容是另类选择以外，最重要的就是小莉带出的那种风格和她的招牌式微笑，这使得整个节目样式跟内地完全不一样。

俄罗斯记者和朱总理的答问继续进行，但会场已有小小的骚动，大家期待着会有什么事情发生。小莉的第一反应就是要强迫自己回复镇定，她隐约感到应该有机会提问。她侧身向坐在身边的王多多说：“如果我有机会提问，我想我会先向朱总理致谢！”

问答结束，照例是一轮举手抢问，新闻官轻点了一下吴小莉的名，全场又传出笑声。小莉起身发言：“谢谢朱总理，首先，我要说的是，您也是我的偶像。”

她接着说：“大家好，我是香港凤凰卫视吴小莉，想请教朱总理的是，在亚洲金融风暴中，香港所受的影响已经陆续显现，尤其今年上半年，香港的失业率达到一年半来的新高，中央政府在香港面对经济困难时，将会采取什么样的措施加以支持？另外，海外媒体说您是铁面宰相，或者是经济沙皇，外传您在进行经济改革时，也曾对您的家人造成一些困扰，请您谈谈您在推动改革过程的心路历程，有没有曾经沮丧，想过放弃吗？”

根据记者会规定，每人仅限提一个问题。小莉在可容忍的范围内，夹带了两个问题，事实上是三个问题：一是以香港媒体身份，关心中国中央政府对香港经济的看法和政策；二是外界对朱镕基铁面宰相、经济沙皇的评价，他本人对此有什么看法？三是他推动改革的心路历程。

朱镕基收起他的微笑，回复到“冷面形象”。他说：“中央将不惜一切代价维护香港的繁荣稳定，保持它的联席汇率制度！”他还说，不喜欢外界说他是中国的戈尔巴乔夫、经济沙皇。至于推动改革的心路历程问题，他说得更是掷地有声：“不管前面是地雷阵，还是万丈深渊，我都会勇往直前、义无反顾、鞠躬尽瘁、死而后已。”

全场掌声雷动。

这一天，香港股市指数上升了 340 点。有人说，朱总理和吴小莉一问一答，价值 1264 亿港币。

香港媒体盘点这次记者会时，称朱镕基以“冷面形象”成为“西方媒体新的封面新星”、全球互联网上的“大牌”。

慷慨陈词后，朱镕基转头对吴小莉说了声："谢谢！"

记者会后，各方朋友贺电不断，因为"飞越黄河"成为好友的央视导演张晓海对小莉说："在这样举世瞩目的历史时刻和历史场合，你得到这样的赞赏，有这样的表现，可是前无古人哪！"

他接着问了一句内行话："电视上看你在记者会后，立刻啪一声站起来，快步往前冲，是去握手了吧？"

原来，小莉是去送她亲笔写下的卡片。当时，她问完问题就转头问王多多："我想把这张卡送给总理，你说怎么才能交到他手上？"

王多多仔细地侦察了"地形"，主席台和记者席之间被盆花拼成的花坛隔开，根据以往的经验，记者会结束后总理会从观众右边的侧门先行离场，还会有警卫护驾。

"你能跨过那些盆花吗？"多多问小莉。

"能。"

"那就在散会后马上从右边斜跨过花坛，一定要快！"

果然，宣布散会的话音未落，小莉如特战队员一样身手敏捷地跨过花坛迂回冲锋，赶在保镖和新闻官没醒过味之前，将卡片交到了朱总理手上。

无奈的保镖们怒目圆睁，朱总理却说："谢谢！"

小莉在写好的卡片上又加了一段："谢谢您的支持，我们也支持您！"

晚上，吴小莉给台北的母亲打电话时，故意卖了个关子："妈咪！我这里发生大事了！"

"怎么啦？"母亲吃惊不小。

"新任总理朱镕基在记者会上说喜欢我的节目，点我向他提问！"

3

被"幸运点名"之后，吴小莉又获得两次长时间跟随朱镕基出访的机会：一次是 1998 年出访欧洲，一次是 1999 年出访美国、加拿大。访欧那一次，朱镕基刚下飞机，举手向人们打招呼，看到吴小莉在人群中提问，伸手指着她笑道："吴小莉，你现在在香港有名了。"小莉说："谢谢总理……"正要发问，他却笑着离开了。

吴小莉在手记里写道："这是自记者会后，我们第一次再度'见面'，朱总理又以他率直的个性，当众表达了他在'点名事件'后，对香港媒体的看法……他率性依然。"

从一个媒体人的角度，吴小莉觉得朱镕基实际上很乐于和媒体交往："他回答问题绝不敷衍，总是仔细聆听，然后就你的问题，做适度回答，所以常常看到他有时侧着头，或是支起耳朵仔细听问题。即使是在法国，发生撒传单的抗议事件，媒体同业追问‘有什么感想’时，他老实地说：‘听不清楚问题。’等到听明白了，即使已被保镖护送到门外，他也回过头来，大声回答：‘我没看见。’”

“他的现场反应非常快，如果你给他一语双关的好题目，他绝对可以给你意料之外的好答案。媒体问：‘你刚才横跨东西半球的子午线，你觉得东西方现在关系如何？’‘关系很好哇！我刚才就横跨了东西方，而且我一个人就可以把它们连在一起！’”

吴小莉认为，朱镕基是一个“外刚内柔”的人，外表看来很硬，但内心很柔软。比如他看到民间疾苦会很伤心，很容易动情，也非常宽容和豁达。他说，我非常重视香港的舆论，在内地报纸上找不到骂我的文章，香港报纸上这类文章就多了，“他山之石，可以攻玉”，可以针砭自己。批评可以尖锐，这是新闻自由。但最好不要刻薄、谩骂、挖苦。英国首相布莱尔说他每天只看五分钟的报纸，看多了影响信心。去年香港有家报纸说我是“黑手党”的“教父”，我一笑置之。这家报纸说是转引自美国的报道，而美国报纸只是说我不要像教父一样说教，并没有说我是“黑手党”。

《狮子山下》是香港20世纪七八十年代生活比较困苦时候的一部电视剧，其主旨是激励大家奋发生活。2002年的时候，因为香港的经济不很景气，财政赤字严重。《狮子山下》主题曲又被香港人重新传唱，朱镕基参加香港世界会计师大会的时候，居然把很长的歌词背了出来。

人生不免崎岖
难以绝无挂虑
既是同舟在狮子山下且共济
抛弃区分求共对
放开彼此心中矛盾
理想一起去追
同舟人誓相随
无畏更无惧
同处海角天边
携手踏平崎岖
我们大家用艰辛努力写下那
不朽香江名句

那一年他 74 岁，离退休还有几个月。

从这一小小细节，可见身为总理的他多么敬业，这让吴小莉深为感慨。

这也是吴小莉对自己的要求。她说："我在进行采访的前几天，我会让自己静下心来准备功课。我感到，最值得我自豪的就是别人对我说：吴小莉，你的提问很专业！

"新闻是中性的，没有阴，也没有阳。不能因为是女性，所以给自己找个偷懒的借口。因此，做新闻，就不要说到美貌。

"人的一生，仿佛都在与地心引力做斗争，向下的力量永远存在，而且在两个时段显得特别强大：第一个时段是人在面临困境时，能明显感觉一种拖拽的反力，或许能产生对抗或反弹去消解；第二个时段更可怕，就是处于太过舒服的生活状态时，被一种隐性力量向下拉。人没有压力，就像青蛙在温水里游泳，当水温升高时却早已失掉了弹跳力，只能坐以待毙，即所谓死于安乐。我觉得，你必须时刻跟自己较劲，不断打碎、重塑自己。每当压力到来的时候，我总是咬咬牙，然后告诉自己，明天就会更好的，然后就能把压力给扛住了。这样，一次次地抵御住压力，很自然我们的工作质量和能力也就有了飞跃。"

"说新闻"悄然绽放

另一朵花也在绽放，只不过，她是悄悄地、静静地征服人心。

在那个年代，早晨这个时段还属于电视的非黄金时段，基本没有广告客户问津。谁会在早晨起来看电视呢？人们习惯的是听广播。

作为一个电台记者出身的人，刘长乐早就知道，不远的将来，人们会一睁眼就用遥控器打开电视，就像他们习惯打开收音机一样。

刘长乐要求办一档像听广播一样轻松的新闻节目《凤凰早班车》。

香港每天有十几份早报，内容丰富，可以补充早间电视新闻报道的不足。

谁来当主播呢？他不想用科班出身的播音系毕业的人，就在现有的人员里找。《凤凰早班车》之前，凤凰的节目里也有一些新闻板块，前前后后试了好几个人当主播，有郭方、曹樱、梁冬等等。不得不承认，主播是需要天赋和强大心理素质的，这些非科班出身的弟弟妹妹还是弱了点，有时前言不搭后语，有时忘词，有时说错话，弄得刘长乐基本不敢看，偶尔看一眼，唉声叹气半天。特别是梁冬同学，更是洋相百出，他的一些口误已经成为凤凰卫视著名的段子，他把世界杯女子足球赛说成"女子杯世界足球赛"，他把香山的枫叶都红了说成"香山的红叶都疯了”。他闹的最大的“故事”是某次他播报完一条新闻后，按习惯说“大家去听广告吧”，但后台导演指示说还有两条新闻，于是他在节目中严肃地对观众说：“导演说了，还有两条新闻……”

挽救梁冬的是鲁豫。

刘长乐决定起用鲁豫当新闻主播。鲁豫本来是做娱乐栏目的角色，刚到凤凰时做的是《音乐无限》，而且是B角。

鲁豫听到王纪言通知，让她做“新闻早班车”的时候，本能地想拒绝：“开玩笑！大清早那么不好的时间给我，我才不做呢。”

可她还是动心了，说：“让我考虑几天。”

那一段时间，鲁豫过得不快乐，做娱乐节目与她的性格、兴趣相差太远。要她每天介绍刘德华、黎明的歌有多好听，是一种折磨。

“不如，去做新闻吧。”她对自己说，“可是，新闻节目有什么好做的呢？不就是别人写的稿子，你照着念就完了吗？这有什么意思？”

鲁豫苦着脸去找文涛：“你得帮我出出主意。”

“你说，我能不用稿子，把新闻说出来吗？”鲁豫鼓起勇气，把自己近乎疯狂的想法告诉了文涛。

“当然可以啊！”文涛回答得有些心不在焉。

“可是，万一我说不下去了，没词了，怎么办？”

“慢慢说呗！就像你现在和我聊天一样，也没有稿子，不是说得挺好的吗？再说，咱们哪一次直播是有稿子的呢？”

“那不一样啊！直播的时候通常是咱们两个人，都处于平常自然的说话状态，说错了也很容易纠正，不会觉得尴尬。做新闻可不一样。”

“有什么不一样的？你跟观众聊不就得了。”文涛点了根烟，深深地吸了一口，眼睛滴溜溜地四下乱转。

“那，观众不烦啊？万一我说得啰唆了怎么办？”

“语言精练点，你绝对没问题。”

说新闻，应该是中国电视人的一个梦想。中国的第一代电视播音员大多是报幕员、演员或学表演的出身，一般来说，都是照本宣科，念别人写好的词。刻薄的研究者称他们的播报为“朗诵”，是幕后撰稿人的道具。新生代的主播们早就希望在播报新闻时能更加个性化，不用提示器，发出真正属于自己的声音。但是，在官方电视台中，这种尝试往往浅尝辄止，原因不得而知。

3 月 31 日晚上，刘长乐做东，在尖沙咀一家韩国料理店请内地来的同事吃饭，庆祝凤凰中文台成立两周年。大家忙着烤肉、倒酒、吹牛，热热闹闹地像是在过节。

他看见，那天的鲁豫一点儿胃口也没有，身体像在发抖。刘长乐承认，自己压根儿没想到她是在为自己做最坏的打算："明天一大早，《凤凰早班车》就要和观众见面了，也许，我的主持人生涯也将就此终结。"

晚上 9 点钟，鲁豫站起来："各位，我先走一步了，明天早晨 4 点就得起床！"

凌晨 4 点多的香港一片寂静。走出家门的鲁豫第一次知道，香港还有这么沉静的时刻。周围没有人，也没有声音，只有一股淡淡的海腥味从不远处的维多利亚港湾飘过来。

而公司里热闹的景象却吓了她一跳。

演播室的门开着，技术人员进进出出地正忙着调灯光、查线路。毕竟是《凤凰早班车》的首播，大家心里都没底。

直播前的一个星期，她曾经和《凤凰早班车》的工作人员一起演练过两次，结果是一塌糊涂。

第一次演练，以她对着镜头张口结舌而告终。

第二次演练前，鲁豫拿出了记忆力好这个撒手锏，把每一家报纸上的头版新闻都背了下来。可是，导播急了："鲁豫，你念一份报纸就用了 5 分钟，我们整个节目的时长只有半个小时啊！"

"说新闻，说新闻，我完全找不到感觉。"鲁豫内心颇为惶恐。

7 时 15 分，她走进了演播室。

让鲁豫没想到的是，刘长乐和王院长也在现场，这对她是个不小的激励。

鲁豫马上进入了状态，呆呆地在那儿自言自语，生怕把刚刚记住的新闻忘掉。像个精神病患者。

7 时 30 分，《凤凰早班车》准时开播。

半小时后，直播结束了。刘长乐立刻召集所有主创人员开会。

鲁豫是端着咖啡杯一溜儿小跑冲进会议室的，她急不可耐地想听到别人的评价。

刘长乐只说了三句话："《凤凰早班车》很成功！鲁豫说新闻的风格将在中国电视史上占有自己的位置！鲁豫，就这么做！"

据说，开完会回到家，鲁豫在客厅里站了 5 分钟，一动不动。几天来的压力、焦虑、睡眠不足一下子全反映出来了。她放声大哭。

从此，鲁豫过上了“香港农民”的生活：晚上9点钟强制自己上床睡觉、早晨4点钟起床，4时45分赶到公司，首先看看前一晚《时事直通车》的稿子，从中挑选一些重要新闻作为当天连续性的报道，6时整，鲁豫和同事分别翻阅报章、挑选合适题目及内容，边看边把要点记下。6时30分化妆，再利用此段时间记熟要讲的内容。7时左右，鲁豫回办公室取节目的run-down，看看什么时候出报纸、什么时候出画面，7时15分到录影厂做准备，7时30分节目正式开始直播。由于要记的东西太多，从准备到直播的几个小时里，鲁豫总是处于既兴奋又恍惚的状态，每次直播结束，鲁豫都筋疲力尽，但成就感很大。“我虽然失去了很多睡眠时间，但是发现自己获得了越来越多的观众。”

鲁豫曾经描述过自己过香港农民生活的一段趣事。

我在香港住的那栋大厦的一楼，有一个看门的老大爷，那个老大爷讲广东话，完全不懂国语。当时他觉得很奇怪，为什么大楼里面有一个女孩儿，每天凌晨4点钟就蓬头散发、脂粉不施、跌跌撞撞地冲出大门，然后等到早晨八九点钟别人去上班了，这个女孩儿又浓妆艳抹地盛装回到这个大楼。大爷起先一直很狐疑，但是又不好意思问，于是憋了半年多，有一天终于忍不住了，问我：“你是做什么工作的？”我愣住了，不相信大爷居然有勇气说起了国语，我大为感动，一字一句地说：“我在电视台工作！”“电视台！”大爷大声重复了一下，神情明显轻松了许多。“你早晨返工好早咯！”大爷又问了一句，这回广东话又出来了。

“对，因为我是凤凰卫视做晨早新闻的！”我也用普通话的发音加进了广东话的词语。

“哦……”大爷一定是粤剧票友，那一声“噢”足足拖了10秒钟。从那声音里，我听到了如释重负的感觉。我读懂了他的潜台词：“你看，我说我一把年纪，看人绝对不会看错，这个女孩儿是个好女孩儿。”从此以后呢，这个大爷虽然听不懂普通话，但是却成了凤凰台最忠实的观众。前些日子我跟“千禧之旅”走了一个月，大爷每天追看我们的节目，等到我从中东回来，大爷特别高兴。到目前为止这个大爷看到我还是问：“什么时候还去伊拉克？”

说新闻的鲁豫在镜头前多以微笑示人，希望观众每天有个轻松的开始。节目结束时，她会对观众说："祝大家在新的一天过得非常非常愉快！"

刘长乐对《凤凰早班车》的制作团队说，早晨是太阳升起的时候，新闻不能太过沉重、严肃，要偏软性一点，时效性和趣味性兼顾。鲁豫要给人以明朗的笑容。这是在新闻时事报道中比较少的处理方法。

鲁豫说："凤凰能给主持人提供一个非常宽松的创作环境。只要你真有水平，它就会给你搭一个合适的舞台，让你的才华完全释放出来。这对一个主持人来说，是非常难得的。而且凤凰敢于大胆用人，一旦用你，就百分之百信任你。比如我从来都是一个挺被动的人，而且原先都是在做娱乐节目，可台里就觉得我能去做新闻节目，结果后来还真就做得不错。"

纪录经典

阿忆每次在电视上看见自己胖乎乎的脸，总要用两个字自我赞美："猪头。"

阿忆是北大才子，有博士头衔。但在同学孔庆东那里，他却从不敢造次。孔庆东说，这主要得益于当年同住一个宿舍打牌时，我趁他没成名，动不动就抓住他的技术错误，把他骂得狗血喷头。比如打升级，阿忆的乐趣只在参与，根本没胜负心，既不刻苦钻研技术，也不琢磨别人心理，所以别人不愿与他合伙。只有我常常拉他做对家，这样可以显示我的高超牌技，赢了荣誉归我，输了责任在他。无论我怎样呵斥，阿忆从不恼火，总是努力改正错误，而且笑盈盈的，顶多反问一句："刚才你不是让我这样出吗？"于是又被我痛骂一顿。日久天长，阿忆被我"积威之所劫"，内心深深种下了对我的个人崇拜。即使以后他当了最高检察长，我成了杀人放火犯，他见了我也必得无限崇敬，说不定还要亲自劫狱，最后壮烈牺牲于乱枪之下，临终前无比欣慰地呢喃道："这……这张牌，没……没出错吧？"

阿忆大号周忆军，一看就知道是个干部崽，北大出身贫下中农的才子们一听"王解放""李抗美""赵文革"之类的名字，气就不打一处来，后来终于借鉴鲁迅《药》中的"红眼睛阿义"的谐音，把周忆军叫成了阿忆。

虽然同学评价阿忆"如果没有正直和善良，那点聪明不够用"，但阿忆是个下功夫做学问的人，这在我们时代中显得很另类。另类的阿忆因为写作365集大型历史专题片《明月照耀下的奇迹——香港百年》而被凤凰看中，1997年，经钟大年和程鹤麟提携，阿忆从央视脱身，任《香港回归60小时播不停》重要板块《妙语论尽港督》的策划人，并与央视的张越联袂主持。这是阿忆第一次上镜，那时，他还是个清秀的帅小伙。

1998年，经凤凰策划总监程鹤麟点将，阿忆与凤凰编导樊庆元联手，担当16集大型历史专题片《北大缤纷一百年》策划人兼总撰稿。从此阿忆便“漂”在凤凰卫视和其他省市卫视之间长达6年之久，一度还当起了《世纪大讲堂》的主持人。

《北大缤纷一百年》是凤凰第一个具有里程碑意义的专题片。

在这部长达8个多小时的历史专题片的开始，许戈辉站在北京景山公园东门外一条极为普通的小胡同里告诉我们：“不要小看它，200多年前，人民教育出版社这座铁栅栏门，曾经朱漆灰瓦，坚固巍峨，里面住着乾隆皇帝的四公主。而整整100年前，光绪皇帝降圣旨，将这里改造成京师大学堂的校园。于是，现在这座大杂院，就成了北京大学的摇篮。”

阿忆有西学的底子，英语不错，曾经编译过大量发表于欧美著名报刊的关于电视、传媒等方向的文章，因此他的文字力图保持中立和客观，不急于下结论，也不用结论式的语言，用历史故事和细节说话，从容而有力量。

记得有一次，凤凰的一部专题片里说了“美帝国主义悍然发动侵朝战争”的话，观众来信表达不同意见，阿忆立刻将此信群发邮件给凤凰的同事，认为凤凰卫视的编导，一定要认真研究历史，陈述真实的历史，而不能把现成的结论往解说词上一贴了事。

这之后，阿忆连续为凤凰专题片当了5年总撰稿，使凤凰的纪录片名噪一时。

1999年春天，阿忆闭门造车，一口气写下100万多字的五卷本历史巨著《共和国日记》，由于无从出版，便应时任凤凰资讯台副台长的程鹤麟之邀，任30集大型历史专题片《中国纪录大回放》和《国庆五十周年大典全程直播》策划人兼总撰稿，并与陈鲁豫联袂主持，终使一个春天的心血没有白费。

2001年年底，应凤凰制片人樊庆元之邀，阿忆担当《鲁豫有约》主策划。秋天，应凤凰制片人张力所急，阿忆快手落笔，担当6集人物专题片《周氏三兄弟》总撰稿，颇得好评。春天，经凤凰副总裁钟大年和副台长刘春授权，阿忆与桂平联手，担任12集大型历史专题片《水木清华九十年》主策划兼总撰稿，赢得喝彩。此后，他又写了《南大百年故事》《百年大公报》《百年中美风》等很有影响力的专题，这些作品堪称中国电视专题片里的大片。

阿忆打字飞快，写稿也飞快。他在清华大学一个招待所里为《水木清华九十年》

撰稿时，把成堆的书和资料放在地上，自己半躺在床上，一本本地看，边看边把有用的资料画出来，让两个打字员帮他打出来并分类，然后他自己再上电脑写作。这边稿子一出来，编导桂平就拿上去采访、拍摄、找资料，完全是流水线作业。

在阿忆之前，樊庆元在西藏拍摄了一部时长100分钟的纪录片《麦克在西藏》。麦克是个老外，是默多克旗下一个电视公司的编导，这部片子拍的是麦克在西藏的种种经历，美国的编导职业精神是很强的，所以片子从头到尾几乎没有什么解说词，就是记录，手法与观念都很像美国《国家地理》杂志拍的片子。刘长乐对这个片子有很高的评价，说这是国际化的一种尝试。

如果说凤凰的纪录片时段如今能有两个多亿的广告收入，阿忆当年的工作功不可没。

从2004年开始，刘春、黄海波和凤凰台北分公司在北京、香港和台湾分兵把口，制作了大量的纪录片，以当代人的视角解读历史事件，摒弃了政治偏见与当事人的恩怨，使凤凰更客观、更中立，也更接近真相。

“孙子兵法”不是计谋，而是甘当孙子

1

1979年1月14日，距离邓小平提出要进行经济改革仅仅几个星期，上海《文汇报》在头版上发表了文章《为广告正名》。两周后，上海电视台播放了一则药酒的广告，两个月后，瑞士雷达表的广告出现在《文汇报》上。

《人民日报》终于也对广告表态了，1979年7月18日的头版上登了十川写的《一条广告的启示》。文章说：“我们国家这么大，各项建设事业的需要，包括人民生活的需要，五花八门，如果单是依靠行政手段去安排组织，不免挂一漏万；利用市场经济，做一些补充调剂，只会有好处。大有好处的事，何乐而不为呢？”

《人民日报》提到的“市场经济”这个名词，不久前还被视为资本主义的洪水猛兽，谁敢沾边，政治生命立刻完蛋。

《人民日报》是中共中央机关报，人们会把这家媒体的声音等同于中共高层的声音，广告开始吃香。

到20世纪90年代中期，投放广告最多的企业成为中国的知名品牌。据一项

民意调查显示，在当时中国最知名的十大品牌中，有6个是日本品牌（日立、松下、东芝、丰田、铃木和本田），3个是美国品牌（可口可乐、米老鼠、万宝路），只有1个是中国品牌（青岛啤酒）。中国消费者将品牌的质量和广告投放数量等同起来，在这一点上中国人更甚于世界其他地区的消费者。原因很简单：当他们购买广告中所说的产品时，认为这个产品就是好。

如海潮一般滚滚而来的广告让一些精明的中国人意识到，原来那些刊登广告的媒体本身就是一座座金山。

为了赶上这波广告潮，成百上千的官方机构和商人开办了新的报纸、杂志和电视台。1978年年末邓小平启动经济改革之时，中国只有186家新闻报纸、32家电视台，到了20世纪90年代初期，中国的媒体总数达到约8000家，北京、上海等大城市都安装了有线电视线路，可以收到十几个频道。到1993年年底，中国消费者每年购买的电视机数量达到2000万台，约有97%的城市家庭拥有至少一台电视机。

广告终于从“摆噱头”“吹牛皮”的资本主义生意经变成了闻着臭吃着香的社会主义“臭豆腐”。做广告的人也从灰溜溜变得牛哄哄起来。

2

但是，凤凰卫视的广告人牛不起来。

香港电视广告市场非常成熟，而且理性，基本上是粤语和英语频道的天下。香港电视广告市场是百分之百的代理制，代理公司非常专业，该投放谁，投放多少，有一整套评估体系，完全流程化操作，掺不了半点假。在香港，广告代理公司把收视数据输入电脑，吐出来的，是各个电视台的身价。就像肉联厂的生猪加工线，推进去的是猪，吐出来的是火腿肠。电视台有没有投放价值，电脑说了算，人为因素根本改变不了代理公司的投放意向。

在这样理性的环境中，凤凰卫视在香港市场的胜算不大。

但是，国内市场也不是好玩的。

卫星电视讲究覆盖范围，这是一柄“双刃剑”，覆盖范围越大，节目采购成本就越高，节目定位也越困难。很多卫星电视台在路演的时候，都会对外骄傲地宣称它的覆盖范围如何之大，如何实现了跨国、跨省传播，等到采购节目时，它立刻谦虚谨慎如同听话的小学生。因为同一部电视剧，购买全国版权的价钱，比购买全省版权的价钱高出几倍，跨国覆盖的版权费更是高得离谱。

卫星电视的另一大成本，就是落地费用。每一个中型城市的落地费，每年至少100万元，大城市更高。20世纪90年代的省级电视台一年的收入，达到2000万元就相当不错了，而增加一个城市的落地，光落地费就将花掉年收入的5%。所以上星之后，省台都不敢轻举妄动。

经过严格审批，凤凰卫视被批准在大陆有限度“落地”，收视范围被限制在三星级以上酒店、大学、国家部委机关及涉外小区，这个范围对以广告收入为生命线的电视台来说，太局限了，满打满算，它们在中国内地的收视用户，不会超过500万。况且酒店收视人口流动性大，收视群体无忠诚度可言。

更大的挑战还在后头。从1997年开始，境外电视媒体进入中国的门槛逐年降低，每年有两三家境外电视频道笑眯眯地拿到落地批文。中国有3000多家三星级以上酒店，酒店房间的电视菜单上，已经密密麻麻地写满了境外频道。

到1998年，中国30个省级电视台全部上了卫星，个别省份还拥有两套卫星频道，加上中央电视台的10个卫星频道，天空之中已经有了四五十套卫星节目。大部分省级电视台在上星之前，还顾不上想一想如何经营卫星电视，脑子里只有一个想法：先上车再买票。

中国的电视格局瞬间改变。卫星电视不再是谁的专利，理论上，只要省台有足够的本钱，都可以做到“无缝覆盖”。

CCTV也着急，想办法保住自己的生存空间。它先后启动十几个不同节目的频道，希冀将4岁到70岁年龄段的电视观众一网收尽。央视的口号是：一个人从生到死，任何年龄段的人，都能在央视找到“兴奋点”。很短的时间内，中国出现了中央军、地方军和境外军三大电视军团，三军混战，竞争日趋白热化。

只能用“生不逢时”来形容凤凰卫视当时的处境。一方面，落地区域突破无望，收视用户增长缓慢。另一方面，同质化竞争态势日趋明显，大家在一块并不宽裕的市场上，互相争夺地盘，凤凰卫视的生存空间不是在扩大，而是在缩小。

凤凰卫视能不能生存下去？这是一个大问题。

更严峻的是，想活下去的决定权甚至不在自己，而是在“两个市场”手心里攥着：一个是收视市场，一个是广告市场。收视市场，由电视观众说了算；广告市场，由广告客户说了算。

收视市场决定广告市场。

如果一个电视频道没有足够的观众，就找不到广告赞助商。

所以，商业电视台要同时伺候两位“主人”：一个是观众，一个是客户。任何一方不满意，你就吃不了兜着走吧。

3

余统浩是主动提出来去抓经营抓广告的，他说自己是搞广播出身，对电视节目不熟悉。没有想到的是，他这一“主动”，简直是把自己变成羊肉串放到炭火上去烤。

刘长乐拉着他的手说：“老余呀，咱们的生命线全靠你啦。军队打仗靠后勤，凤凰创业靠广告呢。”

余统浩心里虽然没多大底，不过五尺高的汉子往那儿一站，哪能仗还没打先尿裤子？他说：“不行您就把我撤了。”

余统浩还真有经营思路。1984年前后，余统浩创办了全国第一个经济电台、全国第一个交通电台，使广东电台的年收入从158万元飙升到4000多万元。广东省评选改革开放十周年十件大事，珠江经济广播电台创立高票当选。

余统浩接手凤凰卫视广告的时候，STAR TV中文台全年的广告收入是4000多万港币，而支出是1.5亿港币以上。按照事先谈好的架构，这个摊子应该移交给他管，但实际情况是，STAR TV所有的频道都只对一个扎着小辫子的港人负责，这个“小辫子”是管广告的头儿，他以专家的身份坐镇STAR TV总部，所有频道的广告销售负责人只向他汇报，听他的号令。

“开始的时候，人家看不起我们，”余统浩说，“他派了一个副手来我这里当广告销售总监，那位老兄叫历政德。”

不能说历兄此人不敬业，只能说双方的营销思路完全不同。

历兄作为凤凰卫视的第一任广告销售总监，销售思路沿袭的是香港本土做法，把市场突破的希望寄托在节目收视率和覆盖拓展上，他缠着节目和覆盖两个部门，要“收视数据”和“覆盖数据”。

香港人办事，说好听点那叫“规范”，说不好听的，真有点死板。每次销售会议，历兄基本上是讲两个意思：第一，我收入不好是由于你节目播出的时间告诉我太晚了；第二，你国内的入网不好，达不到要求，所以卖不好。

余统浩一开始还能沉住气，儒雅地点头，但时间一长，脸越拉越长，把原来的一张圆脸生生拉成了鸭蛋形。他终于发火了：“你说的有没有道理呢？小道理有，但是你这个小道理上边还得有个大道理管着，任何老板都不会听你说的道理，都不会说你工作没成绩有理，一个经济单位要讲究收入的，是吧？你再有理你拿不到东西没用。”

第二天，余统浩从9楼下到STAR TV所在的8楼，告诉“小辫子”，您的这位总监，人是好人，但是业绩实在不敢恭维，你还是留着自己用吧，我们另请高明了。

余统浩的人民大学校友刘燕铭拉了同窗一把。

刘燕铭是电视剧行业的“腕儿”，投资拍过大把成功的电视剧，如《重案六组》《永不瞑目》《致命邂逅》《玉观音》等。

凤凰卫视成立那年，刘燕铭被《中国商界》杂志授予“中国广告王子”称号；第二年，他被美国新闻集团亚洲卫星电视公司和凤凰卫视评为1996年度中国最佳广告人。这一称号新闻集团每年在亚太地区只授予一个人，原因是他很有气魄地拿出100万美元代理了凤凰卫视在大陆的广告。

这是一根救命的稻草，也许是个转机。

但是，凤凰卫视就算是匹千里马，毕竟还没长大，刘燕铭眼光虽毒，但要亲自掏钱喂它、等它长大，确实有点遥远。

刘燕铭退出了。

凤凰卫视首个财政年度，获得6000万港币的收成。这个数字，对比当时的国内省级电视台，不算很差，但作为一个境外商业电视台，却让人沮丧。如果不另寻出路，凤凰卫视顶多再扑腾几下，便会在中国内地销声匿迹。

4

余统浩需要一位大陆土生土长的、熟悉中国内地客户习性、面对销售障碍敢打敢冲的销售主管。最好是北方人，因为凤凰卫视的频道风格，明显侧重于北方口味。

又是刘燕铭雪中送炭，他向余统浩推荐了山东人李吉瑞。刘燕铭说：“李吉瑞做广告很有一手，在山东颇有名气，关键是他有可能来你这儿。”

求贤若渴的余统浩立即奔山东去了，与李吉瑞见面。

他先找了李吉瑞的顶头上司——山东电视台的副台长，然后，跟李吉瑞谈了一次。整个判断下来，有三条余统浩比较认可：第一条，李任山东电台新闻部主任的时候，一年上了CCTV《新闻联播》108条稿子，他经常亲自扛机器，亲自编，肯干。第二条，李调到广告部去当头儿两年多，把山东电视台的收入从4000多万元提升到3个多亿，证明他对广告是懂行的，有感觉。第三条，他筹备山东有线电视台，半年后4个频道开播了。最后，年龄也合适，四十二三岁，正是干事的时候。

还有一点余统浩没有说，那就是他和李吉瑞都有苦难的童年。李吉瑞是家里的老大，老爹在供销社上班，但是身体不好。光急救车就坐了3次，最后还是胃大面积切除，提前退休，拿25块钱退休金。老妈把家里那点好东西都给老爹吃了，李吉瑞吃的是窝头，用地瓜面、玉米面、高粱面做的。吃一个白馒头是他的梦想。他很小就到灯泡厂上班了，一个月拿 18 块钱，吃饭的时候，窝头就着盐水腌的白菜帮子，5 分钱一份。有一毛钱一份的菜，但是吃不起啊！那时候每个工人每个月有 3 斤细粮，他到周末就买 5 个白面馒头，带回家，一个都舍不得吃，给妹妹、弟弟和老爷子。有一次，嘴馋得厉害，偷吃了家里一个鸡蛋，第二天让妈妈打了一顿，说这是留给爸爸吃的，从那以后他再也不馋鸡蛋了。李吉瑞上完大学，干上电视这行后年年当先进，拿过五一劳动奖章，是山东省专业技术拔尖人才，享受国家特殊津贴。

但李吉瑞也有点问题，没有这点问题人家也不会想走。当时他正被组织调查，说是他开了一次全国省级电视台广告部主任会议，这种会全国轮流开的。中国人的一大爱好就是攀比，各地在会议规模、吃住安排、礼品这几个方面比着上档次。山东那里出一种墨绿色的玉，李吉瑞灵机一动，每个人送两枚玉戒指，虽然这是用广告抵偿换来的，但礼品盒里却放了一个标签：3800 元——实际成本可能只有 38 元。但有人反映上去，就成了问题。还有人反映他在装修办公室的过程中拿过好处，把信写到了中纪委。

灰心的李吉瑞想走了，他说，我打小没有离开过山东，如果去，是去哪儿？余统浩说，坐镇北京，管国内片的广告。李吉瑞说，你让我想想。

余统浩回北京向崔强报告说，这个人是个做事的人，是个我们需要的人，他那些问题恐怕不是问题，起码不是大问题，怎么办？

天下用人的事最大，崔强不放心，亲自跑到济南考察了一番，发现李吉瑞还真是个人才，而且人家台里根本不放人，一口回绝了。崔强办法大，跑到省委组织部找了当头儿的朋友，朋友给台里打了个电话，放人。

余统浩第二次再去，请用李吉瑞。

李吉瑞说，我老妈说谁要把儿子叫走，必须要会会这个人。

余统浩说好，我去。一看，李吉瑞家住得紧巴巴的，才一间半房。李吉瑞不好意思，解释说，房子有，还没有轮到我。余统浩说你这边最好的房子在哪里？李吉瑞以为这位凤凰大佬想投资当地的楼盘，就带他去看了一处，六层的板楼，没电梯，一问，最大的一套 62 万元。余统浩说，就这套了，这套风水比较好，我让公司先付钱，你把家小安顿好，跟我上北京。

李吉瑞当时就感动得一塌糊涂。

看完房子去见李吉瑞的老妈，老太太见到余统浩一愣，说咱们好像在哪儿见过，你这人很面善。然后就煮一大堆饺子，还打了几扎啤酒。老太太端起酒说，我儿子跟着你我放心，我跟你干一杯。

两扎啤酒，她一扎，余统浩一扎，干下去了，看得李吉瑞在那儿犯傻。他说，我妈有高血压，她从来不这么喝酒。

这事就这么成了。

回来以后余统浩向刘长乐报告说，人才要用，后顾之忧需要解决，建议公司借钱给他，把房子买下来，这样他到北京就可以全身心投入工作。

刘长乐说，可以，你找财务商量。

余统浩去找主管财务的杨家强。

杨家强是代表新闻集团在凤凰主管财务和人事的。他祖上是大陆过到香港的穷人，17 岁时，他背负着家族的希望，远去英国读书，毕业于伯明翰大学。因为成绩优异，他成为英国最权威的会计事务所的注册会计师。这种会计师无论在全球任何地方都会受到国际会计师组织的保护，如果你坚持了原则而被老板炒了鱿鱼，那么，他们会来帮你打赢官司，并让这位老板终生为此事付出代价——给你发一辈子薪水。

杨家强因十分严谨而被大家称为“庙里的韦驮”。

按世俗的理解，韦驮菩萨在庙里是管财物的，一般立在佛陀像的后面，如果他手中的韦驮杵扛在肩上，表示寺庙是大庙，可以招待云游的和尚免费吃住三天；如果韦驮杵平端在手中，表示这个寺庙规模中等，可供云游的和尚免费吃住一天；如果韦驮杵立在地上，表示这个寺庙是小庙，不能让和尚免费吃住。

现在凤凰是个小庙，所以杨家强对凤凰财务的管理非常严格，原则上是不能给“公司员工”这类借款的。何况，李吉瑞还不是在册员工。

杨家强问余统浩：“从专业的角度说，你真的需要这个人吗？”

真的需要。

借钱干什么？

借 62 万给他买房子，要求是明息。

明息的意思就是凤凰卫视给李吉瑞贴息，他只还本金就行。

杨家强计算器上一算，这样的话，5 年我们要给他补 20 来万。

那个时候利息高啊！“财神爷”杨家强咬咬牙，同意了。

5

就这样，43 岁的李吉瑞告别家人，只身到了北京。

那是 1997 年的秋天。

北京中关村人民大学北路，小巷深深，低调地坐落着不起眼的凤凰会馆。那是一幢涂成中国红的六层小楼。早年的时候，这里冷清，巷子两旁高高的槐树寂寞地疯长，每年槐花开放，清香就灌满了小巷，绿树白花，很是美丽。但到了晚上，就有点恐怖，路灯昏黄，树影幽幽，不见一个人影。凤凰的年轻女编导都有这样的经历：晚上加班晚了，不敢独自走这条路，一定得等着几个人一起走，如果等不到同路的人，她们宁愿趴在桌子上熬一夜。

凤凰会馆可以说是凤凰卫视的“娘亲”。还没有凤凰的时候，这里已经开张了，大量的筹办工作都是在这里秘密地进行。这幢小楼几乎见证了凤凰卫视的全部历史。

凤凰卫视在内地的广告销售、电视制作、政府公关、网络宣传都集中在凤凰会馆。随着凤凰卫视在中国内地呼声日涨，这幢小楼也从门可罗雀到门前汽车挤成一堆，经常堵塞交通。

余统浩告诉李吉瑞，凤凰卫视的销售方法，两步走：第一步，“概念销售”；第二步，“数据销售”。“在收视数据暂时不行的时候，卖概念，收视数据上来了，卖数据。”

6

1997 年 11 月 9 日，李吉瑞以凤凰卫视国内广告总监身份亮相广告招商会。

这一天记得清楚，是因为前一天，CCTV 召开了例行的广告招商会。

媒体对 CCTV 广告招商会的描写，有点酸楚又有些妒羡：

> 每年此时，中央电视台都会上演一部自编自导的 3 集大戏，戏名叫“央视广告招标会”。上集，鼓噪诱导；中集，封王称霸；下集，坐在家里数钱玩。选择这个日子，投合了所有老板们的梦想，“要要发”！这无疑是广告营销界的一桩样板事件。从酒水到乳品，从劳动力密集行业到高科技产业，从地方小企业到大型跨国公司，这些“标王”的产生演绎着中国市场经济发展热点切换的轨迹，在一定程度上可以被认为是中国经济的晴雨表、行业发展的风向标。活跃在这个舞台上的企业因各自角色的不同，而怀着不同的心态去赶赴这场豪门盛宴。

低调的凤凰趁央视广告会结束，大家还没走，开自己的会，美其名曰：捡央视的剩余价值。

余统浩说，我们开会的时候，央视广告部门如果来人，我都是给人家拎包。我在内部有一个说法，要用“孙子”兵法。这不是说自己兵法高强，能斗智斗勇，而是为了生存，甘当“孙子”，客户就是我们的爷，要恭敬。

那个时候企业界没有现在这么规范，感情投资有时候是能做成广告的。人家灌你酒，你喝，喝一杯加10万，所以广告部的兄弟姐妹能喝酒也怕喝酒。有个小伙子，谈成了广告，也喝得差不多了，走到自己住的楼下，就是上不了楼，就在草地上昏睡过去了，早上醒过来，浑身肿起一层包，蚊子叮的。

那年的凤凰广告会是吴小莉、窦文涛主持的，会上隆重推出了李吉瑞。会场下坐着好多山东客户，他们还奇怪呢，怎么前几天还在一起共事，今天就跑到凤凰来啦？

李吉瑞叹口气说，保密。

会上越是隆重，会下反差越大。那时，虽然名片上的身份贵为“凤凰广告营运副总裁”，李吉瑞却没有汽车可坐，租了间小屋住着，整天咣当个自行车上下班，出去联系公务骑车太掉价，就夹着公文包乘坐出租车前往。

他经常有些夸耀又有点心酸地说，我为了凤凰可是把老脸都舍出去了。那几年的日子真不好过，受了那么多的冷眼白眼。我原来在山东台干广告部主任的时候，都是企业来求我，现在我反过来求他们，他们报仇的机会到了。去见人家，人家让我一等二等三等，等两三个小时很正常，然后出来了，说哥们儿呀，你也不容易，我也不容易，给你50万，你看着弄吧。那时候50万、100万也很牛啊！我就一点一点往回死磕。我对新来的业务员说，你们受这点委屈算什么，从小兵到小兵比从团长到小兵的反差还大？我原来当领导，一下子成了业务员，我这是什么心理反差？所以说你得适应它，不适应凤凰就没发展。

有人总结了50位中国亿万富豪白手起家的经历，得出了让人吃惊的结论：脸皮可以撕下来。华为总裁任正非说得直白，只有不要脸的人，才会成为成功的人。

创业的艰难与尴尬、白眼与冷眼、忍耐与臣服，往往会把中国人“面子为大”的价值观体系冲得七零八落，它需要一种坚韧、坚忍、不屈的全新价值观，不能玉碎，也不要瓦全，而是直指自己的事业，一切以事业为大。比如被宫刑的司马迁，比如被挖了膝盖骨的孙膑。

肉体上的折磨不好忍，精神上的折磨更难耐。海归人士、政府官员和受过良好教育的人员在创业时成功的概率很低，原因则在于他们太好面子。

对此，刘长乐深有同感，创业的关节点上，那种痛苦用一句成语形容最准确：万箭穿心。这种痛苦你还不能说，不能找人倾诉，要把它们全部吃下去，化在肚子里。

所以，一种极端的说法是，“面子是人们为了逃避某种责任的借口”。

在企业没有生存权的时候，所谓人的尊严——经济尊严、政治尊严、社交尊严、权利尊严都没有立脚的地方，只有拿到了生存权，才有话语权，然后才有尊严。

其实，李吉瑞对凤凰的贡献不在于他花费多少人情，舍了几张老脸，而在于他的一个创意。他认为凤凰必须建立自己的广告队伍。

启动中国内地市场，首先需要在两种销售模式上做出决策。这两种销售模式，一是搞代理制，二是搞媒体直销。

代理制的好处是不必自己花钱花精力建立队伍，把广告招商的任务委托给代理商，代理商从广告费用中拿代理费。弊端是二级代理公司必然有“唯利是图”的天性，忠诚度有限。很多新开张的电视媒体实行代理制，就死在代理公司手里。

如果搞直销制，就需要招募大批广告销售人员，直接搭建直销渠道，同样需要付出极高的渠道成本。而且必须自己找客户，白手起家。同时广告代理公司会极力抵制电视媒体直接卖广告，因为这无疑会断掉代理公司的财路。所以，媒体搞直销制，风险更大，会失去代理公司手上的客户资源。

余统浩与刘长乐商讨，肯定了李吉瑞设立“销售分公司”的设想。

这是一个折中的方案。

第一，分公司是自己的。凤凰通过广告分公司渗透到广告公司客户中去。员工是自己的，他们与凤凰共患难，遇到销售障碍不会退缩。

第二，广告依然由代理公司代理。凤凰广告队伍的主要任务就是帮助广告公司说服客户到凤凰来投放广告，而不是跟广告公司抢广告。

第三，凤凰广告销售团队的利益由总部来给。广告公司该得的利益，一分钱不能克扣，照给不误。

毛泽东有一个经典之论：“什么叫政治？政治就是敌人越来越少，同志越来越多。”做广告，在某种意义上就是交朋友。

那时凤凰广告的口号是：“交人、交心、交朋友，七分感情、三分业务。”这口号特别对刘长乐的脾气。他说，一个人如果不真诚，他内心的痛苦，比外在的惩罚更大。我做事，从来不是事做完就完了，而是要交朋友，跟采访对象交朋友，跟合作伙伴交朋友，甚至跟商业竞争对手也交朋友，尊重他人，打动他人。中国是个礼仪之邦，咱们自己创业可以不要面子，但一定要给足合作伙伴面子。

凤凰所有的大活动，别的事刘长乐可以不管，但排座次这活儿一定是他亲自把关的，每个人的年纪、职务、资历都要搞清楚。请人家来，都是贵客，不能让任何人感觉不舒服。逢年过节，他会亲笔给朋友们写贺卡，绝不能让别人代劳。员工或合作伙伴生了病，一定抽出时间去看望，联系好的医院和医生，让他们尽早康复。有些员工的父母或者孩子病了，只要求到他，那忙是一定要帮的。

朋友或对手之中，越是离开了的，越是退休了的，越是不得意的，越不能忘了人家。广东宣传口有一位领导，在位时对凤凰有些看法，他退休后，刘长乐每年给他寄贺卡，生病了去看望。他说，长乐，我退休后，只有你一个人年年给我寄贺卡。

短时间内，凤凰在全国主要省份成立了17个分公司，拉起百十号人马，把能有广告投放的主要区域全面覆盖，这些分公司的人在当地与各种企业各色人等打交道，除了谈广告、谈业务、谈事业、谈人生，有时也帮人家换煤气、开车跑腿、送人接人。大家说，咦，凤凰是香港台，但人咋这么质朴呢？

随着凤凰收视率的大幅提升。凤凰的广告额度开始直线飙升。1997年达到了8000多万元，这之后就以平均每年65%的速度增长，2000年，凤凰整体出现盈利，准备上市。刘长乐说，吉瑞呀，广告收入上不来咱们咋上市？

那是很关键的一年，余统浩、李吉瑞带着部下玩命地跑，凤凰的广告收入终于超过了2亿港币，顺利在香港创业板上市。

刘长乐在庆功会上说，过去有一句话：花钱是手心里的水，哗哗朝下流；挣钱是拿针从土里找食，一点一点抠。广告部和市场网络部的兄弟姐妹做得很累、很苦、很不容易，广告是从人家钱袋里掏钱，落地是从人家的市场里头挖出一块出来，你们是在铁板上钉钉子呀！

余统浩、李吉瑞都是低调的人，他们说，我们的苦衷，我们的难处，老板理解，这就够了。

第三章

风骨　寻找民族心灵的最柔软处

（1999—2001）

邂逅《时事开讲》

1

2009 年 3 月 22 日早晨，54 岁的美军前中校班尼特与妻子正在弗吉尼亚州劳登郡的一处河边公园散步，一辆两侧没有窗户的白色车辆驶入公园，随后公园里传出一阵骚动。白色汽车驶离后，有人发现班尼特被杀，他的妻子受重伤。

这则消息之所以引起人们的特别关注，传说是因为班尼特与北约轰炸中国驻南联盟大使馆有某种关联。

据美国《外交政策》杂志报道，1999 年，北约对南联盟发动了为期 78 天的空袭，时任陆军中校的班尼特在美国中央情报局任职。第二年，班尼特黯然离职。美情报部门消息人士透露说，作为给情报部门提供轰炸目标的军官，班尼特对北约轰炸中国驻南联盟大使馆一事负有责任。

美国《洛杉矶时报》当时的报道也印证了班尼特遭解雇的原因。该报在 2000 年 4 月 8 日曾经披露，中情局解雇了一名职员，还对六名职员进行了惩戒，这七人涉及一起“致命事件”。美国官员透露，被解雇的那名官员负责给美军提供轰炸目标，当时他在地图上把“×”画在错误的地方，最终酿成中国驻南联盟大使馆遭受空袭的惨剧。这名画“×”的人就是班尼特。虽然美国一名官员表示，“目前没有任何迹象表明班尼特被杀一事与其军方背景和供职中情局的生涯有联系”，但是，此案的离奇与诡谲让人联想无限。班尼特是真的画错了，还是有意为之，已无从知晓。

1999 年 5 月 8 日是个星期六，清晨 5 点 45 分，遥远的南斯拉夫传来的爆炸声，刺痛了中国人的心。中国驻南斯拉夫大使馆被美军 F-117A 隐身攻击机发射的三枚导弹击中，大使馆内的三名记者身亡，20 多人受伤。美国人下手真狠，他们的一枚激光制导破甲弹直接穿过几层楼打进了大使馆的地下室，想置所有的人于死地。幸亏这枚炸弹没有爆炸。当时的录像显示，跑出来的大使馆人员浑身是土和血水，一名工作人员痛哭失声。

幸存者《人民日报》驻南记者吕岩松在黑暗中通过卫星电话报告了国内。时间是 6 点整。那时，中国没有专门的电视新闻频道，人们习惯于从每天早晨中央电台的新闻和报纸摘要节目和每天晚上 CCTV 的新闻联播中获知新闻。所以，这条爆炸性新闻当时只能通过大部分人还不熟悉的网络传播，有的人是通过 BB 机或手机得知的。当刘长乐在长沙知道这个消息时，已经是下午 3 点了。

他是带领凤凰的主力人马到湖南电视台办节目的，按约定，他们将与湖南电视台的“快乐大本营”节目合作一台“一家亲，两地情”的特别节目。这个节目将在凤凰卫视中文台晚 9 点的《时事直通车》后直播。作为电视潮流的推动者，凤凰与内地“最新锐”的电视台合作，期待产生独特的影响力。

凤凰的吴小莉、陈鲁豫、许戈辉、窦文涛等人都到了长沙，大家很重视这次与大陆观众交流的机会。

在那个原本快乐的周末，南斯拉夫的爆炸声把他们惊呆了。

坊间的人们普遍认为，以美军 F-117A 隐身攻击机和其指挥系统的先进性与准确度，他们不会“误炸”得如此离谱。

2

正在彩排的欢乐节目不用说必须停掉。当晚 6 点钟，湖南卫视在屏幕上打出了这台晚会停止播出的消息，但他们没有对美国炸馆之事进一步跟进，而凤凰显然考虑得更多，停止播出晚会后空出的两个小时如何填补？如何快速反应，第一时间向世界华人发出愤怒而又理性的声音？

当时刘长乐脑子里只有一个念头，立刻飞回香港总部。

但是，长沙没有直飞香港的班机，他想在 3 个小时内赶回总部的想法彻底泡汤。只能把湖南电视台当成临时指挥部，紧急商议晚上的节目方案。

那天在座的有王纪言和王酉年等人。王酉年是刘长乐在部队的战友，刘长乐在基层吃苦，他躲在电影队放广播、画画。后来参加拍摄中国早期很有名的纪录片《望长城》和《边关军魂》，现在是凤凰卫视中文台的副台长。

这个突发事件，按说没有凤凰这个香港电视台什么事，可是，老祖宗说过，以天下为己任。这是中国文人永恒的使命与表达，尽管收获的往往是苦酒。

当时，政府还没有表态，国内媒体还没有声音，国际上态度暧昧不明。刘长乐认为，这是事件爆发前的短暂沉默，事情的紧要程度将在随后几天中显露出来，并将影响中国与世界。因此决定在这个特别的静默时段里，发出自己的声音。

已经没有时间了。谁见过这样的事，下午 4 点多了，凤凰还在讨论当天晚上要播出什么节目，而这个节目还根本没有制作！大本营里除了值班的，编导撰稿是谁还不知道。任何一个懂得电视制作和播出的人都知道，这是天方夜谭，是开

"国际玩笑"。

可是凤凰偏偏最会开这样的"国际玩笑"。

程鹤麟专门写过一首《壮丁谣》调侃凤凰这种做事的风格。

凤凰儿女好作风，
自带干粮去办公，
搭时间，先垫钱，
应急部队乱哄哄，
说你行，你就行，
实在不行倒栽葱。
（白）不行就别混！
忽然雨，忽然风，
忽上忽下忽西东。
指到哪，打到哪，
身经百战不倒翁，
凤凰个个是壮丁，
风烟滚滚唱英雄。

他把凤凰的高速与效率简单说成一个字，乱。

毛泽东说，乱了敌人，锻炼了自己。

凤凰人是乱了自己，锻炼了自己。

反正有的是壮丁，理想是他们的名字，激情是他们的性格。

节目叫什么名字？

大家乱想一通，都没有合适的，这时，边上闷头抽烟的王西年说，中——国人可可、可以说说不！

王西年本来就有点结巴，一生气，结巴得更厉害了。

刘长乐说，西年，我看把你这句话中间那几个多余的字去掉，应该是个好题目。

去掉几个多余的字，加上两个字，题目定为《中国人今天说不》。

潘红星接到王纪言的电话时，已经是傍晚7点了。王纪言说，小潘，交给你一个光荣而艰巨的任务，晚上直通车之后9点半到11点半那个节目取消了，然后由你们家里面负责，做一个特别节目，名字叫《中国人今天说不》，时长两个小时。考虑到我们精锐部队都在湖南，建议你让曾瀞漪做主持人，但你手里的资料不可能填满这么长的时段，主持人不能对着空镜头说那么长时间，你可以让曹景行上，尽可能多地用评论去填补时间，然后中间插播相关的电视画面。

后来的事实证明，王纪言说了一句错话，当时凤凰的精锐部队并非都在湖南，留在家里的也个个是精锐。

潘红星当时有点傻眼，看看四周，除他之外，还有四员女将，主持人曾瀞漪，出镜记者郭芳，还有两个编导，其中一个家里有事，哼哼着要找潘台请假。潘红星说，你自己看着办，现在这非常时期，你要觉得能走你就走。也不怪她，那时台里的香港员工还一脑门子娱乐，天天按部就班，根本不懂新闻立台的规矩和要求。

潘红星的第一反应是，这么大的事，出了问题谁担哪？

那时候凤凰只有一个时段播新闻，就是晚上 9 点的《时事直通车》，9 点之前，有新闻也无法做出反应，那时，还没有在屏幕下方打字幕报告突发事件的概念。

他知道，他在这时候受重用，完全是老板他们被逼无奈无将可用了，他必须站出来。

他立刻打电话给曹景行。

曹景行是著名报人曹聚仁的儿子。曹聚仁一生留下大量的作品，大概写了 4000 多万字。李敖对曹景行说，你老爸曹聚仁比我写得多，可是没有我写得好。

曹景行子承父业，那完全是偶然。因为他 4 岁就和父亲分开了。他在“文化大革命”中当知青下放到了安徽农村，一晃 10 年，考上复旦时，已是拖妻带女，三十出头。毕业后到上海社会科学院研究世界经济，五六年中每天在中外报刊资料室里从早坐到晚，一直坐到年过四十，移居香港，一切又从头开始，写稿谋生，当过《亚洲周刊》副总编辑、《明报》主笔、《中天新闻频道》总编辑，就是没有出过镜。1998 年 7 月凤凰台要开《财经论坛》，想找一个头发有点白的人来主持，他照了一下镜子，觉得自己白头发不少，可以试试，就这么试了一年。那一年正好美国总统访华，凤凰直播，需要有人串场，把他拉上去，说得还不错，所以这次的第一人选想到的是他。

电话那头，曹景行说，我们几个正在吃饭呢，有《亚洲周刊》的总编邱立本、香港大学的陈婉莹，正在这儿骂那些算计我们的美国人呢。

潘红星说，那就都过来吧，多多益善。

本来7点钟就是潘红星最忙的时候，直通车的新闻要一条一条过，但是刘长乐和王纪言那边悬着心呢，一会儿一个电话问情况。作为资深传媒人，他们知道当天编译的新闻报道在时间长度上差得太远太远，满世界地调动人员和资源，绞尽脑汁必须把这两小时用画面填满。一是要求各地记者和特约记者全数上街采访，与香港做现场电话连线；没有记者的地方，只要有凤凰员工，也上街采访。二是在新闻报道之间特邀嘉宾即时评论。这在凤凰卫视和当时的中国电视业界，都是前所未有的做法。只是时间紧迫，形势逼人，更因国家有难，不得不如履薄冰般大胆为之。

一场由长沙遥控指挥的电视新闻直播节目，极为仓促地展开。

潘红星成了没头的苍蝇，他的手机和桌上的两部电话此起彼伏，响成了一锅粥。他脖子上夹着手机，左右手各拿一部电话，都不知道听谁的了，但是对方都认为自己的事情重要，非要给他说清楚不可。

这时候，他的救星到了。

曾滢漪的老长官关伟快马赶来。

关伟是港人，算是香港新闻界的"老行尊"。其实他不过30多岁，说他"老行尊"，意思是在行业里头是个业务好、受人尊敬的人物。他在台湾TVBS做过，普通话说得还不错，编片子更是熟手。

关伟一看潘红星忙成那样，后边搞技术搞编务的都在那儿等着呢，就说你先忙《新闻直通车》，我给你写那个节目策划，告诉这些工作人员节目是什么样式、怎么编。

关伟一走，又有两个救星出现了，副台长赵群力和邱伟华来了。

他们是被刘长乐和王纪言遥控指挥来的。

有这三个副台长分兵把口，刘长乐稍稍安下点心。

赵群力是中国航拍的大师级人物，他迷恋飞行几乎到了须臾不可离开的程度，当然会把美国空袭南斯拉夫的画面全部收藏保留下来。现在派上了用场。

王纪言又想起来，他的桌子上有盘录像带，是一部关于科索沃战争的纪录片，把那个拿来剪巴剪巴可以做好多"罐头"。电话打过去，赵群力说，我去剪。后来好多评价都说这个节目里有好多美军飞机作战的画面，剪得特别棒。关键那是懂飞行的赵群力编的。

3

曹景行一行三人到了，潘红星说，太太太好了，最好台上能多坐几个人，要不观众看见的就是一把特简易的椅子上坐一个主持人，不像样子。人多话多，多坐点人胆子壮。

于是他们就在演播室放一溜儿椅子，后面布一个很简单的景，曾瀞漪开场白一说，节目就算开始了。

“炸馆事件”发生的那一天，正好是母亲节，曹景行、邱立本为节目定下的基调就是：“在母亲节的那一天，美国总统克林顿送给中国母亲的‘礼物’，是夺走母亲的孩子，再夺走孩子的母亲。”

凤凰各地的记者纷纷上街采访，那时候还不可能传回画面，就大量采用电话采访的形式报道。从下午开始，整个中国如同刮起了飓风的大海，狂浪翻卷，每个角落的空气都在颤抖。许多知识分子的世界观在那一刻发生了动摇。如果说 10 年以前的 1989 年，中国的精英阶层还对美国怀着恋爱般情感的话，那么，这件事的发生，则是一炸惊醒梦中人。

从历史上看，美国的“误炸”“误击”绝非个案。20 世纪 80 年代末伊朗客机（空客 A300）被美国军舰用两枚导弹“误击”，造成 290 多人死亡，其中 66 名是儿童。当时这架伊朗客机没有偏离商业航线，也对美国军舰发出的信号给予了回复，但世界上最先进的军舰之一文森号却把它“误击”了！先进的美国雷达不会连军用飞机和大型客机都区分不出来吧？由此看来，这个号称拥有最先进制度的国家，会在该“失误”时“失误”，想“误炸”时“误炸”。这次炸中国使馆，出手如此之精准、如此之巧合，令人匪夷所思。也许他们打烂的不是一个大使馆，而是他们表面上视为珍宝的普世价值观。

一位学者甚至断言，随着这声爆炸，中国知识群体对西方理想化的认知重新走向现实，其觉醒的程度和意义不亚于 1919 年的“五四运动”。

师永刚在《解密凤凰》中说：“曹最近两个月一直追踪北约轰炸中国驻南联盟大使馆事件，那天从早上开始，他就不间断地收看 BBC、CNN 等电视新闻报道，早有一些基本的准备。一个小时后，他们的说法，成为中国民众最早的观点来源，并且直刺中心。

“9 点 30 分，一切都在仓促中开始，没有人会预想到这个节目的形式与样子。老板与院长他们，坐在电视前，紧张地看着这个节目。

“曾瀞漪，这位来自台湾的主持人，一身素衣，坐在台前说：……凤凰卫视高层对事件进行了谴责，并制作了专题节目《中国人今天说不》，我们请来了时事评论员曹景行先生对相关事宜进行评论。

“节目在沉重的情绪中进行，悲壮与愤怒几乎成为当天的唯一主题。这样的情绪正与人们开始的愤怒相契合。人们已不会去关注节目中那些单调的画面与现场的简陋，观众需要的是尽可能多地得到他们关切的资讯。在这样的节目中，评论显得相当重要，甚至起到了意想不到的点燃作用。

“最初的时候，三位嘉宾与主持人都有点局促。邱先生与陈婉莹女士略显呆板地僵直坐着，但他们的论点却不僵硬。邱先生首先质询当天北约所说的误炸是不可信的，经不住推敲。这是最早发表对美国误炸解释的反对立场的声音。

“事后，邱先生说：‘消息传来，海内外华人除了愤慨之外，更想了解事件的来龙去脉，更关注未来的发展，我在仓促间上阵，凭着长期以来对西方国家的观察，拨开一些偏见的迷雾，指出误炸之说非常可疑，并指出中国应变之道，必须不卑不亢，并要注意国内的局势稳定，事实上后来美军内部地图局的证据浮现，揭穿了旧地图的谎言，也证实了当时的预测。’

“曹先生在评论中指出，这已是战争行为，因为美国公然轰炸代表中国主权象征的大使馆，不但违反了国际公约，也是人道主义的一次历史性倒退。要对此事件进行全面的谴责。曹先生的论调明显地成为了当天人们期望看到的说法。因为在压力下的中国人都需要一个声音，来表达自己的想法与愤怒。而此时，曹不经意间做了这样的代言人。”

火在蔓延。

深圳、广州、北京、上海都出现了声势浩大的群众游行，成都群众也上街了。成都分公司的头儿不在，说有个会计在家，刘长乐对那位会计说，你拿着手机上街，赶紧报！凤凰的会计上街了，虽然磕磕巴巴，但事情还是讲清楚了。刘长乐说，关键时候，凤凰人人都是记者。

记者里面，董嘉耀报得最好，他当时正在广州休假，他在电话里说，我能扛摄像机，但没有用，画面传不回去。他拿着手机跟着游行的大学生走，甚至把电话递给大学生，让大学生在那儿大声宣泄，群情激昂地喊口号，听得人热血沸腾。香港、澳门、海外的民众也打电话进来，然后就是中美双方政府的反应，都逐渐有了。

潘红星那里，刘长乐和王纪言的电话越来越少了，最后干脆不响了。他知道，节目得到了认可。

当晚的《中国人今天说不》节目反响出乎意料地强烈，刘长乐告诉小潘：“看来明天还得说。”这一说就连着说了一个星期，随着新闻事件本身高潮迭起，曹景行的评论也越来越受到各方关注。虽然他的话说得还不是那么顺溜儿，经常是一句还没有说完就往下走了，但是你能感觉到他的自信心在增加，能感觉到他每一天都有变化、都在进步。

照片上四个“不”一般的人，他们身上的字，是中国人在 1999 年的流行语

凤凰就这样在重大突发事件面前与自己的使命邂逅。

邂逅是一种化学反应，谁也不知道它什么时候发生、怎样发生，反应是激烈还是平缓。但它与人的审美有关，与人的使命感有关，在最需要最渴望的时候，所有的欣赏、倾慕都会在这一刻喷发，这就是宿命。

100 个人的邂逅，就有 100 种形式。凤凰卫视与使命邂逅的美妙与神奇在于他们越来越清楚地看到了世界华人希望听到他们真实的声音。

这样因突发事件而发现更大发展空间的机会，凤凰至少遇到过两次，今后还会遇到。这种看似不得已的选择，实际上来自他们的人类之爱、中华文化之爱。爱是宇宙背后最大的能量，爱会给人无限的自由和创造。

第二年夏天，曹景行在峨眉山遇见一位四川的大学生，她说，当时他们在大学里收看《中国人今天说不》，气氛就像看球赛一样热烈，同学们不断喝彩叫好。中国人民大学的黄嘉树教授则告诉他，他们的一些学生为了看这个节目，“凑份子”到星级饭店开房间。

紧接着是周日晚上的《中国人今天说不》大型直播晚会，这是用不到两天时间筹划出来的，由凤凰卫视与深圳方面共同举办。晚会集中了两岸三地的艺术家，还有凤凰两岸三地的主持人。当他们下午到达深圳“世界之窗”内的演出现场后，立刻感到了头绪的纷乱，双方各有主张，缺少统一号令。天色渐黑，离预定开场的时间越来越近，不能再如此乱下去了。

这时，王纪言手拿一份节目方案，把所有参加演出的人员召集过来，一、二、三、四……一条条指令发下去。最后他特别强调：声音没有了，再推上去，灯光灭了，再打亮，语句忘了，再想起来。我们是在做一个现场的声讨晚会，我们大家都是参与者，而不是表演者。他非常坚定地用一句话做结尾，没有时间再讨论和排练，每个人就这么去做，不要怕出差错。

这个有力的动员，消除了所有参与者心中的忐忑。

居然，这样的一场大型晚会，一环扣一环顺利推展下去了，外人如果只看凤凰直播的画面，还以为事先一定排练多次，绝不会相信开场前一个小时还乱成一团。

晚会结束大家才发现，凤凰参加电视转播的一位主管、深圳影视的副总陆志杰，由于急火攻心，连喊带叫一晚上，已经说不出话来，完全失声。

后来王纪言说，凡是在重大的事件中出现这种“失声”状况的人，我们会亲切地形容他“活着”。

在凤凰，“活着”不容易。

凤凰做完节目的那一天夜里，是美国的白天，美国总统克林顿给中国领导人写信，“对发生在中国驻贝尔格莱德使馆的悲惨场面和人员伤亡表示道歉和诚挚的哀悼”。美国人认为凤凰卫视在此次事件中扮演了一个独特角色。

美国有媒体认为：“凤凰卫视在‘对美国说不’的情绪中，超过了所有的亚洲媒体。许多学生上街打着的标语上，所写的就是这个电视台的节目名字‘中国人今天说不’。而他们用新闻、评述与晚会的形式，表达一个主题的做法，几乎是一个媒体所不可想象的一件事。但他们做到了，并且达到了控制舆论的可能。某种程度上影响了人们，影响了事件的进程，主宰了人们的情绪与思维。这是很了不起的一个创举与不可思议的事件。”

后来，一位主管东亚事务的美国官员对刘长乐说：“那时候对我们真正有杀伤力的媒体，就是凤凰卫视，因为你们说理，这是最可怕的。”

凤凰卫视加快了走向新闻立台的步伐。3个月后，它的第一个新闻评论节目《时事开讲》开播了，《中国人今天说不》就是它的预演。一种全新的新闻评论形式就此诞生。这种形式，中国以往还没有。这个新的言论空间，成为凤凰节目的新支柱。

刘长乐认为，中国的媒体人里相当一部分有宣传干部的通病。宣传干部到下面去总结工作、报道典型，写完了一发表就大功告成，这不是理想主义，而是空想主义。理想主义是愿望加行动。比如对卫星电视的研究，对数字革命的研究，对高清技术的研究，不是弄明白了就完事，而是要想怎么样把它转化为生产力，转化为商业模式。这才是重要的。

学者胡适曾说，中国人的思想方法有问题，要么就静止不动，要不就盲动躁动；要么就是逆来顺受，要么就是根本推翻，五分钟的热血。胡适还有一个概括，中国人是目的热，方法盲，理想很高远——但怎么达到目的大家都不去想。

找准达到目的方法，这是成功的第一步。

千禧之旅

1

1999 年，人类忙着进入新的千年。

人生短促，能见证一个新千年的到来，是件值得高兴的事。

9 月 28 日，香港维多利亚海滩，一艘很普通的渔船上，正在进行纯中国式的壮行仪式，供着香炉，压着一串串吉祥符，摆着一头烤得金黄的乳猪，还有一个装满了白酒的大坛子。在这里，刘长乐站在最前面，带领凤凰卫视千禧之旅团队的骨干分子，焚香告祖，敬祈佑护。

洒酒祭天祭地，刘长乐讲了一番此行的意义：中国人过去习惯于纵向比较，缺少横向比较，看进步多，找问题少。我们这次去探访人类文明发祥的故地，亲临那些发生过文化奇迹的现场，可能引发中国人对历史走向更为清醒的认识，思考自己立足于新世纪的理由。

心向往之，恐未能至。

他们要穿越戈壁沙漠，翻越冰山雪原，要见识刀光剑影、炮火硝烟，去寻找人类童年的迷人与清澈，去打捞历史最厚重的文化积淀。刘长乐说，我们的前途将如香港今天的天气，虽然有一些风、有一些浪，但毕竟是晴天，相信千禧之旅报道组一定会吉兆明朗、凯旋而归。

然后，随着他的一声大吼“干”，大家吞下一坛壮行的老酒，启程。

《千禧之旅》是一部长达70余个小时，拍摄历时4个多月，跨越4万多公里，走访10个国家的世纪力作；它是有史以来第一部由华人拍摄的，带引观众重游四大古文明发源地和三大宗教发祥地，一起探索、破译古文明演变和兴衰的醒世之作。

主持人：余秋雨、吴晓莉、陈鲁豫、李辉、许戈辉、孟广美、曾瀞漪。

壮行曲：《爱你一万年》（刘德华）。

插曲：《千年走一回》（腾格尔）、《分享》（田震）、《追随》（纪如璟）。

走访四大文明古国：希腊、埃及、印度、中国。

巡拜三大宗教发源地：基督教、伊斯兰教、佛教。

展现两股文化潮流：东方、西方。

传递一个祝福：世界和平。

中国人走世界，中国人看世界，中国人说世界，而且是即时播出现场图像，对中国来说，这是一件新鲜事，对世界来说，这更是一件新鲜事。

为了强化所乘车辆的载重量和越野能力，香港的越野车专家马大力为凤凰改装了6辆五十铃大吉普（实际使用5辆），改装后车的载重量达1.5吨，引擎可以耐受近100℃的温差，可长期在沙漠行驶。一号车是领航车，加装了澳洲防撞器、美国快速绞盘、强力可变距射灯、尾高置刹车灯、防滑差速器、防滑链、高速气泵，底盘加装了保护板，车顶有合金行李架和遥控灯。其他5辆车也都根据不同的任务，加装了不同的保护和越野装置。“武装”到了牙齿。

出发时，采访队的人大多并不相识，他们是根据不同的任务组合而成，就像一支突击部队需要配备工兵、防化兵、通信兵，伴随火炮等各种保障分队一样，凤凰新组合的19人采访队是行走、拍摄、文字、公关、技术、主持人7个行业组成的联合军团。他们高矮胖瘦参差不齐，语言声音南腔北调，分别来自北京、香港、台湾和海外，有汉族，也有少数民族。

香港籍导演辛丽丽说，出发前，一直在打听如何解决上洗手间的难题，商量怎样对付女孩子每个月的生理问题，后来有人告诉我们，大地就是你们的洗手间。而且我的任务由导演变成了统筹、联络、公关和翻译。天啊，怎么可以这样，什么叫公关？我根本不会！我甚至想到了放弃。但一想到这是难得的机会，只好“逆来顺受”了。出发当天才见到全体队员，大都是初相识，往后的日子就要和他们并肩作战了，不知会遇到什么，也不知能否适应，一种莫名的忧愁和孤独油然而生，只有硬着头皮对自己说，你一定能做到最好，努力！

2

因为有了余秋雨的加盟参与，这次行动的文化含量有了很大的提升。

余秋雨的文字总能找到你心中那块最柔软的地方，你会听到一股特殊的韵味汩汩流淌，他对历史细节的记忆和解读敏感而又不厌其烦，许多时候，固有的观念，经他轻轻一碰就碎了。

在此之前，余的文化圈朋友劝他不要太多参与电视，但他禁不住这次行程所抵达地点的诱惑，执意去了。

他说，千禧之旅是一种电视行为的文化考察，这种方法从根本上改变了传统文化考察的孤寂、沉潜方式，有点过于热火朝天，有点过于粗糙匆忙，但却充满了直观冲击力，它的快速行进使多种文明群体的对比力度超常呈现，它的即时传播产生的群体效应使一个小队的考察行动变成了无数华人的集体行为，这是其他的研究方式不可能具备的优长。

"一个从事学术研究的文化人要取得对电视的真正接纳，还需要经历从心态到生态的多方面更替。例如，需要从重视结论性判断，转向重视过程性体验；需要从追求细密准确，转向对原生态粗糙的容纳；需要从对安静环境的适应，转向对历险过程的着迷；需要从习惯于个人思考，转向习惯于群体操作……这些更替的转变很不容易，因为其间并不仅仅是一种愿不愿意的态度，而是要落实在每时每刻的行为上，因此这次旅行，对我是一次重要的身心训练，我至今不鄙薄传统的学术考察方式，但增加一种方式，无疑是更健康的体验。"

他在采访过程中每天记下一篇日记，后来结集为《千年一叹》，成为中国的畅销书，销量达百余万册。

在采访的第一天，余秋雨概述了此行途经的各站：

希腊，这是考察的第一个重点，将会停留较长时间，然后越过地中海去埃及。从埃及开始，整个旅程将在吉普车上完成。

大致路线是：沿尼罗河南下到卢克索，再穿过阿拉伯沙漠北上到苏伊士运河，过河后进入西奈沙漠。到了西奈沙漠的尽头，就要叩击疑云重重的以色列和巴勒斯坦大门了，如能叩开，则要仔细考察，尤其是对耶路撒冷，然后，沿约旦河到戈兰高地，进约旦，稍作休整，以后便进入举世注目的危险地区。

想进伊拉克很难，到现在还没有获得批准，但一定要闯进去，因为那里有完全无法省略的底格里斯河、幼发拉底河和巴比伦。如能成行，那就得寸进尺，穿越两伊战争的战壕去伊朗，伊朗的重要性在于它集中体现了伊斯兰文明的严格形态，更在于还埋藏着湮灭已久的波斯文明。

如果“走通两伊”之梦能圆，接下来就必须面对至今还在进行着激烈核竞赛的巴基斯坦和印度了，这绕不开，因为在古代，几大异域文明中对中国影响最大的是印度河—恒河文明。考察印度结束后，应该进入尼泊尔，那儿还有不少佛教文化的重要遗留。

从尼泊尔往北，在喜马拉雅山脚下，开始国内旅程。

如果这样一个计划能够一步步实现，那么，我们的车轮将要滚过整整十个国家的腹地。据目前了解的情况，除开头的希腊外，其他九个国家都存在着相当严重的行路安全问题。大量的地段不在政府的有效控制之内，宗教极端主义分子、反政府武装、贩毒集团和多种土匪比比皆是。我们无法避开这些地段，因为它们如此辽阔地横亘在必经之路上，而一切恐怖力量又都不会放过必经之路。

只有坐飞机或火车才会躲过这些危险，但这违背了我们这次文化考察的主旨。飞机、火车大多停靠在现代都市，现代都市是现代文明的交点，却未必是古代文明的穴位。古代文明的经络已被淹埋，与现代的交通线路很难重叠。

小小的车队就像几只蚂蚁在荒原上蠕动，任何一种不知来由的暴力都能把它们捻得粉碎。

不仅仅是荒原。荒原深处有断壁废堡、幢幢黑影、闪闪目光。硬说自己没有恐惧，是不真实的，但我的恐惧有一大半被震惊所掩盖，震惊人类文明的巨构崩坍得如此凄凉。它们究竟是如何崩坍的？历史书提供过一些猜测性的答案，多数也是大而化之、语焉不详。其实，一切摧残都是具体的，一切委屈都是难以表述的，因此那些答案也是值得怀疑的。不必怀疑的是结果，衰草瓦砾，承载着一个个从古到今的灾难。

作为我们的生命基座，中华文明也伤痕累累，却如何避免了整体性的崩坍？这种避免付出了多大的代价？哪些代价是正面的，哪些代价是负面的？过去的避免能否担保今后？

更重要的是，现在世界上生龙活虎的年轻文明，过多少时间，会不会重复多数古代文明的兴亡宿命？

余秋雨的这种叩问与刘长乐强调的文化“横向比较”稍有不同，他是想看一看在世界古老文明大都灭绝的情况下，中华文明究竟靠什么神奇的力量屹立不倒，从中找出历史的教训。而刘长乐的初衷则来自当年出访欧洲时感受的震撼，那是一种落后感、一种震惊感、一种不知如何表述的爱恨交织的情绪。如果不出国门家门，自己跟自己比，特别是新中国成立后与成立前比，可能比出的是自豪、是骄傲、是沉醉与自负，但一旦横向比较，就看到了差距，看到别人比你的进步更快。正所谓，成绩不比跑不了，差距不比不知道。

这是特别需要冷峻思考的。

3

摄制组从香港直飞希腊。经过 19 个小时的飞行，他们一踏上希腊的土地，就驱车直奔海神波塞冬神殿遗址。那里距离雅典 70 公里。

黑格尔说："一提到希腊这个名字，在有教养的欧洲人心中，尤其是在我们德国人心中，自然会引起一种家国之感。"这表明欧洲文明把希腊看成是自己的文化故乡。

希腊人苏格拉底、柏拉图、亚里士多德早已经成为西方文明的精神图腾。

这里是海洋文化的源头。

古希腊人在哲学、数学、戏剧、雕塑等领域的高度，建筑在无垠大海的深度和广度上。那是此岸不知彼岸的哲思，那是对变幻无穷的天空的敬畏，是对宇宙对命运主宰的臣服和恭顺。

海神殿是为了供奉海神波塞冬而建，传说海神波塞冬是天神宙斯的哥哥，是八大行星中的海王星。宙斯与众兄姐们打败了父亲克洛斯之后，波塞冬取得了海洋的掌控权，成为海、河、泉水之神。他在海中拥有一座金碧辉煌的宫殿，能在水域上呼风唤雨……

海神殿完成时间为公元前 7—10 世纪，公元前 5 世纪遭到波斯人的严重破坏，后重新修复。白色大理石建造的神殿以多利安式的柱子来支撑，前后各有 6 根、左右侧面则各 13 根。历经几千年的强风与海水，神庙盖顶早已消失，殿内也是空空如也，只剩下直径 1 米、高 6 米的 16 根石柱巍峨屹立。

有意思的是，英国天才诗人拜伦在这里成为跨时空沟通东方与西方的中介。

1809 年，21 岁的拜伦出国向东方旅行，是为了要"看看人类，而不是只在书本上读到他们"，还为了扫除"一个岛民怀着狭隘的偏见守在家门的有害后果"。在旅途中，他开始写作《恰尔德·哈罗德游记》和其他诗篇，他走到希腊的时候，在海神殿的大理石柱上留下了自己的名字。拜伦对希腊爱得要死，他在自己最著名的诗篇《唐璜》第三歌里，模仿一个希腊流浪在外的诗人，倾诉自己的祖国过去是如何的繁荣，而今是如何的萧条和落败。这首诗分别被梁启超、胡适、苏曼殊、查良铮等人翻译成中文《哀希腊》。其中投身反清革命，又对革命党大感失望而遁入空门的苏曼殊把《哀希腊》翻译成了中国的古体五言诗：

一为亡国哀，泪下何纷纷。故国不可求，荒凉问水濒。不闻烈士歌，勇气散如云。

琴兮国所宝，仍世以为珍。今我胡疲苶，拱手与他人。威名尽坠地，举族共奴畜。

知尔忧国土，中心亦以恧。而我独行遥，我犹无面目。我为希人羞，我为希腊哭。

他是流着热泪翻译的，把自己的爱国情怀和心忧天下的感受倾注其中，翻译完后泛舟于湖中读这首《哀希腊》，歌而哭，哭而歌，吓得撑船的人都跑掉了，说是“不给神经病划船”。

在亲眼看到拜伦在海神庙石柱上的签名后，刘长乐感叹道，中国媒体终于可以开始触摸或者驾驭世界级的大型题材了。过去，一直是国外媒体到中国来挖掘很有深度的中国话题，这次千禧之旅和正在谋划的欧洲之旅，就是把触角伸向人类文明历史的深处、伸向欧洲，看到世界从农业经济向工业经济的转变，从工业经济向新科技经济的转变，这两个转变带动了整个世界几百年来的发展。

欧洲在这两个转变中有收获也有痛苦。

在第一个转变中，欧洲走在最前面，而在第二个转变中落后于美国和日本。而世界其他地区的古老文明，复兴的愿望强烈，复兴的路程遥远。

凤凰探讨这些问题，立足点还是在中国。希望通过自己的镜头，向观众提示一个强烈的信息：中国已经站到了知识经济的大门口，这是一个不能再失去的机会。我们必须紧紧抓住，千万不能松手，不然我们还会继续落后下去。

苏曼殊也好，梁启超也好，都没有来过希腊，只有康有为在1908年到此一游。他是在戊戌变法失败逃亡海外的过程中，由土耳其前往希腊的。他写了一篇希腊游记，认定地理环境与文明风尚之间有内在联系：“雅典之文明，皆雅典之地为之。”还说“共和民权，只易行于小国”，这一见解显然偏颇。

今天，由学者和媒体人组成的中国媒体团队在遥远的西方与故乡进行精神的沟通，希望他们能有世界眼光和包容的胸襟。

4

《千禧之旅》的主持人是接力式的，第一位主持人是许戈辉，第二位是陈鲁豫。此二人是最早加盟凤凰的主持人，也被称为“当家花旦”。对这两个人，余秋雨有如下评价：

> 许戈辉是第一个，我们一起去了希腊、埃及、以色列。她毕业于英语专业，有很好的文化感悟能力，不大会唱歌，却能在仪式性的表演场合有放松而高雅的表现。她的文化思考主要来自单纯的生命直感，加入足够的国际目光和散文式的提炼，有一种近似懂事的小女孩儿讲大人话的组合式美感。戈辉最让人惊讶的是，哪怕走到最陌生的地方，她都落落大方，自作主张。

> 陈鲁豫在以色列、巴勒斯坦接棒，到约旦、伊拉克、伊朗。鲁豫到的几个国家，各自面临不少大问题，作为一个主持人，难以应对之处甚多，但她全部从容取下，举重若轻。鲁豫心间有一种一般女孩子少有的人道主义大线条，容易把文章做浓，但又浓得那么贴切自然，很是难得。她有新闻记者的敏捷，但敏捷得不失优雅，这种优雅不是表情，而是一种视觉高度下的轻松。

许戈辉和陈鲁豫身上有很多相同之处，她俩早前都供职于央视，曾当选过全国最受欢迎十佳主持人，都是学外语出身，都生长于知识分子家庭。她俩还都应了张爱玲的那句话：出名要趁早。许戈辉 1991 年参加中央电视台青年业余主持人大赛获第一名；陈鲁豫 1992 年获得北京市申办 2000 年奥运会英语奥林匹克竞赛第一名。

初到凤凰，公司给这姐儿俩合租了一间房，于是她们就开始了充满戏剧性的“同居时代”。地点就在香港九龙红磡码头附近的一片公寓楼里，那儿距离公司只有几分钟的路程。

1997 年“金融风暴”前，香港的楼价比楼还高。普通公寓的房租可以住上北京四星级酒店。有一次陈鲁豫到加拿大度假，顺便拜访一位老朋友，当朋友用小轿车带她到一座雅致的别墅前时，鲁豫睁大了眼睛。这是一座处在高尚住宅区地段的两层独立小楼，带大花园。一问售价，相当于人民币 150 万元，这个价格是香港普通公寓房的一半。

“它的衣橱，比我现在的卧室还大！”鲁豫每一次与同事说此事时，一副无限神往的样子，并说以后一定要发奋努力到加拿大买一幢大大的洋房。

陈鲁豫与许戈辉二人之所以能和平共处，从共性上讲是因为缺点比较接近，而优点又能互相容忍。从个性上分析呢，陈鲁豫细中带粗，生活小节上不马虎，饿多一分钟都不能忍，吃多一粒米又咽不下，为人处世风轻云淡。许戈辉则是粗中有细，看起来平时随意而凌乱，但常常在关键时刻高风亮节，有章有法，出乎鲁豫的意料。

有一段时间，鲁豫和戈辉互相欣赏，彼此吹捧。比如陈鲁豫蒸一点米饭，把从超市买的盒装咖喱杂菜加热后浇在上面，许戈辉一个劲地赞其美味，狼吞虎咽，风卷残云，直至盘里不剩一丝残渣；而许戈辉用破烂不堪的毛笔蘸少许墨汁，信手涂鸦，鲁豫也表现出像对白石、悲鸿等大师一样景仰的神色。真可谓“物以类聚，人以群分”。

刚到凤凰，俩人都没有量身定制的栏目，基本上在同一个栏目里练兵，那个节目被称为凤凰卫视的“黄埔军校”——《相聚凤凰台》。除此之外就是参与香港回归直播、柯受良飞越黄河现场直播、长江三峡大江截流纪实、黛安娜王妃葬礼现场直播、香港电影金像颁奖典礼现场直播，等等。陈鲁豫还是一个叫《音乐无限》的节目主持，不过，她说那里选中的歌曲自己并不是都喜欢。

随着凤凰卫视的蓬勃发展，节目量与日俱增。鲁豫后来做《早班车》，过起“香港农民”的日子，没有早晨5点以后起来过；而许戈辉也一边满天纷飞，一边挑灯夜读，没有深夜两点以前睡下过。为了共同的事业，鲁豫与许戈辉在难分难舍中执手相看泪眼，终于“分居”了。

《千禧之旅》中，这姐儿俩把这个电视行动演绎得风生水起。

5

许戈辉在希腊的采访中，体会到了什么叫渗透在骨子里的文化。“他们的执拗经常让你无可奈何，他们不紧不慢的节奏会让你急得上蹿下跳。”

旅游商店里满目都是俗不可耐的绘着帆船和小屋的盘子，泛着刺目的蓝，让人怀疑现代希腊人的创造力，但眼珠一转，看到了一本羊皮相册，它褐色的封面茸茸的，上面有原始壁画般的图案，里面是做旧的纸，有树皮粗糙的质感。戈辉再三追问：你肯定这不是一个笔记本而是一本相册？店主笃定地笑，这就是一本相册，你可以根据照片的大小，将纸划开，插进去。

但接下来的交易程序却相当无趣，店主报了一个价，戈辉随口砍了一个价，店主摇摇头就走了，再也不理戈辉。习惯了被买主逼被缠被甜言蜜语的戈辉只好讪讪地走过去，继续讲价，店主继续爱搭不理，但最后还是降了价，这下坏了，戈辉认定店主既不讲气节也不近人情，最终没有成交。

离开希腊时，戈辉发现她还是欣赏希腊人的气质与性格的。“他们稳健而笃定，那种种神态让你感到他们真的是背靠老祖宗数千载的智慧财富，用不着去争凡世的浮华；他们优雅而闲淡，那种自信让你不得不承认，从前的繁荣即便落寞，也还是贵族。”

真实的固执胜过虚伪的圆滑。

这是戈辉试图以希腊式的心情讲述希腊时的结论。

告别雅典，经过一个半小时的飞行，来到埃及的开罗。

当五台威风凛凛的大吉普一溜儿排开，载着铱星电话、摄像机、编辑机、数码相机、灯光的十几个大铝皮箱依次抬出，凤凰一行人被数十名荷枪实弹的警察贴身护卫，这情景又变成数字信号，通过卫星传送到世界时，人们几乎不再怀疑：中国人正在用他们的方式考察世界。

从希腊到埃及，考察也从2500年前再向前到4700年前，相当于从中国的东周列国到传说中黄帝大战蚩尤的年代。希腊高龄的维纳斯一见到埃及的法老王，立刻变成了小妹妹。

埃及对游客和采访媒体的高强度保护，是因为这里发生过极为残忍的“卢克索事件”。

卢克索是埃及主要旅游城市，坐落在开罗以南的尼罗河畔，位于古埃及都城底比斯南半部的遗址上。因为这里很长一段时间是法老时代埃及的都城，所以埃及70%的遗址都在这里。埃及有“不到卢克索，就不了解埃及”的说法。

1997年11月17日早晨，6名恐怖分子冲下山坡，在距离女王庙（德尔巴哈里神庙）几百米的停车场上，手持冲锋枪大开杀戒。枪案持续了45分钟，致使58名外国游客和4名埃及人当场身亡，另有26人受伤，死者中多数是瑞士人和日本人，还有几对是新婚蜜月中的夫妇。

事发当天，埃及极端组织“伊斯兰集团（IG）”宣布对此事负责。

当地流传的一种说法是：伊斯兰集团的创始人就是当年刺杀埃及总统萨达特的主谋卡拉姆·祖赫迪，此人被称为中东恐怖活动的鼻祖，“卢克索事件”发生时他尚在狱中服刑，并于当年 3 月在狱中宣布伊斯兰集团单方面停火。但他手下的中层领导艾曼·扎瓦赫里却反对停火，为了表达与政府对抗到底的决心，执意制造了这桩举世震惊的事件。

扎瓦赫里何许人也？他出生于埃及一个显赫世家，原本是一名医学硕士，且医术精湛。他外表斯文，戴金丝眼镜，还喜欢写诗。然而，在祖赫迪的“感召”下，扎瓦赫里投身恐怖组织，并很快脱颖而出。有埃及媒体报道说，监狱中的祖赫迪曾经托人捎信给扎瓦赫里，希望他能放下屠刀，但遭到了拒绝。

1989 年，扎瓦赫里和他的随从跑到阿富汗，与小他 6 岁的本·拉登相识，很快成为莫逆之交。拉登于当年建立了基地组织，扎瓦赫里将他的武装与基地组织合并，从此成为拉登的第一副手，组织的第二号绝对实权人物。1998 年美国驻坦桑尼亚和肯尼亚大使馆爆炸案、2001 年震惊世界的“9·11”恐怖袭击，扎瓦赫里都是主谋。美国反恐专家表示，这个被称作“拉登大脑”的二号人物才是对美国国家安全最大的威胁。

但此事是否真是扎瓦赫里所为，尚无定论。

还有一种说法：美国人事先已经对“卢克索事件”有所警觉，在事件发生前两周就秘密阻止本国旅游团进入卢克索，而事件开始后刚一个多小时，CNN 就已经在进行实况转播，反应快得超乎寻常。

出于职业习惯，刘长乐向当地导游询问“卢克索事件”，没想到那个导游情绪激动地说：“你们都被西方媒体骗了，枪杀外国游客的事与穆斯林极端组织无关，只不过是那些西方的记者先扛着摄像机来了。”

真相永远只有一个。而“卢克索事件”的某些真相，至今还湮没在历史的尘埃中。

刘长乐后来多次提及这个情绪激动的埃及导游，他的意思不是说“卢克索事件”应该重新定性，只是想说明话语权的重要性。话语权来自哪里？来自媒体影响力，否则，你的声音谁也不会听。

“卢克索事件”导致埃及入境游客数量锐减，从每年 500 万下降到 30 万，支柱产业元气大伤。埃及因此产生了一个新行业——旅游警察。所以，凤凰摄制组受到特殊保护也就不奇怪了。

如果说希腊的石柱给凤凰摄制组留下了深刻印象的话，卢克索的石柱就只能用震撼来形容了。比希腊石柱早几千年的埃及石柱以同样的排列方式，几乎环抱着整个卢克索山谷。这个地球上曾经最辉煌的首都，气象万千。

远眺埃及金字塔

在古罗马诞生以前，这些古老的石头就似乎在对人们说：“切记你们只是尘土，世代生而又死，城市建而复废，国家兴而再衰，而我们却永远屹立。”

余秋雨说，埃及人用石柱来体现建筑中最高的理念，因为古埃及民间有一种想法，人类的产生与生长是从泥土中来的，从很微小到像模像样地站在天地间，这个过程，用石柱来概括特别形象，所以，每竖一根石柱实际上是表达他们对人类成长史的一种概括。

古埃及文明在几千年前产生，又突然暗淡，让人们感觉像天外来客一样神奇。“我们面对的是一种需要不断研究、不断思考的文明，对这种文明，我们今天只能参观，发言权很少。到现在为止，很多考古学家能够做的就是使它们呈现出本来的面貌，却无法说明它们为什么这样。一切伟大的文明存在于世的一个重要理由，就是它已经沉默寡言，它才能长存。”

6

告别了法老们，摄制组前往红海附近的撒哈拉沙漠去采访贝都因部落。那是西亚和北非的阿拉伯游牧民。“贝都因”为阿拉伯语音译，意为“荒原上的游牧民”“逐水草而居的人”。许戈辉一听撒哈拉这几个字就莫名地兴奋，因为三毛说过：“不记得在哪一年以前，我无意间翻到了一本美国的《国家地理杂志》，那期书里，它正好在介绍撒哈拉沙漠。我只看了一遍，我不能解释的，属于前世回忆似的乡愁，就莫名其妙、毫无保留地交给了那一片陌生的大地。撒哈拉沙漠，在我内心的深处，多年来是我梦里的情人啊！”

贝都因是游牧民族，他们的历史写在他们心里。在埃及这个旅游大国，这个小民族的聚居地也被开发成了旅游景点。游客很多，贝都因人除了要为游客烤肉烙大饼，还要为他们唱歌跳舞。戈辉不禁有点怅然：“原本想看地道的贝都因人的生活，哪想到都被训练成文工团员了。”

但转念一想，又觉得自己未免刻薄，凭什么因为崇尚那份古朴原始而希望他们永远与世隔绝呢？

想通了，就在两个大眼睛的贝都因女子身边坐下，拿起擀面杖帮她们烙大饼。

当地有一个特别有意思的风俗，说是女孩子得会做家务活才能嫁得出去。女孩子的嫁妆，是要以羊和骆驼的数量来计算的。如果你的身价比较高、长得漂亮、贤惠又能干，你的价值就相当于一大群动物。当地女子的最高聘礼就是25匹骆驼。

贝都因人选妻子主要看女方的眼睛，眼睛最黑最漂亮的就是25匹骆驼，如此类推，最少的就只值两只小羊了。

戈辉就蹲在那儿，特别勤恳地烙大饼。她说，以我的手艺不知道能不能嫁得出去，但是以我这双黑眼睛，至少也能换两张大饼吧。

烙了好大的一摞后，她觉得自己的身价一定提高了不少，就谦恭地问当地人：“你觉得我现在可以换多少头骆驼啊？”

估计戈辉的大饼烙得一般般，那个当地人特别不好意思地在那儿笑，最后终于开口了：“你要出嫁时，我们家可能还要、还要赔几头骆驼出去。”可能是怕戈辉太难过，那人补充道：“不过，你的眼睛还是很漂亮的。”

戈辉夸奖说：“您可真纯朴。”

窦文涛听了这个故事后恍然大悟：“我现在明白为什么到国外采访要派那么多女主持人去了。粮草不够了，可以拿她们换骆驼。”

7

离开埃及，进入以色列，越过戈兰高地进入耶路撒冷，每一个地名都是大名鼎鼎，都厚重得让人不忍触碰。

叙利亚与以色列之间的戈兰高地是几次中东战争的战场，凤凰的车队几乎是在地雷密布的“雷区”穿行。盘山公路两侧的杂草中，是不见首尾的双层铁丝网，网上每隔两三米就挂着一个黄色警示牌，牌子上标一个红色的三角箭头，警示这里埋着杀人的地雷。

历史名城耶路撒冷只有65万人口，但却厚重到几乎承载着人类的全部思想史。它是犹太教、基督教、伊斯兰教三大宗教的圣城。北面的山顶，出现了以色列的雷达观测站，他们试图拍照时，导游一声大叫：“危险，不准将镜头直接对准军事设施，否则会立刻招来子弹！”

在耶路撒冷的老城中心，三大宗教的圣地紧紧连在一起，互相交织。哭墙上方是阿克萨清真寺，对面便是基督教堂，而不远处一条阿拉伯风格的小街市，就是基督受难的十四站苦路。每个圣地之间，都有以色列军警严格进行检查。

几千年间，这里冲突不断，特别是近些年，这里已经成为中东冲突的导火索，街头似乎随时都可能响起爆炸声。

人们因为各自的信仰而汇集在这里，又因为各自的信仰而杀人或被杀。事情的起因可能是宗教，但到后来，宗教可能变成了一个借口，成为民族问题；民族问题又变成文化问题，文化问题又纠结于经济问题；最后，所有问题缠绕在一起，就是神也无能为力。

仗要打，日子也要过。

在耶路撒冷街头，经常可以看到一对对背着冲锋枪或腰别手枪的恋人相互依偎着逛商店。死亡随时不请自来，也只能放弃恐惧，把一切交给上帝。

以色列几乎是全民皆兵。凡高中毕业，年满18岁的男女都要当兵。男子服三年兵役，女子服近两年的兵役。他们训练有素，战斗力颇强。

一位学者说，一个流浪了两千年的民族，对于其他民族的流浪者理应更仁慈一点。举世钦佩的机智，不应花费在对他人的损害上。

8

鲁豫在耶路撒冷和戈辉做交接。

鲁豫穿了墨玉绿的卡其布连衣裙，扮作飒爽英姿的女兵形象，可能在她看来，穿越世界最危险的地区就是一场激烈的战斗。在香港，她就被盘查了整整3个小时，几近崩溃。上机后，邻座的以色列老大爷打招呼也被她抢白一顿，老大爷解释道：“请你谅解，我们以色列是个特殊的国家。这么多年来，我们安身立命的原则就是，在确认你是朋友之前，先假设你是敌人。这是我们的生存方式。”

从以色列到伊朗这一段路是鲁豫自己要求走的。她说：“我喜欢旅行，但再喜欢旅行，可能都很难来到这几个地方。这几个地方是最出新闻的，而且可能会比较神秘、比较危险，大家也会比较感兴趣。”

不巧的是，鲁豫在以色列病了，独自躺在耶路撒冷的酒店里受苦。中国人生病只有中国饭能治，鲁豫突然想吃中国的方便面。于是她挣扎着爬起来给送餐部打电话，请给我送一只碗，一把叉子。不料对方却问："碗是什么东西？"这一下把她问愣了，用了一辈子碗，还没想过如何给碗下定义，她只好字斟句酌地说，碗是一种餐具，用来盛食物，固体、液体都可以，比如米饭、汤，等等，圆形的，比盘子深。

对方沉吟半晌，毅然说："我们没有碗。"

"不可能！"鲁豫大叫。

对方屈服了："好吧，我找找看。"

20分钟后，一个很老实的以色列小伙迟迟疑疑地送来了一件东西：我找了半天，这是最像碗的东西。

鲁豫终于忍不住大笑起来。原来送来的是一个塑料花盆。

为了证明这个刚洗干净的花盆之前没有装过脏东西，鲁豫再次打电话确认，接电话的大妈说："原来要花盆的人是你！可惜了我一把那么漂亮的玫瑰。"

好在采访到了以色列前总理、后来当了总统的佩雷斯，佩雷斯的彬彬有礼和出色的表达能力给鲁豫留下了不错的印象。

鲁豫的一个重要特点就是到哪儿都想采访到重要的人与事。这是记者的天性。

到了约旦，她想采访国王，竟然对导游说："我想采访你们的阿卜杜拉国王，你能安排吗？"

导游的嘴一下张得老大。也难怪，如果有个外国电视摄制组来北京，一见北京导游张口就说："我想采访中国国家主席，你帮着联系联系。"导游一定认为这人有病。但是鲁豫就是这么说的。

好脾气的导游还真有通天的本事，离开约旦的前两天通知鲁豫："国王陛下明天要去杰拉什开地方会议，我们也许可以在那儿采访他。"

摄制组决定到杰拉什去碰碰运气。导游不知和哪个部门打了招呼，摄制组被允许进入会场拍摄。他一再强调，凤凰卫视是迄今为止唯一一个被批准拍摄国王开会的外国电视媒体，言外之意，他功不可没。

当国王的车队进入人们的视线，会场上的男男女女都尖叫着扑向阿卜杜拉的车子，站在国王御驾外面的皇家保镖一手扒住车门，一手拼命推挡企图爬上车子的民众，场面完全失控。鲁豫目瞪口呆地看着这一切，很是兴奋。

好不容易会议结束，鲁豫终于想办法站在离阿卜杜拉很近的地方。在一片白袍的男子中间，有一个身披鲜艳的粉色围巾的中国女性，阿卜杜拉想不看都不行。

鲁豫只恨自己没有眼睛放电的本事，只能眼不错珠地盯着阿卜杜拉。

鲁豫拍拍导游的肩膀，用不容置疑的口吻说："帮我写个条子，递给首相，就说我们是凤凰卫视，从中国来的，想采访国王陛下。" 10分钟后，导游兴冲冲地跑回来对我说："首相同意了，但只给你5分钟。"

几百名与会者排着队依次和阿卜杜拉握手，鲁豫也凑热闹挤进去，阿卜杜拉微笑着说了一句："欢迎你到约旦来！"

于是，大功告成，采访了国王。

当时，参加《千禧之旅》全程报道的《北京青年报》记者赵维忙不迭地把一架数码相机使劲往一个矮矮胖胖的约旦人手里塞，意思是："师傅，劳您大驾帮我和你们国王拍张照片。"谁知那约旦人沉着脸把手一缩，相机咣当一下掉到了地上。赵维也不在意，捡起相机先帮鲁豫拍照。一阵忙乱之后，鲁豫才幸灾乐祸地问赵维："你知道刚才不愿帮你拍照的人是谁吗？"

"谁啊？"赵维一脸的迷茫。

"约旦首相。"鲁豫乐得直不起腰。

进入伊拉克，鲁豫最想见的人就是萨达姆了，这个后来上了绞刑架的人，当时在巴格达街头是最耀眼的明星，目光所及，看到的都是萨达姆。街心公园里竖立着他一身戎装的雕塑，大楼外墙上是他的巨幅画像，电视屏幕上播放着萨达姆的颂歌。

鲁豫拿出老招数，请陪同的伊拉克新闻官穆罕默德帮忙想办法："你能安排我采访萨达姆吗？"

老实的穆罕默德被这个疯狂的问题吓了一跳："采访总统很难。他上一次接受外国传媒的访问是10年前，1989年，CBS的Dan Rather。"

1999年的萨达姆把自己打扮得像个老国王，很少在公开场合出现。他是世界少有的敢与美国叫板的人，1990年8月，他发动了对科威特的战争，科威特五名王室成员战死，国王埃米尔·贾比尔率部分王室成员逃往沙特阿拉伯。科威特变成了伊拉克的第十九个省。

但好景不长，五个月后，美国于1991年1月16日对科威特和伊拉克境内的伊拉克军队发动军事进攻，重创伊军，萨达姆被迫从科威特撤军。1998年12月16日，美军再次发动"沙漠之狐"行动，对伊拉克实施大规模的轮番轰炸和袭击，以惩罚萨达姆继续阻挠联合国对伊拉克的武器核查。

这就是鲁豫拼命想采访他的原因。

她甚至想到了一个"邪恶"的方法：出钱。

她对忠厚的穆罕默德说："只要能访问萨达姆，多少钱都没问题。你放心，这笔钱凤凰要是不给，我自己掏腰包。你说吧，打通各个环节需要多少钱？"

穆罕默德叹了口气："鲁豫，曾经有个记者要给我4万美金，被我拒绝了。因为我们的总统不可能接受任何访问。"

"4万美金！我身上没有那么多现金，不过，我有几张旅行支票，还有VISA和美国运通的金卡。信用卡，你收吗？"

穆罕默德摇了摇头。

鲁豫还在算账给他听："你看，我这儿有500美金，还有1000港币，4张旅行支票等于2000美金，这张VISA卡的信用额是16万港币，运通卡可以透支10万港币，我只有这么多了，其余的等我回到香港再寄给你，怎么样？"回身一看，穆罕默德早就溜了。

采访萨达姆的愿望落空后，鲁豫终于移情别恋，准备采访伊拉克副总统拉马丹。他们是被荷枪实弹的伊拉克士兵请进总统府的。拉马丹的架势挺吓人，贝雷帽、呢子军装，腰里还别把手枪，但不客气地讲，他很平庸，回答问题就像是伊拉克外交部发出的通稿。鲁豫对访问感到失望，但知情人士说："这是伊拉克最高层官员第一次面对中国传媒。"

1999年11月的伊拉克，外国摄影队简直是寸步难行。每到一地，凤凰就会被警告，这个角度不能拍，那个角度也不能拍。鲁豫会做出服从命令的样子，然后趁他们不注意，就对摄像眨眨眼，偷拍。温柔敦厚的穆罕默德急了，他几乎是带着哭腔哀求："鲁豫，求求你，他们不让拍的时候千万别拍！我可有五个孩子啊！"

他的话和恐惧的眼神令人心碎，鲁豫立刻对穆罕默德郑重承诺："从现在开始，我一定听你的话。"

10天后，他们在伊拉克、伊朗边境告别，鲁豫不顾伊斯兰的风俗拥抱了穆罕默德。新闻官穆罕默德显得很羞涩，而鲁豫心里充满了不祥的预感："我们走了，他却还要留在这里，天知道今后会发生什么事！"

如果说凤凰摄制组在此前还不清楚对于一个国家来讲什么叫主权，这回来伊拉克，最强烈最深刻的震撼，让他们知道什么叫主权了。他们的感慨是：一个国家如果这样活着，还不如不活着。

9

很快，他们拜访了伊朗。在与古老的波斯王朝进行了一番对话后，又进入了巴基斯坦、印度和尼泊尔。主持人也换成了做过模特儿的台湾人孟广美和舞蹈学院的高才生李辉。

对于这一地区，中国人应该感觉更亲切一些，因为它是佛陀的故乡。

但是，走过的人却说，这里是他们走过的最战战兢兢的路，那里是世界公认的毒品和武器走私最猖獗的地带之一，名叫“金新月”。通过伊朗进入巴基斯坦的时候，中国驻伊朗大使对刘长乐说：“伊、巴和阿富汗的三国交界处是最大的毒品交易区，就在你们到达的前一天，刚刚有32名警察被贩毒集团给杀了，你们最好不要走这条路。”

但是，危险本身就是诱惑，就是新闻。

还有一点，走这条路，就意味着千禧车队要在1999年12月通过喜马拉雅山口，但那里有可能大雪封山，过不去。他们重新设计路线：一种方案是由尼泊尔返回印度，经孟加拉国、缅甸，从云南回国，后发现大部分是山路，没有车队成功地穿越那里。另一种方案是走克什米尔的北部，从新疆回来。这两个方案，都可能推迟他们的原计划，不能在千禧年到来这一天进入中国境内。

刘长乐再次向中国驻尼泊尔大使求证。大使当年修过中尼公路，认为可以过去。于是，他们最后决定还是走喜马拉雅。这样，千禧之旅除了完成对文明的探访，又多了一次对自然的挑战：从世界最低点死海，到世界最高点喜马拉雅山。

在横穿了号称富饶文明的整个北印度，面对声名显赫的恒河平原时，余秋雨说：“街边路头的景象，普通人群的神貌，比很多文章和调查报告更能真实地反映一个社会的本相。何况，我们并没有故意深入他们的偏远地区。

“当我们发现已经在这个地区整整行进了1500多公里，就不能不做出判断，不管我们尚未抵达的这个国家的首都如何漂亮，辽阔的印度河平原的极大部分，无可掩饰地呈现出一种最惊人的整体性贫困。

“中国西北和西南最贫困的地区我也曾一再深入，但那种贫困至少有辛勤的身影、奋斗的意图、管理的痕迹、救助的信号，但这一切在这里很难发现。因此，惊人的不是贫困本身。”

但是，世界上没有任何人可以鄙夷和轻慢这一地区的文化与文明。他们有非常高的智商和高层次的精神活动。

印度诗人泰戈尔诗云：“让我的爱像阳光一样包围着你，而又给你光辉灿烂的自由！”

这就是印度。

而两千多年前，那位游走的智者和教师悉达多用一枝花朵和恒久的微笑赢得了世界的注目。

另一个说明古印度人思维深邃性的例子是，印度天文学家婆罗门笈多在公元628年，把“0”定义为任意数减去自身所得到的结果。它表示一个空缺的数字，同时又担当了一个数字的身份。他还惊人地阐明了用它做加减乘除的运算规则：当0加到一个数上或从一个数上减去时，该数保持不变。而一个数乘上0时，则变成0。0还有个秘密，如果把它放在x、y轴上面，x为时间，y为空间，你就会发现第一象限是正面的空间，第三象限是虚空界，第二、四象限是空间的维度，你会发现维度空间的无限性，而万物归0，就是无生无灭。事物站在0的角度看会更加理性。0的定义似乎是从佛教哲学的思辨性而来，佛陀所说的大圆满亦是0这个数字所包含的意义。同时，0也丰富了佛陀的思想。

那一天，在距离尼泊尔边境大约100公里的地方，印度导游突然问：“你们会去释迦牟尼当年苦修的山洞吗？”

于是，千禧之旅车队拐头向那里进发。那里是一段越走越让人害怕的山路，有茂密的植被和曲折的险峻。走过两旁满是乞丐的石梯，他们站在了释迦牟尼当年受难的地方。

洞里有四位僧人，供奉着四尊佛像，其中一尊是瘦骨嶙峋的佛。据记载，那时还算年轻的佛陀为了悟道，在这儿以果实和青草为食，甚至以动物的粪便度日。他拔去自己的头发和胡须，让自己接受痛苦的磨砺。他长时间坐于荆棘之上，一任肮脏的灰尘寄于自己的身体。他变得憔悴不堪，用手拍打身体的时候，全身的毛发纷纷脱落，因为虚弱，他常常会无故地瘫倒在地。突然有一天，他觉得这样的苦修没有给他新的觉悟，也没有给他超人的智慧和洞察力，相反，苦修的骄傲成分甚至毒害了自己。于是，他放弃了苦修，前往印度的菩提加耶，并在那里成佛。

他下山的路被称为通向真理的道路，但是，谁能说这七年的苦修没有给他力量和帮助呢？

天色渐晚，僧人劝他们赶紧离开，因为晚上会有持枪的土匪出没。

世界上的许多朝圣者和旅游者，来到佛陀悟道的几处圣地，无不为这里的贫困、愁苦和荒寂所震惊。传说中神圣的恒河洗浴，竟让摄制组说出了“我们拒绝说它美丽”这样的话。瓦拉纳西，印度的历史古城，坐落在恒河中游新月形曲流段左岸，经常有数以百万计的男女在这里洗澡、等死或烧尸体。

烧尸体的方法是把尸体用白布裹起来，一路穿过充满粪便和牛群的又脏又乱又闹的巷子，运到河边的码头，架起柴火，一层一层地烧。最上层的是婆罗门阶级，最底层的是贱民阶级，烧好后连骨灰带炭灰都倒入恒河。

河里面的船会将垃圾直接倒入河中，甚至有未火化的尸体顺水漂流。而洗澡的人对这一切仿佛视而不见，每天清晨，他们都会浸入浑黄的水中，洗脸，刷牙（用手指当牙刷），或全身打满肥皂，下水冲洗，没人说话，也没有笑容。

他们终于理解了为什么佛陀会诞生在这里，两千多年前，佛陀过的也是这种日子，面对的也是这样的贫困，他领悟到，只有接纳一切、忍受一切，通过熄灭欲望，无我无执，博爱众生，才能进入涅槃清静的境界。

这是佛陀的核心思想，也是他教导人们认识苦难、寻求解脱的主要方法。

苦难产生伟大的思想。

看不到美丽的人才会更热切地向往美丽。

主持人李辉小小年纪，却对佛教有着虔诚的信仰和对智者文明的高度认可。她热情，容易感动，对各种文化现象容易全身心投入。她对佛教圣地的虔诚跪拜，给人留下深刻印象。

李辉访问了尼泊尔首相巴特拉伊。她问："听说在加德满都，庙比房多，神比人多，我想请首相先生讲一下宗教对这个国家的影响。"

一头银发的巴特拉伊回答："最大的影响就是教人们善良，不要做坏事。宗教嘛，就是让人们向善，给人们一种力量、一种约束力，时刻想着人在关心着他，就必然不做坏事了。"

10

1999 年的平安夜，凤凰摄制组是在一个俗名"大脚印"的酒吧里度过的。

加德满都的泰米尔街深处，有一个在登山徒步者中知名度很高的酒吧，曾被《时代》杂志称为"世界上最好的酒吧之一"。它的名字叫"Rumdndn"，翻译成尼泊尔北方话，意思是"四万又二分之一英尺"。酒吧里面最高级的创意是布满了一个个剪成大脚印形状的卡片，攀登过喜马拉雅山的人们大多在这些"脚印"上留下了自己的名字。如果你曾登顶珠峰，可以终身享受在这里免费就餐。

知道内情的人说，老板是个精明的蒙古人，是一个靠打题材牌而赢得生意的典范，他非常高兴地欢迎凤凰卫视并送上了一个大脚印。

余秋雨等人一一签下了自己的名字，因为他们就要翻越喜马拉雅山进入西藏了。

这时，一个外国老太太注意到了这帮兴奋而疲惫的亚洲人，她问道："你们是哪国人？”

“中国人。”

“这我知道，我想知道，你们是哪一部分的中国人？”

“全部。”余秋雨答。

外国老太太露出了惊愕的表情。因为她对中国历史很了解，能问出“哪一部分”这样的话，说明她懂“政治”。

不是吗？这群人来自中国的两岸三地。

凤凰卫视是“一群完整意义上的中国人”。

跨入中国西藏樟木口岸时，面对祖国，李辉哭了，余秋雨也忍不住掉了泪，摄制组的许多人都哭了，说不清为什么，大约是远行的孩子见了娘亲的感觉。这一天，是1999年12月31日。

这之后，千禧之旅又一路经过西藏、青海、甘肃、四川、陕西、山西等地，从北边抵达八达岭长城，然后进入北京。

节目主持人换成了曾瀞漪和吴小莉。

千禧之旅车队抵达唐古拉山口

回望来时路，当中国新潮的女孩儿把“肚脐眼儿”露在外面款款而行的时候，阿拉伯妇女的脸上还蒙着纱巾。中国文化从根子上说，从来就不是封闭的，它呈现出一种温和的开放和扩张状态，虽然有成吉思汗这样的铁血汉子把世界强奸了一次，但改变不了中国文化的本质。近30多年来，中国开放的速度与规模，虽然还远远不够，但与中东地区国家的封闭比起来已经形成了强烈的反差。

王纪言脑袋里永远充满了宏大的想法，他的每一个想法都是超一流的，当然，实行的难度也是超一流的。为了迎接顺利抵达北京的千禧之旅车队，他设想了一个盛大的庆祝方案：凤凰的车队缓缓穿过长安街，驶过金水桥，进入中南海，然后再转头开进天安门广场。这时，人民英雄纪念碑前铺着红地毯，国家军乐队奏响迎宾曲，欢迎的人群手捧鲜花、潮水般涌上前去……他强调说，军乐队的演奏不是原地不动地吹号打鼓，而是走着正步，变换出令人眼花缭乱的各种队形。他不仅这样想，还要这样做，真的派人去跟有关部门联系，结果人家说，人民英雄纪念碑前铺红地毯，必须是国家元首，你们级别够吗？而军乐队练队形走步操，一般得练几个月，你们等吗？

那是等不了了，车队说到就到。2000年正月初一的天安门广场上，空气凛冽，人们穿得厚墩墩的。军乐团在演奏欢迎曲，女青年拉起了欢迎横幅，时任市长刘淇在广场上向刘长乐赠送了天安门广场石，表达了欢迎和祝贺之情。

千禧之旅的终点到了。

没有机会参加远行至今耿耿于怀的窦文涛在现场报道，他说：“这是凤凰历史上第一次远征，著名的千禧之旅车队，此刻正开进终点——北京天安门广场，而起点是金字塔和尼罗河，历经人类四大古文明的源头。渺小的我在车队的尽头，在照片的边上，可恶的摄影师把我剪掉了，说留着也看不清，可实际上我所在的位置，正是祖国欢迎勇士们归来的盛大庆典现场。现在可好，车成了主角。不过这样也对，听说在旅途中，车比人重要。正如千禧之旅的另一个小花絮：某摄像摔倒，大伙焦急地问：机器摔坏了没有？”

胜利与凯旋要素之一是笑脸与欢呼，但是，也有一些不同的声音传过来，甚至有人写理论文章，说是要从《千禧之旅》看电视传播中的伪文化现象。他们说，在商品经济日益发达的今天，高雅文化已经成为一种“超级商品”，丧失了原先的纯粹性与独立性，成为一种新型的“伪文化”，而我们的传媒则正是这种“伪文化”的极力吹捧者和奉行者。

这位作者认为，《千禧之旅》就是那些靠市场竞争存活的文化生产者们将节目转换为商业契机的表现，尽管《千禧之旅》在表面上编织了一套华美的甚至是悲天悯人的文化外衣，然而无论从吉普车身上大大的凤凰台台标，还是通过各种渠道不遗余力的宣传炒作上，都能看出传媒对商业利益无法掩饰的强烈渴望。

他还说，《蒙娜丽莎》只有挂在卢浮宫里才成其为艺术；而只有从教堂的管风琴中传出的音响才是真正的巴赫的弥撒曲。经过媒介的复制后，这些作品的艺术含量已经大为损折。《千禧之旅》因传媒的介入而从一个单纯的集体活动成为一个传遍世界的文化盛典，这必然打破文化艺术原本的纯粹度和自在性，从而不可避免地成为一个仪式表演。

在人类历史上，商业一直是文化的最主要的支撑力。学者们现在视为高雅文化的东西，当初的动力可能就是商业利益。水城威尼斯当年是地中海最繁荣的贸易中心；世界第一个环球航行的麦哲伦是为了向东方寻找黄金；卢浮宫里艺术品许多是掠夺而来；海上和陆地丝绸之路的开辟，是为了利润巨大的贸易；巴尔扎克因为头脑中充满了各式各样的发财梦，才把人间喜剧写得活灵活现。纽约大约也可列入世界文化名城了，可谁都知道，它的文化与高雅背后的支撑物，是纽约证券交易所的铜臭。

所谓的正剧，往往是以喜剧的方式登场的。

文化的构成本身就是世俗的。正如一位作家所说，美国不生产思想家，生产超一流的企业家、实干家，实力是他们的文化，是他们的凝聚力。中国生产思想家，太多的思想家缠绕在文化的小圈子里生产丝丝线线，专门绊倒大而化之的中国文化，把那些沾染上文化虚空的口头思想家绊得鼻青脸肿，把礼义廉耻绊得至今找不到家门。

传媒学家麦克卢汉断言：“也许有一天，当电视变为一种旧技术时，我们才会真正理解和欣赏它辉煌的性质。”

刘长乐说：“千禧之旅这样的电视行为虽然没有多少商业回报，却会给观众以更多的启迪，而且，对于媒体自身的完善，也是一个很好的行为。虽然这次行动在搏击重大题材上有浪漫的成分，行动的节奏安排可能有些出人意料，但我是一个十分实际的人，在细节上我是脚踏实地的，也可以说是平淡的。”

对于凤凰卫视本身，完成了这部历时 4 个多月、跨越 3 万多公里、踏遍全球 10 个国家的世纪力作，使它的主要骨干有了世界视角和眼光，有了走遍世界的能力，这很重要。

此后，凤凰的环球电视行走又持续了多次：欧洲之旅、两极之旅、非洲之旅、唐人街、“凤凰”号下西洋……

鱼有鱼道，虾有虾道

1

无数关于幸福感的研究都发现，“意义感”是幸福感中最重要的元素。就像三个石匠的故事——路人问石匠说：“你在做什么？”第一个石匠说：“我在打石头（谋生）。”第二个石匠说：“我在盖房子（工作）。”第三个石匠说：“我在盖一座伟大的教堂（使命）。”

使命感让三个干着相同活计的石匠对生活有着完全不同的感受，也让董嘉耀知道了幸福感原来就是拼命干成一件事的感觉。

国庆50周年阅兵前夕，千禧之旅在香港启程祭天的时候，董嘉耀在现场打杂。刘长乐过去问了他一句：“嘉耀，摄像机会用吗？”

董嘉耀觉得有点奇怪。隐约的，他觉得可能有什么事情会用到他这个技能。他回答说：“会用，我是电视系的。”

原来，凤凰卫视争取到直播国庆游行阅兵的几个海外记者名额。

这名额不好要，要来了也不好办，因为好的机位早就被国内的主流媒体抢占了，凤凰的报道好不好，全靠自己那点能耐了。

刘长乐争取来的位置有一个是在人民大会堂楼顶上，是整个游行典礼的重要制高点。他对嘉耀说：“到时你扛一台摄像机上去，把卫星天线与机器调试好，按自动拍照，然后你就自己对着镜头开始解说，现场直播，你敢不敢？”

董嘉耀点头应战，但心里还是觉得悬。“当时我第一个想法是，这么重要的直播，就我一人去做，台里胆子也太大了吧！”

9月30日，董嘉耀随凤凰卫视转播组飞赴北京进行准备。当晚，直播小组通宵开会，在最后时刻，刘长乐通过关系，把人民大会堂楼顶的记者名额争取到3个，决定派李平、潘力跟嘉耀一起上去。吴小莉与窦文涛在观礼台上解说。

为了在观礼台选一个位置，刘长乐与王纪言午夜步行到天安门广场踩点，最后决定机位设在天安门右侧观礼台的最高点。

没想到这个位置3天前就被军方一位名叫车夫的资深摄影记者占上了，并且一直派人在现场“蹲点”。凤凰的人求爷爷告奶奶，恳求他让出两尺见方一块地方，对方却是隔年的葫芦不进油盐，死活不让。没办法，刘长乐只好亲自出面打电话：“老大哥，你让两尺如何？让两尺也不影响你，但对我们的直播至关重要。”

这位老兄一听是刘长乐，松口了：“嗨，是你呀，怎么不早说呀？”

车夫退出宝贵的两尺，让吴小莉、窦文涛有了“立锥”之地。

2

10 月 1 日凌晨 4 点，凤凰卫视的几位主持人，通过四重安全检查后，进入天安门广场。在这里，董嘉耀与小莉他们分手，前往人民大会堂。第五次安检后，他爬上了大会堂的顶层。大会堂的顶层有一圈围墙，中央电视台与新华社的记者已在围墙的上边架好了机位。原来，这两家传媒在这里有固定的地盘，现场的脚架就直接绑在那里，根本不用再调整就能开机。

但是，鱼有鱼道，虾有虾道，董嘉耀这位外来户毕竟生猛，他找不到能架高摄像机的地方，急得到处乱串，猛然看到远处有个施工用的木脚架，大约有 3 米多高，他吭哧吭哧拖过来一试，还差半米，看不到下面。于是，他又试着站到大会堂围墙的琉璃瓦上，但被现场的士兵制止了，因为他要从那儿掉下去，就成了国际新闻。

董嘉耀急了，跑到楼下的国宴大厅里，拖来两把椅子，把木脚架架在椅子上面，这样，高度差不多有将近 4 米。下面俩人扶着架子，让他晃晃悠悠地爬上去，像个玩杂技的高手一样站在空中。摄像机递了上来，董嘉耀扛上肩，大声说：“好哇，这里可以俯瞰整个长安街。”

木架子下面，警卫士兵一言不发地看着他，目光中全是警觉，好像随时准备冲过来抱住从高空摔下来的凤凰记者。

那边中央电视台的人说，凤凰的人都疯了。

由于角度好，董嘉耀那天传回的画面是独一无二的：俯瞰长安街上车队整体的运行过程。他甚至拍到了一些坦克在牵引车的牵引下到达现场的早期镜头，以及坦克车队在经过天安门城楼后加速行驶、绝尘而去的独家画面。

董嘉耀坚持高空作业四个多小时后，干脆站在大会堂楼顶的琉璃瓦边上做现场解说。当日中午 1 点直播结束，吴小莉、窦文涛、负责群众报道的杨娟与董嘉耀在广场会合，他们与众多参加这个活动的人一样，兴奋地在东风洲际导弹车前合影。当时现场戒严，4 个人穿着统一的凤凰服装，沿着长安街走了很远的路去找载他们的车。一路上，这几个神采奕奕的家伙，成了路人关注的一道风景。

两年后，进入凤凰 4 年的董嘉耀担任了凤凰资讯台副台长。

凤凰上市

2000 年，凤凰筹办了三件大事：一是凤凰上市；一是发起穿越风沙线行动；一是资讯台成立。

2000 年 6 月 30 日，随着港交所大厅一声锣响，凤凰卫视在香港交易所创业板上市。股份代码 8002，凤凰卫视发行股本 7270 万股，每股发行价 1.08 港元，融资 7 亿港元，中银国际担任上市发行的主承销商。

成功上市，代表了香港资本市场对凤凰卫视业绩与定位的认可。

媒体称，上市当天，在大盘走势不佳的情况下，凤凰卫视以接近招股价收市。这样的成绩，对于这家创办仅 4 年时间，并被视为“内地概念股”的公司来说，是不错的成绩。

招股书说，凤凰卫视有限公司 1996 年 3 月 31 日开始运作，由 3 家股东组成：今日亚洲有限公司、香港卫星电视有限公司及华颖国际有限公司。卫星电视及今日亚洲各占 45%的股权，而中国银行的下属公司华颖国际则拥有余下 10%的股份。

当时，凤凰卫视在内地的覆盖率为 40 万户，观众超过 1.47 亿。由于上市成功，凤凰卫视的价值达 62 亿港元。

从财务报表上看，凤凰卫视在1998年和1999年，分别亏损1.31亿港元和7800万港元，不过，这是在凤凰卫视广告费偏低的情况下出现的。2000年，凤凰的收视情况相当不错，原有频道的广告早已爆满，但其黄金时间的广告收费不及中央电视台的25%、香港无线电视的20%。如果将收费提价三成至五成，便能转亏为盈。

事实果真如此。上市的当天，也是凤凰卫视财政年度的截止日，凤凰清点全年的“战利品”，按照广告合同量统计，这一年共完成广告销售额5.9亿元，其中两家分公司营业额突破1亿元，一家分公司达到9000万元，另有3家分公司营业额在5000万元以上。这个财年，凤凰卫视的广告“销售精英”大量浮出水面，个人销售业绩在1000万元以上的有10个，在5000万元以上的有3个。

刘长乐在港交所对采访记者表示，凤凰卫视将于明年转亏为盈，因为有资料显示中国内地企业在广告上的投资正大幅增加，明年将增长一倍。凤凰的广告收益也会因此增加。

凤凰的副行政总裁梁浓刚也在现场表示，此次筹得的款项，将有2.6亿元用作提升节目的质素，1.8亿元用于开发新频道，1.4亿元用作发展凤凰网站，1亿元为集团策略性投资及一般营运资金，另外3000多万元将用于发展《凤凰周刊》。

当时，凤凰卫视有3个频道：凤凰卫视中文台、电影台和欧洲台，美洲台和资讯台正在紧张筹建中，凤凰网已经是国内比较知名的资讯网站，每天的页视量达到40万左右。《凤凰周刊》虽然刚刚在深圳成立，但是它的人才构成和定位显示出不错的前程。

至此，凤凰卫视由单一频道起家，已经显现传媒集团的雏形。

关心这个世界，“进入”这个世界，是生命存在本身的需要。

追着风沙跑

1

2000年，中国北方的沙尘暴达10次之多。元旦当天北京人就吃了一嘴沙子。

3月27日，一场猛烈的沙尘暴突袭北京城，瞬时风力达到8~9级。狂风夹带着滚滚黄沙在数小时内把整个北京城全部笼罩，沙尘漫卷大街小巷，能见度不足百米，风中的行人捂着嘴吃力地行走。当地报纸报道，当日中午，正在一座两层楼楼顶施工的工人被大风掀下，其中两人死亡。某饭馆5米高的烟囱被刮成了“斜塔”。

那年的沙尘天，无论从次数还是从强度来说，都是中国自有气象记录以来最为严重的。中国气象局说，强度最强、波及范围最广的是4月18日至21日的强沙尘暴天气，沙尘袭击大半个中国，西北、华北、黄淮地区和四川盆地都被沙尘包裹得透不过气来。

一时间，中国人谈“沙”色变。

当年8月21日出版的美国《新闻周刊》说，北京领导当局承认，未来10年水源短缺将是中国国内最具挑战性的问题。由于中国旱灾情况日益严重，再过35年北京将面临沙漠化的危机。

圣奥古斯丁说，人们会心于河流悠长，玄想星辰回转，却从未打量过自我。

过度开发的恶果是，灾难紧接着来临。

昔日玄奘在《大唐西域记》里记载的西域三十六国，一个也没剩下，全部被风沙给亡国灭种了，他们的遗址变成了一座座城市木乃伊，在狂风狂沙中唱着悼亡的哀歌。

落后的大国为了消灭贫困，付出了过于昂贵的代价，但是贫困却如影随形。

塔克拉玛干、柴达木、科尔沁、毛乌素……八大沙漠和四大沙地，这些象征着干渴与贫瘠的地名，连缀起了一条北起黑龙江，西至新疆的风沙线。这里，只见“大漠孤烟直”，不见“长河落日圆”。

大自然正在一点点收回原本慷慨的赐予，人类之母悄悄变成了复仇女神——我国目前的荒漠面积超过了全国耕地面积的总和，而荒漠化的速度已经持续递增到每年2460平方公里，相当于一年失去一个深圳特区。

杜宪说，土地的枯荣就是家园的枯荣，土地的苦难就是人类的苦难。我们离开土地有多远，便离开幸福有多远。

徐刚说，在这奢侈华丽的年代，我们忽略了造物主恩赐的一种几乎象征了福音的颜色——绿色。

杜宪与徐刚，是凤凰卫视首次大型电视行动《穿越风沙线》的主持人。当有消息说中国的三北防护林工程让沙退人进，新辟农田1000万亩的时候，凤凰卫视要让国人亲眼看一看真实的土地与真实的人。

2

杜宪曾经是CCTV观众缘最深的女主播，按照当下的“美学”，她既不是细腰丰臀的辣妹，也不是玲珑剔透的娇娃，但却有大家闺秀的自重和矜持，而且她的见识与勇气，绝不是一般主播能有的。

杜宪在1992年自己砸了铁饭碗，她记得，自己将最后一个月的工资条保存了

杜宪访问老乡

下来，注明“1992年6月”。

“当我办完手续，明确了铁饭碗确实换成了瓷饭碗时，努力让自己体会了一阵，没有多少特殊感觉，淡淡的有那么一点后顾之忧。但一转念，最不济了，不就是晚年穷困潦倒，在贫病交加之中死去吗？还指不定能不能活得到那时候呢。想不了那么远了。”

后来，杜宪去美国当访问学者；再后来，她下海经商了；再再后来，她去了凤凰卫视。她调侃说：“老有人鼓动我再展雄风啊，甭说雄风了，你们把我鼓动出来，是想毁了我一世的英名！”但凤凰卫视还是让她有了“士为知己者死”的心思，“我就把我这点余热奉献给凤凰了”。

从此，每周5次，每次15分钟，杜宪亮相凤凰《我们只有一个地球》。各种媒体立刻“扑”上来，欢呼她“端庄、大方、自然、亲切、平而不淡”，但是女儿却说：“哎哟，妈耶，你主持的这叫什么节目哇，一点儿都不好看。”而丈夫陈道明呢，杜宪怀疑他根本就没看过自己的节目，开始试录的那盘带子他看过那么一眼，很慷慨地说了俩字：“还行。”

“这就完了。但对我来说，他这两个字却是我节目的通行证。”杜宪这儿还欣慰呢。

要去穿越风沙线了，军人出身的领队李平拿钱让杜宪去买几件像样的衣服，好出镜。结果人家径直去秀水街买几件便宜货回来了。李平急了：咱们这是凤凰卫视！买衣服是让你上节目的，不是让你勤俭持家的。

杜宪不温不火地说：“咱们去的地方很偏远的，穿那么高级谁愿意和你交流啊？”

银发飘飘的特邀嘉宾徐刚，生在上海的崇明岛，他住在长江之尾，想长江之源，一生都在为守望家园，保护家园而奔走、写作。凤凰的这次拍摄，是看了他的报告文学《中国风沙线》之后萌生的创意。进入凤凰摄制组时，他已经是中国最有影响力的环保作家，他写的长篇报告文学《伐木者，醒来》把半个中国都看哭了。而香港把他的环保著作《沉沦的国土》作为中学生必读的课外书，印行了10多年。

他们出发了。

沿途，摄像机和手里的笔记下原生态的中国风沙线。

3

树的故事：

在黑龙江一个县城里住的时候，屋里没有蚊帐，诗人徐刚笔上有风雷，胸中皆文章，可却奈何蚊子不得，何况是上百只花腿大蚊子。那一夜，诗人压根儿就没有睡觉，黑暗之中披衣而坐，点燃一支又一支香烟熏蚊子。清晨一看，整整燃了3包烟，蚊子没熏死几只，而诗人自己却被熏得抵抗力大大下降，发起高烧来。可是，比起他看到的林场，这点苦可就不值一提了。那里已经无树可伐，残存的树桩像个坟场。

杜宪：您伐过多少树？

退休工人：那可记不太清楚了。这个林场我伐了80%，上面那个老巢子林场我也没少伐树，现在寻思都成罪人了。林子都砍光了，咋整呢？

杜宪：都什么树啊？

退休工人：红松、果松，都这么粗，3个人都搂不过来，得好几百年长，好几百年。

杜宪：原来您是做木门的吗？

厂长：对。

杜宪：用什么材料。

厂长：红松。

杜宪：现在怎么不做啦？

厂长：现在红松少了，很少。

杜宪：你将来长大了想在林场干吗？

孩子：有点想，有点不想。

杜宪：为什么有点想呢？

孩子：因为整木材能挣钱，能挣很多钱。

杜宪：不想是为什么呢？

孩子：不想是整木材累死了。

杜宪：要不整木头干什么去呀？

孩子：当官。

日本人发明了生产一次性筷子的机器，但是这种机器发明以后，它从来没有吞下过一根日本的树枝，这种机器出口到了中国和菲律宾，吞下了中国数以亿计的大树。日本的森林覆盖率超过60%，中国的森林覆盖率不到日本的四分之一，但中国每年向日本出口200亿双木筷，相当于40亿立方米的木材。同时，中国自己也是一个一次性筷子的消费大国，本来就少得可怜的资源又被白白扔掉。

但是，先不要急着去指责日本人，杜宪他们听到了一个日本倔老头儿到中国种树治沙的故事。那是一个穿一身邋里邋遢的工作服，戴一双线手套的老人，虽然个子特别小，但不管见谁都大模大样的。据说毛泽东挺看得起他。毛在20世纪60年代对来访的日本人士说，听说你们日本有个鸟取治沙搞得很好，也可以来帮助我们治理一下沙漠嘛。

于是，志愿者远山正瑛来了。

远山正瑛是日本鸟取大学教授，世界著名治沙专家，90多岁了，为了帮助中国人民的治沙事业，不远万里来到中国，在内蒙古库布奇沙漠里一个人面对大漠孤烟干了10多年，在行将就木之时，为中国种植了200万棵绿树，治理了数万亩沙漠。

远山正瑛说过一句最伟大的话：全世界的沙漠都可以变成良田。

那么，中国的沙漠呢？

水的故事：

甘肃的民勤县，是一个正在重复古西域三十六国悲惨故事的地方，在腾格里沙漠和巴丹吉林沙漠夹击下，全县沙漠化的土地已占整个土地面积的94%，基本丧失人居条件。“天下有民勤人，民勤无天下人。”到处可以看见外出谋生的民勤人，可是民勤却很难找到外地人。老天待民勤人不公，地下水躲在地下300米的地方。即使打出了水，那水也只有适应它的民勤人能喝，外人是不敢碰的。

1995年，坚信人定胜天的民勤人打了6000眼机井，平均深度30米，5年后，杜宪他们看到的机井已经深达300多米。那不叫井，那是一只只大地干渴而又愤怒的眼睛。

杜宪：这口井有多深？

乡长：300米深。浅了就没有甜水，现在100米以上都没有甜水。

杜宪：100米以上是什么水呢？

乡长：都是苦水，那水含到口里就觉得不好受。

杜宪：苦水能用来浇地吗？

乡长：浇地也不行，这几年，像我们红山梁有12个村，有8个村几乎不能种小麦，小麦种上就枯死。

杜宪：这种情况怎么解决？

乡长：暂时只能靠它解决吃水问题。

杜宪：是不是可以考虑多打一点井呢？

乡长：多打也不行，地下水位下降得太快了，你要是抽上几年，这里也没水了，怎么办？所以老百姓的心情都是比较沉重的。

民勤的苦水，地下水矿化度高达4.18克/升以上，牲口喝了都要摇头。徐刚为了体验，非要喝一口试试，结果当天晚上跑厕所跑了半夜。

杜宪：你平时喝雨水，喝得习惯吗？（甘肃定西人靠将雨水雪水收藏到水窖里生存）

孩子：喝得惯。

杜宪：喝过矿泉水吗？

孩子：没有。

杜宪：我这里拿了一瓶你喝一口，跟你们家的水有区别吗？

孩子：有。

杜宪：什么区别？

孩子：这水喝了肚子不疼，那水不烧开，喝了肚子疼。

羊的故事：

在毛乌素沙漠的边缘，导演让杜宪采访植树模范和承包沙地治沙的农民，但是，杜宪遇到的却是一位放羊的老汉和他的80多只山羊。那些羊顺着沙丘走到长城上，在那里怡然地啃着星星点点的草。一个尖锐的矛盾触痛着杜宪，羊该不该啃这里的青草呢？如果不应该，那它们吃什么？而人又该吃什么？

杜宪：您每天都出来放羊吗？它们得吃多少草？

农民（山西）：一只一天得20斤草。

杜宪：它啃树皮吗？

农民：啃。两年上下的，嫩的，它都啃，到3年以上的粗皮，它就不啃了，嫩皮薄薄的它就啃。

美丽柔顺的羊绒是靠毁灭草与树产出来的。全世界年产羊绒1万吨，中国占了一半，大部分销往世界发达国家。一只山羊的出绒能力只有三四两，而消耗的草场资源却有一个半足球场那么大。为此，黄土高原的许多地方已经封山禁牧。

农民（陕西）：像我们这个村，前几年就有将近3000只羊，200来口人。现在全村大概有200来只羊，这样农民的收入就少了，一个村减少了20万到30万的收入。

杜宪：你现在能接受吗？

农民：接受不了。代价是必须付出的，而社会应该对付出代价的农民给予关心才对。

自己的故事：

领队李平对队伍要求严，跟个周扒皮似的，一早就大呼小叫地把所有人拎起来，迷迷瞪瞪地揉着眼开始赶路、干活，不到天黑不收工。大家就编顺口溜调侃李平："太阳下山，疲惫不堪，电池用干，才准收山。"

杜宪评价说，第三句最好，因为机器没电池了，不想收工也得收了。

另一首顺口溜很注意运用"比兴"手法："比鸡起得早，比猪吃得差，比驴干得多。"这是组里凤凰网成员刘东宁的杰作，他是负责收集图片和督促杜宪、徐刚写"手记"的。每当他催稿，杜宪就回敬他："比鸡起得还早，哪有时间写？"

后来李平发烧了，大家终于松了一口气，说明天早上可以睡个好觉了。哪知李平对付疾病也是周扒皮的风格，他让一位编导给他的后背刮痧，刮得他嗷嗷直叫唤。他又向香港来的小柯要了两粒"幸福伤风丸"吞下去，大汗淋漓地"幸福"了一夜。第二天一早，他爬起来又把大家喊了起来。

大家遗憾之余，注意到他的小脸瘦了一圈儿。

给李平“幸福伤风丸”的小柯是港人，凤凰从香港派来的编导，女孩儿，短发，前额处有几缕染成了蓝毛。她在台湾上的大学，从没有来过西北。看见大平原、大戈壁，就兴奋地大喊起来。因为拍摄、赶稿的时间太紧，小柯的衣服来不及洗，早上起来就打开箱子，把所有的衣服都拿出来放在鼻子底下闻一闻，因为这些花花绿绿的衣服已经穿过一轮了，她说，嗯，这件味道新鲜一点，就穿它。睡觉时，她一边打床上的小虫一边文质彬彬地说：“看来，我需要学习和这些小虫子一起睡，否则以后的日子怎么过呀？”

最难过的事是在乡下上厕所，那种苍蝇一群群的旱厕所小柯从未见识过，每次她都会不情愿地嘟囔：“我可不可以在外面上？”有一次，她在里面解决完问题，立即冲了出来，嘴里还用粤语大叫着：“劲臭！顶唔顺啦！”一位男生好心提醒她，皮带还在外面耷拉着，她很迅速地回答：“我裤子有提就不错啦！”众人笑着问她叽里呱啦的粤语是啥意思，她用普通话解释：太臭了，喘不上气啦！

记得在宁夏沙坡头，编导让杜宪爬上一座20米高、看上去摇摇欲坠的瞭望塔。那塔是角铁焊出来的，四周透空，晃晃荡荡。但是编导要求杜宪爬上去。杜宪开始爬了，上得越高，她的腿哆嗦得越厉害，下面的人都能感觉到。编导问她：“成吗？”她哆嗦着说：“还、还、还成。”

4

离开宁夏，走向群山如浪的河西古浪，杜宪的电话突然多了起来。她肯定有事，但她却什么也不说。剧组里人从她通电话时的只言片语，猜出今儿是杜宪的生日。到了古浪，赶紧备了几个菜，找了一块奶油干得裂出一道缝的生日蛋糕，在灯光昏暗的旅馆里，开了个生日聚会。那一天，平日惜言如金的男人们夸奖了杜宪。他们说她从来不计较吃住条件，从来不发牢骚，朴素而实干。他们说现在这样的人已经不多了。

那一天，杜宪哭了。

她不愿触痛往事，往事却触痛了她。

还有，身边这群有情有义的男人们。

一群为民族生存环境百般焦虑的人。

穿越风沙线首次使用了航空拍摄。摄制组使用的是一架“蜜蜂3C”超轻型飞机。这架飞机上固定着两台摄像机，一台镜头向前，一台镜头向后，可以同时得到两种完全不同的视觉效果。而且这架飞机技术极高，经常降到距离树梢或芦苇叶尖不到 1 米的地方，以时速 80 公里的速度呼啸掠过，带给人们从来没有过的视觉冲击。有一次，飞机尾巴上竟然拖着一截树枝飞了回来。这种极限式的飞行与拍摄，是任何一个电影电视摄影师都强烈追求和向往的，这种效果是尝试了 10 多种飞行器后才找到的。

飞行员兼摄影师兼机械师兼拖车司机是赵群力，正式的身份是凤凰卫视中文台的副台长。赵群力加盟凤凰之前是甘肃电视台副台长，同时也是一个狂热的飞行爱好者，在甘肃的时候，有两次重要的飞行：一次是驾驶小“蜜蜂”从嘉峪关一直飞到山海关的老龙头，拍长城；一次是穿越河西走廊，拍沙漠和祁连山。有一次，他油料耗尽，地面却全是被犁松的田地，无法降落，情急之下，他竟然越过一道很高的围墙，不偏不斜落在了一个大院子里，把院里的人都吓傻了。

而他驾机采访日本前首相竹下登的故事更是鲜为人知。当时，竹下登前往敦煌，在兰州中川机场短暂停留，为了及时赶到机场采访竹下登，赵群力驾机独闯机场，机场方面对这位不请自来的空中来客大为恼火，扣留了他的飞机。赵群力终于采访了竹下登，但飞机却不准再开。夜里 12 点，民航方面才派车把他“遣送”回兰州市内。不久，全国的机场都接到了禁止赵群力驾驶飞行器降落的通知。赵群力只好对所有的机场跑道说拜拜，幸亏他的小飞机只需要 200 米的柏油或砂石路面就可以起飞。

这次穿越风沙线，他更玄了，跟大家玩了一次失踪。

那是 2000 年 10 月 12 日下午 4 点，赵群力拍完吐鲁番的葡萄沟，加油后向沙漠中心低于海平面 154 米的艾丁湖飞去。艾丁湖基本干涸，正在变成沙漠的颜色。赵群力把飞机降到距离湖面不到 1 米的高度，也就是说，他飞翔在海平面之下 150 米的地方。他正得意于自己是世界上飞得最低的人，飞机发动机突然失灵了，转速下降，丧失动力。紧急迫降之后，飞机上一直开着的摄像机记录下了赵群力的举动：下机之后，皱着眉头绕飞机检查了一圈。随后立定，东张西望却四顾无人。想了一会儿，他拿出纸笔，写下“别动摄像机和设备”，然后把字条贴在飞机上，揣上飞机上仅存的 1 瓶矿泉水，拿着定位仪，一个人悲壮地踏上了来路。

天黑透时，摄制组成了热锅上的蚂蚁，他们立刻向新疆自治区公安厅报警，并开着两台车向艾丁湖冲去。深夜，一队人马打着火把进沙漠找人，结果发现了陷在泥里的飞机，人却没了。那一刻，大家心怀恐惧地想到了失踪的彭加木，破着嗓子大叫赵台，声音都带着哭腔。自治区的人说，如果天亮还找不到，就向部队求助，派直升机寻找。

赵群力在凌晨1点找到了一个村庄，这个村庄里竟然还有一辆汽车，他又是掏钱又是求情，说服司机把他送回吐鲁番。

凌晨6点，绝望的队友终于接到了赵群力的电话，我已到家，你们快回来吧。

没头苍蝇一样乱闯了一夜的队友看见赵群力的时候，愤怒地大骂："你这么折腾我们呀，把我们都吓死了！"

他淡淡地笑笑："没什么，这不回来啦。"

从吐鲁番出发到又在吐鲁番出现，赵群力整整失踪了14个小时。

5

穿越风沙线的整个旅途中，一个尖锐的矛盾总是在触痛着摄制组成员的心。"在电视上看到有人砍树的报道，我们会义愤填膺地指责；可是当你深入到那些贫困地区，看到那里人们的生活，你就会产生一种深刻的无力感。为什么？你不让那里的老百姓砍树，他们拿什么烧饭、拿什么取暖？

北京一个出租车司机看了这档节目之后，深深感觉到自己和周围人的某些日常行为是多么奢侈甚至可耻——当他看到自己的儿子一边把水龙头开得哗哗作响，一边心不在焉地玩弄肥皂的时候，猛然怒从心起，冲上去就给他一个嘴巴。

雨果说，很多人认为感情与理智是两回事，其实不然，没有最高的感情，不能发现最高的理智，二者最后是合二为一。

我们这个民族，是不是也该给自己一个大嘴巴，让自己打个激灵，从对生态破坏的麻木中警醒呢？

寻找家园　向历史的最深处

1

每个民族面对的都是两个历史：一个是时间的历史，一个是心灵的历史。那些在时间上已经延续了千百年的人类文明遗迹，也许在心灵上正与我们渐行渐远。

心灵的暗河里，我们永远无法忘却母亲的乳房，无法忘却脚下令人百感交集的土地，这就是我们称之为根的那种情结。这是一条血脉之河，我们的种族、我们的姓氏、我们的思想行为、我们的方块文字、我们的老屋……一切的一切都包含在这里。而散布在中国大陆上一个个千年百年的古村落正是我们血脉之河的一个个古色古香的渡口。老屋的秦砖汉瓦、飞檐高脊、深深庭院、绿苔青石，还有一直繁衍生息在那里的古老种姓，向我们提供着爷爷的爷爷、奶奶的奶奶生活的线索与痕迹。进入这些“渡口”，时间的历史、心灵的历史就会真切而又具体地呈现在我们面前。

但是它们像正在消失的物种一样，坍塌、湮灭，在无助之中变得无影无踪，如同海市幻影。

我们的家园正在被唱着颂歌的子民们毁掉。

穿越风沙线的征尘还没有洗去，著名作家冯骥才就建议凤凰卫视“寻找远去的家园”。

冯骥才向刘长乐阐述了他的想法：“我们面对的是一个巨大的时代的风车，如果15年里，我们不能够使这个风车的速度减慢的话，我们的历史文化遗存就会被这个风车带动的碾子全部碾成粉末。”

他说，对文化遗存的破坏，最可怕的是我们的不自觉。“文革”时期，人们对这些遗存的破坏是恶狠狠的，那是“四旧”，把它砸烂才好。现在，我们的破坏是乐呵呵的，我们认为旧貌换新颜了，可以住上宽大、方便的水泥房子了，可以享受现代文明了，这是非常可怕的。一个民族瞧不起自己的文化，不以自己的文化为荣、为尊贵、为自尊、为圣洁，是可怕的。在这样一种文化心态下，我们跟西方文化一撞击，肯定被冲得七零八落。

2001年7月，凤凰卫视和天津电视台决定联手制作专题片《寻找远去的家园》，这种寻找不一定有多少物质上的财富和价值，正如我们看到自己孩提时候的照片一样，但它是一种历史，谁能说清楚我们的根值多少钱呢？

在策划这部片子的时候，刘长乐邀请各类专家对中国大陆古代村落进行了系统的资料分析和准备，要求创作、摄制人员采取以点串线、以线带面的方式，把各个古建筑、古村落、古遗迹作为点，串成7条不同文化个性的文化区：

1. 广东岭南五邑侨乡文化区；

2. 闽、粤、赣客家文化区；

3. 江西流坑文化区；

4. 湘鄂东西土家文化区；

5. 皖南徽州文化区；

6. 浙江温州永嘉文化区；

7. 江浙吴越文化区。

选取最具文化特质的村落作为拍摄点，如楠溪江上古村落，号称中国太极村的浙江武义俞源村、江西婺源的江村、安徽绩溪的胡村、湘西凤凰城，等等。

作家、文化学者冯骥才，复旦大学历史地理研究中心主任、教授葛剑雄，凤凰卫视总策划、教授王鲁湘，还有因《老房子》的拍摄而闻名的“地理摄影师”李玉祥，组成了这次电视行动的学者阵容。

冯骥才为总策划，王鲁湘为总撰稿，杜宪、李宗瑶为主持人，葛剑雄、李玉祥等一批学者为嘉宾。

2

虽然注定是一曲挽歌，但挽歌也是歌，是生命过程中必须有的。

也许，凤凰此行是对逝去文明和历史遗存最大规模的拍摄和采访，这是一种挽歌般的定格。

节目采取边拍摄、边播出的形式，每一集都是一个独立单元，每集长度12分钟，共130集。此片的拍摄时间延续8个多月，分为3个摄制组和1个航拍组，每个组都独立行动，一般是一个组在拍摄，一个组在路上，另一个组在北京的宾馆里编片子。每个组拍够7天的素材就撤回来编辑、播出。王鲁湘作为总撰稿，只好长期住在宾馆里，一天中的任何时间，需要撰稿或编辑中遇到困难，就叫他。王鲁湘说，我好像是属蝙蝠的，不知道自己是属于白天还是属于黑夜。有时片子写不下去，也编不下去，他就自己出镜，讲上一段录下来，编进去。结果，忙活8个月，他一个外景地也没去成。

然而，让学者们感到困扰的是，他们百般不舍拼命护卫的东西，当地的民众却不觉得好，他们渴望改变“现代孤岛”式的生活，过上电视里看到的城里人的日子。

江西婺源是个出门就要过河的地方，当地的桥可以说是中国古代桥梁博物馆。有与《清明上河图》上一样的虹桥，有造型不一的各种廊桥。有些桥梁相当有创意，有一种石桥墩叫“燕嘴”，面对迎面而来的水流，它被修成开山斧的模样，把水流的冲击力轻易化解。还有一种桥叫“板凳桥”，顾名思义，它像小板凳一样架在水面上。虽然简便经济，却不能过机动车。一位木匠说，这儿在古代就是这么造桥，每年水大的时候，桥就被冲走了，一年要搭两三次，现在木料越来越少，价钱越来越贵，村民们不愿再像熊瞎子掰棒子一样，造了冲冲了造，他们要修虽然难看但结实耐用的水泥桥。

杜宪：您是喜欢这样的桥，还是水泥桥？

赵增寿（当地村民）：喜欢水泥桥。

杜宪：为什么呢？

赵增寿：我们这个村庄，车子不能过来，粮谷要挑出去。我们要有个水泥桥，就不必人工挑了。

杜宪：水泥桥建起来后，再也不用建这种桥了。

赵增寿：这个桥就不要了。

杜宪：那就是说，我们以后再也见不到这种桥了。

赵增寿：就没有了。

杜宪：你会怀念这种桥吗？

赵增寿：怀念？不怀念，不怀念。

采访中，编导问杜宪敢不敢上一座正在在搭建的板凳桥，杜宪问搭桥的农民，这个桥我们能上去吗？农民说没问题，口气非常坚定。于是，杜宪、摄像师、摄像助理拿着话筒晃晃悠悠走到桥上，采访对象刚刚回头答了一个问题，呼隆一声桥塌了，等到杜宪回过神的时候，人已经在深水里了。她当时只有一个念头，就是赶快把脑袋露出水面，然后还没忘踩着水把相机举过头顶。当地修桥的农民有人跳下水来救她，但杜宪水性很好，自己游向了一只渡船。

落汤鸡样的杜宪还幽了一默，她说，让我非常感动的是，录像回放，我看到我在水里挣扎的时候，我们摄制组的人都站在岸上大喊“救人哪”。

等杜宪换好衣服再回到原地，不敢再上桥，坐着小船到了对岸。刚才跳下水救她的造桥师傅说，不用害怕，你就是不会游泳，我也能把你救上来。

为了证明他的能力，这位年轻人表演了潜水技术，他在水底潜了很长时间，最后从水里冒出来的时候，嘴里叼着一条鱼。

3

凤凰对广东开平老华侨们盖起的碉楼给予了特别的关注。

这些中西合璧的碉楼大部分人去楼空，不清楚其来历与主人。

楼主们半生辛苦，荣归故里，为何又纷纷弃楼而去？

答案只能从 20 世纪动荡不安的社会中去寻找了。没有太平日子，即使是热辣辣的故土，也终会被舍弃。

现在的人们，则希望用这些上个世纪的建筑招揽游客。

这个地区附近的新会，是梁启超的故乡，研究者在这里发现了大量的“先侨义冢”——无主华侨遗骸的合葬墓。

客死异国的华侨骨骸被运回后等家属认领，如果无人认领，就会由当地的慈善机构集体安葬。这些骨灰运回来的时候是用坛子或木箱装着，6 美元一个人，一次就是 1000 多人的骨灰。

骨灰先运到香港的东华医院，然后转到此地。有一处义冢的主碑上清楚地写着葬在此处的尸骨来自美国的旧金山，他们是修筑横贯美国大陆的 2800 英里长的中央太平洋铁路时死去的，死亡总数上万名。

美国人说，这条铁路的每一根枕木下，都埋葬着一个中国人。这些人在国外辛苦一世，竟然没有任何积蓄让自己回到故乡，只能以这种方式回家。他们还活着的同乡，用送骨灰回家的方式想让他们的灵魂站立，但换来的除了遗忘，还是遗忘。

杜宪：我想问问，你在这儿是做什么工作的？

村民：在这个地方，我们也就是填饱肚子。

杜宪：那是什么活呀？

村民：杀羊的。

杜宪：知道这一片埋葬的是什么人吗？

村民：这个山上这么多坟地，谁知道是谁的，都是很早以前的人了。

杜宪：你知道这里是海外华侨的墓地吗？

村民：不清楚，拿个推土机推，骨灰可能用车都拉不完。不知道到底有多少墓碑在那里。

4

挽歌最忧伤的乐章，出现在浙江省永嘉县的林坑村。

林坑是楠溪江上游的一个古村落，隐身于世外，既没有深宅大院、飞楼杰阁，也没有碑亭牌坊、故居宗祠，只有素木蛮石砌筑的房屋，还有阳光以及和阳光一样明亮的纯朴、天然和新鲜。

沿着楠溪江一溜儿撒开百余个极具特色的古村落，林坑甚至都不在凤凰摄制组的拍摄名单中。但是，赵群力却选中了林坑。

此前，赵群力驾小蜜蜂飞机已经拍摄了凤凰吊脚楼，徽州民居，江西流坑和婺源、福建土楼，开平碉楼，在永嘉的拍摄任务是楠溪江中上游的古村落。在接

《寻找远去的家园》摄制组于江西流坑空地配合

待他们的林坑村村干部眼里，赵群力又高又瘦，个子有一米八五，晒得很黑，脸上被墨镜遮住的地方是两个白圈，像个大熊猫，话很少，手里有一个字条，上面写着需要拍摄的村庄地名。

在开车查看地形时，这个一直看着窗外、没有多少话的人突然说，楠溪江太美了，看来除了古村落，明天还应该多拍一些沿江的自然风光。

赵群力面对楠溪江的山和水，在一瞬间调整了拍摄计划。一个显而易见的事实是：如果不是对眼前的美丽如此迷恋，坚持按原计划飞行，意外就不会发生。

那一天是 2001 年 9 月 2 日。

早晨天降小雨，上午 10 点，雨停了，赵群力开始调试起飞，他的助手赵君恕突然对他说："赵台，要不今天就别飞了。"

"怎么？"

"昨天我做了一个不好的梦，梦见一堵墙倒了。"

赵群力笑笑，"你还信这个？"

他是从一段公路上起飞的。

蜜蜂 3C 超轻型飞机，使用奥地利罗塔克斯公司 447 型双缸发动机，螺旋桨是木制的。翼展 8.6 米，机长 6.1 米，机高 2.3 米，巡航速度每小时 90 公里，失速速度每小时 55 公里，起飞滑跑距离 55 米，续航时间 6 小时。

赵群力在公路上滑跑，像小黑当年飞越黄河那样，他突然又停了下来，回头向蒋晓玲招手。蒋晓玲跑过去，赵群力往她手里塞了一块镜头布，又开始滑跑，在巨大的引擎声中，他扯着大嗓门喊了一声："如果我今天回不来，请沿楠溪江找我——"

也许，这是他在向亲人做最后的告别？

飞机拔地而起，消失在人们的视线里。

此时是上午 11 点 45 分。

12 点 10 分，赵群力飞临林坑村上空，他围着村子飞了 5 圈，10 分钟后，赵群力压低高度，向围观的村民们挥手告别。

起飞一个多小时了，赵群力还没回来。从 12 点 45 分开始，蒋晓玲心里泛起一种不祥的预感，她开始用电台不停地呼叫："蜜蜂，听见请回答。""蜜蜂，你应该返航了，你已经没油了。"

没有回答。

楠溪江上，已经有人目睹了飞机出事的瞬间。一个村民看到，飞机飞得很低，沿着弯曲的楠溪江江面飞行，突然，电光一闪，飞机翻了个跟斗，倒扣着摔到了江里。飞机掉进江水时发出了巨大的声响，山谷中传出了令人恐怖的回音。

好在江水并不深，几个村民跳入江中救人，他们用肩膀把倒扣的飞机扛起来，看到飞行员的脖子是黑的，人已经没有气息，手还紧握在操纵杆上。

赵群力撞上了 10 万伏的高压电线，电流从脚底进入，在头部放电，刹那间生命就离他而去了。

那条致命的高压线几乎无法看清，而赵群力又刚拐了一个急弯出来。根据机载摄像机的画面看，赵群力从发现电线到撞上，只有 3 秒钟的时间，一切都来不及了。

蒋晓玲看见赵群力的时候，他已经平躺在岸边的草地上，身上盖着一块红布。她想到赵群力给她说的，无论遇到什么危险，摄像机里的磁带第一、飞行帽第二。她把这两样东西拿到手，才借村子里的一部电话拨通了母亲，还没说话，已痛哭失声。身为医务人员的姐姐说："现在不是哭的时候，不应该放弃抢救，我教你，一定按我的办法做。"

蒋晓玲哭着说，瞳孔已经散大，你们还不死心。

姐姐说，你太不冷静，你不要说话，请把电话交给别人，我同你旁边的人说话……

刘长乐得知消息，立刻从香港赶往林坑。

他与赵群力是发小，是三十多年的患难兄弟。

他在现场仔细研究了赵群力撞上的那根高压线。

高压线跨江而过，高度 210 米，由于上面没有安装警示用的红色球，这条线从下向上看，完全看不到踪影，况且两边的高压电杆完全没在树丛中，用望远镜都看不到。这样的高压线，是违章的。

9 月 4 日，凤凰在温州举行了遗体告别仪式，哀乐响起的时候，许多人看到了一只黑蝴蝶在灵堂里飞舞，他们宁愿相信，这是赵群力的灵魂回来向朋友们告别。事实上，在楠溪江悼念赵群力时，就有这样一只黑色的蝴蝶在飞。

5

刘长乐与赵群力有整整 38 年的友情。两个北京孩子，却一起在兰州长大。他们的父亲是 20 世纪 60 年代中期从北京调到甘肃的，都在省委工作，两个孩子住在兰州市宁卧庄的省委家属院。他们成了朋友。

刘长乐说："1966 年，惊心动魄的'文革'打乱了我们的生活，我们这些孩子基本上都是一夜之间从所谓'红五类'变成了'黑五类'。记得我父亲和群力的父亲有一次很严肃地对我们说，我们这一代不行了，以后要靠你们了。我们当时不知其意，后来他们成了'黑帮'分子，被游街批斗，我们才明白形势有多么严峻。当时很多人六亲不认，'反戈一击'，与自己的父母决裂，但我们从没有这么想过，我们想的是用自己的行为捍卫父辈的光荣。"

他们开始行动，组织了一个小分队，想从井冈山出发一直走到延安，步行走完红军长征的路线。但出门不久，中央文革小组发出通知，不允许进行长征串联，要求返回学校，复课闹革命。于是他们缩短行程，从武汉停止了向井冈山的进发，转而坐船，经长江三峡到重庆、成都。船是一种驳子船，他们在舱底睡通铺，你挨我，我挨你。一路上，他们看到的都是惨烈的武斗。分成两派的群众组织都宣称要誓死保卫毛主席，却打得你死我活，甚至动用步枪和冲锋枪向对方狂打，经常有被打死的人顺江而下。这样的惨烈，给他们的心灵蒙上了阴影。

在成都，刘长乐接到了学校勒令，让他立即返回学校，班级要批判以他为代表的资产阶级反动路线。刘长乐走后，赵群力和好友薛铁伦觉得不能半途而废，一定要走一段长征路。于是，两个人从甘肃武山下火车，向腊子口进发。他们严格按照每天行军 50 公里的计划，天不亮就爬起来走路，打着绑腿，怀里揣着从老乡家里买的干硬的玉米面饼子，千辛万苦走了十几天，在脚上血疱长满的时候，终于看到了腊子口。

腊子口是川西北通向甘南的门户，隘口处的河上架着一座木桥，横跨于两岸陡壁之上。1936 年 9 月，中央红军与红四方面军分道而行，孤军北上，打下了腊子口，完成了长征中的一次转折。

赵群力和薛铁伦在腊子口没见到一个人，用随身带的一架 8 块钱买的华山照相机拍下了当时的情景。然后他们两个人从腊子口向南想去爬红军爬过的雪山，由于天下大雪，单衣单裤的他们被冻僵了，只好向回走到白龙江林场，被那里的好心人救了下来，吃饱了肚子，烤干了衣服，然后用一天时间翻越了铁齿梁大雪山，到达甘肃岷县，再走回兰州。

当时他们才 16 岁。

赵群力那时就显示出过人的毅力。

不久，刘长乐的哥哥当上了战斗机飞行员，穿上军装走了。赵群力也挤破脑袋想去，可一去体检就给刷下来了。但他对飞行的兴趣不减反增，研究飞机入了迷。

刘长乐说："我们当时没有钱，父母的工资都被扣掉了，家里连自来水都没有，我们每天拉着水车到门口的水站打水，在这样的日子里，群力竟然订了全年的中国科技情报所编撰和翻译的《航空年鉴》。这份杂志很便宜，但对我们来说，却非常昂贵。群力为了它没少饿肚子。《航空年鉴》是影印黑白的，他拿到以后，非常兴奋地跑到我们家，一架飞机一架飞机地跟我讲解。我本人对飞机并不是特别爱好，但是他说我就听。他对飞机的爱好和描述是非常生动的。我记得他做了一个飞机模型，他妹妹不小心把翅膀折断了，他气坏了，非要打妹妹一顿不可。

"我们当时共同喜欢的书，是苏联卫国战争时期的一部小说《船长与大卫》，这本书里有句名言被我们视为座右铭：奋斗，探求，不达目的誓不罢休。他的一生也是按照这样的格言来实现自己的诺言，实现自己对理想的追求。

"在我们这个小小团体里，每人家里幸存的书成为我们抢手的宠物，我们一起看书，听仅存的世界名曲唱片，也经常在黄河边的长堤上一起憧憬未来，我想当一个外交家，他向往飞行。有时我们两个人就睡在一个被窝里，我睡他家，或者他睡我家。尽管当时非常困难，但我们觉得应该不气馁，用自己顽强的学习，追回我们失掉的时间和机会。

"1967 年，群力的家庭更困难了，他父亲被当时的造反派组织通缉，躲到了山西老家。群力也跟去了。群力的父亲是一个老革命，周恩来时期曾经担任过国务院的副秘书长。我想念群力，就坐火车跑到山西解州，下火车步行 30 多里路走到他家。群力正在干农活，我在田里找到他，一起住了几天。我看见他床头仍然放着那些《航空年鉴》。在那样困难的时候，他还是执着地追求。

"分别时他用自行车驮着我到火车站。他驮我一段，我驮他一段，心里装满了少年的依恋与不舍。

“后来，群力的父亲、母亲被抓起来了，从 1967 年到 1976 年，两位老人一直处在丧失自由的状态。群力在 17 岁的时候担当了家长的职责。不久，群力下放到甘肃省高台县插队，我也跑去看过他。当时他拉着一辆架子车，在地里干活。我跟他一起拉车，因为风沙大，眉里眼里哪儿都是土，他笑着对我说，我们这种农民一年要吃一车土。

“那么艰难，我们的求知欲丝毫未减。他告诉我，高台县高中的图书馆被封了，不久就会当成‘封资修的大毒草’烧掉。于是，晚上我们就爬进图书馆被砸烂的窗户，用嘴叼着电筒，两只手快速翻书、挑书，搞到了不少好书，欢喜得几天睡不好觉。我们的理由是，即使我们不‘偷’，这些东西也会被烧掉，我们这是爱书，是革命行动！

“1972 年，群力从农村招工到甘肃农具厂，在这个生产三轮车的厂里当工人，我在兰州制药厂当学徒工。在这样的环境中我们仍没有忘记学习，仍没有忘记我们的追求和理想。记得《船长与大卫》中的另一句格言是：永远做一个出类拔萃的人。这也是我们奋斗、探求、不达目的誓不罢休的一个目标。要做一个对得起生活、对得起人生的人。所以，漫长的工人、农民的生活不会让我们沉沦。群力最终通过自己的奋斗当上记者，飞上了蓝天。

“在 20 年的飞行生涯中，他创造了许多非凡的第一，中国第一个能单独驾机

赵群力最后的形象

采访、拍摄的记者；第一个驾驶超轻型飞机“小蜜蜂3C”飞越西北风沙线的人；驾驶“小蜜蜂3C”飞机飞得最高（海拔3900米）和最低（海拔-150米）的人……他完成过2000多次飞行起降，他是个为飞行而生的人。

“我向群力挥泪告别的时候，群力安详地躺在那里，我觉得他就像完成了一次艰巨的任务后躺在那里休息一样。我记得小时候，我到群力家的时候他还没起床，群力的父亲就隔着门叫他：‘群力，快起床，起来看太阳。’后来到了凤凰以后，我把这个故事讲给大家，大家就跟群力开玩笑说：‘群力，快起床，起来看凤凰。’当群力躺在灵床上的时候，我心中也是在默默呼唤：‘群力，快起床，起来看凤凰。’我目送他的遗体进入火化车间的时候，我不禁失声喊出这句话，我觉得群力没有走，凤凰为有群力这样的英雄而骄傲、自豪，因为在世界级的优秀空中摄影家的名单中有了一个中国人的名字。”

在天空中旅行
如果有人告诉你
我已经死了
请不要相信
因为那不是真的

这是法国飞行家兼小说家的圣修伯里的诗。在圣修伯里参加“二战”失踪之前，他的朋友曾开玩笑说：“你已经不会死了，因为你已经死了几次了。”

对长期从事飞行拍摄的赵群力来说，天空应该是最好的归宿。

马尔克斯在他的《百年孤独》里说，只有埋葬了自己亲人的地方，才能作为家乡。

凤凰在寻找远去家园的过程中，寻找中国文化真谛的过程中，埋葬了自己的亲人，也在中国文化寻找和发掘之中，找到了自己的安身立命之地。

中国出了个资讯台

1

1980年6月，一个名叫特纳的美国佬异想天开，创办了全世界第一个24小时全部播报新闻节目的电视频道 CNN。当时好多人说，特纳这小子不是神经错乱就是吃饱了撑的，新闻既枯燥又短小，傻瓜才会一天 24 小时守着它呢。

CNN 的英文全称是 Chicken Noodle Network，由于这三个词的缩写与鸡肉、面条、网络三个词的开头字母相同，特纳的对头就这样称呼 CNN，把特纳气得半死。

但是特纳的天性就是与世界对着干，比如说，小时候都是爹打儿子，人家特纳从小就敢打他爹。一头金毛的特纳有个同样一头金毛的爹，他爹控制欲极强，酗酒，常对不驯服的小特纳大打出手，他会把粗铁丝编的晒衣架掰直了，往小特纳身上狂抽。如果这样做还不能让儿子就范，他就把裤子往下一褪，让小特纳照他的样子拿铁丝抽他。小特纳满脸是泪地照办。他回忆说，那是我一生中最痛苦的一件事，父亲心里明白，这种惩罚方式比他打我更有效。老特纳对小特纳最严厉的惩罚，是他与 24 岁的特纳在一次激烈的争吵后，开枪自杀了。

特纳相信父亲是因为完成了自己的人生目标而自杀的，所以他说自己要确保自己设定的人生目标要难以实现，这样他就可以不去自杀了。

他声称：我努力去创造一项空前的纪录，那样将会与许多伟人并列：亚历山大、拿破仑、甘地、耶稣、穆罕默德、释迦牟尼、华盛顿、罗斯福和丘吉尔。

特纳的冒险心使他随时准备“掷骰子”，愿意输掉任何东西。他的风格是“继续寻找下一个挑战，如果你的机会不大，那也要尝试每件事情，不要停止，跌倒了爬起来，再跌倒再爬起来，直到你发现自己在与风赛跑”。

特纳的另一个本领是对战略决定有一种内在的敏感，“我总会考虑下几步该怎么走，我为我能够洞悉未来而自豪，未来将会是怎样？我们在那个时间、那个地点能做些什么？”并且他“总是想办法用别人的钱办自己的事”。

CNN 的发迹，是因为这个动荡不安的世界大事不断发生。而 CNN 对这些大事进行了完全不同的报道。第一，它 24 小时不间断地播报新闻；第二，它的目标是全球性的，企图从世界上的任何一个地点向全球播报新闻；第三，它的报道是现场的，它不是事后报道经过编辑加工的新闻，而是展示未经编辑加工的、正在发生的事件，形成一种及时、真实的印象，观众可以随时收看事件的最新进展。

24 小时新闻把观众变成了正在发生的事件的参与者。

1981 年 3 月 30 日，美国东部时间下午 2 点 32 分，CNN 记者报道了美国总统里根遇刺，比其他电视台提前 4 分钟。

1986 年 1 月 28 日，“挑战者号”宇宙飞船空中爆炸的瞬间，在场的电视台只有 CNN。

1991 年 8 月 23 日，俄罗斯联邦总统叶利钦发出“禁共令”，宣布苏联共产党在俄罗斯的活动为非法。CNN 对苏联剧变的系列报道对世界产生了重大影响。他们得到这个机会，是由于苏联 1989 年与之签订过一个协议，允许 CNN 通过苏联全球卫星通信系统覆盖印度次大陆、东南亚、远东及非洲。

1991 年 1 月 16 日，海湾战争开打，所有媒体都被萨达姆勒令离境，唯有 CNN 因为提早数月和伊拉克政府沟通，得以留下来直播“沙漠风暴”行动。CNN 用连续 17 个小时的直播，向全世界展现了他们全新的新闻理念。

CNN 当仁不让地成为世界领导人的信息媒介。萨达姆发给世界的一条又一条信息表明，他希望 CNN 代他向西方说话。当时的美国总统新闻秘书告诉记者：“在报道的即时性和直接性方面，CNN 开创了一个传播新秩序。”

战后，CNN 已经成为向 265 个广播电视台提供新闻的每日新闻社和掌握 600 个分台的广播电台，它共有 10 项新闻业务，包括国际频道、金融新闻频道、体育新闻频道、西班牙语频道、空港新闻网、广播新闻、广播简报、互联网络等，其中全新闻频道占了一半。CNN 在海外拥有 42 个分部，数千名员工，成为世界上最大的、最有效益的电子新闻和信息公司之一，成为全美的第四位电子传媒巨人。收视率在欧洲也从 15% 弹跃至 85%，2000 年全球收入达到 14 亿美元左右。而这远不是 CNN 所得到的“战争利润”的全部，它和全世界的电视业共享了其中的最大份额：开始电视媒体的历史新阶段。

特纳本人也大赚其钱，成了亿万富翁。

但是，从此之后，卫星电视的 24 小时电视新闻不再是 CNN 独有的资源，想从他的手里分一杯羹的人开始行动了。

欧洲广播联合会在法国里昂成立了覆盖 2300 万观众的欧洲新闻电视台。

BBC WORLD：这是一个报道新闻和时事的商业国际卫星网络。它通过 BBC 强大的品牌和遍布全球的 250 名记者而受益，目前已经进入了美国市场。

FOX NEWS：福克斯新闻频道。通过福克斯电视网提供 24 小时新闻服务。

FNN：财经新闻网。一个存在于 20 世纪 80 年代中期至 80 年代晚期的以财经新闻为中心的网络，它后来被出售给全国广播公司（NBC），以 CNBC 这一商业频道的形式重新开播。

MSNBC：由微软和 NBC 合办的 MSNBC24 小时新闻频道。尝试个人电脑和电视的融合所带来的商业潜力。MSNBC 提供 24 小时有线新闻服务和互联网服务。

这些新闻频道共同的特征是：以 CNN 的模式，成为 CNN 最具挑战性的对手。

世界各大新闻频道群雄并起，说明西方传媒力图占领更大的市场份额。

西方文化的强势地位削弱了中国文化的影响力，但是这也有好处，使中国能更好地向世界学习如何做一个大国。迄今为止，关起门搞现代化的还没有先例。

中国人必须做点什么了，如果他们想成为一个媒体世界大国的话。

2

美国人最早意识到新闻栏目的力量是在 20 世纪 60 年代。

他们的国家出现了半小时新闻节目。

“美国政治家 1960 年对电视的看法与 1964 年的看法有着天壤之别。1960 年，电视深刻地影响了竞选和亮相的方式，到了 1964 年，电视已成了电视本身，过去 15 分钟的节目多少只能算无线电广播的衍生物，阵势小，还缺乏力量。”美国传媒学家戴维·哈伯斯塔姆说。他们认为，这个变化就像从手工操作的单页印刷机进入了滚筒印刷机时代一样。

2001 年是个暖冬，创办了 4 年的凤凰卫视实现了收支平衡。

开年的时候，美国大报《纽约时报》以《擅于走钢丝的企业家在中国开办新闻频道》为题，报道了凤凰卫视：

> 1 月 1 日，刘长乐先生的公司——凤凰卫视启动了一个 24 小时以普通话播出的新闻频道。以极为有限的资源和远大的抱负。凤凰资讯频道看起来给人的感觉就是一个中国版的 CNN。
>
> 也许把刘与特纳相比在刘先生看来有些滑稽，因为他的合作伙伴是默多克，此人是特纳的宿敌。
>
> “你必须在新闻自由和市场之间寻求一种平衡。”刘说。
>
> 5 年来，刘一直在努力向 420 万户家庭输送新闻资讯节目，现在他要 24 小时播送。
>
> “有些事情非常非常敏感，我们什么都不能说，”他说，“但是至少我们不会撒谎。”
>
> 撇开政治不谈，刘的这次大胆举动非常类似于特纳 20 年前启动 CNN 的情况。当时特纳必须以很可怜的钱——第一年 250 万美元——来建立一个全球性的新闻网。凤凰已经在全球 8 个城市设立了分部，包括纽约，并在香港建了最先进的演播室。
>
> 刘对此充满信心。他指出与早期的 CNN 境遇不同，凤凰在中国已经是一个知名品牌。“当特德·特纳启动 CNN 时，他必须从零开始，”刘先生

说，“我们一只鸡可以孵两个蛋。”（“We' re making two dishes out of the same chicken.”）

那时候，电视24小时新闻频道对大多数中国人来说是个陌生的名词。为了这个资讯台，刘长乐投资1亿港币。

在他的计划里，资讯台2001年元月正式开播，第二年在大陆落地，第三年开始盈利。

2000年12月8日，凤凰卫视资讯台开始试播，刘长乐在演示会上说：成立资讯台，是凤凰卫视控股有限公司继成功开办凤凰卫视中文台、电影台、欧洲台之后的又一新动作。资讯台的启播将在华语传媒界掀开值得自豪的一页。资讯台将通过“亚洲三号”S卫星覆盖亚太、北美、欧洲90多个国家和地区近34亿人口。

对于这个新生的频道，各方面的怀疑主要有两点：其一，有那么多新闻吗，24小时不间断？其二，一堆新闻节目放在一块儿能赚钱吗？凤凰卫视内部的不同声音也不比外界小，因为做新闻就要24小时上班，脑袋得像雷达一样不停地转，辛苦不说，政策对新闻的管控那么严，万一触了雷区，岂不是自己砸了自己的饭碗？

刘长乐说，这些问题应该不是问题。你们研究一下。

为配合凤凰的宣传攻势，资讯台脑门倍儿亮（“秃顶”的同义词，此为观众的委婉称谓）的副台长程鹤麟以创造一流业绩的苦心，写下了凤凰卫视资讯台的八个第一。

1. 全球第一个覆盖了两岸三地的全天候华语资讯频道；

2. 第一个地处香港聚集了两岸三地及海外电视人的电视媒体；

3. 第一个跨洲进行同步联播的华语电视台；

4. 第一个每天在京、港、台连线制作电视节目的传媒机构；

5. 第一个在亚洲、欧洲、美洲拥有制作基地和记者站的华语频道；

6. 东南亚第一个采用光纤网络采集、编辑及播出系统播放节目的电视台；

7. 亚洲区第一个拥有低温照明系统、自动遥控摄录系统、全方位旋转式取景演播台录影棚等高科技设备的电视机构；

8. 高薪聘用的来自大陆、台湾和香港两岸三地人气极旺的主持人和资深评论员队伍，在香港、在亚洲、在整个华语传播界中都是首屈一指的。

八个第一虽然有点牵强，但用于宣传还是很好的，程台最后写了一句：“一批新呈现的来自两岸三地青春靓丽的主播和资深权威的评论员荟萃于斯，尽显光华。”

当时公司里有一位律师是个港人，大约觉得这话念起来拗口，把“靓丽”改成了“艳丽”。这使程鹤麟痛心疾首，不惜劳心费神地专门另写一篇文章批判人家。千言万语汇成一句话，不该改。然后，脸色一变，以温柔、低调、谦卑的语言，为自己的电视台写下一篇情意绵绵的情书《你无怨无求的伴侣》：

> 电视是个既没有权利也没有感受和脾气的蠢货。有了电视，我不用顶风冒雪去看一场看完之后连呼上当的无病呻吟的现代戏；我不用长途旅行舟车劳顿去爬狭长险峻的华山道去看所谓的山水风光和尚庙尼姑庵，那些地方不仅千篇一律毫无新意，而且人满为患易受欺诈凌辱。
>
> 我不知道为什么在资讯爆炸的今天，人们还非要亲身经历所有的事。“读万卷书行万里路”这话相当可疑，有些东西是你一辈子都无法亲自体验的。以色列前总理巴拉克2000年12月在接受以色列电视记者采访时，突然激动发火，这场面你能靠“行万里路”来见到吗？巴拉克他见你吗？
>
> 还是让电视记者为你爬过巴拉克们高高的门槛叩开他们紧闭的大门吧，你只需要把电视打开，有一搭没一搭地看看。像凤凰卫视资讯台这样的电视频道，是所有的电视频道里头脑最简单脾气最温顺的频道，没有口号抒情夸张包装矫情造作，有的只是短平快的资讯。你打开它，看上那么30分钟，然后就可以不再理它，把它当成你的一个声画背景，该干什么干什么，你可以批文件，算账，上网，思考人生，炒菜做饭，喝酒做爱，干什么都行，它绝不会来烦你。

了解中国国情的人知道，在中国办传媒就等于走钢丝，最考验人的政治智慧。不少办媒体的人或因政治智慧欠缺，或因过度激进，不仅导致媒体夭折，甚至个人的命运也受到牵累。凤凰中文台办得好好的，何苦再投入一个新频道，无端去承担政治风险？而资讯台的昂贵投入，意味着凤凰卫视要停止刚刚开始的盈利之路，重新去过为钱发愁的日子。

刘长乐喜读兵法书，推崇“胜在于算”的谋略。这种“算”，不是斤斤计较钱多钱少，而是算大账、算事业、算理想。小富即安，他最看不上。按照出类拔萃的要求，一个中文台岂能止住他的脚步？

其实，任何企业都一样，发展到一定规模，想不往前走都不行。创办新闻频道不只是为了发展，更是为了生存。传媒市场日趋残酷的竞争像一场赛马会，所有人都在狂奔，即使累得口吐白沫也不能停下来。何况办电视台，没有新闻频道就是一辆少了轱辘的车，怎么跑过别人？

他知道，CCTV正在筹备新闻频道。

1999年，中国社会科学院新闻与传播研究所研究员孙旭培和《新闻联播》节目编辑武晋先建议中央电视台成立新闻频道，中共高层对这个提议做了特别批示："我觉得中央电视台开设新闻频道是重要的。"而福建电视台已经有了一个有线电视新闻频道，更有海外传媒机构扬言要进军国内新闻市场，并展开了积极的斡旋。

面对竞争和悄悄合围而来的潜危机，凤凰只能搏命，填补国内资讯频道的真空，提高竞争力。

3

企业发展，讲究顺势而动。

刘长乐做凤凰讲究每天研究传媒信息。

凤凰在北京和香港有两份专门为他订制的"资讯快报"，主要是世界传媒的信息和中国传媒的动态与政策，以便他揣摩传媒业的发展大势，找准出牌的时机。不论工作多忙，出差美国还是欧洲，这两份快报每天必须准时发到他的邮箱里，或者传真送到他手上。所以他知道，中国的新闻频道已经到了呼之欲出的时刻，自己不办，很快就有别人会办。

必须抢在前面。因为，对于一个新兴的企业，你想在成熟的市场上挖走别人嘴里的一块肉，不容易，但如果你有本事开掘了一块新的地盘，你在这块市场就是规则制定者，就是领头羊。

凤凰上市后，大股东——新闻集团的默多克和刘长乐都没有从筹集的资金中拿一分钱。将近10个亿的港币呀！也许默多克财大气粗，人家不在乎这点钱；也许是有意支持凤凰的发展。这就使凤凰的雄心有了一个施展的空间，刘长乐巴不得用这些钱做一个大事业，种出一棵新闻的参天大树。

4

为了把凤凰资讯台办成国际一流，刘长乐与王纪言等人去美国、英国、日本，还有香港、台湾的十几家电视台参观访问，对东西方新闻频道的方方面面进行了仔细的、贪婪的、窥秘性的研究与探求。为什么说是窥秘呢？人家的关键部分是不会给你讲的，而凤凰卫视想了解的关键部分人家也许意识不到，全靠自己全身心地去领悟，用自己心目中的目标去和他们碰撞。

他们最先去的就是默多克的FOX新闻频道，看他们的新闻播出流程。人家的主播台、编辑平台和操作平台，都是完全开放的、连成一体的，很高级。这并不是道具的需要，也不是装潢、舞美、形象设计的需要，而是快速反应的需要、直播的需要。一切都是直接的：直接切换、直接递稿，在同一屋顶下的流水生产、集

2001 年 1 月资讯台开播，全体主持人大合照

体制作。

不出差的时候，刘长乐一般会窝在屋里，一夜一夜地看那些西方新闻频道的节目，从节目内容到频道包装，样样研究。他注意到，西方的新闻频道特别看重新闻评论。FOX 就认为，“客观”报道是不可能的，他们决定不再遵循这一传统的新闻“定理”，代之以“公正和平衡”的原则。他们重金聘得名嘴大腕，设立了好几档评论节目，通过新闻评论公开宣扬其保守派主张，取得政治话语权和对自由派媒体的平衡。CNN、BBC 等新闻频道都有重磅的新闻评论节目。

新闻评论是港台新闻频道的弱项，却是凤凰最可能成功的地方。刘长乐决定招募人才，强化凤凰资讯台的新闻评论节目，还亲自设计了《有报天天读》和一个专门“吵架”的节目《时事辩论会》。

5

资讯台成立，成为凤凰卫视最大的一次换血。

那次进入凤凰的新人多数成了凤凰的当家明星。

胡一虎、曾子墨、陈晓楠、杨锦麟、马鼎盛、吕宁思、何亮亮、石齐平、刘海若、谢亚芳、周瑛琦、王菁锳等人都在那时加入凤凰。

凤凰卫视资讯台在香港招兵买马、网罗精英时，主考官是资讯台副台长程鹤麟。

程鹤麟是典型的“报人”型媒体人。上大学时，学的摄影摄像，可他从来就没有拍过一张好照片，床底下永远放着为胶片加厚或减薄的药水。他不为拍不出好照片而懊恼，却为在同学办的油印小报上发表文章而欣喜。

主持人杜宪与程是同学，杜宪说，当时许多同学能记住他，不是因他容貌俊朗，也不是因他才学过人，而是因为他的一张大字报《喇叭裤礼赞》。那时裤脚宽大如扫把的喇叭裤只有小流氓们才敢穿，正人君子是不屑一顾的。程鹤麟不信邪，怎么依据喇叭裤就判断别人是流氓？他把大字报贴出去，然后气势汹汹地穿上一条喇叭裤，期待产生一些轰动。不料，周围并没有产生他期望的效果，反而是越来越多的人穿起了喇叭裤。时代毕竟不同了。

由于总是喜怒形于色，并不单纯的程鹤麟会给同事造成“单纯”的错误印象。

加入凤凰，他起初负责《相聚凤凰台》，后来改做节目策划，写下了成千上万的文字，却没有得到高层的任何回应，搞得他灰头土脸，有点无颜见江东父老的样子。但是有一天早上，情况有点不一样，程鹤麟一进办公室就嚷嚷：“嘿嘿，老板那么大的干部，昨天竟然把电话打到了我的手机上。”问他说什么，他却嘿嘿笑着，并不说出，一副重任在肩的样子。

后来，他调到香港办资讯台。

程鹤麟招兵也有过人之处，不笔试，不口试，完全凭目测、凭感觉，没一点儿科学根据。他的上司王纪言说，买西瓜还得拍两下呢，他可好，问不到三句话，就定了。

程鹤麟解释了自己选人的独门秘籍：一、要有比较好的专业资格，如果念书念的是新闻院校，胜算就大一点；二、最好是一专多能，比如会一门外语，比如除了写稿还能做采访做主持人，什么都可以干两下子；三、不必名校，本科就可以，但最好要有工作经验；四、还要有缘分，所谓全凭感觉，对上眼就行。

按照这个思路，程鹤麟三五天内遍览人间春色，迅速把一批批俊男靓女、一路路英雄豪杰，招至麾下。

凤凰卫视位于香港九龙红磡海滨广场的 9 层（2008 年搬入香港大浦工业区），资讯台占了其中不大的一块。这是一间 250 多平方米、没有一根柱子的办公大厅，里面摆了 40 多张办公桌。办公区的最里面是一个主播台，与其他办公桌之间没有用玻璃隔开，据说这是“国际惯例”。

资讯台的办公区 24 小时灯火通明，近 200 位导演、编辑、记者、摄像师，每天三班倒，每人 8 小时。多数人没有专用的办公桌，40 多张桌子轮流使用。铁打的桌子流水的人，只可怜每张桌子上的电脑，永远没有休息的时候。

资讯台的节目样式是“事件现场画面 + 记者前方采访 + 专家评论 + 主持人后方播报和串联”，并不复杂，却很好用。中国正走在融入世界的途中，每个人都需要学会与世界打交道，新闻频道就是一个教你学会与之打交道的善良的、有点喋喋不休的邻家朋友。

新闻之外，资讯台配以解读各类资讯的新闻评论节目：《总编辑时间》《新闻今日谈》《凤凰全球连线》（2005 年移至中文台）、《有报天天读》（2005 年移至中文台）、《时事辩论会》《李敖有话说》《新闻骇客赵少康》，还有气象资讯、《地球这一刻》（类似《历史上的今天》）和专题纪录片，从而构成一个天上地下无所不包的新闻阵列，就像吴小莉那句口头禅：资讯使眼界放大，信息令世界变小。

6

资讯台以直播方式进入凤凰序列。

然而他们却发现这种方式其实就是一次大考。

以前他们的节目是在 STAR TV 的平台上播出的，此次他们使用自己搭建的数字播出平台，4 岁的凤凰要彻底离开母体，自己跑自己跳了。

大姑娘上轿头一遭，何况还是直播。

——“时间到了，准备好了吗？”导演问。

——“好了，可以开始了。”主播台上，吴小莉已经正襟危坐。四五个摄像机从不同方位对准了她，直播马上就要开始了。

——“好，5、4、3……”

——“等等，等等，先别播，不是这一条新闻……”

——“不上这一条了，换那条。”

——“应该是这一条吧？”

——“换了，换那条了……”

时间已经到了，吴小莉必须开始说《正点播报》节目的开场白了，这样的混乱和笑话还在发生着。吴小莉感到了前所未有的恐惧。然而，这还仅仅是开始。当她正对着镜头说话的时候，更令她恐怖的事情发生了：本应对准她正面的机器，忽然拐了弯，去照她的后脑勺了……

“天啊，这可是在直播的主播台上啊！我是该跟着机子转，还是不理它，继续播我的新闻？”口里播着新闻，脑子里飞速地抉择。最后决定不理它，保证直播正常进行。

等着看屏幕前自己丑态百出好了。

不要以为这是编排的笑话，2001年资讯台刚开播的前一两个月里，这是经常出现的一幕。

那时的资讯台，从开始招兵买马到播出，一共半年时间。160多人招齐了，3个月已经过去了，然后又是装修。到开始安装调试设备时，距离播出只有一个半月时间。当时，虽然有导播组、编辑组、外派记者，但大部分员工都没有做过这种24小时直播频道。编辑、播出的电脑软件是国内大洋公司刚开发的，俗称大洋系统，没有录影带，完全是用光纤传送影片，播出系统虽然先进，性能却不稳定，经常在直播节目马上开始的时候，它断线了。

机器是新的，系统是新的，人员是新的，主播是新招来的，对于凤凰本身，资讯台也是新的，每个系统每个组织每个成员都需要磨合。香港人听不懂普通话，大陆和台湾人听不懂粤语，沟通要靠翻译，而普通话又分台湾式、港式、内地式三种，遣词用句上多有不同……

说来说去，怎一个乱字了得？资讯台在乱哄哄中锻炼，在乱哄哄中成长，企图乱中取胜。

从TVBS应聘到资讯台的记者郭方那时还是个小姑娘，她对那段日子印象深刻："这里和我在TVBS新闻部的反差很大。TVBS那里文字记者是文字记者，摄影师就是摄影师，剪辑师就是剪辑师，壁垒分明，分工很细。进了凤凰，发现除了记者是做新闻的，摄影师不是专拍新闻的，剪辑师并不专门负责剪辑，还要负责播出。总之，就是大陆经常说的一专多能。"

凤凰没有资讯台的时候，中文台的新闻时段只有《时事直通车》和《凤凰早班车》，活儿不太急。但资讯台是24小时运作，新闻量要求很大，单是负责采访的记者就从四个增加到十几个，编译组人员更是十几倍地增加，和凤凰的膨胀度差不了许多。

郭芳说，最大的挑战，是"报纸人"和"电视人"的磨合。凤凰一下子扩张，不少在平面媒体工作多年的人转入了电视行业。这些人对遣词造句非常讲究，但一开始就做电视的记者，知道电视新闻对画面的要求是最高的，对文字的运用则不太执着。郭芳对报纸出身的编审执着于用词的思维方式很不感冒，遇到赶片子，就免不了和编审顶撞两句。可是，在这种火花不断的情况下，发现遣词造句准确和适当，也可以为一条新闻增色不少。

还有快和慢的冲突。电视新闻对时间的要求也是最高的。采访完毕一定要将新鲜热辣的东西呈现给观众，但现实经常是记者紧赶慢赶，不断催着剪辑师快马加鞭，可是到了负责编排新闻次序的主编那里（他们多数都是曾经的“报纸人”），却说出一句“排不上”。死赶活赶出来的片子播不了，免不了又是一次火花四溅。

后来才发现，也不能完全怪主编。因为他们使用的大洋系统还比较初级。比如，剪好的片子，虽然同样在计算机里，但是主编要用这条片子，就要重新上传一次，才能到达播出系统，这些都需要时间。

大洋系统初期的运转不灵和设计缺憾，是资讯台的一大挑战。计算机经常在赶稿时罢工，把人搞得发狂，却又不知向谁发脾气。结果公司负责大洋系统的三位同事最惨，不仅24小时随时被电召来修理，每次还得听大家的严词批评。

三位同事的EQ都极高，帮火气正大的同事关机，重新开机之后，放软声音说正在提升大洋的能力。渐渐地，对大洋系统的骂声已经没有像以前那样此起彼落了。

那段时间，负责技术和制作的副台长邱伟华日子难过，几乎所有的人，领导、同事，无论何时何地见到他，都只有一句话：“到底能不能准时开播？”终日被这样的问话包围，压力是可以想象的。每当这时候，他都笑笑，用生硬的香港普通话说：“没问题啦！”

邱伟华是香港浸会大学传播系毕业的，与大陆人的做事风格不同，但文化精神却出奇地一致。

他说，人在做事的时候，必须要有一个坚定的信念，不能想“那个事情是不可能发生的”，而是要去想“怎么可能让它发生呢”。人一定要有一个确认自己信心的过程，虽然未来是个未知数，但每天都可以发生变化，慢慢地，未来就变化出来了。希望能先把资讯台的模式做出来，然后再从专业的层面把它巩固下来。很多事情跟凤凰走就是这样，当时不知道害怕，就急急忙忙做了，做完之后会有很多成就感。但事后当你回头再看的时候，不敢看，很害怕。假如再来一次，可能就不敢去做。因为就办公条件而言，无论楼高、承重还是那种狭窄的空间，都不适合做24小时节目制作的电视平台。但是技术难题硬是被我们一个一个解决了。

对于工作人员或记者来说，他们的本职是完成工作任务，一旦他们完成了任务，搭建了合格、专业的新闻平台，历史必定会赋予它使命。

坚韧是一道光芒

鲁豫不会忘记那一天。

1993 年 9 月 23 日，国际奥委会主席萨马兰奇要在蒙特卡洛宣布 2000 年奥运会主办城市。那个晚上，鲁豫和朋友买了麦当劳，在家看里电视转播，等候庆祝北京的胜利。

当萨马兰奇念出北京的名字时，朋友立刻兴奋地尖声叫了起来。北京电视台现场直播的画面里，主持人和嘉宾激动地抱在一起。有那么一秒钟，全国上下一片欢腾。但是，萨马兰奇说的是，我要感谢北京、柏林、伊斯坦布尔和曼彻斯特对奥运会的热诚和积极的参与。

那天晚上，赢家只有一个：悉尼。

萨翁也许太希望北京赢了，所以他在感谢各申办城市的时候，把北京排在了第一位。这个善意的举动让无数中国人错以为北京赢了，然后在一眨眼的时间里，从狂喜跌入痛苦的深渊。

朋友的英文不好，她一直求救似的看着鲁豫："真的是悉尼吗？"

鲁豫点点头，难过得说不出话来。

北京以两票之差输给了悉尼。当时有人把失利的原因归结于中韩建交，说这导致朝鲜临阵倒戈，把关键一票投给了悉尼。也有人把失利的原因归结于"台湾奥委会"，台湾也把关键一票投给了悉尼。如果中韩建交推迟一年，或者台湾念及同胞之情，中国极有可能在 2000 年就拿到了奥运会主办权。

8 年后的 2001 年 7 月 11 日，鲁豫坐在从香港飞往莫斯科的班机上，脑海里仍然不断地浮现出北京泪洒蒙特卡洛的痛苦画面。

机舱里暗暗的，大部分乘客放倒了椅子睡觉，只有鲁豫和文涛的座位上亮着灯，两个人都在埋头看面前的小桌板上摆着的厚厚一摞资料。

7 月 13 日，国际奥委会将在莫斯科召开第 112 次会议，将投票选出 2008 年奥运会的主办城市。经历了 1993 年的失利，北京用了 8 年的时间卧薪尝胆，志在必得。7 月 13 日，凤凰卫视和北京电视台将联手直播这一天的盛况。鲁豫和文涛是莫斯科现场的主持人。

同机的还有台湾歌手李玟，她是凤凰邀请的嘉宾。

另一位嘉宾周星驰早上也兴冲冲地带着助手赶到机场，却在航空公司的柜台办理登机手续时被拦住了。他的俄罗斯签证第二天才生效，帮他订机票的工作人员没有注意到护照上的日期。没办法，周星驰只能走跳棋，先飞德国再转往俄罗斯。

争夺 2008 年奥运会主办权的是北京、大阪、巴黎、多伦多，谁是最后的胜利者，将在"莫斯科之夜"揭开谜底。这一次，中国人的紧张和焦虑，远远超过 8 年前的"蒙特卡洛之夜"。

参与申奥报道的中外媒体，有中央电视台、北京电视台、独联体国家电视总公司、中国香港亚视、中国台湾东森、美国 FOX 新闻网、英国 BBC 等几十家电视媒体、40 多家平面媒体，阵容空前强大。凤凰主持人吴小莉、陈鲁豫、许戈辉、孟广美、李辉、柯蓝、窦文涛、董嘉耀等倾巢出动，在莫斯科、北京、中国香港三地每天向总部传送节目，在黄金时段，上了一档 15 分钟的申奥专题节目，以见证历史。

鲁豫在下榻的乌克兰酒店安顿下来，兴冲冲地敲响了 803 室的房门。凤凰租下两个标准间打通的"总统套房"，作为莫斯科的前方指挥部、会议室和编辑机房。

来开门的是直播导演宋彦俐。但她没有跟鲁豫打招呼，只顾皱着眉对着手机讲话。

鲁豫用目光询问屋里的人，主管娱乐节目的高雁说："咱们和北京台合作直播的事，上面没同意，公司还在做最后的努力，都等着呢。"

不一会儿，高雁的手机响了。她沉着脸静静听了 5 分钟，然后挂上电话，"713 直播咱们自己做。新闻中心的演播室给北京台用，咱们得赶紧找个地方。"

电话是王纪言打来的。

这时候，如果凤凰卫视还想搞直播，必须另起炉灶，独自完成直播。

北京电视台的负责人当场差点掉眼泪，原定两家合作，北京出设备，凤凰出主持人，这下可好了，凤凰没了设备，北京没有了主持人。

怎么办？没法办，没法办也得办。刘长乐拍拍北京台那位老兄的肩膀，长叹一声："北京是申奥的城市，不能误了你们的事。我们把现场所有的东西全部留下来，另起炉灶，你们一定要搞好。"

资讯台的总监郑浩当天下午 5 点接到程鹤麟的电话："申奥直播咱们得自己操练了。"他顿时心凉了半截儿，太突然了。宣传片早已播出，广告也卖了，所有的转播程序所有的细节都演练了，就等着办喜酒拜天地入洞房小两口关门过日子了，怎么突然又各干各的了呢？这不是要人命吗？

要知道，这可不是几十分钟那种现场直播，也不是在香港自己演播室开直播，这是一个长达 10 小时不间断，莫斯科、中国香港各设转播中心，莫斯科分两个地点，北京分两个场地，巴黎、纽约、洛杉矶和中国台北各设连线场地的多景多城多现场的全面卫星直播。电视每秒 24 帧画面，10 个小时要多少画面？

还要马上订购卫星线路。

卫星传送时间几乎一早就被订满了。人家卫星公司心里话："傻哥们儿，玩过卫星电视吗？这都什么时候啦？还跟我这儿套话儿订传送信号时间？人家早就准备开播了！"中文台副台长邱伟华在电话里一个劲儿地和人家说好话，总算是凭着多年的老关系，拿下几个重要的传送时段，然后用“跳星”的方式连到莫斯科。

所谓“跳星”，就是协调全世界的在轨通信卫星线路，辗转多个国家，把信号先传到荷兰和爱尔兰，再从反方向打回中国。但也只能是见缝插针的每次几分钟而已。最让人尴尬的是，由于节目单一变再变，卫星时间也得跟着一改再改，害得邱伟华愣拿着“老关系”往石头上摔，对方骂他他还得赔笑。

更要命的是，主管广告销售的余统浩、李吉瑞已经包了一架飞机，拉着凤凰的广告客商、演艺界明星和工作人员100余人，浩浩荡荡往莫斯科而来，此刻正在天上等着往下落呢。

另起炉灶？不是说着玩的。

站在莫斯科这个人生地不熟的地方，刘长乐环顾左右，知道凤凰现在“穷”得只剩下四个主持人、七八个制作人员和36个小时的时间了。开始，他还抱着侥幸心理，试图让工作人员说服有关领导同意与北京电视台的合作。但后来知道，这位领导并不在北京，凤凰的人已经急得站在机场的路边拦车，想试试能不能说上话。

一切迹象说明他们已经山穷水尽，会不会贻笑天下，就看造化了。

刘长乐知道，此刻，他的态度甚至表情都会影响到事情的发展。他对大家说，要沉住气，不能把好事办成了坏事，不能把坏事变成大坏事。

他尽量镇定地对主管直播的王纪言说，北京台原先那个直播现场并不是很好，根本看不到外面的环境，知道的说你这儿是莫斯科，不知道的说你在北京你也没脾气。我们另找地方。

关于时间，如果按实际天数算，我们只有一天半时间，如果按8小时一个工作日算，我们不吃不喝不睡觉，就会有4天半时间。然后分工，刘长乐亲自去找场地，王纪言负责租卫星、租设备、装修直播场地。

说完，刘长乐就上了红场，因为他注意到红场旁边有一个俄罗斯大饭店，楼高22层，如果能在顶层直播，莫斯科红场肯定是一览无余。

刘长乐走进这家酒店时，身边带了两个人：一个就是司机、俄国人安德烈，一个是当地中国饭店端盘子的中国小女孩儿，负责翻译（两个正式翻译，他不敢用，留给播出团队）。俄罗斯大饭店顶层果然有一个豪华宴会厅，名字就叫克里姆林宫。这地儿当演播室太合适了，一面墙是玻璃落地窗，外边的景致尽收眼底。

于是，司机安德烈按刘长乐的吩咐变成了谈判代表，端盘子的中国小女孩儿变成了经理人，刘长乐充当后台老板，真刀真枪和俄罗斯大饭店的经理开始谈判。

俄国人根本不相信面前这个中国人，报了个天价。刘长乐悄悄对小女孩耳语一番，再动员安德烈大讲中俄友谊和直播重要性，最终，对方禁不住对1万美金的喜爱，同意了。下来后，刘长乐还专门犒劳了一下这个业余谈判团队，说他俩谈判有功。

虽然有了意向，但俄罗斯人并没有接到任何官方通知，总觉得这一帮不知从哪儿冒出来的中国人不靠谱，一个劲地问："钱什么时候付？钱什么时候付？"

俄罗斯人实在精明。酒店的总机得到上级通知，对于从香港和北京打来转22楼宴会厅的电话一律回答"无法接通"，这一来，凤凰卫视别无选择，只能由高雁拨国际长途打回香港。你根本无法想象在酒店里打国际长途到底有多贵。等到直播结束，高雁叫来酒店负责人结账的时候，电话收费一栏里的天文数字让她备受刺激，她几乎从22楼一跃而下。

凤凰人就在对方警惕的目光监视下，像变魔术一样，几小时内就搭起了演播台。过了一会儿，俄罗斯电影厂的转播车开过来了，摄像的大摇臂也轰轰隆隆运到了。凤凰共计租用他们摄像机6台，摇臂1架，调音台1个，麦克风、照明灯若干以及摄像师、音响师、灯光舞美、勤杂工近60人。

俄罗斯的东西比较笨重，夸张一点说，他们的摇臂跟中国这边盖大楼的小塔吊差不多。凤凰的美元也在最短的时间内打到了饭店的账上……这时候，饭店的人态度大变，要什么给什么，十分配合。也许他们觉得，这一帮中国人真的是一帮疯子，而且是一帮出手阔绰会变魔术的疯子。

王酉年是摄像出身，人手紧，他负责协调俄罗斯摄像，告诉他们什么时候镜头要推上去，什么时候要拉成全景。语言不通，别忘了王酉年是画家，他拿了一张大大的硬纸板，在上面画出推、拉、摇、移、甩等摄像基本技巧，需要哪台机器推上去，他就指指硬纸板上画出的"推"，摄像立刻领会他的要求，唰地就把镜头推成特写。负责广告的凤凰副总裁李吉瑞原来是干摄像的，竟被王酉年抓来主管一台摄像机。

香港那边也是一群热锅上的蚂蚁。副台长刘春不停地与莫斯科凤凰大本营电话沟通，商量好一个段子就硬往纸上写，"到时就这么播"。程鹤麟则在台里满处找已经做好的"罐头"（万能背景播映片），全部集中起来，遇到不测就往外甩。他还负责与身在北京的节目总监钟大年"单线联系"，以防管道太多引起不必要的混乱。郑浩负责帮忙编写节目单，还准备了一堆奥运数据资料和中国申奥背景资料，为主持人到时能"侃得出来"做舆论准备。

7月12日早上，糙得不能再糙的"案子"总算在香港诞生，其实这个案子里有30%根本没法落实。换句话说，大家一点儿谱都没有，只能想到什么就补充什么。刘春拿着经他"修理"的满是密密麻麻字迹和符号的顺单，无可奈何地说："除了我，谁看得懂这是什么玩意儿呀？"

与此同时，已经到了北京的凤凰主持人吴小莉、胡一虎和刘海若，又风尘仆仆地打道回香港，连同陈晓楠和评论员曹景行，抓紧每分每秒准备背景资料。导播和技术人员全部进入“作战”状态，为直播做各项技术准备。凤凰莫斯科团队更是忙得脚不沾地，7 月 13 日早上，鲁豫和文涛出门乘车去俄罗斯大饭店时，发现等车的只有他们两个，其他人根本就没有回来睡觉……

在现场，王纪言穿着一件被汗水无数次湿透的黄色 T 恤快步走过来对他们说：“鲁豫、文涛啊，今天总的基调就是要娓娓道来，和观众一起见证历史性的一刻。今天这场直播，我们有很多困难，你们从现场的电视屏幕上看不到我们直播的画面，所以什么时候镜头给到你们，你们什么时候说话都看我的手势。”

鲁豫从加盟凤凰到 2001 年 7 月 13 日那天为止，已经做过无数次直播，可像这样因陋就简的条件还是第一次碰到。这一天，她和文涛没有耳机，是聋子；现场的电视屏幕也看不到自己的画面，是瞎子，他们只能依靠院长的手势。

屋漏偏逢连阴雨，好不容易才搞定的卫星线路出了故障，直到 7 月 13 日上午 7 点 58 分，距离直播开始还有两分钟时，故障仍然没有排除。

中文台副台长 Bobby 事后回忆说，他当时上吊的心都有。Bobby 是香港人，喜欢卷着舌头说儿话音极重的北京普通话。还特注重穿衣打扮，经常是花衬衣配光头。大家发现，当他着急的时候，话更难懂了。

凤凰紧急制订了新的直播方案，假设线路一直不畅通，8：00~14：00，现场先交到香港演播室，那儿的主持人是吴小莉和胡一虎，由他们通过其他电视台的直播信号介绍莫斯科的情况，等卫星服务恢复正常后再将现场交给鲁豫和文涛。

导播刘璐带着翻译坐镇转播车，由于楼层太高，转播车上的线路不够长，刘璐和 22 楼的现场导演宋彦俐的联系只能靠手机来完成。

在长达 11 个小时的直播中，刘璐始终保持着同一个工作姿势，两手操作切换台，头向左边倾，夹住放在左肩上的手机。直播结束后的一个星期里，刘璐的脖子一直处于落枕状态。

谢天谢地，7 点 59 分，卫星线路奇迹般地通畅了。

王纪言大手一挥，鲁豫和文涛出场。

“大家好，现在是莫斯科时间 7 月 13 日上午 8 点。

“今天，国际奥委会将召开第 112 次全体大会，并投票选出 2008 年奥运会的主办城市。我们现在所处的位置是莫斯科市中心的俄罗斯酒店，我们的直播间就在酒店 22 层的克里姆林宴会厅里，大家通过我们身后的落地玻璃窗可以看到红场、莫斯科河、克里姆林宫……”

5 分钟后，按照事先的约定，莫斯科将现场交给了香港演播室里的吴小莉和胡一虎。

中午一过，由凤凰请来的200多名广告客户和热心观众进场了，宴会厅里摆好的十几张圆桌一下子坐得满满当当。每张桌子上都摆着香槟，等萨马兰奇一念出北京的名字，香槟就会喷洒得满屋都是。

莫斯科时间下午6点，萨马兰奇手拿信封，缓缓登上了主席台。那一刹那，演播厅里的空气已经凝固。当时凤凰卫视准备了两条字幕：一条是“北京赢了”，一条是“北京，下次再来”。

萨马兰奇开始宣布结果。

几秒钟之内，凤凰屏幕上飞出“北京赢了”的大红字幕，整个中国随之沸腾。

现场主持人窦文涛、周星驰、陈鲁豫、李玟在主持台上乱作一团，无法自控。窦文涛眼巴巴地看着两位泪流满面的美女被兴高采烈的周星驰左拥右抱，而自己却两手空空，一脸无奈……

窦文涛事后回忆说，还是周星驰机灵，当我从兴奋中醒过神来，准备搂美女时，李玟却已扑向周星驰的怀抱，更可恼的是，此刻我那位山盟海誓的闺中密友鲁豫，也早已在人家的怀抱里。“白”马王子的命运就是这样吧，举国欢腾的时候，斯人独憔悴。

2001年7月13日，凤凰人在位于莫斯科的演播室欢庆申奥成功

王纪言当场拍下了四张鲁豫他们欢呼的照片，但两张是虚的，勉强能看清人影。如果这是别人照的，王纪言一定会骂他不专业，但是这一次，他却异常宽容，不仅宽容，还运用丰富的历史知识解读说：这些图片可称作大师级的作品。因为，在一个伟大的历史瞬间，摄影师克服了巨大的诱惑，清醒地想到自己的职责，把镜头对准了该对准的人。但是，在听到萨马兰奇说"北京"时，摄影师的手哆嗦了，眼泪出来了，照片也虚了。你们知道吗？当年联军在诺曼底登陆，在踏上法国陆地的瞬间，随军摄影记者因为激动，所有照片全是虚的。后来，世界摄影界分析照片时认为，这几张登陆的片子不虚就不对了，纷纷写论文分析"虚焦点"的魅力。按照这个逻辑推理，我的作品略等于大师级作品。

从那以后，凤凰的企业文化多了一条军规：

不到最后一刻决不放弃，到了最后一刻也不放弃。

"9·11"一役，凤凰瞬间跻身世界级媒体

1

历史只在一种情况下会变成现实，那就是它在我们眼前发生。

2001年9月11日，纽约，气温华氏80度，一个阳光普照的九月天。

美东时间早晨8时30分，纽约市消防局第一梯队第七消防车队接到报告：曼哈顿一个教堂附近的街上有煤气味，怀疑煤气泄漏，那里离世贸中心很近。消防车出动了，消防队长约瑟费法认为这不算太大的任务，他允许法国摄影师祖斯扛着摄像机随队拍摄，祖斯·劳迪特、格狄安·劳迪特这对法国摄影师兄弟一直跟踪拍摄这支消防队已经好几个月了，他们计划制作一部有关纽约消防队的电视纪录片。8时46分，消防队员到达现场，他们正在用仪器做检查，摄影师祖斯和街上的人一起听到飞机低空飞临的声音，大伙好奇地向楼群上空抬头张望。祖斯也随着声音将摄影机镜头抬高，这无意中的拍摄，使他拍到了一个改变了世界与历史的可怕镜头：一架大型客机正对着纽约世贸中心大楼北翼撞去，一团巨大的火球顿时从大楼撞击处喷出，浓烟弥漫曼哈顿上空。

同一时间，凤凰卫视资讯台财经记者庞哲正像平时一样，在曼哈顿区的纽约证券交易所例行采访，撞机发出爆炸声时，她还以为是什么庆祝活动，再一看人

们惊恐的脸，知道不对，第一反应是迅速向总部报告这一新闻。

庞哲不愧是职业新闻人，她的这个电话价值千金，是专业称职的标志。

香港这边，《时事直通车》主编刘荔看到吴小莉已经坐进了直播室，自己就走了出来，看看还有什么事。这时，值班记者叫她："庞哲从纽约打来电话说发生了事情。"刘荔跑了过去。电话里的庞哲特别紧张，有点语无伦次。刘荔说："庞哲你别着急，慢慢说，到底发生了什么？"庞哲说："一架飞机撞上了纽约世贸大楼，现在我看到的就是漫天的纸屑和浓烟。"

刘荔即刻打电话给王纪言。

王纪言说："继续弄清情况，我向老板报告。"

刘长乐正在吃饭，听到这一情况，判断说："不管是什么样的飞机，如果撞到世贸中心，都是重大的事件，即便是一个事故，也是很严重的事故。"

他当即决定凤凰用直播方式播出。

从王纪言接到电话到刘长乐下决心，前后不超过 3 分钟。

这件事，从技术上反映出凤凰卫视的播出平台和工作人员已经处于一种准备直播状态，倚马可待。

庞哲那边还在电话里等待总部指示，刘荔跑过来拿起听筒说，你把你知道的情况都告诉我。庞哲断断续续地讲述着，刘荔紧赶慢赶记在了一张纸上。她抬腕一看时间，离《时事直通车》播出只有几分钟时间了，一路跑到了直播室，顾不上穿帮，直接把草稿纸递给了吴小莉。

吴小莉记得当时庞哲的声音高亢得让人意外，她通过麦克风告诉庞哲，"我随时准备接你进现场"。几分钟之后，《时事直通车》开始，吴小莉准备在"国际专列"板块做直播，把庞哲的电话连进来。

北京时间 21 时 03 分，资讯台新闻编辑在 FOX 新闻屏幕上眼睁睁地看见第二架飞机向纽约世贸大厦冲来，它划出一道弧线，然后一头钻进了世贸大厦南翼，又是石破天惊的一次大爆炸。

这时，主播台上的吴小莉在插播录好的新闻时，再次接通了庞哲的电话，只见她吃惊地瞪大了眼睛："啊？又撞了！第二架啊！知道了，继续。"她说，"我一面做着直播，一面在收着编辑的稿件，我印象很深刻，编辑就站在摄像机旁边，但还不敢穿画面。因为是直播，没有任何画面做衬底，我觉得在那个时候最重要的还是把最新的讯息告诉我们的观众。"

此时，刘长乐和王纪言已经来到了主播台前，他们断定这是一次恐怖袭击，马上调集力量，做好直播的一切准备。

21 时 10 分，《时事直通车》发出了凤凰卫视关于"9·11"的第一条消息："美

"9·11"当天，刘长乐一直站在直播第一线电话指挥调度

国纽约世贸大楼被袭起火。"这是香港、大陆乃至世界华语电视媒体对"9·11"事件的最早播报。

21 时 30 分，《时事直通车》结尾时，吴小莉再次插播最新消息及现场画面，并通报观众：凤凰卫视中文台、资讯台、欧洲台、美洲台将全线并机，对此事进行直播报道。

21 时 40 分，凤凰卫视的 4 个频道一起对"9·11"事件进行了直播。

约瑟费法是第一个进入被袭世贸大楼的消防队长。他一进大堂就听到尖叫声，只见两个人浑身着了火，后来才知道这是客机撞进大楼后，燃烧的航空燃油顺着电梯井流下来造成的。世贸中心大楼大门前不时有爆炸的碎片砸落下来，更恐怖的是不时有人从几十层楼上绝望地跳下来。摄影师祖斯说："在里面看不到，但知道是怎么回事，每次听到那撞击声就知道又有人死了，每次听到都很难过，声音很大，当时我想，上面的情况看来糟透了，坏到有人要不顾一切跳下来。"这时，第二架被劫持客机又撞穿了世贸中心第二座南翼大楼，五角大楼也被袭击，炸掉了一个角，有谣传说还有第三架飞机又飞来了。那时，人们相信什么事情都可能发生。

此时，已经下班的主持人陈晓楠接到了程鹤麟的电话："快回来，出事了。"陈晓楠说，我的第一反应是感觉他在跑，一边跑一边气喘吁吁地说话。我觉得一定是他的心脏病复发了，因为他是一个慢条斯理的人，我从来没听过他这么着急地说话。

陈晓楠已经记不清自己是怎样跑出房间、冲向公司的，只觉得路特别长，怎么也到不了。而实际上，她只用了5分钟，来不及化妆就上了主播台。"我把耳机插到耳朵里的时候，听导播说还有30秒钟。从我在家里"腾"地坐起来，到跑到主播台上开始讲话，它是一个连贯的动作。所以，从到那个地方，坐上去，开始讲话，一直坐了七八个小时，好像觉得时间很短。后来很多人记得我当时说的那句话，"对不起我没有化妆，请大家原谅，因为现在出现了一件很大的事。"很多人问我，你为什么会想到说那句话，我觉得我完全是下意识的，没有太多的想法，我已经没有任何思考的空间了，完全是下意识的。你根本不知道接下来会发生什么事情，会发生多久的事情。可能一个小小的字条递上来，就是某个楼又塌了，某个飞机还在盘旋不知道去向，可能只是几个字，但是你知道它意味着什么。这是新闻发生时候的一种震慑力。

胡一虎赶到公司，仅比陈晓楠晚30秒。他穿了一条大裤衩，匆忙在上身套了件西装就上了主播台。紧接着，陈鲁豫、董嘉耀、刘海若、简福疆，还有公司大多数员工都跑回了公司。

演播室里站满了人，刘长乐和王纪言在现场亲自指挥。

从凤凰的直播画面里，刘长乐眼睁睁地看着110层的世贸大楼慢慢塌下来，白色的烟尘像原子弹爆炸一样，带着巨大的能量，滚滚升腾，然后，迎面向人们扑过来。

刘长乐有喘不上气之感。

在爆炸现场，距离第一架被劫持客机撞击大约一小时后，消防队员大多进入大楼内救人去了，这时候北翼大堂显得空荡荡的，只有不多的几个指挥官还留在那里商讨对策，但情况越来越坏。突然，从世贸中心另一座大楼那边传来巨大的隆隆声响，南翼大楼开始倒塌了！人们惊慌奔跑逃生，尘土遮天蔽日。祖斯慌不择路地爬上已经停驶的滚动电梯，刹那间伸手不见五指。不知过了多久，有人要灯光，麦克贾奇牧师躺在电梯底下，脉搏已经停了，消防队员抬着麦克贾奇牧师的尸体，到了圣彼得教堂，将牧师放在祭坛上，这是第一具运到这里的尸体，麦克贾奇的死亡证上的号码是00001，成为"9·11"事件第一个正式标明的罹难者。

逃出来的人互相搀扶，庆幸着另一座世贸中心大楼仍然屹立，但是，10时 28 分，突然又一阵隆隆的巨响越来越逼近，人们拔腿奔跑，世贸中心北翼大楼也倒塌了！巨大的冲击波扫向整个曼哈顿区。逃生的人都感到了背后扑过来一股巨大的力量，就像死神要紧紧抓住你。

大楼倒塌了，凤凰卫视的记者庞哲失踪了。她所在的美国证交所大楼受到了严重的冲击，这里距离世贸大厦仅有一街之隔。陈晓楠说，我们最先感到这件事和我个人感情有联系的时候，是因为庞哲。

庞哲原是香港中天电视台的记者，加盟凤凰后，负责纽约的财经报道。第一架飞机撞上世贸大楼后，街上警笛大作，证交所的保安人员开始清场。她趁保安不注意，悄悄溜进了自己的办公室，向香港发回了这一惊天事件的现场报道。接着，她又不断地做电话连线，直至世贸南楼倒塌。“10 点 05 分左右，外面突然传来地震海啸一样震耳欲聋的隆隆巨响，长达十几秒钟，只觉得门窗在震颤，发出嘎嘎的响声，烟尘从四面八方向我扑来，我立即抱着电话，钻到了桌子底下，当时觉得心都要从口中跳了出来，闭上眼，屏住呼吸，等待最坏的事情发生。然后，就是无边的黑暗。”

在庞哲择路逃生时，世贸大厦北楼又塌了，她被逼逃进证交所的地下机房。即使如此，她的第一反应还是找电话，把眼前的一切向香港总部报告。但仅有的一部电话正在被保安和证券部的领导层抱着狂打，试图与外界进行联系，她没能如愿。她只记得保安人员递给她一条白色的毛巾，让她掩住口鼻。

庞哲被救护人员救出后，在无法与总部取得联系的情况下，木然而又灰头土脸地回到家中，她走进洗手间打开浴缸的水龙头，温热的水从头发上淋了下来，突然间觉得喉咙哽咽，脸上比浴水更温热的细流奔涌而下。她开始抽泣，然后失声痛哭。她意识到，纽约失去的，不仅仅是世贸大厦，数千条无辜的生命戛然而止，人们和平的梦愿全然粉碎，从今天开始，美国人的生活将被改变。

北京时间 9 月 12 日早上 6 点钟，当陈晓楠得知庞哲刚刚从危险中脱身，又要与她连线时，她对这位从未见过面的姐妹充满了感激，不禁红了眼眶。

在随后的一段时间里，庞哲常常因为飞机飞过的隆隆声而产生一种无名的恐慌，心跳加速，冷汗淋漓。尽管如此，她还是壮起胆子，在美交所保安的庇护下，蒙混过纽约警局的禁行防线，回到被瓦砾和尘土包围的办公室取回电脑里的素材。帮她望风的保安说，不要再回来了，隔壁学校里就存放着罹难者的尸块，空气不好，会生病的。

9月12日，刘长乐提出：加滚动条，帮那些内地亲友寻找在纽约失散的亲人，这是凤凰一贯的人文关怀。

凤凰的总监、主编、助理、导播、助播、字幕、化妆、导控、主持人……全部投入了这场没日没夜连轴转的空前直播。担任英语同声传译的资讯台新闻副总监郑浩，连续值班十几个小时，最后累得胃病发作。王纪言说："你知道我那会儿在干什么？我在给郑浩拍背呀，生怕他坚持不住。"刘长乐则给这位爱将送来了胃药。

凤凰卫视对"9·11"事件连续进行了36小时直播，见证了"9·11"恐怖袭击的全过程。

世贸中心大楼曾经是纽约人的骄傲，是当年大富商洛克菲勒家族投下10亿美元巨资建造的，被称为"20世纪第一建筑"，总高415米。世贸中心大楼倒塌了！几千生命就像吹熄一根火柴一样永远地消失了。大楼倒塌后的钢梁结构被堆放在哈德孙河岸边的堆料场里，足足有4万多吨，可以看出袭击的破坏力是难以想象地巨大。

"9·11"恐怖袭击发生之后的几天，纽约市长朱利安尼每天都开着电视睡觉，从中了解他的城市正在发生着什么。他说，来自世界各地的摄像机遍布纽约的各个角落，他们会比军队、警察和特工发现更多的东西。24小时新闻频道就是他的城市监视器。

新千年开始之时，美国第42任总统克林顿在新年演说中，充满激情地模仿着先贤的气势对美国人说："这是正在升起的太阳！"而仅仅过了一年，"9·11"事件改写了历史，对于美国来说，这是历史上最黑暗的日子之一。这件事情的影响，导致美国发动了旨在消灭阿富汗塔利班和伊拉克萨达姆政权的战争。

2

这次恐怖袭击发生在世界上媒体饱和度最高的城市，因此也就成为电视媒体全天候直播的令人难以忍受的活剧。即时传播的画面，让每一位电视观众目瞪口呆：飞机先后撞向世贸中心的双子塔楼，大楼在烈焰中燃烧；楼上的人不堪忍受烈火的灼热，纵身跳出窗子，绝望地从高空坠落；大厦先后坍塌，行人四散奔逃。飞机撞大楼和大厦坍塌的画面一遍又一遍地在电视上播映，仿佛只有这样不厌其烦地重复播放才能让人们记住这个历史的巨大创伤。

有人说，战争是传媒的狂欢节。

这话虽然没心没肺，但也有一点合理的成分，在全球媒体占主导地位的世界，恐怖的画面可以将恐怖分子的政治意图戏剧化，也可以激起整个人类反恐的意志与行动。这些悲惨的画面告诉人们世界正在发生着什么，让人们思考自身的处境、命运与出路。

事实再次证明，传媒是影响和改造世界的一种力量。

有时候，这种力量甚至是决定性的。

在袭击事件发生后的 24 个小时里，美国 CNN 有线电视网和美国其他几大广播公司的电视收视率达到了创纪录的 86%，比 10 年前的海湾战争时高了 15%。这说明，电视机是此时此刻世界上被打开最多的传媒终端，具有同步声画功能的电视现场直播依然是现代信息传播无可替代的最佳方式。

凤凰卫视对“9 · 11”事件的直播是在事件发生后 20 分钟内开始的。

他们在 36 个小时之内全方位向世界上人口最多的国家传递此次恐怖袭击的电视画面。这是有史以来，中国内地第一次同步看到重大突发事件的电视新闻直播。而此时，香港无线还在播电视剧，直到一个小时后才回过神来。亚洲电视的直播早一些，而 CCTV 则没有直播。

这是奠定历史地位的一次直播。华语传媒的业内人士认为，“9 · 11”事件对于凤凰卫视来说，犹如海湾战争对于 CNN 一样，使它一夜成名。有媒体评论说，凤凰卫视能从一个境外娱乐台发展到与央视国家大台抗衡的地位，其成功之道是：善于抢夺“硬新闻”，借重大事件树立品牌。

凤凰中文台副台长黄海波当时在 CCTV 当编导，他听说此事后，立刻和几个同事租了个酒店房间看凤凰的直播，间或看看自己的台，这边全世界都在震惊中关注着惊天大事，那边的电视剧还在照常播出，好像世界与己无关，好像永远沉着镇定。黄海波越想越生气，拿起电话打给 CCTV 的总值班室：“喂，我是观众，美国遭到恐怖袭击，全世界都翻了天了，你们怎么这么能绷得住劲哪？你们是干什么吃的呀？我们抗议！”

说着，不禁落下泪来。

因为，这骂的是自己呀！

庞哲把那块在烟尘中救了她的命的白毛巾洗洗干净，珍藏起来，后来凤凰 10 周年纪念展要征用这件展品，她千叮咛万嘱咐，一定要在用完后归还。那块白毛巾，既是她职业素养的证明，也是她死里逃生的纪念。

美国纽约的“世界媒体博物馆”（Media Museum）收藏了世界媒体对“9·11”事件的报道。对非英语国家的报道，只收藏了两个台的样本：半岛电视台和凤凰卫视。这两个样本是不同制度、不同文化的国家发出的声音。收藏的时候，陈晓楠还去参加了仪式，对美国著名的主持人丹·拉瑟做了访问。

“9·11”的直播，是资讯台的首次新闻遭遇战，也是大陆观众首次看到华语传媒对突发性灾难的现场直播，这是经典之作，也是新闻频道作用的最好展示。

新闻快速反应是个能力问题，不是说你有这个想法就能快速反应了，为什么呢？第一，你有没有在直播状态？如果你完全是靠录播来经营你的新闻，你那会儿想直播都直播不了。第二，这些信号都是西方电视媒体的，要进行现场即时的、同步的翻译，要熟知历史和相关新闻背景。如果你没有这样的人才，基本上不知道人家在说什么，也没法直播。第三，你要有非常好的现场表达和掌控能力，这是主持人的能力。凤凰直播“9·11”的几个主持人和同声传译的现场掌控能力很棒。

3

让凤凰没有想到的是，这次直播对中国的新闻改革起到了某种推动作用。

《中国传媒报告》在一份研究报告中说：

> 回顾国家主流媒体对“9·11”事件的报道，应该说，新华社的反应还是相当迅速的。事件发生当日，新华社便紧急动员，21时即发出第一条英文快讯。据我们到凤凰台去了解，他们播出第一条新闻的时间，比新华社整整晚了10分钟。但通讯社只是新闻之源，大多数刊载新华社电讯的报纸又都是第二天早晨才能和读者见面，急于在电视中看到现场场景的观众，一直等到24时的整点新闻时，才从中央电视台收到一则播音员的口播简要新闻。直到转天早晨，《东方时空》才在早新闻时段第一次做了比较详细的报道……
>
> 电视节目频道选择器放在观众的手里，他们自己能决定对电视节目频道的选择。在大陆电视的节目频道上看不到这一爆炸性新闻的观众，当然要转身搭乘凤凰卫视中文台的“新闻早班车”了。观众搭乘凤凰卫视中文台的“新闻早班车”，这本身是件无可非议的事——道理很简单，乘客急着乘车时，当然是哪辆车快上哪辆……
>
> 如果万人瞩目的新闻事件爆发时，我们的电视屏幕上“照唱照跳照哭照笑”，那就只好眼看着凤凰卫视的“专列”“直通车”“新闻早班车”把我们的

受众都装走了。客观地说，保持“中国立场，华人视角”的凤凰卫视，还是相当公正的媒体，而那些直接从网络进来的西方媒体新闻，则掺杂着别有用心的揣测、无中生有的谣传，到时候“东方不讲西方讲”，那就麻烦大了。

2003 年 5 月 1 日，CCTV 新闻频道千呼万唤始出来，实现了每天 24 小时不间断播出，建立了“整点新闻 + 现场直播 + 字幕新闻”的播报模式。央视称，在这之前，国内新闻在新闻时效的表现上有些不尽如人意，强调的是今天的新闻今天报道，而国际新闻界的实践则把新闻的时效从今天的新闻今天报道，转变为现在的新闻现在报道。新闻频道的开播，使正在发生的新闻事件得以进行现场直播、现场报道、连线报道，确立了“新闻时效第一”的传播理念。

世纪第一战

1

那天早上，当闾丘露薇像往常一样打开电视机的时候，心里咯噔了一下，四名外国记者在阿富汗首都喀布尔附近失踪，有人说听到枪声，有人说看到了尸体。此时，她已经接到公司指令——马上出发前往阿富汗采访。

这是 2001 年 11 月 20 日。这是凤凰记者进入阿富汗的第二次冲击波。

10 月 7 日，美国在遭遇“9 · 11”恐怖袭击之后的第 26 天，发动了 21 世纪的第一场战争，向阿富汗的塔利班宣战，誓言一定要捉拿恐怖袭击的策划者和组织者本 · 拉登。闻风而动的香港传媒纷纷调兵遣将，寻找发布前线新闻的落脚点。

人们不知道武器最先进的美国和最野蛮的塔利班之间，将会发生怎样的恶战，将会殃及多少无辜；人们也不知道，惜命的美国人是否真的敢冒成为苏军第二的风险深入阿富汗山区……

巴基斯坦驻各国使领馆，停止发放赴巴旅游签证，国内形势动荡，班机停飞、机场关闭……

香港新闻从业者协会向各媒体机构发出呼吁书，言辞恳切：请你们关注记者的安全，不要派记者冒险犯难……

实际上，在“9 · 11”事件发生后的第三天，刘长乐从美国媒体的字里行间，意识到美国有可能向阿富汗动武，于是立刻派记者陈保聪前往唯一与阿富汗塔利班有外交关系的巴基斯坦采访热点人物和塔利班的使节。资讯台的新闻总监吕宁思对陈保聪说，公司不会强求你去，你去了以后，我也只能说你是一个好记者，别的什么也没有。虽然公司为你买了保险，但万一出了什么事，再多的赔偿都补偿不了你的损失。

陈保聪二话没说，走了。

陈保聪之后，接着是萨文、郑浩、吕宁思、麦耀雅……

航班不稳，航次多变，他们从泰国的曼谷和阿联酋的迪拜等不同航线赶往伊斯兰堡。

多路方案都在思考和商讨中：巴基斯坦、塔吉克斯坦、乌兹别克斯坦，甚至他们还试图寻求美联社和路透社同行的帮助，登上美国在印度洋上的航空母舰……

凤凰记者发自巴基斯坦的报道在华人传媒中先声夺人，但他们还没能进入阿富汗。刘长乐要求他们，寻找一切机会和关系，进入阿富汗。

从伊斯兰堡到贾拉拉巴德对面的白沙瓦，又从坎大哈毗邻的奎达越过层叠山峦抵达与阿富汗一线之隔的杰曼，一波波的凤凰记者探询走进阿富汗的可能性。

然而，他们都没能突破巴阿边境严密的封锁。

从 10 月 7 日阿富汗战争开始，就有 2000 多名外国记者集结在战区边境，其中有 CNN 的大批记者。但是，最终只有半岛电视台成功地进入了塔利班控制区，不断地播出独家新闻。CNN 等在巴阿前线的记者和当地雇员有近 300 人，每个雇员的薪水每天平均 200 美元，有时高达 500 美元，但这一次的高投入却没有换来 1991 年那样的意外回报。交战双方的尖锐矛盾和完全不可能出现的外交妥协，使 CNN 没有得到任何有商业价值的一手新闻，最后只好以每分钟两万美元的价格向半岛电视台购买新闻。塔利班对半岛电视台的钟情使“半岛”成为此役的大赢家。

11 月下旬，阿富汗首都易手，北方联盟进入喀布尔，塔利班政权撤退至坎大哈。

凤凰决策层再次看准了机会，开始了进入阿富汗的第二轮冲击波。由闾丘带三位男士，摄影队王方宁、周兵和林明出征。

这次他们改变主攻方向，由北至南，从北京到哈萨克斯坦的阿拉木图，又转到塔吉克斯坦首都杜尚别，再从杜尚别搭乘特别直升机（一个小时的航程，每人大约 1200 美金）进入阿富汗潘杰希尔山谷中的北方联盟大本营。

闾丘是出发前一天晚上接到电话通知的，上司告诉她，所有手续办妥，明天一早飞北京，赶下午的飞机到哈萨克斯坦，如果错过这班飞机，就要等一个星期之后了。

她赶在商店下班前一口气买了20件内衣，直觉告诉她，采访期间条件可能很困难。

4名外国记者失踪的消息，让早就习惯外出采访的闾丘心里隐隐有些不祥的感觉。

楼下，女儿幼儿园的“校巴”来了。当她如往常一样把4岁的女儿送上车，女儿隔着车窗向她挥手告别时，忽然有一种舍不得的感觉袭上心头。“校巴”消失不见了，她还在原地站了很长时间。她想，我什么都不怕，就是担心如果发生意外，女儿怎么办？

闾丘是个单亲妈妈，对女儿的生活格外上心。

2

他们上路了。

4个人，闾丘露薇、周兵、王方宁、林明，带着5万美元现金、铱星电话、摄影摄像装备，开始了最仓促、最艰苦、最漫长的一次采访。

向阿富汗挺进的路简直比唐僧当年走的路都难走，到处是关卡，每一道关卡都必须留下买路钱。在塔吉克斯坦，他们还无奈地包租了一架飞机飞往塔阿边境。最后，通过凤凰总部的斡旋，他们得以乘坐俄罗斯军方专门给外国媒体提供的直升机。

但是，直升机机长告诉他们，由于天气原因，他们要再等4天，到26日才能起飞。闾丘不想再等，因为每天与节目的电话连线，她都说我们还在等，这种压力让人不舒服，他们决定雇辆车开进阿富汗。

当他们又花钱又受累地到达边境，守卫的俄罗斯士兵礼貌地告诉他们，边境已经封闭。

虽然已经看到了远处阿富汗的村庄，他们也只好返回原地。

直升机终于来了，但他们发现俄军也不吃素，一定要检查行李，说要逐件登记报关。一位俄罗斯女子悄悄把闾丘拉到一边说，给他们钱就可以了。

100美元递过去，1分钟之内，他们过关了，但负责在他们护照上盖章的边检还要宰他们一刀，盖一个章收5美元，没有收据。

他们还没有走到阿富汗就花去了近一半的盘缠。

终于上了飞机，又上来一个人要收钱，这次各国记者的忍耐力已经达到了极限，无论他说什么，人们都茫然地看着他，一副听不懂的样子。可能是面对这么多传媒，不想把事情闹大，那人悻悻而去。

噪声巨大的直升机终于起飞了。

进入阿富汗时，闾丘向下望去，不由得倒吸一口冷气，原来这里早已大雪封山，根本无法从陆路越过这些山。

飞机降落在阿富汗北部的一个军事据点。

周兵马上架好卫星电话，向刘长乐报告了他们平安到达的消息。刘长乐要求他们马上做一次电话连线，报告凤凰记者已经进入阿富汗。

接着再走险象环生的百公里山路。路上到处是弹坑，不断有持枪的人拦车检查，在闾丘他们看来，根本分不清这些没穿制服的人是兵还是盗，只有听天由命的份儿。这时，闾丘突然发现，跟在他们后边的周兵和王方宁那辆车不见了。事先他们曾经约定，无论发生什么情况，都不许半路停车，因为大部分出事的记者，都是因半路停车而被劫持。

接下来的 5 个小时车程，闾丘都在担心中度过。

当地时间晚上 8 点，闾丘和林明率先进入喀布尔。

闾丘不知道，这一时刻，她已经成为第一个进入战时喀布尔的华人女记者。

他们找到当地唯一一家星级酒店，人家说没有房间。最让两个人不安的是，时间在一分一秒地过去，周兵和王方宁却始终没有出现。

喀布尔的天气变得十分寒冷，寒风里两个人的心在焦急中瑟瑟不安。

林明说，我到外面看看，是不是他们不知道可以给钱，被拦在了外面。

闾丘裹着羽绒服坐在一堆行李上，一边看行李一边在脑子里飞快地想，车子坏啦？给人打劫？还是……忽然她决定不再往下想了，因为越想越害怕。

看到林明一脸茫然地回来，闾丘坚定地说，他们很快就会到的。

又是一个多小时过去了，外面还是一片寂静。

突然，闾丘听到了林明激动的叫声，然后看见他飞跑过去与分开了 6 个多小时的同伴们拥抱。

闾丘依然坐在那儿，终于忍不住哭了起来。

周兵过来拍拍她的头说，我一直担心你们出事，不过一想到你们跟着英国佬的车，就放心了不少。

原来，他们先是被一个哨卡拦下来盖入境章，半道上车又坏了，换了一辆车才赶过来。

闾丘破涕为笑，赶紧干活。

林明去找房子，其他人要做的第一件事就是用海事卫星连线报道。由于要赶上晚上 11 点《时事开讲》节目的直播，他们必须马上在空旷的地方架起卫星电话，然后与总部联通。他们的电话在第一次与总部连线时已经用了一半的电量，现在必须马上充电。闾丘四下环顾，发现一座有持枪士兵把守的大楼亮着灯。于是她不管三七二十一，拿着插座，打着手势，连比带画，强行冲进去借用了电源。

周天寒彻，夜色正浓，闾丘哆哆嗦嗦蹲在喀布尔大街上进行新闻直播。可能是太过激动，也可能这一天经历的事太多，她脑筋有点断电，把一个新闻事实说成了一个笑话。她说，喀布尔大街上坦克比人还多！实际上，她想说的是：坦克比汽车还多。事后想想，忍俊不禁。

3

大事看凤凰，是刘长乐的传媒理想。

每次遇到大事发生，他都恨不得自己能站在现场播报。

他说，在凤凰卫视工作，是一个职业，更是一个事业；是一个生意，更是一个理想。从事一个职业，最高的境界是敬业；经营一个事业，最高的境界是忘我；做生意的最高境界是利人利己，而为理想奋斗则可以牺牲许多私利。

有一次，凤凰的一帮笔杆子在那里讨论概括“凤凰精神”，刘长乐插了一句，“凤凰卫视是一个疯子和500个疯子的故事。”他说，“一个疯子是指我这个疯子头儿，500个疯子是虚指，指的是凤凰员工。凤凰是从我开始疯起的。”

决定一个人潜力大小的不是你的知识有多渊博、经验有多丰富，而在于你生长的愿望。凤凰偏爱那些有热情、有能量、有执着个性的员工。只有愿意为所从事的工作燃烧激情的人，才能成为有成就的人。

在疯子堆儿里活命的唯一办法，就是把自己也变成疯子。

阿富汗战争，是凤凰首次远距离到达军事冲突现场进行播报，是第一次“疯”到了外国。

在历时3个多月的阿富汗战事中，为采访而死的各国记者人数超过了美军伤亡人数，这在战争史上也算是个奇观。那些老外记者真够卖命的，有的不惜重金，一边与塔利班的官员勾肩搭背、称兄道弟，一边往人家兜里塞美元，以图早日进入阿富汗；有的女扮男装，或是脱掉洋行头，扮成穆斯林妇人。八仙过海，谁有本事搞到新闻谁是英雄。

美军对塔利班的战事有一日百里之说，他们边打边撒传单，传单之多，连凤凰的记者都捡到了不少。

塔利班们请注意！

你们已经死到临头，知道吗？你们支持恐怖分子劫持我们的飞机之际，就是你们找死之时。现在，美利坚合众国的军队来讨还公道了！我们的士兵训练有素，天兵天将，直捣你们塔利班支持的拉登恐怖主义老巢！

我们美国军人装备精良。你们的武器呢？废铜烂铁！不等你们的雷达看清楚，我们的直升机就已经向你们营地撒下弹雹火雨！我们投掷炸弹精确无比，直接从窗口扔到你房间里！我们的步兵适应天下任何气候和地形。美国兵枪法神奇，指哪儿打哪儿。

你们塔利班别无选择，除非投降！我们将给你们第二次机会，放你们一条生路，缴枪不杀，毫发无损！

当你们想通时，决定投降，只要把枪口朝下扔出来，高举双手走向美国人就行。掏出你的书本或其他东西在头顶摇动。这样你就能够死里逃生啦！

……

铁血战争是拼金钱，新闻战争也是拼金钱。

与美国 CNN 和英国 BBC 每周百万美金的采访传播营运费用相比，凤凰卫视前方记者的费用可谓是天壤之别。伊斯兰堡的 Marriot 酒店房价从每天 150 美元飞涨至 280 美元，西方传媒能眼都不眨地包下 5 个 10 个房间。而凤凰记者只能在附近的小客店里下榻。

凤凰卫视记者闾丘露薇在阿富汗采访排雷工作者

闾丘租下的那个房子，每天租金 150 美元。这个房间有 60 多平方米，空空如也。还好，有一只取暖用的火炉。选中这里是因为这里时不时会有热水，厕所还算干净。

他们就在这里打地铺，过了 20 天男女同居的日子。本来男同胞给闾丘留了一个靠墙的位置，还有一点私人空间，但睡下去很快冻醒了，房间里只有 4℃。为了互相用体温温暖别人，他们并排睡了。闾丘如果想换衣服，就命令大家集体转过脸去。

当地人对一个女性抛头露面在外

面采访很看不惯，闾丘虽然包着头巾，但所到之处总是引起围观。她说，有时候，对方的眼神像狼一样狠。

采访一位军队司令时，闾丘习惯性地往他身边一坐，他立刻站起来，尴尬但坚定地说："对不起，你不能坐在我旁边。"闾丘只好让翻译拿着话筒，自己坐得远远的。而另一位 70 多岁的老省长更绝，他口口声声说着欢迎，却在接受采访时从头到尾没看过闾丘一眼，告别时，他拒绝与闾丘握手。

而采访回来的坏消息更让人触目惊心，通告栏里的英文通告写道，就在前一天晚上，一位外国记者被入室抢劫者枪杀，而开枪的人只有十几岁。

尽管如此，闾丘还是完成了几次重要的采访。她称之为碰运气的采访。

在阿富汗采访不像别的地方可以申请、发传真，这里只能找熟人、碰运气。他们没有关系，只能去碰运气。

采访到外长阿卜杜拉就是因为运气好。

闾丘赶到阿富汗外交部时，正好遇到部长带一班手下出来，闾丘大叫一声："我们是中国来的，希望采访您。"阿卜杜拉看看手表说："噢，中国来的，我开完会，一小时后你们到我办公室等我。"

一个小时后，闾丘到了阿卜杜拉的办公室，又说让她去一个酒店，当她跑步冲入这家酒店时，又没人。最后靠翻译才得到消息，双方得以见面。但是，他们没有可以采访的地方，闾丘秀才赶大兵，把商务中心里正在休息的士兵统统赶走，架好了机器。阿卜杜拉给了闾丘 10 分钟时间。

闾丘这次的好运气只能有一个解释，就是阿卜杜拉想对中国表态。这次采访以最快速度传回香港和北京，被中国各大媒体采用。

12 月 13 日是阴天。一大早，凤凰采访组照例去外交部、总统府、内政部去报个到，看看有什么记者会没有。到了总统府的正门，听说临时政府总理卡尔扎伊 9 点去潘季希尔山谷，拜祭北方联盟的前领导人马苏德。闾丘他们有些犹豫，因为路途遥远，路况又差，万一出现危险就不好了。

距离离开的日子没几天了，大家都希望平安返回。

正考虑着，总统府大门打开，5 辆车鱼贯而出，那一刻，完全是抢新闻的习惯使然，他们想也没想就跟着车队冲了出去，再看其他记者的车也纷纷上路。一时间，大家你抢我夺，有如汽车越野赛，都想争到前面去拍摄。给凤凰开车的司机真叫一个不含糊，发了疯似的向前冲，差点连人家车队的卫兵车都超了。跟了半天大家才想起来，根本不知道这是不是卡尔扎伊的车队。因为也没个警车开道啥的，比起前两天北方联盟内政部长出门的气势差远了。

走了一个多钟头，闾丘一看，只有CNN、美联社和凤凰的车还在，其他车都没影了。前面的车停了下来，有一队人马在迎接。这下看清了，果然是卡尔扎伊。

12点左右，卡尔扎伊到达马苏德的墓地，那是山顶上一间极其简陋的木顶房，中间是铺满鲜花的坟墓。拜奠之后，卡尔扎伊出来了，CNN抢先问了第一个问题，但不知是不是他用吊杆话筒的缘故，卡尔扎伊没看到他的话筒，没有回答。闾丘抓住时机，把话筒递了上去，卡尔扎伊诧异地看了闾丘一眼，回答了问题，他表示愿与中国保持友好关系。

大功告成。闾丘感叹，亡命追车，值！

这时，其他媒体的记者才纷纷赶到，可是，卡尔扎伊已经离开了。

12点半返回，为了赶上下午3点45分的连线报道，闾丘拿出100美金对司机说，如果能在2小时内回到喀布尔，钱归你，如果赶不回去，一分钱没有。司机二话不说，把车开得飞快，险情不断，3点整他们回到了喀布尔。真伟大，要知道，这段路他们来时走了5个小时。

闾丘还拍到了英国绅士作秀的功夫。那是在喀布尔机场，大概有五六十个记者，要拍英军在阿富汗活动的画面。等了半个小时，英军终于派了10个兵出来，他们煞有介事地指挥着：摄影师这边！记者那边！我们英军站当中。

他们摆出雄赳赳的姿势说，可以拍了。

闾丘说，这个不对，电视画面上英军不做动作太难看了。

英军一听，好办，拿着枪绕着飞机开始转圈儿。转了一圈儿又一圈儿。很多记者赶快跟着拍。英国记者抗议说，你们怎么能这样？没想到那军官还真机智，他说，本来嘛，我们英国人就是很虚伪的。

没办法，将就着拍几个画面回去交差吧，BBC也一样。

有一件小到不能再小的事让闾丘印象深刻。有个小男孩在接受闾丘的访问之后，马上伸出小手说："你能不能给我点钱？"这甚至不能称之为一个故事，很平凡，司空见惯，但也很有深意。完全取决于个人的领悟，领悟的多就得到的多，领悟不了就什么也得不到。心细如发的闾丘想到的是，一个4岁的小孩子都知道为自己的生存要抓住任何一个机会，更何况我们这些自诩要以天下为己任的记者呢？她从一个拖着鼻涕的小孩儿身上悟出了记者和媒体生存的要害之处：绝不能放走任何机会。

努力领悟这个世界上的每一个人、每一件事，并能在操作中做到游刃有余，是闾丘成功的要点。作为一个闯荡生死场、名利场和官场的记者，仅仅凭大胆、不怕死是远远不够的。

更让闾丘想不到的是，陪同她采访的医生也张口了。他用非常为难的语气说：“你能不能给我一些钱，医院已经好几个月没发工资了。”闾丘说，我知道他非常尴尬，但看到这样一个大男人向一个女人开口要钱的时候，我比他还要窘迫。虽然因为有太多的乞丐，闾丘已经决心不再施舍，但她不能拒绝这个医生，为了避免更多的尴尬，闾丘带他到一个角落，把钱给了他。

新闻总监吕宁思那次也疯出了一定的水平。他买通当地人，乘车到了坎大哈附近的巴阿边境采访，“失踪”二十几个小时，引起了各方人士的不安：老婆在《时事直通车》上看不到他，一连串电话打给阎长官（这一称号是因为资讯台副台长阎立宏遇到问题批评人时威严如护法神，所以命名。“阎长官”的阎是阎王爷的阎哟），阎立宏说，我也联系不上他。每天晚上 9 点都要追踪儿子前方消息的吕爸吕妈不知道发生了什么事情，从北京发出一份电子邮件，查询他为何没有在电视上出现。

吕宁思在边境上当然是收不到电子邮件的。到了晚上，电话接通，阎立宏的第一句话是大叫出来的：“赶紧给你老婆打电话！”

吕宁思说，我以为老婆出了事情，原来是老婆以为我出了事情。处理完公事，我打个电话回家：别大惊小怪，打不通电话着急是没有用的……老婆恼了，大骂我没有良心。

凤凰卫视先后派出 10 名记者，分 7 批前往巴基斯坦和阿富汗，从高层到每天与前方通电话的编辑导演，无日不为他们的安全担心。程鹤麟提醒记者携带两面旗帜：五星红旗和金紫荆旗。他说，遇到危险时，展示国旗和香港区旗，做你们的护身符！

2001 年的最后一天，凤凰记者郑浩、魏永林告别喀布尔，标志着凤凰卫视长达 3 个月的记者接力采访行动正式而圆满地画上句号。

无论如何，大家尝到了出发上战场的滋味，并且突然直面了死亡。这很重要，让他们理解了什么是记者、什么是职业、什么是命运、什么是人生。

闾丘露薇说，我对于战地最初的好奇甚至是浪漫的想法，正一点点地消失，一种挥之不去的忧伤开始孕育在我的心中，面对一个个如废墟般的村庄里面一张张麻木而绝望的脸，即使我们的报道再详尽、再充分，又能够给他们的命运带来怎样的改变呢？

一只无法落地的鸟

1

有个故事说，世界上有一种鸟没有脚，生下来就不停地飞，飞得累了就睡在风里。

开风气之先，在新闻史上写下“第一”二字并不难，难的是把这个开创性的工作进行到底。没有人会告诉你怎么办、干什么，你要立规矩、搭框架，建立一整套运作模式。

我们走的是一条前人从未走过的道路，而我们的所作所为却会成为后人的前车之鉴。

经过一番折腾，资讯台不再是一个概念、一群人、一片办公区，而是一个有机有序的整体、一个初出茅庐的少年。

凤凰资讯台仅凭光纤网络采集、编辑及播出系统，就让一向自诩技术先进的美国、日本同行都来参观了几次。负责开发这套系统的王酉年一谈及此事就有点手舞足蹈。

列一大串第一当然痛快，问题是，扩大地盘、招募员工要花钱，天上租转发器、地下买新闻资源也要花钱。美联社、BBC、Fox News的画面和文字，哪一段也不吃素，都要白花花的银子买下。更让人难堪的问题还在后头，资讯台在大陆一直落不了地，也就是说，他们的信号发向天空，就成了没娘的孩子，四处流浪，自生自灭了。大把大把的银子撒到天上，就不见了，消失了，无影无踪了。

一个无法落地的电视台，很难活下去。

2002年6月，凤凰卫视的财务报表显示，亏损1.6亿港币，这恰恰是资讯台的资金投入数额。可以说凤凰的亏损完全由资讯台所累。

要求关闭资讯台的呼声最先是从凤凰内部传出的。

董事局当时有两种意见：一种是暂时停止资讯台的运作，等大陆允许境外新闻频道落地时，再办起来也不迟；一种是减少节目、播出时间和人员，让资讯台变成试播状态，静观待变。这两种意见刘长乐统统不同意，理由是：大陆的政策正在一步步放开，只要这个台在，它就能保持一种态势，就有落地的希望，但是如果资讯台不在了，或是处在休眠状态，这个事恐怕就结束了，连对话的基础都没有了。

生命中大部分最令人开心和最令人失望的事，都源自你对金钱的决定。

究竟是体验心灵的宁静还是焦虑不断，要看你是否能把钱用好。

把钱看成目的，还是把事业看成目的，是完全不同的两种人生观。

钱是什么？是流动的水。谁能把水留住？放在地上，它流走了；放在容器里，它会干涸；即使喝到肚子里，它还会溜走。既然留它不住，何不顺水推舟，成全我们的事业？因此，绝不能因为一时利益，放弃最宝贵的事业。即使是从单纯商业的角度看，如果此时放弃资讯台，投进去的钱不就颗粒无收了吗？何况我们并没有穷到揭不开锅，我们还有 9000 万美元的现金，完全可以支撑一阵子。

那一阵子，凤凰资讯台的员工日子难过，刘长乐的日子更难过。

程鹤麟回忆说，当时，经营状况那么惨的时候，刘老板在所有的大会小会上，只要提到资讯台，永远是一句话，办得很好。其实初创的时候我们办得不怎么样，但是他说，办得很好，高水平。我觉得他对资讯台就像对他的孩子一样，他 50 岁时得了这个孩子，那种钟爱可想而知。他曾经说过一句话：我真想当这个资讯台的台长。有一天，一个朋友对他讲，你这资讯台非常好，你得坚持办下去。我看见，他转述这句话的时候，眼圈红了。

节目落不了地，自然就没什么广告。没有广告不是更好吗？节目永远干干净净，不会有那些大声小气、莫名其妙的东西打扰我们看电视、看新闻。不对！对于一个商业电视台来说，你的节目没有广告，就意味着别的节目在养活你，就意味着你碗里的饭是别人分给你的，在人家是慷慨，在你就是惭愧。

资讯台的哥们儿姐们儿有的时候想想，资讯台的屏幕最亲切也最残忍，让人不忍面对。程鹤麟脑子灵，为大家想出一个自我安慰的借口：虽然名为资讯台的人，但与中文台是同一个老板、同一个节目主管，他们挣的钱也有我们的功劳，用不着自卑。

不过，借口带来的安慰是暂时的、勉强的。事实上，他们一直很自卑，心里充满了愧疚。特别是胡一虎，台湾来的一个腕儿级的主持人，在《凤凰全球连线》辛辛苦苦两年做下来，一毛钱的广告费都没赚着，沮丧得不得了。美国《读者文摘》讲一个大器晚成的作家，他的第一本书出版时，书店安排他去签售。几个作家一人一张台子排过去，等着读者来请他们签字。别的作家面前排着长龙，而他面前却空空如也。

那个滋味，和资讯台的难兄难弟难姐难妹的感觉一样，残酷。

可是，胡一虎的《凤凰全球连线》在2005年放到中文台去做了，一转眼黄袍加身，身价3000万元。据说，还有人想加盟，要再加上200万美元。唉！

2

更悲剧的是，凤凰在大陆落不了地，在台湾也落不了地。

大陆称它为外媒，台湾称它为“匪台”。

资讯台成立之前，凤凰中文台作为第一批在大陆落地的境外媒体，有不错的口碑，所以，刘长乐认为资讯台在大陆落地比较乐观。但是，人算不如天算，计划赶不上变化，他们的申请暂时被搁置起来。

一时间，雪满长安道，空看时光老。

2001年5月，凤凰资讯台在台湾似乎出现一点转机，台湾当局允许他们以有线电视的方式播出。但不久，有人把此事捅到了当政的陈水扁那里，台湾电视管理部门很快取消了原先的决定，不给凤凰卫视正式执照。对此，凤凰高层按照法律程序在台湾上诉。当年的9月2日，台湾“行政院”称，原则上允许凤凰卫视在当地播送节目，但仍有一些程序问题需要处理。至于究竟哪些程序问题，他们没有说，而且“处理”得很艺术，不说行也不说不行，一拖就把一代人拖老了，凤凰至今没有在台湾合法落地（所幸，台湾多数地方可以看到凤凰卫视）。

凤凰卫视资讯台在海峡两岸都不能落地，也算是一种新闻奇观吧。

新闻频道的运营是很昂贵的。

三班倒的工作方式，需要搭建3套班子。新闻全部要求拍第一手资料，记者要全球游动，要到达第一现场，租用卫星、吃住行、安全保障、雇用当地翻译都靠钞票。

CNN在全球有4000多员工、42个记者站，在1991年的海湾战争中，CNN的花销是2500万美元，到2003年的伊拉克战争，它的花销超过3500万美元。其他几个西方主要电视台在海湾战争中的花销都超过1000万美元。凤凰卫视虽然花销少一点，但也有300多万港币。粗粗一算，伊拉克战争中的新闻大战，各电视台的总成本超过1亿美元。

正是因为新闻频道昂贵的成本，凤凰董事会的股东和投资银行对资讯台是有顾虑的。每年1800万美元左右的开销，近200名新闻从业人员的生计，不是仅有决心就能解决的。

3

在资讯台亏损1.6亿港元的情况下，资讯台还办不办？当时有两种意见，董事会一开就“吵架”，一部分股东和投资银行的意见是，既然不能在大陆落地，又有这么大的花销，先停了算了，止损就是赚钱呀！

刘长乐给大家解释，凤凰卫视算是中国新闻改革的一支奇兵，我们的成功往往来自坚持。虽然有很大的困难，但这是黎明前的黑暗，在就要看到曙光的时刻，一定不能放弃，钱白赔了事小，路断了再修就要等下一代了。

每次董事会，刘长乐都是好言好语地说服大家：CNN创办时，以每月200万美元的额度亏损了好多年，我们还算好的。一是应该再给我们一段时间，以扭转被动局面；二是我们的资讯资源在中文台已经比较成熟，新闻节目是一鸡两吃，可以效益最大化；三是一旦实现落地，资讯台前程无限。

在那样的会上，大家讨论的是投资的盈亏，刘长乐心中想的是提高华语媒体的世界地位，想的是民众的知情权和中国的新闻改革，大家很难想到一起，各说各的理。

终于，让他感动的事情发生了，董事会的两位独立董事对他表示了支持。两位先生鼓励他说，无论如何也要咬着牙坚持下去，你是第一个吃螃蟹的人，不容易，应该再坚持一段再看结果。他们本来应该代表股东们的利益，在财务上、成本分析上进行精确的核算，确保公司不亏损。但是他们更具有专业眼光，看准了品牌效益和长远利益，看好刘长乐的决策。至今想起，他们的胆识仍然让人佩服。

那是一段非常难过的日子，如果接到一个电话夸凤凰资讯台某条新闻好、某个节目好，刘长乐的眼圈都会发红。

事实上，在2002年的时候，资讯台在强大的财务压力和舆论压力下，还是裁了一批员工，减少了二三十个人。裁员的时候，刘长乐没有在家。有人猜测说，他是躲了出去。

刘长乐在为人上讲究义气又失之心软，三教九流都是朋友，四海之内皆兄弟，不到万不得已，不会出此下策。因为财务问题而裁员，在他内心深处，是绝不情愿的。

程鹤麟负责与被裁的员工谈话。他说，那种感觉太痛苦了，一年多前，我负责招人，慷慨激昂地给人家描绘了一个走向世界的华语媒体的宏伟蓝图，把理想说得那么光明、宏大，弟兄们相信咱们，辞了职投奔咱来了，可是咱们突然说要裁员了，我怎么有脸面对他们呢？他们的生计怎么办？但想到刘老板比我的脸皮还薄，只好去谈。

程鹤麟向刘长乐汇报了这些人离开时的情景，刘长乐说，以后终生不再裁人。

多年以后的2008年，世界“金融海啸”，金元帝国美国由次级债引发严重的经济危机，瞬时全球哀鸿遍野，一片萧条，香港的许多企业纷纷裁员以自保。香港亚视裁员近500人；香港无线电视刚刚搞完成立41周年的庆典，就裁员200多人。不少人对无线裁员表示抗议，认为现时市场气氛欠佳，被裁员工将不知如何度日。这时，凤凰高调表示，不仅保证一个员工不裁，还要另外扩招新员工20余人，并于当年全员加薪。

刘长乐说：“我对员工是用仆人的心态来相处的，我愿意让我的员工高兴，让他们喜欢我，我很在意这件事情。”

4

那两年，资讯台落地成了凤凰必须解开的心结。

崔强负责对内地宣传口管理层做说服工作。崔强为了说服主管领导同意资讯台落地，跟小燕衔泥垒窝似的，一次游说一个人，从经济基础讲到上层建筑，从改革开放讲到稳定大局，从资讯爆炸讲到舆论引导，苦口婆心地汇报心得。崔强是宣传干部出身，有10年的中央媒体工作经验，按刘长乐的话说，他最能打动人的是有一张诚实的脸和一股不达目的不罢休的劲头。

刘长乐给崔强打气说，《愚公移山》里说，每天挖山不止的愚公最终感动了上帝，派两个神仙下凡把大山搬走了。咱们的善意和理想也会感动上帝的。

2001年夏天，刘长乐去了一趟五台山，在五爷庙里，他许了两个心愿：一个是求受伤的凤凰女主播刘海若苏醒，一个是求凤凰资讯台落地。结果10天以后，海若醒了，刘长乐心想，资讯台落地的心愿一定也会应验。

“9·11”事件对整个中国的传媒管理、传媒生态，是一次强烈的震撼，它让官方看到了新闻疏导的积极作用，对中国的政局稳定有积极意义。这直接促使了中央政府下决心创办央视新闻频道——这事与凤凰资讯台关键时刻的出色直播有关。

2002年12月底，北京终于同意凤凰资讯台有限落地。

2003年1月7日，星期二。人民日报网站转载消息称：

境外华语电视新闻频道首次获准进入内地，凤凰资讯台落地广东，至此，凤凰卫视平台已有中文台、电影台和资讯台3个频道在内地落地。报道说，凤

2003 年 1 月 1 日，凤凰卫视资讯台获准在中国内地落地

凰卫视公司股票于上周五下午停牌。上周四和周五该股股价上涨了 18%，且成交量巨大。凤凰卫视主席刘长乐称，该公司的资讯台正式在内地获得落地权后，广告收入应可增加，资讯台可望尽快达至收支平衡。凤凰卫视常务副行政总裁梁浓刚表示，凤凰卫视中文台营运 3~4 年后，已开始获得微利，并有 4000 万家庭用户，他也希望资讯台也能像中文台一样，于 3~4 年内达到收支平衡。

磨难不是好事，起码也不是坏事，它能给生命一种饱满感、一种沧桑感。

抢滩美利坚

1

凤凰美洲台和资讯台都是在 2001 年 1 月 1 日开播的，但是美洲台的谋划时间要早几年。

华语媒体抢滩美利坚，可没那么容易。

美国是最大的世界媒体平台，世界 80% 以上的话语权在他们手里握着，要想在美国发出华人的声音、展示中国形象，不那么容易。但是，既然要做世界的凤凰，就要在世界媒体最发达的地方找到自己的位置。凤凰进入中国大陆，当然很好，但是，你如果想做全球性的媒体，有世界性的影响，就必须走出去，到中国大陆以外的地方去发展。

1998年，刘长乐带着吴晓镛一块儿去美国，考察美国电视市场。吴晓镛是刘长乐在中央电台工作时的同事，下乡陕北的老知青。他曾经在美国密苏里新闻学院和哈佛大学深造，对美国的情况相当熟悉。

他们去了华盛顿、纽约、洛杉矶等地，每到一个地方，都会了解当地有哪些电视平台、有哪些华语节目、用什么方式播出。

在美国办电视台，也容易也不容易。说容易，你只要有钱，不违法，办什么样的媒体是你自己的事，没有人会管你。说不容易，是你得烧钱。你如果没有本事从美国佬兜里把钱掏出来，那你就自己烧吧，投进去几千万，可能连个响声都没听到就不见了。因此，华语电视台在美国开办是政治问题，更是经济问题。

国际上办得有点名气的华语媒体都想在美国试试水，就像许多海外的职业球员想到NBA打球一样，也是一种梦想。当时美国的华语电视，主要有香港的翡翠、中天，台湾的华视、东森，还有一个北美卫视，大约五六家，全部都采取“包打天下”方式办台：自己租用商业性卫星，自己提供收视设备，自己提供客户服务，自己收费。因为业务拓展困难，大家无一例外都是做赔本买卖，说好听点，叫形象展示，说难听点，叫自娱自乐。

刘长乐得出结论，这种经营方式不靠谱，主要表现在成本太高。比如客户服务，当时的香港无线在美国发展到三四万户，客户遇到点问题就打电话，得有多少人接电话？接完电话你得给人家解决问题，美国大陆有48个州，再加上阿拉斯加、夏威夷，你怎么去上门服务？如果自己不可能去，那你找谁去？费用是多少？美国的人工成本那么高，你的规模不够大，只能赔本赚吆喝。

还有一个问题是，这些华语电视台想进入美国电视的主流平台时，美国人一点不感兴趣。因为这些电视台的地域特征太明显：香港的电视台讲广东话，新移民看不了；台湾的电视台，翻来覆去就是岛上的那点事，中天台号称覆盖全球，但是不知道换了几任老板，业绩每况愈下。

2

在美国期间，刘长乐也在努力地理解这个国家的电视文化。

美国的电视两极分化，有非常好看的新闻频道、探索频道、体育频道、时尚频道、音乐频道等等，让人长知识、长见识、娱乐身心。但是也有一些恶俗的东西，比如美国版的“实话实说”节目《杰瑞·斯布林格秀》，找来的嘉宾大多是蓝领阶层，有妓女，有偷情者，有吸毒者，有同性恋，有私生子，有三角恋，不一而足，让这些人对着镜头说出他们的一些隐私，经常说着说着就拳脚相加，或是把衣服脱光了。这类节目美国还真不少，说穿了，就是想尽办法哗众取宠，制造看点，增加收视率。然后，挣到大把的银子。

凤凰进入美国市场，不能光考虑技术问题，还要抓住观众，用一种不一样的文化吸引华人的眼球。

做什么节目不重要，重要的是让这个世界更和谐更平和更友善。

于是，刘长乐提出一个概念，作为开拓美国市场的创意：

不一样的感受，不一样的生活。

他们希望为北美华人提供另类的、内敛而又不失张扬的电视节目。

考察一圈，吴晓镛做了一个详细的论证报告，提出开创美国市场可行性的三个理由：第一，美国是除了泛中华地区以外最大的华人聚集区，市场规模足够大，在这个地方开办一个或几个中文频道，应该有实现良性经营的可能。第二，建立凤凰卫视自己的记者站。记者站每年需投资100多万美金，花销不小，但是，它可以大大提高新闻节目的质量，不管是时效性，还是内容，都会有质的飞跃。凤凰新闻吸引广告的能力也会增强。第三，希望能够更多地通过美洲的窗口促进国际广告的销售。

从这些角度看，凤凰是有空间的。

进入美国市场不久，凤凰就给自己定下了一个当时看来很遥远的目标：让在美洲地区生活的华人，不管住在哪个城市，不管住的是什么样的房子，只要想收看凤凰卫视，就可以非常方便地享受服务，并可以根据自己的消费能力及喜好，选择不同的套装、不同的平台，这就意味着凤凰卫视的节目必须上天（卫星平台）、落地（有线电视台）、入网（宽频网络电视）。

在播出方式上，从一开始就站上主流平台。主流平台美国一共两家：一家叫DIRECTV[①]，一家叫ECHOSTAR[②]。

刘长乐授权吴晓镛以凤凰卫视全权代表的身份跟这两家公司的美国人谈判，

① DIRECTV，美国直播卫星公司，成立于1994年，提供美国超过93%的本地频道节目服务，包括阿拉斯加与夏威夷。

② ECHOSTAR，美国第二大直播卫星运营商。

虽然过程相当艰难，但是最后谈成了。吴晓镛认为，与新闻集团有过长期合作是成功的原因之一，凤凰的节目传承了 STRA TV 的文化与风格，比较容易让对方接受。于是，美国人把令人无法相信的好条件给了凤凰：凤凰的节目上播出平台，一分钱不用付，收视费按照美国的惯例分成，收视率比较低的时候美方拿 60%，中方拿 40%，当收视率达到一定水平之后改成 55%比 45%或者对半分。

美国电视市场竞争激烈，华人观众是两大电视平台争夺的重要客户。华人在美国大概有几百万户，卫星电视公司想利用凤凰来争夺这个大客户群。

2000 年 9 月，凤凰与 DIRECTV 和 ECHOSTAR 签约。10 月 17 日，吴晓镛单枪匹马飞到美国洛杉矶，租了一部小车（最便宜的），在朋友家住（交换条件是每天帮她送孩子上学）。可谓一腔热情，两袖清风，一个人的电视台。

大洛杉矶包括 3 个县，方圆 170 公里，900 多万人口，700 万辆汽车。这么大一个地方，办公室设在哪儿？设备怎么弄？开台酒会在哪儿搞？每一个问题都要解决。吴晓镛自认为是很认路的人，结果在这里迷路 N 多次，有时在高速公路上转到半夜找不到家。由于办公地点还没有收拾好，所有准备聘用的人员只能在餐馆约见。

2000 年 11 月 23 日，美洲台开始试播。同时，凤凰卫视驻华盛顿、纽约、洛杉矶记者站正式成立。

3

2001 年 1 月 1 日，刘长乐和王纪言带着凤凰主持人陈鲁豫、窦文涛一起到旧金山参加凤凰美洲台开台仪式。第二天，他们到加州的斯坦福大学参观，准备当晚飞往洛杉矶，参加 3 日的开台酒会。不料，傍晚天气突变，漫天大雪使旧金山和洛杉矶两地的机场全部被迫关闭，眼看要误事。刘长乐只好租了一辆大吉普，与王纪言轮流开车，在大雪中朝着洛杉矶的方向闯。不久，他们接到电话，通往洛杉矶的高速公路关闭。这意味着他们只能绕道而行，多走一倍的路。他们在大雪之中开了整整一夜，终于在黎明时分赶到了洛杉矶。

让刘长乐吃惊的是，一路上，鲁豫手抓着座椅背，一双大眼睛一眨不眨地望着路，一夜没合眼。看得出来，这是个心细如发的姑娘。而窦文涛却是上车就睡，一副天塌下来高个子顶的淡定。鲁豫说，要不是急着赶路，我一定请老板绕道墨西哥边境把他卖了。可再一想，他一个文弱书生，手无缚鸡之力，又好吃懒做，长得谈不上性感，还不会外语，恐怕也卖不出个好价钱，算了。

美洲台开播就出彩。凤凰驻美国的记者隗静、庞哲、罗晓莹等人都是建台之初被招进来的。她们的出色表现为凤凰和华人记者赢得了声誉。

庞哲是凤凰报道“9·11”事件的大功臣。这位长年出入美国华尔街的财经记者，有着天生的敏锐，在事件发生的当时，她不顾个人安危，在大楼清场时机敏地藏身桌下，向总部不断报告美国遭遇恐怖袭击的消息，使凤凰卫视一战成名。

隗静在伊拉克战争中成为美军中的凤凰，许多战场秘闻被她挖掘出来，弄得美军很生气。记得隗静刚当记者那会儿，白宫的新闻官对她的提问总是充耳不闻，这个泼辣的北京女孩儿下来后直冲新闻官的办公室，保安死死拦住她不让过去，她边哭边喊，我非要问问他为什么歧视我？如果有胆量他就出来回答我！那新闻官终于没敢出来，再开记者会，隗静刚一举手，他就示意请她提问，看来，与人斗，其乐无穷。

罗晓莹在 2003 年 8 月报道美国历史上影响 5000 万人生活的停电事故时也表现出了很高的职业精神与素养。

在美国，因为是华语电视，主流广告不多，凤凰主要的经营方式就是销售。要让大家知道你是谁，有客户买你的节目，才算真正落户了。美洲台开播不久，就迎头撞上了“9·11”恐怖袭击，天空管制，飞机不能飞，而节目销售一天也不能停。美洲台的副台长曾世平就带着几个人，开着车一个州一个州地走，每到一地，除了与相关机构谈判，就在华人集中的地方，摆摊推销凤凰卫视美洲台频道，让华人了解凤凰、接受凤凰，从而留在凤凰的频道里。

作为收费频道，对于客户的服务需求必须有求必应，所以市场客服是美洲台最大最重要的部门。客服部门的电话天天响不停，客户们会提出各种各样的问题，有时连节目主持人说错一个字、字幕打错一个字也会有人反映，这说明了凤凰的节目在美洲深受欢迎。有一次，因为卫星公司停电，致使用户们无法收看到凤凰播放的一个电视剧的大结局，观众纷纷打电话投诉，曾世平下令，凡是有此类投诉的客户，就 copy 录影带给他们，一定让他们看到大结局。这一举动令观众们感动，也增强了凤凰的聚焦力。

目前，凤凰已经进入美国最大的有线电视网 COMCAST 和时代华纳，通过加拿大的尔贝等卫星公司，进入了加拿大、巴西的主流播出平台，美国的网络电视、麒麟电视、AT&T、VERIZON 电话公司的电视服务网里也有凤凰频道。

凤凰在美洲的收视用户分为收费和开路免费收视两种。北美地区华人总数约 500 万，华人家庭总数约 100 万户，凤凰节目覆盖人口超过 100 万，电视收费收视户 20 万户，均占有 1/5 的市场份额，是北美地区华语电视台里收视户最多、覆盖面最广的。

凤凰卫视在这个老大传媒帝国稳稳地站住了。

第四章

激情　专业主义还不够，还要激情

（2002—2004）

从南极到北极

1

2001 年 10 月 8 日 0 点 40 分，凤凰卫视节目副总裁钟大年坐上大韩航空 5088 班机，开始了长达 46 个小时的漫长旅程，目的地是智利首都圣地亚哥。

凤凰卫视会根据公司项目设立副总裁，比如节目副总裁、多媒体副总裁，事业发展副总裁，都属于分兵把口的中层领导，用通俗的话讲，就是车间主任。但是名片上印上“副总裁”，让人更提气，这也是刘长乐激励人的方法之一。

钟大年把自己说得更形象：手艺人。

钟大年不远万里去智利，是因为凤凰卫视和 CCTV 将在 2002 年联手举办大型电视活动《两极之旅》，他是这次行动的总领队。同行的，是背着 45 件大包小包的 22 名队员。这些人里，除了学者刘小汉、总编导亓克君、平面媒体的文字和摄影记者，其他的多数是钟大年的学生，他在传媒大学当老师的年头多，学生也多。

托运行李，交超重费，计算怎样把这一大堆东西和人完好无损地塞进 6 台越野吉普车里，好一阵忙乱。

飞机上的钟大年终于松了一口气，开始想象中国观众希望自己告诉他们点什么，历史、文化，还是民生？

南美，对于中国人来说，是一片遥远又陌生的土地，除了巴西的贝利，阿根廷的马拉多纳，哥伦比亚的毒贩和委内瑞拉的美女，很少有人知道拉美出过马尔克斯等三位诺贝尔文学奖作家，秘鲁有华裔的将军，南美中部高原民族与西藏人有同样的生活习俗和衣着装扮……还有印加文明、玛雅文明、粤尔梅克文明等等，更是中国人鲜有听闻的。这种遥远不仅在于历史，从飞行线路上也看得出来，无论从北京还是香港，要到圣地亚哥都不能直飞，要么转机北美，要么转机欧洲。

钟大年有一本散文集，名叫“孤独的探戈”，收录了著名拉美作家的小文章，包括米斯特拉尔、聂鲁达、马尔克斯等诺贝尔文学奖得主。这些拉美作家对自己的国家和他们祖先的国家（欧洲）有着说不清道不明的情思。

1492 年 8 月 3 日，被西班牙国王临时加封为“海军元帅”的哥伦布，率船队开始了他发现新大陆的冒险之旅。10 月 12 日他们登上巴哈巴群岛的一个小岛，那时，他还不知道他的发现对后来的美洲历史意味着什么。

第二年的9月25日，一批西班牙共和党人踏上了有1200人参加的哥伦布第二次远征的航船。他们从西班牙跑出来是因为吃不饱，没有土地，或是受到迫害，没想到，这次远征竟演变成了史无前例的移民大潮。500年中，西班牙共和党人用长腿走遍了美洲，并显示出超强的生殖能力，他们在统治美洲的同时，也征服了当地的美人，使种族快速融合，印第安人所说的“小娃子”和西班牙人所说的“美斯提索混血儿”冒出大地，替代了“雅利哥人”，美洲大陆的西班牙后裔很快就超过了西班牙本土的人口。在今天的南美大陆，你很少看到纯种的白人，即使是白人，自己也以“美洲人”自称。

研究者认为，那些为西班牙、葡萄牙、法国、英国皇室服务的航海活动只是发现了美洲大陆的位置，而真正发现美洲大陆的是西班牙的共和党人。难怪我们今天看到的拉美，除了巴西用葡萄牙语，几乎所有的国家都使用西班牙语。

大概正是这个原因，拉美人对欧洲往往带有一种复杂的感情，剪不断，理还乱。

2

这次“两极之旅”，摄制组将驾驶6辆越野吉普车从南美洲的最南端向北越过赤道，横穿整个美洲大陆。南极和北极车到不了，改乘飞机前往拍摄，总行程8万多公里，驶过29个国家，历时8个月。称其为中国人前无古人的壮举实在不为过。

中国在古代有非常伟大的探险家，横穿中亚荒漠区和无人区的张骞、法显、玄奘等人，创造了至今无人能及的事业。这群大学者、探险家之后，中国人身上那股新生向上、朝气勃勃的冲劲似乎渐渐委顿下来，人们开始更多地关心自身的利害、与领导的关系，讲究看破红尘与世无争，设法寻觅长生不死之药，谈起粥怎么煮、肉如何烧，津津乐道，花样百出。

这是一种老迈的心态。

此后的世界探险史，出现的多是金发碧眼的西洋人。

历史似乎有个规律，当一个民族强盛时，这个民族心理上强大的自信就制造出一批杰出的人，这批人用他们的活力和成就去显示民族的自信，膨胀民族的野心，征服他们感兴趣的土地。

当一个人或一个群体无法在信心和力量上显示自己时，只能去求精巧；缺乏夸父追日那样的豪气时，只好去作田园诗、找温柔乡，在室内生活中寻乐趣。

20世纪初，一位名叫徐炳昶的人无奈而又悲凉地写道：“中国人如果因为生活的需要信仰的鼓舞也可以艰苦卓绝地走到很远的地方，可是对于旅行自身并不感觉到什么特别的愉快。险远的旅行必有许多的辛苦，这是我们不能不承认的。但是远地遥天，匹马长征，看到斗室中所绝不能想象到的无数景物，这是怎样痛快的事情，就是艰辛苦闷的自身，如果有工夫来咀嚼它，也有一种莫可名状的情趣……更不要说奋斗胜利以后，其欢欣鼓舞的情趣万非死躺在鸦片榻上、枯系麻将桌畔的人所能梦想得到的了。”

当央视和凤凰的车队开始“中国人走世界、中国人看世界、中国人说世界”的时候，没有人怀疑，强大的自信正在回到我们民族的血脉之中。

从1996年开始到2001年，凤凰卫视以每年推出一个重大电视行动的速度在展示自己的创造与激情。

刘长乐对大家说，激情是一团火，希望它能温暖你和我。

整个摄制组分成三个组，每个组两个编导、两个摄像，必要时还可以再分成小组单独行动。拍摄的节目以半同步的方式播出，从2002年1月7日开始，CCTV和凤凰卫视每天同时播出不同版本的节目。换句话说，钟大年他们这帮“手艺人”每天要向后方传送近20分钟的节目。这是一个让人难以置信的数字，要知道，他们每天都在车轮上生活，除了吃喝拉撒和赶路，留给他们采访和编片子的时间寥寥可数。但是钟大年说，我相信他们，也相信自己。

3

在整整等待了8天之后，前往南极的摄制组从智利的蓬塔机场起飞，来到了南极。这群人里，有中国科学院的极地科学家刘小汉，他是此次“两极之旅”活动嘉宾主持；有“两极之旅”的总编导、央视的航拍专家亓克君；有中国青年报的资深记者叶研；还有总领队助理郑鸣、凤凰的女将辛丽丽、摄影记者刘沙力。

刘小汉说，《两极之旅》是中国科学家和探险者在国际科考领域的一次展示，凤凰这个媒体给我一种新鲜感，尤其他们凌厉的作风、大胆的创意，是我过去和电视媒体合作中没有遇到过的。就南极考察而言，中国大概在全世界排行第十左右，而这种带有科考性质的电视拍摄，中国可能仅次于美国的《国家地理》和法国，与日本、澳大利亚的水平差不多，我们的装备和水平不比他们差。中国对南极考察的投资相当于美国的二百分之一、日本的百分之一、印度的二十分之一，但是我们的科学家都很拼命，在玩命地干活。

南极对于人类的生存环境非常重要。

南极是地球上最大的冷库，拥有最多的淡水，在很大程度上直接控制着全球

“两极之旅”摄制组从南极走到了北极。前排左一为领队钟大年，前排右一为摄像高金光；后排从左至右：凤凰卫视执行副总裁王纪言，编导黄海波，编导张力，中视公司总经理崔屹平

气候环境的变化。考察和了解南极是为了更好地适应自然，更好地理解地球的气候环境。

摄制组原定在南极考察 5 天后离开，他们开着雪地摩托，拍了王企鹅，去了长城站，见了“雪龙”号，测了格罗夫山，然后到了南极点。郑鸣和叶研为了表示中国人很耐寒，在南极还留下了只穿三角裤摆酷的“裸照”。

有了飞机，南极点似乎很容易到达，但在 20 世纪初，人们必须冒死才能前往。1912 年 1 月，英国海军上校斯科特率领的探险队在登临南极点后返回途中，5 名队员全部冻饿而死。1992 年，一个国际探险队横穿南极，滑雪到过这里，其中一名队员是中国科学家秦大河，他完成穿越后瘦了 30 斤。

DC−3 运输机轻巧地落在地球南纬 90° 上千米厚的冰盖上。《两极之旅》摄制组的 6 人南极点摄制分队踏上南极洲的正中心时，海拔高度 3000 米。气温零下 29℃，风力 4 级左右，阳光灿烂。

摄制分队落地的第一件事是找到地球“最南”的标志。在离美国阿蒙森—斯科特科学考察站主站区 50 多米的地方，有 12 面国旗（《南极条约》发起国）在雪地上插成一个半圆形，半圆围着一个一米多高的圆柱。柱子漆成理发店灯标一样的红白色，圆柱顶上是一个锃亮的金属球。这是 1956 年美国在这里建站时竖立的南极点标志。

如今的南极点不在这里。准确的地理极点在金属球旁边 20 多米的地方。地球的自转轴在一个直径几十米的范围内摆动。南极标每年 12 月 31 日根据地轴的变化修订一次，2000 年的极点标与 2001 年的极点标相距 10 多米。极点标是固定在冰雪上的 1.2 米的金属管，金属管上有个铜饼。2001 年极点标的铜饼上刻着天蝎星座，纪念 2001 年在该站病逝的一位科学家。

总导演亓克君把中国的指南针“司南”放在地上，“司南”此刻指着北方。南极点以外 360° 都是北方，所以在这个特定的地方出现“司南指北”当属正常。

南极点也是地理上一种绝对的境界，站在这里，地球上所有的经线都在凤凰人的脚下通过，所以，这里既没有时间，也没有方向，因为从这儿向前后左右迈出的任何一步都是向北。如果他们围着极地走一圈儿，就在瞬间完成了环球旅行。

从这里向北，直到北极，是他们将要走的地方。

4

然而，乐极生悲，正当摄制组准备返回时，南极出现了时速 100 公里以上的暴风雪，在距离南极点 1100 公里的爱国者营地，凤凰摄制分队整整被困了 14 天。

南极有两种天气最可怕。一种是暴风雪造成的白化天气，也称为牛奶天气，四周天地皆白，像一道幕布，车开进去，人走进去，立刻什么也看不见了，感觉是往天上走。遇到这种天气，最好的办法就是原地不动，否则，可能会掉进冰缝或海里。

另一种天气就是暴风雪。南极的风被称为杀人风，它们是世界上最强大的力量之一，法国人在南极曾经测到每秒 100 米的飓风。要知道，每秒 82 米的风已经是 12 级台风的 2.5 倍风速。从 1984 年到 1987 年，南极死亡的 16 人中，有 11 人死于暴风雪，其中一人的死亡地点距离出发地不过 10 米。

摄制组被困的五男一女住在爱国者营地里，还有一些到南极探险或滑雪的人也躲到了这里，南极各个营地的特点是，到处都有吃的，但一般都存了很长时间。因此在这里生命危险并不大，但也不是没有，几年来这里还是发生过好几起死亡事件。关键就是别生病，别受伤，南极的医疗条件，做个阑尾手术啥的还成，再大一点的病就靠上帝保佑了。

最大的困难是队员缺乏心理和物资准备，因为来的时候准备4天就走，队里要求他们轻装，电脑、资料都没带，无法工作，他们就像坐监狱一样在一个狭小的帐篷里面苦熬了将近半个月。夏天的南极天不会黑，狂风抖着帐篷如同一万头野牛在狂奔，人心里也如同有一只怪兽在冲撞，他们开始失眠，浑身不自在，莫名其妙地想发火，谁也不想理谁。特别是想着计划里的很多活都没有干，更觉得无名火在心底猛撞。

他们没有水用。并不像外边人想的，南极到处是冰雪，化了就是水。化水是需要能源的，他们没有，所以水是配给的。摄制组在营地担负一个重要的任务就是每天要挖6桶雪，用于整个营地的吃饭和饮用，洗脸、漱口就半茶缸水。他们也没有带湿纸巾。刘小汉说，他们过去来科考的时候，都带有大量的湿纸巾，可以每天擦洗一下身体的隐秘部位，可这次，什么擦洗的东西都没有，很不舒服。

帐篷里也没有取暖设备，太冷了就拱到睡袋里躺着。英语好的辛丽丽还可以在餐厅与营地的老外们长时间聊天，而英语不太行的大老爷们儿只好在帐篷里听着狂风呼啸，愁眉苦脸，大眼瞪小眼。据说没少发生矛盾。

刘小汉很委婉地说，我觉得和西方的考察人员相比，中国人缺少心理教育，缺乏心理学修养的弱点，在极端的环境下暴露得比较充分。相比而言，中国人自恋倾向比较强，自己心疼自己，总觉得自己最委屈。我们被困在南极的时候，有些队员就发脾气，很焦躁。而西方队员也会默默地流眼泪，但绝不朝别人发脾气。这就是差距。

被困的5名男人年龄都超过了45岁，年纪小的辛丽丽想安慰他们，挺谦虚地说："你们年龄和我巴巴（爸爸）、苏苏（叔叔）擦（差）不多，你们在镜头里都挺好，就我像只小企鹅。"辛丽丽长在香港，没见过雪，穿着厚厚的鸭绒服走过冰面，摇摇摆摆，如同企鹅。头一天刚上冰盖，在爱国者山的一个大风口，她差点被风吹到山下去。原以为她肯定是"照顾对象"，没想到人家的思想政治工作还挺强大。

几天以后，"苏苏"们发现自己不细心，没注意到辛丽丽领到的雪地靴太大，又没有寒区生存经验，不知道晚上必须掏出毡袜和鞋垫散水汽，结果脚冻了。

后来"苏苏"们多少变得细心了一点。亓克君问她为什么在餐厅还老捂着毛线帽，她说多少天洗不上头，头发没样，快擀毡了。亓克君慷慨地说："提两瓶热水，洗！"这样，她有那么3天在餐厅里兴高采烈地甩着一头短发走来走去。男队员们知道她鼻子尖得很，都躲她远远的，生怕被她闻到头上的汗馊味。辛丽丽在营地中人缘很好，她的眼镜冻脆了、压折了，营地的新西兰飞行员麦克斯殷勤地帮她粘好，打磨光洁。只是她运气不佳，后来又断了。

被困的第十五天，飞机终于在两次大风之间准确地飞来，只是降落时因冰跑道是下坡，还不平，一边的轮子翘了起来，吓人一跳。队员们鱼贯上了飞机。

返回人间的感觉真幸福。

他们飞回了智利的蓬塔。

当晚，他们欣慰地发现，这里的天会黑，还有月亮。每个人都认真端详了一阵月亮，觉得它好美丽。

凤凰的评论员说，在南极探险中，有些人遇到这样被困的险境会神经错乱的，而我们“两极之旅”的队员不仅精神不错乱，还能坚持正常工作，为“两极之旅”写下了辉煌的一笔，不辱使命。

辛丽丽出去以后，终于在一家中餐馆吃上了麻婆豆腐，开始人家往她碗里拨，她还说不要，等菜没了，她才怯生生地问，我还能再要点豆腐吗？

5

转眼过了圣诞节，马上就是 2002 年的春节了。好人王大爷（自从莫斯科申奥后，对王纪言台长的称呼就在部分资深凤凰员工中变成了这个）准备给远在天涯的“两极之旅”队员一份意想不到的问候和惊喜——让队员们在玻利维亚首都拉巴斯与家属们隔洋相见，时间定在 2 月 9 日晚上（拉巴斯是早上）。

玻利维亚是内陆小国，属南美洲最贫穷的国家之一，770 多万人口中有三分之二是纯血统的印第安人。印第安人分两支：一支是克丘亚印第安人；一支是艾玛拉印第安人。

高原的艾玛拉印第安人的装束特别像西藏人，妇女会戴一顶圆圆的呢毡帽，圆筒长裙上图案简朴，一个花布包袱横背在背上，脸上是一双友善又好奇的大眼睛。行车在路上，经常可以看到一个色彩鲜艳的背影行走在路上，像一幅图画。

拉巴斯海拔 3577 米，是世界最高的首都，是个很有特点的南美城市。此次国际卫星接力传送跨越南北两个半球、12 个时区，由央视负责技术支持。央视实力强大，大家都觉得心里有底。

但在钟大年那边，编导们虽然知道要赶到拉巴斯会合，但由于看到了一个高原上的恐龙脚印墙，想多一点时间拍节目，宁可错过与家人见面的机会也不愿提前上路。为此钟大年发了脾气，几乎是吼叫着把他们拉上车，连夜奔向拉巴斯。

钟大年的好脾气在凤凰卫视是出了名的，新人老人都敢调侃他几句，他从不发火，今天这样子让大家有点怕也有点气，认为他没必要发火，一路上谁都不说话。

钟大年说，这是我出发以来最沮丧的一天。我向来不是个固执己见的人，在非原则性的问题上，我只会提出我的看法，而不会坚持，这也乐得让别人高兴。但是今天不行，我一定要让所有人出现在电视屏幕前。我们已经出来两个月了，对这些经常野在外面的电视人来说，见不见家人可能并不重要，但我相信这对他们的亲人来说一定很重要，他们在期待着。我特别能理解亲人的感觉，因为我曾错过两次我最不应该错过的送别：一次是父亲去世，那时我在香港，不能及时赶回家。再一次是岳父去世，我已出发走这次“两极之旅”了。对我来说，这是终生的遗憾。我不能让哪怕一个队员的亲人遗憾，他们能理解吗？

这支一言不发的队伍走了整整 13 个小时，赶到了拉巴斯。事实证明钟大年是对的，第二天白天，路已被农民阻断了，如果不是连夜赶来，肯定会错过录节目的时间。

2 月 9 日一大早，“两极之旅”全体队员一个不缺地来到拉巴斯一家电视台的演播室，开通了与北京演播室的卫星信号，大家没想到的情景出现了——所有队员的家属都被请到了北京，与他们的亲人“见面”。凤凰的窦文涛和央视的邵滨鸿当主持人。

还没等主持人窦文涛、邵滨鸿开口，一声奶声奶气的“爸爸”令全场动容。

这稚嫩的喊声来自编导黄海波 3 岁的女儿。那边，黄海波早已满脸是泪了。在场的亲属也同时在大屏幕上看到了远在万里之外的亲人———丈夫、父亲、儿子、妻子、女儿……一时间，屏幕上下、万里相隔的两地泪眼相对。连平日嬉笑幽默的窦文涛也开始“鼻子酸酸的”……

最动情的要算平时很男人的摄像师高金光了。他来自内蒙古。他 15 岁的女儿通过屏幕告诉爸爸：考试成绩不错，想爸爸的时候就上网看看一个多月前爸爸从乌拉圭发回的邮件。她要爸爸不要太累，好好休息。女儿的这番话，令高金光声泪俱下，为了掩饰，他跑出了场地。

最憋屈的人是中国青年报记者叶研，空间距离遥远，每个人说话后都有 3 秒钟的延迟，叶研一激动有点结巴，主要表现是想说话时脸部肌肉抽搐，却说不出来。3 秒钟过了，他对镜头一个字没说出来，窦文涛不知内情，一下把镜头给切了。他说，看来这高原反应还挺严重，大家的脑子都不灵光了。

本来叶研因为老父有病，想对父亲说句拜年的话，结果这一“切”，从头到尾再没他什么事了。叶研这股气一路上都没消。队伍走到墨西哥的时候，窦文涛前往劳军探班，正赶上人家的狂欢节，他主持了一场盛大的联欢活动，并陶醉于可以与拉丁美女互相亲吻的美好感觉中，他不知道，此时他正面临着巨大的风险。叶研看见他，新仇旧恨涌上心头，非要上去给他一拳不可。黄海波吓坏了，他拉着叶研说，好老兄耶，你想打人就使劲给我两拳吧，千万别跟窦老弟过不去。叶研是教养很好的人，但忍不住，真的打了黄海波一拳。

最沉静的人是张力。张力坦言她在行动中非常脆弱，“简直是太累了！我负责带一个小分队。各种事情都必须自己去做，包括采访和联络、写稿子，编辑全都是我一个单挑。印第安语一句也听不懂，导游就像我们的眼睛，可是好导游太少了，要钱不要脸的导游经常坑人。每当我们开始拍，就被他挡住，要报申请，一申请半天就过去了。3 天才能做一个 15 分钟的节目，急得我像热锅上的蚂蚁团团转”。

“在阿根廷采访时，当地发生暴乱，地上的石头被掀起来互相投掷，很多人血流满面，我们摄制组离得很近，出于安全方面的考虑，钟老师在外面拿着话筒高呼着让我们赶快回去，但我和摄像却扛着机器冲到最前面去了，因为这是记者的天职，怎么能逃避？”

终于有一天，她接通了母亲的电话，第一句话是：“妈！我想回家。”母亲语重心长地说：“儿啊！既然你喜欢这份工作，就要坚持下去，人生不可能尽善尽美，但要做到问心无愧。”

张力说，妈，我听你的。

那天在亲情聚会现场，张力的母亲也从唐山来了，可是张力太累了，坐在那儿睡着了，她不记得那天母亲跟她说了什么，好像是说在电视画面上找了老半天才认出她来。她还问别人，据说你们在现场哭得泣不成声，真的吗？

见面会的高潮是调侃钟大年“骑驴找驴”。录像画面显示，有一天他来到一个摄制组，组员们纷纷与他握手拥抱，有人逗他，多吉哪儿去啦？钟大年就到处找，是呀，多吉哪儿去啦？他转着圈儿把人看了一遍，真没有。众人笑起来，他才发现多吉就在距离他不到一米的地方用摄像机对着他拍呢。

钟大年忘性特别大，他夫人说，在广院上学时，黑板的右下角几乎被钟大年承包了，上面全是他的寻物启事。有人说他住北京饭店时，出去采访，光着脚走到大街上才发现忘记穿鞋。他一脸无辜地辩白，瞎说，我走到电梯里就发现这个问题了。

其实，钟大年是队伍中最不轻松的一个。临行前，他母亲被发现身患结肠癌要手术，但他却走上了“两极之旅”。父亲离世时没能尽孝的钟大年一路上都在挂念：“在地球的那边，除了一天的疲倦之外，总担心我的老母亲……”钟大年 80 多岁的老母亲是位资深影视工作者，虽然身体有恙，但“两极之旅”节目每集必看。

透过屏幕，大年看到母亲术后恢复良好，这位寡言的汉子，悄悄抹了把腮帮上的泪水。

节目录制得很成功，直到中午吃饭时，大家还在兴奋地谈论着早上的见面。看着他们开心的样子，钟大年有些想哭，“这时他们应该理解我的用心了吧？”

那天晚上，钟大年痛痛快快地哭了一场，自己也不知是为什么。

6

《两极之旅》在讲述他国他人故事的时候，也发现了许多对自身极具启发意义的现象。

在巴西的伊瓜苏，他们采访了一个印第安村落。

伊瓜苏位于巴西、巴拉圭、阿根廷三国交界的巴拉那河与伊瓜苏河汇合处。“伊瓜苏”在印第安瓜拉尼语中意为“大水”。

伊瓜苏河上有著名的伊瓜苏大瀑布，由275个瀑布组成，最大的瀑布跌水90米，被称为“魔鬼之喉”。

离伊瓜苏60公里的印第安保留区里，只有一个200多人的印第安村落，泥泞的土路颠簸不平，木头搭建的小屋散落在树林中间。他们走进一户印第安人家，两间茅草屋里，除了木板搭成的地铺上有几床破被子，几乎什么都没有；屋里的土地和外面一样泥泞，七八个孩子赤着脚好奇地看着他们。男主人40多岁，他说自己有气喘病，不能劳动，只能靠救济生活。

这里的印第安人没有独特的服饰，他们穿着带拉链的夹克衫和写着英文短句的圆领衫，还有化纤织物的短裙，睡的、吃的、用的，都与普通巴西人一样。他们遗忘了自己独特的文化和生活方式，数百年沿袭的传统在崩坏，他们被现代社会同化，又被现代社会抛弃，过着赤贫的生活。

当地一位导游说，这里的印第安人有一种惰性，只希望国家和社会给予他们帮助，平时不做什么事，受教育程度又低，因此很难融入现代社会，成了被遗忘的一族。

如果不劳而获成为一种惯性，上帝也帮不上忙。

彻底的简陋和彻底的贫困有一种震撼人心的力量。一个民族，当它失去自己的文化传统，又不能追赶现代文明的步伐时，对他们自己来说，将失去生存的乐趣；而对外人来说，则会忽视其存在的价值，这个民族的没落一定是不可避免的。

而生长在热带雨林中的马瑙斯小城，更让人百感交集。这个16世纪时的巴西西北部印第安人村落，在1825年被定名为马瑙斯，1850年成为亚马孙州首府。大约在100年前，马瑙斯一夜之间成了世界瞩目的焦点。原来，这里曾是地球上唯一生长着橡胶树的地方，当地人用橡胶做成一种小球当玩具，而西方国家很快就发现了橡胶的奇异功能，做雨衣、做胶鞋、做汽车轮胎……媒体的渲染使马瑙斯顿时紫气东来，只见那富商云集、财源滚滚、万头攒动。那里一个小小的市场竟然是埃菲尔铁塔的设计者设计的，城里的亚马孙歌剧院至今还能够与欧洲任何一个歌剧院媲美。橡胶富商为了在雨林中盖这家歌剧院，一砖一瓦都从海外进口，圆柱和铁栏杆是美国货，幕布和美术吊灯是法国货，大理石则从意大利进口。马瑙斯俨然成了世界大都市。马瑙斯的人们对这一点也毫不怀疑，他们的美梦随着财富一同生长。

然而好日子竟短得如一股轻烟。

1876 年，狡猾的英国人魏克汉九死一生，从亚马孙河热带丛林中采集 7 万粒橡胶种子，送到英国培育，然后将橡胶苗运往新加坡、斯里兰卡、马来西亚、印度尼西亚等殖民地试种成功，马瑙斯的价值顿时荡然无存，气泡一样升起的五彩缤纷又气泡一样消失，在 20 多年后，复归为和原来一样的小城。到 1940 年的时候，人口还不到 7 万。

歌剧院沉寂了，没有人会在这里上演歌剧。

但是，三十年河东，三十年河西，不久前，这种“富饶”的穷困被媒体发掘出来作为“特色旅游”的噱头，马瑙斯北部建起了世界自然遗产雅乌国家公园，距城市几十公里的亚马孙雨林，被誉为“人生必去的地方”，美国《国家地理》杂志引述了一位探险家的话：“人们到来是因为这是地球上最后的圣土。”这种“软广告”的放大效应几乎达到了无限，紧随而来的是旅游人气飙升和滚滚收入。连那些昔日的建筑，一并成为“国家级古迹”。巴西政府还在那里设立了自由贸易区，在资金和政策上给予支持，吸引世界客商。中国人在那里竟然也有 7 亿美元的投资。

从某种意义上说，当今马瑙斯的风华，是媒体知识分子打造出来的，而这种打造，基于对世界和人心的理解和拿捏，这需要一套新的思考问题的方法。

7

雪佛兰 / 开拓者越野车的里程表显示“13000 公里”。

这是 30 天来从智利圣地亚哥将车开到巴西伊瓜苏市的公里数。

由于南极点摄制分队被极地风暴围困，在南极冰盖滞留了十几天，联合摄制队的行车计划不得不做很大改动，一刻不停地赶路是此行的最大特色。走过“千禧之旅”“欧洲之旅”的车队队长陈吉勇感慨道：“这么大强度的连续赶路，还真是第一次。”

6 辆车只有两个专职司机，其余的都是编导或摄像兼职。这样的车队每天跑上 1000 多公里成了常事。钟大年说，他有次在南美高原上开着车，人又累，高原反应又大，突然之间脑子一片空白，失去了意识，车子一下越过了对面车道，开到了路边上，等清醒过来，惊出一身大汗，从此再不敢在高原上碰车。

其他人的情况也好不到哪儿去，但这些家伙们可能真的是精力过剩（有一种说法，搞创作的人都是精力旺盛到无法发泄，只能通过不停地创作来发泄），从智利的乌斯怀亚到布宜诺斯艾利斯，计划用 6 天时间赶 8000 公里路，他们硬是眼也不眨就绝尘而走。这条南美椎角上的路，没有什么收费站，因为算不上等级公路，车队直接就在荒滩戈壁上开。四指厚的浮土路上，头车一过，后面的车就在飞扬的烟尘里走。沙石路上，时速超过 80 公里车就打滑甩尾。搓板路上，司机们咬紧后槽牙还是抖个不停。第二天，通信天线颠断了，玻璃颠碎了，8 只大灯颠掉了 5 只，车辆上所有的连接处都会松动。

从乌拉圭的埃斯特角到巴西的雷格里港 1168 公里，过境干等了 5 小时，晚上 6 点开始赶后 500 公里路。3 点睡下，第二天一早开车，赶往 1200 公里外的圣保罗。雨路、夜路、山路，只能借助地面的反光找寻方向。转过一座山坳，一团白雾糊上来，看不见山路拐到左边还是右边。翌日 4 点到圣保罗，兼职司机们接着编片子。第三天上午 10 点开车去黑金城，行车 15 小时。尾车司机周锦民几天开下来，深夜开车就觉得眼前物体发白，白猫白狗，白骡白马。行人也看不出眉眼，像蒙了一层白布。导演黄海波开到最后，分不清前车的尾灯和路灯，分不清上坡还是下坡。下车编片子录解说，说下段忘了上段说的什么，"给马治病"说成"给病治马"。

陌生的巴西南部莽原上黑沉沉的没有灯光，车队没油了，而且不知下一个加油站还有多远。雪佛兰 / 开拓者耗油高，一旦没了燃油，油压制动和方向盘都会失灵。车队一下沉默了。

"有灯光！"不知谁一声喊。全队转向，朝着灯光开去。

小镇灯下有了人。一位 17 岁的巴西少女，身材修长得像工艺品。她不知自己长得有多美，所以毫不矜持地给车队指了去往加油站的路。

车队又上路了。南美洲的繁星下，热带植物园一样的美丽原野黑得啥也看不见。只有 6 个亮点在移动。不知谁车里的音响开着，歌手亚丁唱道："不论我飞得再高再远，我的身影总落在你的心上。"

向北，向北，他们到达了赤道。

厄瓜多尔，是西班牙语"赤道"的意思。厄瓜多尔的圣多安东尼奥镇，立着赤道纪念碑。甬道正中，一条直直的黄线标出了赤道线。摄制组的全体成员手拉手从南向北同时踢出腿，迈过黄线，象征他们进入了北半球。

最早的赤道纪念碑1936年建在一个印第安村子里，建碑的初衷是纪念印第安人最早为测定赤道线所做出的贡献：3000多年前，印第安人发现每年有一段时间房子根本没有影子，他们意识到，没有影子的原因是太阳从头顶正上方走过。

8

“两极之旅”队伍继续向北进发，进入神秘的印加文明的发源地，走入苍凉的美国西部荒原，经过赌城拉斯维加斯，最终到达冰天雪地的北极圈。

子夜的太阳远远地挂在天边，四周仍是白亮亮的一片。

北极圈内的雷索柳特常住人口约为700人，有一个机场，一个距机场5公里的因纽特人村庄和雷索柳特海湾。这里是各国科学家、探险家的“伊甸园”。他们从世界各地云集这里，再以不同的目的和方式转道其他地方。甚至英国女王都来过这里。

摄制组随着因纽特人汉斯夫妇的狗拉雪橇到海边拍摄了他们猎杀海豹的全过程。根据加拿大的法律，因纽特人可以因生活需要猎取一定数量的北极熊。雷索柳特村每年猎熊的配额是35只，公熊24只，母熊11只。因为养狗，他们要打海豹做狗粮。打海豹没有配额限制。

北极的海豹在海冰下生活，它们用牙在冰上啃出一个呼吸孔保证呼吸，海豹换一口长气要连续呼吸十几次。汉斯发现了一个隐蔽的呼吸孔后，让雪橇开走，然后悄无声息地在呼吸孔旁边站了半个多小时。当汉斯看到呼吸孔冒出气泡时，示意摄影师多吉开机，在海豹第二次呼吸时，几乎是用枪指着海豹的头开火，然后迅速用大鱼叉叉住海豹，扩大呼吸孔，用摩托雪橇把海豹拖出来。汉斯用刀剥开海豹皮，在场的所有人照因纽特人的习惯分到一块海豹肝，加上一小块肥油。据说这是最好的食物。

黄海波面对镜头说，豁出去了，然后把海豹肝吞了下去，居然没有反胃，还说尝到了新鲜的肉香。

第二天中午回到汉斯家。黄海波想看看他们怎么准备午饭，进餐厅一看，两口子已经开吃了。午饭是直接从冰箱里拎出整块冻硬的生驯鹿肉，男的用砍刀，女的用弯刀，切开就吃。黄海波放一块驯鹿肉在嘴里，除了有点凉，嚼着什么感觉都没有，哪怕有点韭菜花蘸着也会有味得多。胖胖的女主人解释说，她这样吃肉是因为有一次得了病，嗓子像火烧一样疼，吃这种带冰碴的生肉，感觉好一些。

摄制组在这里遇到了2001年在北极探险中遇难的日本探险家河野兵市的妻子

河野顺子。顺子原在日本一家电视台工作，后来认识了河野并爱上了他，为河野生下了两个可爱的女儿。

河野在日本是个英雄式人物，他一直孤身探险，成功地登顶过世界许多著名的高峰，穿越过撒哈拉大沙漠。1997 年 5 月 2 日，他步行到达北极，成为第一个独自步行到达北极点的日本人。这之后，他萌发了另一个梦想，从北极步行回日本，全程 15000 公里。2001 年 2 月，他再次来到加拿大北部，建立了一个营地，行动命名为"回家"，3 月中旬，他离开北极点，开始"回家"的壮举。5 月 16 日，河野在冰上发出无线电信号：我遇到了冰裂，正设法通过。

人们后来才知道，这竟然是河野留给人间的最后一条信息。18 日飞机到达出事地点，发现冰缝边上的雪橇，但无法降落。25 日后援人员乘机降落在冰缝边，顺着雪橇的绳子从冰缝下拉出了河野的尸体。

河野后来被空运"回家"，到日本安葬。

顺子来这里，是为了给河野立一块纪念碑，以感谢那些帮助过河野的人。

摄制组入住的因纽特村"探险人之家"正是河野住过的。黄海波问老板娘泰莉，你与这些探险家相处了 32 年之久，他们身上有哪些与众不同的品质？

泰莉说，首先，他们共同的一个特点就是热爱生活。其次，是他们对目标的执着追求，他们为实现目标所做出的努力，不是一般人能够做到的。许多人被生活中发生的事所左右，而无法执着地追求他们的目标，但是这些人不会，他们总是那么专注。

9

要登上前往北极点的飞机了，顺子把一束紫色的花递给黄海波，请他带往当年河野出发的地方。

飞机上共有七位乘客：王纪言、钟大年、黄海波、张力、高金光、多吉、崔屹平。

他们乘坐的"双水獭"飞机是一种小型飞机，只能加 205 升油，所以飞行员往飞机上搬了几个黄色的大油桶，以备途中加油。

北极点不是在陆地上，而是在漂浮的冰盖上，所以没有像南极点那样设定标志，只能通过卫星定位系统确定。

"双水獭"的飞行员就是送河野上北极点的人，而黄海波手中的花束，让摄制组的队员们体味到一种极地探险的悲剧氛围。

和南极一样，这里天气是第一游戏规则。

北冰洋变幻不定的冰情，是影响北极活动的直接制约因素。据史料记载，自人类开始北极探险以来，已经有600多人在这里丧生。

这一次，“两极之旅”的队员也遇到了险情。

他们的飞机在尤里卡避难所加油后，再飞行近5小时到达北极点上空。飞机盘旋，准备降落。就在这五六分钟内，天气起了变化，云层飘来，使人无法目视冰面情况。第一次试降离冰面两米时发现冰面有鼓包，旋即飞机拉起。摄制分队坚持继续试降。1个小时内，飞机共三次试图降落，都因冰面起伏不平、视线受云层限制，被迫放弃。

飞机反复下降再升起，飞机尾部拉着的黄色油桶随着气压的变化，不停地“嘭嘭”乱响，声音沉闷刺耳，如同爆炸。每响一次就让人心惊一回。

无法降落已经让人紧张，更危险的是，飞机因为燃料告罄而报警。飞行员无奈，只能让副驾驶到后舱，边飞边加油，他还表情严肃地告诉人们：千万不要说出去，因为这是严重的违规行为。

他越说，大家越胆寒。

因为承受不了飞机上下的颠簸，机上所有人都拿着纸袋想吐。长途跋涉和高度惊吓，使每个人的脸都蜡黄蜡黄，事先带来的汉堡无法加热，坚如磐石，倒足胃口……

王纪言毕竟是领导，为了表现临危不惧，他把钟大年教授叫过去商量万一落不到北极点咋办。他痛心疾首地说：“看看，看看，都是地球变暖惹的祸。”

为了河野顺子的嘱托，黄海波在副驾驶的位置上拉开舷窗，把那束冻得硬邦邦的花投向了北极点。

谢天谢地，飞机终于在距离北极点10多分钟航程的一个冰面较平的地方降落了。

引擎关闭后，这里静得可以听到人的呼吸。北极野性的灵魂就沉睡在透明的巨大的冰盖之下。

张力一脚踏上北极点，就看到“冰的透明度极好，像玻璃。走在上面会发出让人毛骨悚然的声音，好像随时可能被吸入极其寒冷的无底深渊。神经一紧张，人就想方便。毕竟已经坐了那么长时间的飞机”。

“方便”的时候，张力是最尴尬的，作为七人中唯一的女性，不走远无法躲开男性的视线，但如果走远，还能平安回来吗？心一横，顾不了许多了，就地解决吧。但是，她倒霉地发现，男人的黄色羽绒服都是上下身分开的，她的红色羽绒服却是连体的，整个衣服上就一条拉链，她必须像蛇蜕皮那样把上身的衣服也脱下来才能解决问题。没办法，一咬牙，脱。等她再开始穿衣服时，发现浑身竟然像刀割一样疼。而且眼泪也下来了，不知是冻的还是心疼自己。等她用冻僵的手把自己重新裹紧时，看到黄海波挥舞着国旗跑了过来。在此之前，这位帅哥为了表示须眉不让巾帼，和摄像多吉一起，脱光上身，留影一张。

略带遗憾地站在距离北极点不远的地方，“两极之旅”总指挥王纪言、总领队钟大年、摄像高金光、编导黄海波和张力、中视公司总经理崔屹平每人拉起五星红旗的一个角，拍下了一张世界上最冒险和最昂贵的图片。

为了这张图片，他们从南极走到了北极，他们终于再次证明，地球的确是圆的。同时，他们还证明了，“人有多大胆，地有多大产”这句话，在特定的时间特定的地点，可能是真理。

看不到他们的表情，因为他们有的戴着大墨镜，有的戴着面罩，但他们的喊声还能听得真切，他们喊的是“祖国万岁！”

“两极之旅”既是地理探险，也是文化探险，通过对不同种族、不同宗教、不同生活方式和不同文化的历史探索，实现了“中国人走世界、中国人看世界、中国人说世界”的梦想。

说实在的，一些国家的朋友在此之前真的还不知道中国，这一次，凤凰卫视不仅让世界知道了中国，还让世界重新想起了探险史上那些不朽的中国人的名字……

探索，向历史、向文化、向自身，这是一种无休无止拓展生存空间的本能追求，是人类向大自然挑战的必然选择。自从人类诞生在这颗星球上，这种拓展就没有停止过，人类正是在探索进取中，不断认识自身与宇宙、自然和世界的关系，也领悟着生命的真义。

台湾姑娘海若受伤

1

从南极到北极，“两极之旅”摄制组的安全最让刘长乐放心不下。后来是，“两极之旅”一路平安，万里之外，却传来凤凰主持人刘海若险些魂断英伦的消息。

2002 年 5 月 10 日下午 1 时左右，由英国伦敦开往诺福克郡的特快直通火车，从总站开出大约 10 分钟后，在波特斯巴车站前突发事故。这列载有 151 人火车的 4 节车厢中有 3 节出轨，最后一节车厢被巨大的惯性抛起，打着滚翻过两个站台，卡在车站的房顶，以 45° 角“侧卧”月台，车身被撞至扭曲一团。

一名目击者说："当时我听到像打雷般的巨响，接着烟尘四起，忽然看见一列火车向我们冲过来。所有人马上逃走，接着我们看见有人从火车窗口飞弹出来，其中一个男人像球一样弹出，情景非常骇人。"

在车站月台协助救人的28岁男子佩尔韦西见到一名20来岁的华裔女子躺在路轨上，四肢扭曲。他说："我爬下路轨救她，看她有没有呼吸。那时她已失去知觉，脉搏愈来愈弱，我轻抚她的头发和她说话安慰她，5分钟后她的脉搏停止。我大叫救命，救护人员来到说她死了。我竟无奈地看着一名年轻女子在我怀中死去。"

5名乘客当场丧生，另有两个人在被送往医院后经抢救无效死亡。此外，还有70余人受伤，其中9人伤势严重。列车当时的时速是160公里。

冲上月台的这节车厢，是凤凰主持人刘海若、台湾TVBS记者巫佳静和中视记者林家欣乘坐的车厢。三人是好朋友，一年前，林家欣辞职赴英国攻读传播硕士，本月初通过考试，巫、刘两位好姊妹分别从台北、香港前往道贺，怎知竟搭上"死亡列车"。

在这节翻滚着横扫两个月台的铝制车厢里，可以想象三个弱女子遭受了何等的重创。

巫佳静和林家欣当场身亡。

海若满头满脸的血，但她求生意志坚强，在昏迷之前，她不断喊着自己的英文名字："ATNYA，ATNYA！"好让救难人员知道她的身份。抬上救护车时，海若那只死死抓紧救护人员的手，半天掰不开。

英国警方在事情发生后，调看了火车站的闭路电视，找到了海若和她的女友的身影。只见她们匆匆忙忙跑进车站买票，又飞跑着冲上火车。录像带上，高个儿的海若跑在前面，巫佳静和林家欣气喘吁吁地紧跟着。一起冲进月台的还有另一个年轻人，那人跑得比较快，眼看着超过了海若，上了前面一节车厢，结果他逃过一劫，而海若她们女孩子少跑了几步，上了最后那节"死亡列车"。

上车后海若让同伴给自己拍照。她心情愉快，笑容灿烂又有些羞涩。她开始写日记："火车在开往剑桥的路上，天气很好，心情很放松，好愉快。"

浪漫的海若此次出游，是要到法国的普罗旺斯寻找薰衣草。

2

突发的惨剧震惊了两岸三地，由于三位女子是来自台湾传媒界的知名人士，媒体立刻对此事件进行了大篇幅报道。

得知刘海若等人乘坐的是这趟"死亡列车"后，刘长乐下令凤凰卫视欧洲台马上派人前往出事地点和医院查证，"不论什么结果，都要见到海若"。英警方表示，由于缺乏足够的信物，还无法确定三位死伤者身份，因此不愿透露具体细节，并拒绝凤凰的人前往医院。

刘长乐转而向中国驻英国大使馆求助，大使馆官员立即与英国外交部、警方取得联系，向英方提出四点要求：立即查明事件原因；尽全力抢救伤员；妥善保护死者遗体；英方为遇难者及受伤者的家属来英等事宜全力提供协助。

随后传来的消息是，刘海若肝破裂、脑部受重创，肺、肾部有挫裂伤，除颅骨骨折外，全身还有颈椎、腰椎、肋骨10余处骨折。

刘长乐说，只要有一线希望，我们就尽一切努力抢救。

刘海若进入凤凰时，是刘长乐亲自面试的。海若给他的第一印象就是大气，有潜质，后来她的迅速蹿红，人气很旺也证明了这一点。

5月12日，母亲节。凤凰卫视发布了海若受重伤的消息。

13日下午，国务院总理朱镕基委托港澳办负责人致电凤凰卫视，转达他和夫人对刘海若的关切之情，并向刘海若及其家人转达深切的慰问，祝愿海若早日康复。刘海若曾随朱总理出访，还向他介绍过台湾的高新科技企业和产品，给总理留下了很好的印象。

13日晚，朱镕基和夫人劳安在北京观看中国残疾人艺术团演出，演出开始前，他见到了刘长乐，再次问起海若的情况，希望能出现奇迹。

刘长乐说，我马上要动身去英国看望海若，朱镕基连声说，那就好，那就好。

时任国务院副总理温家宝和外交部长唐家璇也给凤凰卫视打来电话，对不幸遇难的两位台湾记者表示沉痛哀悼，对受伤的刘海若表示慰问。

与此同时，台湾国民党主席连战、亲民党主席宋楚瑜也以不同方式表达了他们对海若的关切之情。

两岸忽然发现，不管有多少恩恩怨怨，血脉就是血脉，天然的情感，不会被那把叫作“政治”的剪刀剪断，同样的文化、同样的文字、同样的习俗，台湾与大陆势同一个大湖中的水，虽然有时会冲撞出惊天的浪涛，但总会复归平静。

3

5月18日，刘长乐赶到伦敦，以海若亲属的身份进入了病房。

看到海若的第一感觉就是她特别可怜与无助。

她头部肿得像脸盆那样大，只能看见一个鼻尖，眼睛因为瘀血而发黑，呼吸用呼吸器，吊着点滴，还在输血，昏迷，对声音完全没有反应，脑压很高，瞳孔放大。

一种挥之不去的心痛涌上心头，刘长乐站在床前大声对海若说：“我代表全公司的同事来看你，你一定要坚强。”

海若没反应，他却落了泪。

刘长乐告诉海若的家人，不管保险公司，也不管其他方方面面的赔偿如何，我决心已下，将竭尽全力、不惜一切代价抢救海若！

他写下几句话，放在毫无知觉的海若的床头。

海若：

你不孤单，凤凰大家庭的所有成员与你日夜相伴
亿万热爱你的观众同你心心相连
全世界的中华儿女都在你的身边
为了你，为了你的家人
也为了他们
再争口气
再加把油
奇迹必定会出现

在英国铁路及保险公司进行相关的赔偿前，救治刘海若所有的花销几乎全部是凤凰卫视垫付的，凤凰为海若等一线主持人上了高达50万美金的相关保险，这种保险，让受益者在伤病时享受从世界上任意一地用SOS飞机运送到另外一地的待遇。

平心而论，英国皇家自由医院技术是很先进的。在不知道“无名的东方女子”姓甚名谁的情况下，这家医院为海若做了四次大手术，包括脑部手术和肺、肝、肾修补术。通常在肝破裂的情况下找出血点止血很困难，往往会贻误病人的生命。而这家医院能够在破裂的肝周围塞紧压住出血点，用一个网兜将肝部兜住，从而保住了海若的命。

这个方法在中国的教科书上还没有。

这证明了英国医院的外科知识水平的高度。

但在海若是否要做脑干死亡测验的问题上，英国人与中国方面发生了矛盾。手术一天后，院方通知海若的姐夫孟志斌，要给海若做脑干死亡测验。

脑干死亡的测试就是判定病人死亡与否，孟志斌要求院方缓几天再做，理由是海若的妈妈和姐姐马上就到。

英国院方答应缓一天，事实上他们认为海若已经死了。

这一天对海若是最关键的一天：在这一天里，凤凰卫视和海若的家人搜集了各种资料，终于知道病人的家属对死亡测定可以有第二意见的权利，也知道了做脑干死亡测验应有的步骤。

第二天，凤凰卫视代表海若的家人，再次向中国大使馆求助，希望在大陆找一位能代表家属第二意见的脑科医生。巧的是，北京宣武医院脑外科专家凌锋的丈夫曾是驻英大使馆的官员，所以海若家人几乎是立刻与凌锋通了电话。凌大夫答应，马上飞来伦敦。

凌锋尚在路途中，院方又要做脑干测试。孟志斌说，我们拥有第二意见的权利，要向北京来的大夫征求意见，所以要求在16日做脑干死亡测验。

在不断的争执中，院方慢慢撤掉了麻醉的针剂，并用电扇给高烧中的海若降温。

凌锋赶到。她立刻指出要用冰块降温，不能用电扇。

10分钟后，冰块推了进来。

凌锋不同意做脑干测试，她向英国医生表达了自己的意见：海若没有脑死。

当时双方争论非常激烈，以至于英国人宣布凌锋为不受欢迎的人。

这天，海若好像是要反驳英国医生的话，终于有了第一声咳嗽。咳嗽就表示她的脑干是活的。这是海若在说话，我活着！

一个医术高超的医院在病人没有脑死的情况下坚持做脑干死亡测验，而且这个病人还是他们救活的，只能有一个解释，就是海若如果已经“脑死”，保险公司与英国铁路公司显然会少付很多赔偿金。

海若的病情平稳后，中方提出了转回中国大陆治疗的请求。英国院方表示同意。

转院时，这家英国医院给海若的诊断书上写的是“植物人”。海若的妈妈对医护人员说，等我的女儿好了，我会带她回来看你们。

4

海若是2002年6月8日回“家”的。

为了海若平安运送、平安抵达，刘长乐打电话给北京市委和国航的高层，请求帮助，还跑到北京市卫生局，商量路途中万一发生问题后的急救问题。卫生局的朋友很有心，要求宣武医院特制一个纱罩，保护海若的隐私，不被媒体记者拍到她重伤的样子。

国航专机平安降落在首都国际机场，刘长乐和王纪言早早就在机场等候，当海若被抬出时，他握着海若姐姐青曼的手说，海若到家了。

海若出事前在车上

青曼当时就哭了。

搭载海若的救护车一路绿灯赶往宣武医院。北京的交警派出多部车辆为救护车开路。在这个交通特别拥挤的大都会，无数的车辆默默地停下来为一个台湾女孩儿让路，为她祈福。

那时的海若没有意识，看不到这一切，但那场景，却感动了整个中国。

有人以为此时海若不再有生命危险，事实上，她依然处在死亡的边缘。医护人员看到的情景是："深度昏迷，头肿得很大，右侧颅骨部分切除塌陷，由于颅底骨折造成右眼睑及颜面部青紫瘀血，气管切开处连着呼吸机，鼻腔插了两根管子，右下颌有个疤痕……"随海若一起送来的，还有她右前额的一块骨头，而那块骨头的位置被一块钢板代替了。

此后海若又两次脑疝、中毒性休克、败血症、肠梗阻，凶险异常。连续两次脑疝，一般人 99% 没希望，海若居然挺了过来。

而医护人员、海若家人和凤凰卫视参与救治的人员绷紧了 50 多天的神经几乎要绷断了。他们极度疲惫。

这时候，英国警方通知说，又找到一些东西，要亲自送到中国面交。那是一架摔坏的相机、照片、录影带，还有海若笔记本中的一页纸。这页纸在火车翻车时飞出了窗外，经过对证，证明是海若的。

这页纸上用英文写着一段含义很深的话，大意是：

耐心、耐心、耐心，
这是大海所教会我们的。
耐心就是信仰，
一个人应该是开放的、谦虚的、没有选择的，
就像沙滩一样，
静静地等待着大海的礼物，
这个礼物就是"耐心和信仰"。

为什么偏偏是这张纸飞出去又被送回来？所有关心海若的人相信，这是来自冥冥中的声音，是神的声音。

凤凰卫视和凤凰网收集了大量观众来信，这些信来自两岸三地，来自美国、英国、新加坡、马来西亚等国家的华人。

虽然无法确定海若是否可以最终醒来，虽然无法确定海若是否可以听到和看到，海若的姐姐和妹妹每天都大声地诵读那些来信：“我们不怨天尤人，因为生命本就无常，因为再生的权利要靠自己争取；祷告，用那不曾有过的真诚，双手合十、心灵相契，约定，只要天空还在下雨，我们就不哭泣。”

这是爱心的呼唤，也是观众对凤凰卫视的回报。

凤凰没有想到，不幸的海若会突然成为新闻学意义上的具有新闻价值的人物，从一个关注别人生命的人变成一个需要别人关注的人；凤凰卫视，也突然兼具了被报道者和发布者的双重角色。

这非常哀伤，但又只能接受。

不论是牵涉到一个人的生命，还是几十人上百人的生命，凤凰都会投入莫大的心力，因为在这个世界上，没有什么大过生命主题，没有什么东西比生命更值得关注。

虽然有人对凤凰关于海若的报道说三道四，但是作为华人媒体，凤凰坚信：世界上的全部生命都是自然的宠儿，所有的生命都应该得到最高的尊重。

5

海若在好转。

7 月 27 日，凤凰卫视主持人事务部经理沈蓓蓓从香港来看望海若，海若听到这位大姐的声音，还没能睁开眼睛的她竟转过头去找人。蓓蓓说：“海若，你住在这儿老不回去，一虎、阿疆、亚芳他们几个很不爽啊！”

海若仿佛听出了其中的幽默，翘了翘嘴角。蓓蓓判断说，海若醒过来只是早晚的事。

8 月 1 日，凌锋教授做客凤凰卫视《新闻今日谈》，谈了海若的病情：第一，她肯定不是植物人；第二，她不是昏迷状态，只是她现在和正常人的反应灵敏度还相差很远。

几乎是随着凌教授的话音落地，海若真醒了。医生把她家人的名字写成一排，她竟一个不差地全部认了出来。

8 月 7 日，医生苏正把海若喉咙里的插管拔出来一点，忽然听到海若嘴里吐出了音节。苏正激动地问了海若一个很大陆的问题：你在哪个单位工作？海若微弱而又清晰地说："凤凰卫视。"

那一天，北京的夏夜，熏风送来青草的气息，这个寻找薰衣草的姑娘，一定闻到了吧。

海若艰难而又努力地进步着，会说话了，会认字了，能记日记了，开始康复训练了。她的思路越来越清晰——一次医护人员好心请她喝北京的豆汁，她只喝了一口就觉得难以下咽。人家问她味道如何，她答道，别有一番风味啦。肠粘连时，医生让她喝香油，她实在喝不下去，含在嘴里不咽。医生说这是好东西。她说，好东西要朋友分享才好。逗得医生苦笑着也喝了一大口香油。

10 月 31 日是一个特别的日子。这一天是刘海若浴火重生后的第一个生日。上午 10 点，凤凰为她搞了一个温馨的生日聚会。因为限制人数，刘长乐是一个人到宣武医院来的，带着一个专为海若定做的台湾"黑森林"蛋糕，重达 8 磅；还带了作家金庸托他送给海若的一套新版《书剑恩仇录》，金庸写道：海若小姐，喜闻恢复健康，恭祝生日快乐。

妈妈问，海若，你的生日，是妈妈的什么日子？

海若答，妈妈的难日。

当海若跟个孩子似的让医生托着手拿餐刀切蛋糕时，在场所有人眼里都充满了泪光。

窗外，天空湛蓝，阳光温暖。

11 月 9 日，海若已能站立，虽然她的左腿上还要戴一个固定的装置，站得并不稳。海若忍着腿疼对刘长乐说："不好意思，我觉得进步得好慢！"

海若要求进行恢复性练习，她拿麦克"采访"自己的老板："生病的员工最怕一件事，就是太久没有上班，加上又生病受伤，所以公司干脆就趁这个机会不要他了，对于这样的一个问题，我相信很多员工在生病的时候都会担心。身为老板，你的看法如何？"

刘长乐回答："任何员工对公司来讲都是无比宝贵的，对于生病的员工来说，生病本身已经是很大的不幸了，我们会在他生病的过程中给予特别的关照，特别希望他们康复以后，能够返回工作岗位。不管市场竞争多激烈，我觉得还是仁义、厚道的公司值得信赖。员工信赖你，公司才有凝聚力。"

两年后，海若受伤后首次回台，看到她的状态还不太好，一位记者私下问凤凰台北记者丁雯静："你们老板会不会放弃她？"丁雯静回答："一位父亲，不会用商业价值来看他的孩子；你的问题，适合一般的老板，但绝对不适合凤凰的老板。"

"让公司像家一样温暖。"这是刘长乐的追求。

不论员工来自何方，不论是什么工种，不论是否有名。

难以企及的范本

经典是什么，是一种他人难以企及的范本与标准。

有了多年的积累，凤凰在这一时期通过自己的视角和语境，开始有了自己的品牌栏目，这些栏目，就像枝头的绿叶，通过光合作用，为大树提供必不可少的养分。叶子愈是浓绿肥厚，电视台愈是中气十足。

鲁豫有约：你们成长中的一个坐标

凤凰卫视15周年台庆晚会叫《涅槃》，取凤凰集香木而自焚，于火中新生，更具活力之意。

陈鲁豫出场时说了一段话："我很怕看15年前的自己，我知道那个样子一定惨不忍睹，但看到之后，内心还是会感动，因为我会想到15年前我刚刚来到凤凰的时候，曾经收到过一封观众来信。那封信在寄的过程中已经破损了，信封上没有写收件人的姓名，只写着凤凰卫视收。同事们打开那封信，信里面夹着一枚很小的蓝色的发夹，信很短，'把这枚发夹送给主持《音乐无限》的那个小女孩儿，她戴上以后一定很好看。'

"信里指的那个小女孩儿就是当年的我，从那一天开始很长一段时间，我在主持节目的时候，在头发上，会别上这枚很小的发夹。

"15年过去了，当年送我发夹的那个观众，不知道如今在哪里，他姓什么，叫什么，多大年纪，是男是女，一切我都不知道，但是我一直相信，这么多年来，他一定会在某个地方，默默地关注着我，我相信他会很高兴看到我今天的成长。"

鲁豫是许多人的偶像，而她的偶像是谁呢？

奥普拉是一位大块头女子，又肥又活跃，笑起来大嘴一咧，缺心眼似的，但实际上，这是一个极其聪明的女人。25年前，《奥普拉脱口秀》在芝加哥开播时，《芝加哥太阳报》的一位记者说："我听说他们聘请了一个非裔美国女人来主持早间节目，我真以为WLS电视台疯了。要知道，芝加哥可是美国种族观念最严重的城市，而电视台的主要观众就是那些住在郊区、每天待在家里的妈妈们。但是，值得高兴的是，我错了。"

在节目早期的探索阶段，奥普拉大胆地决定做一期有关强奸、乱伦和性骚扰的访谈。电视台对此有些迟疑，但最后还是同意了，开始正式招募自愿在节目中谈论自身遭遇过性骚扰的人。

那节目成为奥普拉最具代表性的一期——战胜困难的受害者。奥普拉被推到了全美人民关注的中心位置，并最终成为性骚扰受害者中最大的赢家。要知道，她曾经是问题少女：未婚妈妈所生、9岁遭强奸、当雏妓、少女早孕、性滥交、做小三、吸毒……在她的节目中，个人隐私改变了"不可告人"的本来面目，她带领观众坦承自己不光彩的过错，重温痛苦往事，直面自己的悲剧人生，在这个过程中获得内心抚慰而拯救自己。观众既感受到了人生像尘埃一样卑微，又领略到了人生也能如同繁星般闪耀。奥普拉也逐渐成为圣贤般的全美文化偶像。

奥普拉的节目以话题型为主，关注性、虐待儿童、减肥困难、缺乏自信等与普通百姓生活相关的现实问题，试图给人们提供一种指导性的建议。有时前半部分探讨一个社会问题，后半部分则邀请一位明星做访谈。这样的节目到处都有，但她能这么火，完全得益于她的口才、幽默与智慧。看过她节目的人知道，平均每说上5句话，就有3句能引来笑声。每周都有4900万名观众守在电视机前看她的节目，连美国总统竞选都争着要上这个节目来扩大影响力。

但是，天下没有不散的宴席。奥普拉这样的腕儿居然也有扛不住的时候，随着互联网的普及和美国人口结构的变化，新一代电视观众不再那么需要她了，千百万人在电视前观看她脱口秀的壮观场景难以复现，这与奥普拉"做最好的自己"的价值观不符，她选择急流勇退。

美国当地时间2011年5月17日，《奥普拉脱口秀》告别的特别节目《奥普拉惊喜巨献》在芝加哥联合中心录制，众多美国明星大腕儿前去助阵，全场13000多名观众与奥普拉一起哭天抹泪，向《奥普拉脱口秀》做最后的告别。

一周后，CNN做了一期深度访谈，专访了三位世界知名脱口秀主持人，请他们谈自己对奥普拉华丽退场的看法。被誉为"中国奥普拉"的主持人陈鲁豫，是三位被邀请的嘉宾之一，也是亚洲电视界唯一被邀请的。

"嗨，奥普拉，我是鲁豫。我想对你说，你是那个一直在鼓舞我不断前进的人，所以当你真的要结束 talk show 节目时，我心里很难过。不过，我看到你离开时也是开心和满足的，我为你感到高兴。祝你好运！”

陈鲁豫觉得奥普拉的离开是个明智的选择，任何电视节目都不可能永远做下去，“我想做出结束的决定，对于奥普拉来说肯定不是件容易的事情，做了这么多年之后，这个节目已经不是她个人的了，而是一个团队的。我觉得，这个时候她离开，是一个明智的选择，也是幸运的选择，在可以离开也有能力离开的时候，她选择了在这一刻让观众永远地记住她”。

但这也让鲁豫怅然若失。要知道，奥普拉对于她来说，意义非同一般。

鲁豫最早知道奥普拉是在 1994 年。那时的奥普拉比现在还要胖，总有一百七八十斤吧？妆化得很浓，齐肩的短发，烫过，硬硬地戳在那里。着装风格好像还停留在 20 世纪 80 年代，以大垫肩式居多。

鲁豫说，我的眼睛似乎很势利。一个人一旦走红，我看他（她）的样子就怎么看怎么顺眼。第一次看她的节目，话题是什么我已记不清了，好像是家庭伦理方面的选题。奥普拉大半时间都面色凝重，两个极胖的女嘉宾则一直哭哭啼啼的。那时的美国 talk show 都流行诸如“我的妈妈其实是我的姐姐，我的妹妹抢了我的老公”之类的匪夷所思的家庭悲喜剧，观众、嘉宾在现场对骂乃至大打出手是家常便饭，更有甚者，1995 年还发生过节目播出后，一个感觉被羞辱的男嘉宾开枪打死另一男嘉宾的极端事例。但是，奥普拉似乎有一种特殊的本事，再低俗不堪的话题，到了她的节目里，就显得不那么龌龊了。

她的力量究竟在哪里呢？

鲁豫就在那时有了一个愿望，“做一个像奥普拉一样的节目，现场要坐满观众，他们不一定发言，但他们的掌声、笑声、惊叹声或者只是静静地聆听就是最好的参与。我也要做成一档日播的节目，就用自己的名字，叫 *The LUYU Show*。场中摆一张舒服的大沙发，要黄色的，我坐在左边，因为我始终认为我的左半边脸较为上镜，每天有不同的故事不同的人物坐在我的旁边。我的身后还要竖一块大大的电视屏幕，在我谈话的过程中穿插播放一些事先编辑好的短片。至于选题嘛，只要是有经历的人、好听的故事，都可以是我的素材。这样，一周 5 期，一个月 20 期，一年 260 期，我不愁题材枯竭。做这样一档节目，我需要一笔不小的投资，再搭建一个庞大的团队，还要一个能收回成本并有盈利的播出平台”。

鲁豫说，这是我在 1995 年年初做的关于《鲁豫有约》的第一个白日梦。

《鲁豫有约：说出你的故事》是凤凰卫视专为鲁豫量身打造的谈话类节目，于

2002年推出。至此，最早加入凤凰的三位大陆名主播陈鲁豫、许戈辉、窦文涛都有了属于自己的品牌栏目。

《鲁豫有约》的策划者和制片人刘春、樊庆元都是20世纪60年代出生的，他们的童年基本上是在“文革”时代度过的，那个时候，虽然还是小屁孩儿，但是当年那些如雷贯耳现在沉寂无声的名字却无法忘记。那些人的经历折射出整个国家的一段苦难历史，而他们在历史误会下的跌宕人生又折射了命运的无奈与无情。

《鲁豫有约》就采访这样的人。

比如见证了中国乒乓外交、33岁出任国家体委主任、后又成阶下囚的运动员庄则栋；写出“第一张马列主义大字报”的北京大学学生领袖、后坐牢多年的聂元梓；因主演《智取威虎山》而一举成名，后饱受政治折磨的京剧演员童祥苓；在反右、“文革”中蒙冤，从囚犯到作家的传奇人物张贤亮；毛泽东的古文老师芦荻；吴法宪的夫人陈绥圻；《欧阳海之歌》的作者金敬迈等等。

这个节目36分钟，嘉宾常常是用34分钟讲动乱年代的日子，最后两分钟讲现在的生活。

这些人也许从没有想到，他们的晚辈会把他们“挖”出来，通过他们在镜头前述说，去反思文化的缺陷、民族的弱点和历史的教训。

一位学者说，这是一个定位与选材、形式与内容结合得相当完美的节目。在对昔日英雄和末路英雄的寻访和问答之间，勾勒了中国半个多世纪里那些风云人物的兴衰荣辱、悲欢离合，再现了这一时期令人百感交集的历史画卷。与大陆电视节目的通病——“浅”与“闹”相比，它是一种真实的倾诉，独具沧桑、苍凉之感，有很高的审美价值。主持人鲁豫很会创造一个绝佳的气氛来让嘉宾讲实话，名人嘉宾的真情流露，使人们看到了他们不为人知的另一面，看到了他们内心深处的酸楚和许许多多的难言之隐。这个节目的生命力还表现在，它不仅使那些曾经生活在那个年代的人感兴趣，而且使很多“新生代”喜欢上了这个节目，并通过这个节目懂得了历史，懂得了自己的父辈。

鲁豫是A型血，双子座。属于紧张型、追求完美型，要求自己每天每件事都做到最好。说好听点，这是严格要求自己；说难听点，这是性格中的缺陷。这样的人永远都会处于很大的压力中，一天到晚紧张兮兮，总觉得有事没做好。但是鲁豫并不是一紧张就缩成一团发神经，她认为，紧张是一种好的状态，可以让人特别亢奋。

鲁豫访问的这些昔日英雄，许多过去的事情她这个年龄的人是不知道的。为了让节目有含金量，鲁豫会大量阅读。关于那个人的、那段历史的，全部搜罗过来，读他个昏天黑地。有时五六本书一块儿看，有时一份材料反复看。鲁豫说，访问一个人，我读的东西恨不得有1米厚。

内心的强大才是真正的强大。谈话是需要对手的，当对方感到你的力量时，他会不由自主地分泌肾上腺素，会调动自己，与你对应。这就是你看大师之间对话时惊心动魄、欣喜异常的原因所在。鲁豫不是大师，却是一位谈话的高手，特别是她了解每一个在节目中与她相对而坐的那个人，她几乎知道被访者的每一个细节，并且直视对方的内心，让灵魂参与。

鲁豫坦言，其实每一次访问都是很大的挑战，每个人都有一段坎坷的经历，如何进入到他的内心，进入到他的生活，这个过程挺难的。除了读书了解人，我很注意聆听，我觉得在两个人面对面谈话的过程中聆听特别重要。聆听，会让对方知道你对他感兴趣。

采访《欧阳海之歌》的作者金敬迈时，他讲到自己被关了很多年之后，在月台上和两个儿子见面，两个孩子已经成为青年了，他唱起了那首《红星闪闪》……鲁豫说，他一下子让我想到我爸爸和我弟弟，那一刻我流眼泪了。做节目这么多年，我还从来没有在镜头前流过泪，那是第一次。

鲁豫评价她的制片人樊庆元时说："樊庆元很挑剔，通常我提出10个采访对象的名字，会被他灭掉9个。有一次采访王军霞，我有点畏头缩尾，对她和马俊仁的恩恩怨怨、师徒故事只字不提，没想到樊导是一个比我还较劲儿的人，第二天，我们去沈阳，再一次采访王军霞……"

樊庆元剃个平头，爱穿圆口的老头儿布鞋，绿色军裤，还会将圆领T恤衫袖口一直卷到胳膊肘。他的较劲儿，表现在不能容忍观众把他的节目看成娱乐节目。这个节目有很多趣事：比如去一位舞蹈家家里拍完节目，那位舞蹈家让摄制组交电费；有的嘉宾拍一两个镜头就要求补妆。有人说，这些好玩的事可以糅进节目中，没准儿会提高收视率，樊庆元一口否决。要尊重节目嘉宾的形象，吃鸡蛋就吃鸡蛋，不一定要看老母鸡怎样下蛋吧。鲁豫应该传递给观众的，应该是厚重或有趣的人生故事，是特殊的经历和特殊的人。

但是，鲁豫节目的资源是消耗性的，访问一个就少一个，当他们能找到的采访对象越来越少时，《鲁豫有约》于2005年进行了改版——变成了鲁豫当初想的那样：有演播室，有黄沙发，有电视屏幕。鲁豫的采访对象由"特殊经历人群"改成了"有故事的人群"，这个人群中，又以演艺名人为主。

虽然樊庆元一再强调明星不是《鲁豫有约》追求的目标，但明星还是更容易进入节目的视野，普通人的故事真正能引起关注、能成为话题的不多。鲁豫讲述的故事也从沉重和历史感中走出来，试图寻找新的兴奋点。

这样做还有一个原因，就是凤凰想适应内地制播分离，通过《鲁豫有约》改版的试验，建成一个向各地电视台提供节目的“中央厨房”式的制作基地，培养人才，找到感觉，创造利润。

改版初期，全国 20 多个电视台播出《鲁豫有约》，这个节目开始为大家熟知并喜爱，鲁豫也因此声名远播。2007 年，美国 CNN 网站上载文称鲁豫是“中国的奥普拉”；2009 年 8 月 26 日晚，鲁豫应邀接受奥普拉的采访，并通过卫星连线共同主持了《奥普拉脱口秀》。奥普拉秀动用了栏目有史以来最庞大的制作投入，派出制作人团队，通过转播车、卫星连线等手段把美国节目现场和中国《鲁豫有约》的现场连接起来。采访中，奥普拉对《鲁豫有约》能在中国这个“相对保守的国家”访问同性恋等诸多社会争议话题表示惊讶。

当奥普拉听说鲁豫每天的观众有 6000 万，大呼“我的神”，还“攀比”说：“我有一本杂志 *O*，鲁豫也有一本杂志《豫约》，但是我还有一个读书会，鲁豫还没有吧？建议你也办一个。”

但是面向各省提供节目的“中央厨房”不久就发现了问题，内地电视台有许多不规范的操作，常常是那边节目播了几个月，这边一分钱也拿不到。

2008 年，《鲁豫有约》停播了其他省份的节目，专供湖南卫视。节目以 2000 多万元的身价与湖南卫视签约。

“改嫁”湖南，他们也不得不向这个台的纯娱乐风格靠拢，采访演艺明星的比例增加了。这引起了刘长乐的注意。尽管他不愿直接对节目说三道四，但这一次忍不住说了。在 2008 年的凤凰节目会上，鲁豫希望能专门与老板谈一下当前电视的潮流和我们遭遇的困境。刘长乐说，我冒昧地打断你，凤凰的文化品牌和定位绝不向大众娱乐靠拢，我们与其他电视台合作，不能让他们主导我们，而是我们要影响他们，凤凰的节目要坚持凤凰的文化操守。

这次会议之后，《鲁豫有约》又开始向自己的初衷回归，增加了对普通人物命运与故事的关注，这让反对媚俗的传媒人欣慰。

采访希拉里是《鲁豫有约》的另一个标志性事件。

那是 2010 年 5 月 23 日，参加“中美战略与经济对话”的美国国务卿希拉里和美国财政部部长盖特纳一起接受了《鲁豫有约》的专访。如果不是因为这次中美对话，两位美国高官也许不会有机会作为搭档接受鲁豫的采访。面对众多要求采访的媒体节目，美国人希望有更广泛的民众能了解美国的价值观与政策，希望能与普通老百姓有所交流，所以他们选中了讲个人故事的聊天节目。

希拉里对鲁豫说，我们可以上一个常规的新闻节目，也许这很重要，但是我知道你的节目有很多观众，他们对这个世界很好奇，对你的节目的内容也很感兴趣，所以我很高兴接到了你的邀请。

鲁豫觉得希拉里很活跃很健谈，一坐下来就问麦克风应该是别在左边还是右边，盖特纳则问一句说一句，显得害羞一点。

希拉里在大学时代独来独往，素面朝天，对逻辑严谨的法律感兴趣。有一天，她看到一群大学生在谈笑，一个高个儿的英俊小伙正在大声说，你们知道吗？我们那儿出产世界上最大的西瓜。朋友告诉希拉里，那个吹牛的人正是克林顿。

盖特纳 20 岁时曾经在北京大学学中文，中文名为高逸然，这是个很超然的名字，但那个年代物资相对匮乏，高逸然不能超然物外，经常进出专门为外国人开的“友谊商店”为老师和同学购买彩电等稀缺商品。另一个他不能理解的事情是北大一周只供应一次洗澡的热水，这让他在那一天像过节一样隆重。

鲁豫采访希拉里及盖特纳

鲁豫按照自己的模式让这两位美国高官说出了自己的故事，也把他们想对中国民众传递的观点和观念说了出来。这是一次成功的采访。但是，网上有人说，此次访谈被希拉里反客为主，一上来就连续向鲁豫抛出了四个问题，让《鲁豫有约》变成了《希拉里有约》。而随后曝光的对话证实，希拉里的问话是聊天节目开始前“暖场”的客套话，完全没有反客为主的意思，更何况，这个节目的宗旨就是“说出你的故事”，嘉宾愿意多说话，主持人求之不得。希拉里这样老练的政治家，又有着所有名女人同样的漂亮和虚荣，当然会一上来就与鲁豫“套磁”、互夸，如果拿出这几句话作为采访不成功的证据，未免小家子气了。

做电视，做主持，不能不让人品头论足，在接受批评的同时，鲁豫也得到了更多人的喜爱。

一位小女孩儿来信说：“不知道从什么时候开始，看《鲁豫有约》已经成了我的一种习惯，星期六绝对不会给自己安排什么活动，即使错过了，也一定要熬到凌晨等回放。喜欢这个节目，一为节目本身，二为鲁豫，三为凤凰。

“从来没有一个女人可以让我如此热爱，似乎能永远在我心头驻留。鲁豫就是这样的女子。鲁豫不是小莉那种一句话就能让人感动的女人，被她感动和包容是一个很漫长的过程。从认识她到爱她，我等了很久。鲁豫似乎永远都是淡淡地微笑，静静地聆听。她已经不再评论外界，只是不断地在听，听外界的倾诉，听毛孔张开的声音，听静谧的空气，听紫罗兰的优雅。鲁豫确是拥有着紫罗兰般的优雅，从语言到举手投足之间，每寸肌肤、每根血管都绽放着优雅。”

在做了近10年的《鲁豫有约》之后，鲁豫对生活的感悟已经与当初大不相同，她告诉那些爱她的、恨她的人：我不是奥普拉，不是希拉里，不是我远在美国的另外两个女同行Katie Couric和Bahara Waters。我曾经想成为她们，今天却害怕成为她们。

小时候，我幼稚地认为，只有忙碌于事业，才意味着丰盈的人生。偶尔看到一手牵着孩子，一手拎着蔬菜水果匆忙回家做晚饭的主妇，总会流露出惋惜怜悯的神情。反正，我不要这样的未来。当过去的未来成为现在，我却真心地渴望着曾经不屑的柴米油盐。

常常有女孩子对我说：“鲁豫，我看你的书，看你的节目。我也要考广院，去学国际新闻，做电视，周游世界……就像你一样。”

我总是感动地笑一笑，心里有种想拥抱她们的冲动。

我，其实和你们一样，曾经渴望外面的世界，羡慕别人的生活。

我，不是榜样，我只是你们成长中的一个坐标。

锵锵三人行：一个话痨的十年

“锵锵三人行，说什么都行……”每天，窦文涛都会在凤凰的屏幕上，坏坏地笑着对大家说这句他说了多年都没嫌烦的话。

窦文涛一脸无辜地说，有的人说我笑起来挺坏，有人说我笑起来色眯眯的。我后来分析，其实是我的脸有点歪，我的脸不对称，所以我一笑嘴就是歪的。嘴歪就显得坏了，这其实跟我本人没什么关系。

于是，窦文涛就带着一脸坏笑走进了本来挺严肃的中国电视史。

1998 年的时候，刘长乐提出办一个低成本的谈话节目，播出时段放在非黄金时间的中午和午夜。方法是用聊天的形式讲时事新闻。

那时，窦文涛是《时事直通车》的男主播，开会时没觉得有自己什么事，姗姗来迟，躲在一个角落里悄悄想心事。大家议论谁去主持该节目，有人说：“文涛怎么样？”没有人接话。

文涛原来在电台的时候有很多即兴谈话的机会，但来到凤凰卫视后这种表现的机会不多，因此别人并不知道他有没有这方面的天分。

这时候刘长乐突然问他：“文涛呢？文涛自己怎么看？”

窦文涛犹豫了一下应道：“我觉得自己还行。”顿一顿又说：“算了算了，我不行。”

“很谦虚嘛！”刘长乐把他的话打断了，“我就喜欢这种主动请缨的，讨厌腻腻歪歪。”

窦文涛是能说的，香港回归 60 小时播不停，他一人不停地说了七八个小时，很有些天赋。于是一锤定音，窦文涛硬着头皮上了属于自己的“脱口秀”。

窦文涛把节目做到 10 年的时候，被请到中国传媒大学讲了堂课，这堂所谓的“课”的风格正好就是窦文涛在《锵锵三人行》上的语言风格，想了解这个节目，看这段话是一个准确稳妥的办法。文涛说，这也是一种“现代艺术”。

> （《锵锵三人行》）我觉得本质上来讲它不是我的孩子，是刘长乐的孩子，（大笑）我就是一助产士吧。（大笑）因为这个节目 10 年……哎哟，我天哪，我跟你们讲，我绝对是中国第一大话痨。（大笑，掌声）
>
> 话痨是什么意思？话痨就说明他讲的话质量不高，而且因为他说的话太多，因说成病才叫话痨。在这个意义上讲，我不是说话最好的主持人，但我肯定是说话最多的主持人。10 年，你想一天讲半个小时，都是以我说为主，

这样变态的节目本来不能是我想出来的。（笑，掌声）但是其实凤凰，其实好多时候人是给逼出来的，所谓的很多种创新那其实是没办法。最早10年前就是刘长乐，我们的老板，他要弄一个这个节目，说是聊天啊，俩人太少、四个人太多，然后呢就仨人儿，是吧，三个女人一台戏嘛，是吧，说你们必须仨人聊。然后当时跟我讲说是——其实他是没力量，他说我们没法给你找人，你这个嘉宾必须固定，没人给你到处去找人。其实这节目多年前基本上就是我一个人干的，幕前幕后就是我一个人，凤凰就是这么……不像话。（笑）但是因为这个你干不干呢？你要干。其实要是兵强马壮的话都是惰性的，我想10年前你说让我办个谈话节目，那当然是说咱谈什么话题请什么专家，这是经典的思路嘛，肯定是要这样做的。但是因为他不给你这个条件，不给你这个条件你就必须两个固定的人谈，天天谈新闻。那么那个时候问题就出来了，你说什么人，哪怕说是学富五车，啊，哪怕说是咱们广院读书最多的人，他能做到说聊什么他都能聊？这个问题解决不了，解决不了我就没法干。所以后来我觉得呀，这事吧，咱们还得要它这份工资啊，呵呵，当时我这个情况也比较惨，在凤凰连续做的一些节目，都不太适合我，确实是很惨，也找不着自己该干什么……

可能有的人还知道我报过一阵《时事直通车》，后来观众投诉，说我报新闻不可信（哄堂大笑）。他们都说这小子说什么都像骗人的，不可信。（大笑）不可信就算了，但是我觉得我们刘老板这个人啊有一个好处，他永远给你无限的机会，甚至是无限的时间，让你有机会最终证明你自己是正确的。我们刘老板从来不舍得炒人，哪怕不得不炒啦他都不愿意，说你做这个不行那就先待着，明年再做一个，再不行再待着吧，他倒是能养人。（笑）所以其实是因为有他才能够容忍我这做一个不行，做两个不行，最后碰见《锵锵三人行》了嘛，所以我就绕回来了嘛。他为什么是《锵锵三人行》的母亲呢？因为这个节目是他想的，这个节目的名字是他起的，哪位同学能知道"锵锵"见于哪个典籍吗？（观众沉吟）这说明我们那个刘老板很有文化，（笑）他当时说在古代典籍当中有这样一句话，叫作"凤凰于飞，和鸣锵锵"，就是说凤凰这种动物这种鸟飞起来叫的声音是锵锵锵锵的，（笑）所以根据这种记载，我觉得凤凰有可能是古代外星人的飞行器。（大笑）而且为什么我反复要讲他呢，就是这个节目做了半年也没有广告，按照我们的规矩就要撤掉，然后当时他在会上讲，就是说文涛不容易，这个节目给他留着，就这样又留了一个月，就又有了广告，能挣到钱了。

凤凰内部的人都把《锵锵三人行》叫"锵锵"。三个人，一张桌子，三把椅子，

窦文涛的锵锵三人行

三个茶杯，往演播室里一放，开侃，呈现个人风格强烈的“脱口秀”，这就是锵锵的全部。

“小桌子做道具是我想出来的，”导演梁锦晖说，“你注意到没有，通常香港廉政公署审犯人时，都是用类似三角形的桌子，三个人刚好合用。”三角形桌子不好摆摄像机位，梁锦晖决定把桌角去掉，改成梯形桌，为了做这张桌，他画好图纸，跑遍了红磡、土瓜湾的家具店。《锵锵三人行》节目组没有固定资产，就连嘉宾坐的三把椅子也不是自己的，后来有观众不约而同地质疑他们桌子上的茶杯，你们桌子上放那仨茶杯，每天洗吗？谁来谁喝呀？而潮州的一个观众看他们太穷，自己烧了点瓷器给寄来，说看你们太惨了，老是那几个杯子。

窦文涛给这个节目的概括是“不求高度，只求广度；不求深度，只求温度；不求结论，只求趣味”。“锵锵”的另一个特点是“跑题跑不停”，“没有目的，没有主题，没有方向，完全循着趣味联想，你想到什么，我想到什么，我们只有一个开始，没有结果，你也许不会记得我说了什么，可是我希望你能享受谈话的过程。试图从趣味的角度来看待每一件事情，我之所以显得不一样，是因为不是从你习惯的角度来看这件事的”。

窦文涛还有一个观点很有趣：我的主持风格就是要让自己觉得舒服，这样别人也就会觉得你很舒服。《锵锵三人行》之所以现在还存在，是因为有一部分人喜欢，等到大家都不喜欢了，我就不干这一行了。在李小龙出现之前，没有任何一份观众调查告诉他需要看功夫片了，是因为李小龙自己愿意干这个，那是他的梦想，他根本不管有没有人喜欢看这个。

这个节目挪到北京制作以后，窦文涛可以请来全国各行各业的名人、潮人、专家来上节目，这些人里有王蒙、王朔、陈丹青、马未都、查建英、宋晓军等等。有一次，他们甚至想请芙蓉姐姐来聊一聊，结果芙蓉姐姐不懂行规，开了一个节目组不能接受的出场价，因此没有来成。各色人等也使节目变得天文地理、五行八作，无所不包。

其实，《锵锵三人行》的话题，哪怕是只谈风月，也还是沉重的，只不过表述的方法不同罢了。

《锵锵三人行》的10年，嘉宾像流水一样来来去去，当中混得最脸熟的是许子东和梁文道。《锵锵三人行》的香港主编邹倚天（北京还有一个节目组）把这两个人和窦文涛比作节目的铁三角，很多临时发挥的即兴话题不敢交给面生的嘉宾，非要这三个人坐在一起才能指望聊出世态百相。

邹倚天说，鲁豫可以讲故事，我们没故事可讲，只有一个线头，你想把它发展下去，弄成一件衣服，就得自己掏出东西来。从这个意义上，“锵锵”是窦文涛的原创节目，风格就是他的气质和个性，所以后来有电视台模仿，但都超不过。

许子东认为，美国的大牌谈话节目和“锵锵”比起来，也有形式上的局限。“美国的谈话节目都不是三个人的，要么是两个人，要么是一个圆桌，很多人。欧洲也一样。美国的电视工业这么强大，他们一定什么形式都尝试过，偏偏这种形式没有出来。这种形式能在中文电视圈流行，说明电视文化虽然是普世的，但是它毕竟有各个民族文化的特点在里面。”

梁文道说：“大卫·莱特曼的脱口秀有几十个编剧给他写台本。所以美国编剧一罢工，他就有点顶不住。而我们没有台本，只有一个大致的方向，这反而是优势。”“两个人聊会很累，三个人就很轻松，不用抢着说话。”

中国新锐的时政杂志《新周刊》在“锵锵”10周年的时候，用了封面文章和大半本的篇幅调查分析这个人和这个节目，这份杂志评价说，窦文涛在《锵锵三人行》中开创了一路新的电视文风，你可以称之为“亲爱的坏品位”。在电视上侃侃而谈，这种具有绅士风度和正襟危坐效果的局面被窦文涛演绎为谈话密宗学和电视私聊家。窦文涛说人话、鬼话，但不说神话。窦文涛说生活正确的话，但不说政治正确的话。窦文涛说讨好的话，但不说卖乖的话。窦文涛说聪明而卖弄的话，但不说愚蠢而不自知的话。窦文涛说庸俗的话，但不说高尚的话。窦文涛说反讽的话，但不说愤怒的话。

一位上海人说，老窦是牛人，容易让不同层次的人对他有不同的看法。我身边的人，有的认为其大奸，有的认为其大善，等等。我个人认为他是个非常聪明（或说狡猾）但真实的人。还是他自己说自己比较形象，那就是现代版的阿庆嫂。

名人面对面：我也不妥协，所以我坐在你的面前

许戈辉在英国进修时，老师让她戴上耳机，闭上眼睛，倾听一些世界性人物的演讲。她说，丘吉尔是这么说的，然后她开始模仿丘吉尔敦厚而有些苍凉的嗓音：“我没有什么可以奉献，有的只是热血、辛劳、眼泪和汗水。”“我们决不同希特勒或他的任何党羽进行谈判，我们将在陆地同他作战，我们将在天空同他作战，我们将在海洋同他作战，直至邀天之助，在地球上肃清他的阴影……”

你知道听了他们的录音是什么感觉吗？她自问自答，感觉他们就是天之骄子，世界就应该由这样的人来领导。

她是那种“长着一副贤良的样子，但是有颗狂野的心”的人。或者说表面上看起来传统，骨子里有点摇滚。这就是许戈辉。

她欣赏的人，都是有真性情的那种。

她有着中国传统女性的谨小慎微和埋头苦干，也容易感动，经常被采访对象感动得稀里哗啦的，然后她还会对人家说：“我现在还记得眼泪流淌下来的温度。”

《名人面对面》是她从杨澜那里接手的，“我接手时，朋友劝我，说观众都有先入为主的心理，你去就吃力不讨好了，而且你看上去这么温柔，不够犀利，不适合做谈话节目。我开始也有些担忧，慢慢就好了，我和她是不同的人，学也学不来，做出自己的风格，大家还是喜欢的。”

那是 1999 年，戈辉还在香港凤凰总部上班，同屋的是一个叫叶扬的女孩。叶扬是这个节目唯一的编导，同时也是外联、策划、撰稿，反正除了戈辉的事，剩下的事由她包圆了。

叶扬除了当编导，还是个酷爱写作的高手，她记录下了戈辉为这个节目付出的“热血、辛劳、眼泪和汗水”。

戈辉的心底深处，有坚强无比的信念要做到自己想做的东西。所以她坚持，要让一部分对社会对人类历史有突出贡献的人能成为她的座上客，即使他们并不像明星那样妇孺皆知。她顽强地坚持，坚毅的神情一如傅聪在采访中不配合时她说的一句话：“我也不妥协，所以我坐在你的面前。”

她所坚持的是什么呢？

在访谈里，她常问到人生的选择，问假设某种情况之下的人生，问来生会做什么，问假如可以改变一件过去的事情会是什么……有人怀疑是不是找不到话题，其实在她眼里，人生就是永远不会重叠的话题。她也会问到很多人生以外的话题，从社会的发展到人类的未来。她希望这些人的思想能让人们想飞的翅膀更稳健，飞得更高。

工作的时候，她关注一切细节，要求一切细节。她对《名人面对面》的制作要求有时候显得像一种偏执，连我这个自以为偏执的人都花了些时间去适应。当我们根本不具备某种拍摄条件，或者因为忙不过来而要放弃另一个方案的时候，她一定会试着去开拓另一条路，甚至不惜动员家人和朋友帮忙跑腿。柳传志曾对戈辉说他欣赏“唯偏执者生存”这句话，也许柳传志的成功与戈辉的成功道理相通。

她是《名人面对面》的工作狂。可以按小时来排自己的工作日程表，可以通宵啃资料，也可以找朋友谈工作，工作中交朋友。但是我觉得她仍然不属于剑拔弩张的“女强人”。她常说：“我们别为五斗米折腰。”原意本来是说制作班子小也要对节目高要求，后来就渐渐被我们扭曲，用来解释为什么在囊中羞涩的时候还要跑出去吃大餐。仔细想想，这种扭曲其实也是受了她的影响。

2000 年，许戈辉在越南采访了后来执掌中国足球帅印的米卢

有一次我们出差住同一间房，从下午两点进门开始直到

半夜，她就一直没讲过别的事，只谈第二天的采访。晚餐我们胡乱吃了点东西，接着谈。谈着谈着，她就开始张罗吃水果，吃着谈。

其实这个例子不够好，比不上我们的“办公室人性化会议”。远远的，刚做完《两极之旅》的她浓妆地来了，走到我的办公桌前，先自取零食一款，方落座，一粒话梅或青豆已入了口，于是左脸鼓着但表情严肃地说：“我有这么一个想法……”我们说着说着，手中的零食成为宣泄各种小情绪的工具，甚至可以成为会议纪要的手段，比如说“我开始吃这个以前不是说过……”

许戈辉曾写过一篇《温柔三虐》，可见她是知道自己是工作狂的，不过“温柔”二字却富有享受感，成为此题的另一妙笔。毕竟，衣带渐宽终不悔，要看是不是乐在其中。

有一次，她们邀请了作家刘索拉作为采访对象。从准备到拍摄，只有三天时间。许戈辉的桌子上有三摞东西，一摞是英文媒体的报道，一摞是国内媒体相关的访谈内容，最后一摞是有关音乐风格和几位影响到刘索拉的名人的资料。要在短短的两天里看完，简直是“一顿饭吃十个大肉包，不撑坏也得闷坏”。

第二天早上，许戈辉却把电话打到叶扬被窝里：“……我看得如醉如痴，谢谢你。”叶扬坐起来，陶醉了半分钟，忽然一愣，想起“如醉如痴”四个字，看那些枯燥的文字能如醉如痴，可见她是多么投入与喜欢。

那天，音乐人刘索拉、许戈辉、叶扬在香港红磡一个背山面海的小亭里拍摄，她们谈到“先锋”，刘索拉说：先锋是寂寞的，但是如果要做先锋，就必须坚持自己，甘于寂寞。戈辉很有感触地点头说：“所以先锋是少数勇敢的人。”

天黑了，刘索拉在科大的礼堂里办的音乐工坊只来了不到 10 个学生，一张鼓却敲打出有力的节奏。戈辉与刘索拉一起陶然忘我，放开嗓子唱出随意的乐音。但是据余秋雨先生说，戈辉唱歌一般是跑调的。

这么多年的采访，给她留下最深刻印象的是傅聪。傅聪是钢琴家，父亲傅雷是中国最优秀的翻译家。早年傅聪前往波兰学习时，父亲的临别赠言是：“做人第一，其次才是做艺术家，再其次做音乐家，最后才是做钢琴家。”1958 年 4 月，傅雷被划为右派，而远在波兰的傅聪也在其后不久接到回国的通知，这距离他留学毕业还差半年（此前他曾短暂回国演出，文化部官员发现他的一些思想不合时宜，警告他说，再这样下去，就把你调回来，让你下乡劳动去）。1959 年年初，傅聪背负叛逃罪名，出走英国。但他给自己定下原则：不入英国籍，不去台湾，不说对祖国不利的话，不做对祖国不利的事。但后来，为了出国演出方便，他入了英国籍，父亲知道后，几个月不给他写信。“文革”中，傅雷不堪侮辱，与夫人一起自缢身亡，这成为傅聪心中永远的负疚与痛苦。因此，在他的琴声里，充满着矛盾的两重性：叛逆和顺从，细腻和粗犷，正直与宽容，诗情与悲壮。

改革开放后，因邓小平的首肯，傅聪得以回国演出、探亲。

许戈辉在采访傅聪之前，对他喜欢什么音乐，爱看什么书，莫扎特和巴赫的音乐带给他的感受与影响等等，都有了解，什么都想到了，就是没想到孤傲的傅聪根本就不配合。

当时傅聪在北京开独奏音乐会，是他的演出公司安排了采访，他非常不耐烦，可能他觉得采访占用了宝贵的时间，也可能觉得媒体虚头巴脑的，干吗要让我干这个？是 CCTV 先访问的，然后才轮到许戈辉。傅聪已经有点忍无可忍了，变得很不礼貌。许戈辉这样的靓女坐过去和他寒暄，他却开始翻跟前的杂志，不理。凤凰的工作人员过去往他衣服上别话筒，他吼道：“为什么把这个东西搞到我身上？”

许戈辉看了，觉得这的确是个很真性情的人，这么大年纪了，也不用外交辞令敷衍，不高兴就真的不配合。但她也有自己的原则，你可以抵制采访，但要有礼貌啊！她神情坚毅地说：“我也不妥协，所以我坐在你的面前。”

采访开始，傅聪回答问题就呛人。戈辉问：“这个音乐会是为了纪念你的父母，刚好今天又是中秋节，你现在是什么样的心情？”1966 年 9 月，傅聪的父母就是中秋节之后第四天自杀的。那是一个星期六的晚上。但是傅聪显然不想对这个陌生的女孩儿敞开心扉，他说：“没什么，音乐会就是一场音乐会。”

戈辉又问：“看到北京秋天的满地落叶，会不会想到在华沙时的情形？”

“没有。”傅聪冷冷地答。

本来以为这些问题可以引起他很多很多的话题，哪知道却什么也没有。

但戈辉碰到这样的对手，反而激发了她不服输的韧性。她喜欢有棱有角的人，因为她自己就是这样的人。她不放弃，就那么一句句地问下去。幸好她在准备材料时找了一些傅聪所看重的一些音乐家对他的评价，尤其是对他演奏的一些看法。进入专业，面对比较权威的评论，傅聪有点坐不住了，开始阐述和反驳。

进入了状态，他就真的不一样了，这位钢琴家有很多身体语言，有很大的摆动幅度，摄影师经常发现他突然不在镜头中了。呵呵！

他在做手势的时候戈辉发现他手上的每个关节都打着胶布，但他仍然坚持每天练 8 个小时的琴，很感人的。

最后，戈辉转述了一位音乐教授的话：“傅聪非常有音乐才华，但我想象不出他在生活中还有没有其他的爱好和寄托可言，有没有什么其他的情绪宣泄的渠道。”她问：“您下辈子还当音乐家吗？”

傅聪说：“不会。但，也许，还是会，因为我没有其他的选择。”

真心流露，是这个节目最想达到的效果。

傅聪的话和打着绷带的手，让很多人都感动了。

另一次，戈辉在兰州采访《读者》的创办人之一彭长城。早餐时，彭说起他最喜欢的一篇文章《你丈夫真好》。说的是一个孕妇乘公共汽车去姐姐家，一路上人们都给她让路、让座，每个人都对她说：“你丈夫真好。”她一路纳闷，到了姐姐家连姐姐也这么说，她终于忍不住，问这是为什么。只见姐姐从她背上取下一张字条，上面写着：“我妻子怀孕了，请给她让个座，谢谢！”

说罢这个故事，所有的人都沉默了一阵子，许戈辉已经热泪盈眶。她轻轻地说：“今天下午采访的时候，您能把这个故事再讲一遍吗？”于是这个故事成为节目中的一个亮点，很多观众来信说，在彭长城的叙述里找到了人间的真情。

许戈辉的节目在凤凰卫视一直没能大红大紫，但是戈辉说：“我的理想不是大红大紫。如果一味追求知名度，会向理想妥协。我不是那样的人。”她也不在乎提看似简单的问题，不怕被人家说头脑空空，她说不会把自己伪装成专家、行家，这恰恰是自信——那些普通人不知道的问题，我提出来了，能制造出和谐的气氛。

在《名人面对面》办满 8 年的时候，刘长乐为这个节目写了一篇文章：“这个节目先后有三位制片人，都是年轻的女孩儿，她们都对我吐露过心中的困惑：有时，她们准备采访的名人，她们内心深处就有强烈的抵触；有时，收视率高的节目是她们并不情愿做的节目，而那些有价值、能带给人思考的名人却排在收视排行榜难看的位置上。电视界有一句老话：收视率是万恶之源。包括我在内的电视人都不能不为此困惑，不能不为此妥协。在媚俗的潮流下，妥协而不随波逐流，也是一种坚守。虽然有些无奈和苦涩。”

这种坚守包括，不仅仅采访人气极高的娱乐界名人，还要采访文化名人、社会名人、争议名人、问题名人，还有小众的知识分子和那些“人生不满百，常怀千岁忧”的忧国忧民之士。当然，采访这些人要付出牺牲收视率的代价。

戈辉后来在一篇采访手记中写道：“得到的时候，一定想一想，你失去了什么。”其实，不仅仅是戈辉需要这样想，这是我们每个人都应该认真想一想的问题。

人性有许多弱点，一分钟不警惕，它就会干扰你的心智。

这种坚守还包括，以包容之心对待不同的观点与文化。无论是靠付出、坚持和实力换来的真名人，还是靠包装、靠美貌、靠绯闻成名的假名人，我们都看作是生活的题中应有之义。恰如不挑剔的口味，无论东西南北，无论川粤鲁豫，无论酸甜苦辣，还是臭不可闻，均能得其妙而食之。如今的世界，已经不应该是非黑即白、你死我活，文化应该越来越多元，我们也应该越来越包容。只有共生，才能共荣。

风云对话：阮次山与三百政要

1

据美联社报道，2011 年，旨在推翻卡扎菲的利比亚内战开打之际，卡扎菲曾致信奥巴马，“给我们的孩子、可敬的贝拉克·奥巴马：如同我之前所说，即使，愿安拉不让此事成真，美国与利比亚爆发战争，你依然是我的孩子，我还是爱你的。我不想改变对你的印象。所有利比亚人民都支持我，准备成仁，甚至妇女小孩儿。”

正因为卡扎菲之后不久就被推翻了，所以 2010 年 7 月凤凰卫视对他的独家专访就显得很难得。

那一天，掌控利比亚 42 年的卡扎菲是在他办公楼外面的一个大帐篷里接受采访的，让人匪夷所思的是，他竟然自己驾驶一辆电瓶车开了进来，着实把阮次山吓了一跳。一般这样的铁腕人物都特别会摆谱，卡扎菲摆谱的方法是让你吃惊于他的俭朴。

被风吹得呼啦啦响的帐篷里摆了一张沙发，他却说“我不要坐沙发”，然后坐在了一只海滩上常见的简易塑料椅上。

这位独裁者深居简出，阮次山的访问是华人媒体第一次一对一地采访他。他是一个非常张牙舞爪的人吗？阮次山脑子里曾经一遍遍地想过他说话的样子，等到了跟前，才发现他讲话细声细气、彬彬有礼。

这个世界性争议人物穿一件灰色的袍子，跷着腿，他的助手要求摄像机必须正面对着他。在一些人的眼里，他是“大救星”“民族英雄”“革命领袖”；而在另一些人的眼里，他是“狂人”“疯子”“恐怖主义支持者”。但不管是他的支持者和反对者，都不得不承认这样一个事实：卡扎菲领导这个大约有 600 万人口的国家摆脱了贫困，成为非洲最富裕的国家。

阮次山：你认为过去40年里有什么成就？

卡扎菲：我领导革命40年，不是我在执政，是人民在执政，我认为最重要的成就，就是建立了人民政权，成立合众制，修建宏大的人工河。

阮次山：贵国与美国的关系现状如何？

卡扎菲：在奥巴马当政期间，我们与美国关系不错。而之前却不尽如人意。在里根时代，我们已走到了战争的边缘。长期以来，利比亚都致力于反美。现在我们非洲人能够统治美国，我们将支持他，因为他是我们的孩子，是非洲的子民。

阮次山：即使在基督教国家中，您所提倡的使用女飞行员与女保镖的做法也是较为激进的。那么您在这一过程中，是否遇到过来自贵国社会上的阻力？

卡扎菲：当然。落后的社会会反对这些，但是革命抵制落后。

阮次山：世界上许多领导人都会考虑在离任后将他们的理念传递给他们的接班人。您是否会为传递您的理念而寻找一位接班人？

卡扎菲：第一，我没有王权，我不是国王，也不是总统，让我考虑接班人问题不存在。在利比亚，政权属于人民，人民自己管自己，接替人要干什么，我也没有权力去管，因为时代是人民的，人民执政，人民接任，填补空白。

阮次山：但贵国并没有选举制度，那么这些领导人如何就职？

卡扎菲：由公众选择，人民委员会掌握政权，人民委员会包括所有人，男人、女人都包括。他们掌握政权，他们选择这些委员会来执行他们所决定的事情。既然政权在人民手里，所以人民可以选择任何方式，这是个管理的问题。

卡扎菲把自己包裹得很深，不愿透露内心，比如他对接班人的问题，用自认为巧妙，实则令人厌恶的方法避而不谈。这种想在权力宝座上待到老死的欲望，正是他不久就被推翻的主要原因。

与老卡的深藏不露相比，伊朗总统内贾德要锋利得多。他在面对阮次山的专访时大骂美国。

阮次山：总统先生，您多次提到美国与其他西方国家应当理解人道主义的真正含义。您认为他们现在是否能够理解这其中的意义呢？

内贾德：他们当然理解“人道主义”的字面意义，但是这些人图权贪财，并企图统治整个世界。所以他们对真正的人道主义不闻不问。每个人都应该有良心，每个人都能够分清对错。但也有些人被欲望蒙蔽了双眼，他们根本不愿意接受事实真相。而这也正是人与人的不同之处……他们自称倡导人权，但实际上却犯下滔天罪行。看看美国士兵在越南、韩国、伊拉克、阿富汗杀死了多少人？再看看他们在关塔那摩监狱与阿布格莱布监狱的所作所为。美国才是人权运动最大的敌人……当今的美国政府是反人权的头号罪犯，他们对美国人民进行最残酷的压迫。当人民的邮件与电话都在政府的监控之下时，这些人又有什么人权可言？他们有何脸面自称是人权的捍卫者？他们为向其他国家施加压力而寻找借口。这一情况在南美洲就有所体现。美国支持着一些独裁统治最为严重的国家，其中许多国家根本没有进行过选举，但美国却支持这些政权。他们又有何面目去捍卫人权？终有一日，美国将为它犯下的罪行而接受审判。

世界需要不同的声音，就像世界需要生物多样性一样重要。

因为西方媒体无法得到这样的访问机会，因此阮次山的访问就成为西方非常关注的事情，也成为他们了解研究这些敌对国家的重要资料。

2

阮次山留着八字胡，脑门倍儿亮，虽然说话结结巴巴，却是访问世界领袖与政要的“专业户”，他几乎走遍了世界各地，与世界上 350 多位“最关键、最前线、最敏感”的掌权者“风云对话”，先后访问过江泽民、李光耀、卡特、普京、阿拉法特，还有美国、英国、以色列、日本、阿富汗、印度尼西亚、菲律宾等几十个国家的总统、首相和国务卿。

《风云对话》的前身叫《VIP 会客室》《时事大参考》，由阮次山和鲁豫两个人做主持人，后来鲁豫不做了，阮次山自己做。

这个节目对嘉宾的规格要求很高，用英文讲就是 Policy makers（能够制定政策的人），或者是在一些重大的国际政治、新闻事件中，有重要作用的人。初期，他们经常约不到够级别的人物，只能去买一些其他媒体对高端人物的采访，由阮次山做一些串场。

当时阮次山独力支撑这个节目非常辛苦，几乎所有的联络都是他自己去跑，自己试图在各种各样的场合下见到那些高官，留下联系方式，然后他自己打电话约采访，约到了谁，他就通知主编，筹备拍摄。

而他在资讯台开的另一个节目《新闻今日谈》就更惨淡了。那是2000年的事。因为资讯台不能在大陆“落地”。阮次山辛辛苦苦录制的节目没有电视机能收到，他老人家的形象只能在太空中飘荡，落不了地。

凤凰卫视地方小，供他录制节目的演播室是用布帘隔出来一间，只有两平方米，放两张椅子而已。

阮次山说，那时我每天都在面对墙壁说话，明明知道没人看，还要不停地做下去。

不落地的节目很难请到嘉宾。人家问：“在什么地方播出？”本来就结巴的阮次山就更结巴了：“在、在在、凤凰卫视吧。”再细问，知道是资讯台，马上推说有事，不来了。人情冷暖还表现在没有人愿意为你代班。因为节目没人看，没有反馈，谁也不会重视。其中的苦涩只有自己一人吞下肚子。让他哭笑不得的是，那帮主持《今日谈》的美女主播，一不留神就叫他“阮伯伯”，这位结结巴巴的老伯伯听后往往精神一振，赶忙恢复口若悬河的感觉，好像要证明自己壮心不已。

阮次山把面壁谈话当成一种修炼，像那位面壁的达摩。只有这样才能真正领会人生百味，才能让思想深入。

后来，留学法国的编译张晓雯接手了《风云对话》，是中文台的副台长刘春提出由她来做的，因为张晓雯可以拍纪录片。刘春从小生活在乡下，知道农民种秋庄稼的时候讲究“套种”，玉米地里种黄豆，芝麻地里种地瓜，棉花地里种大蒜，就能提高收成。刘春让她跟着阮次山满世界跑，到哪个国家都一石二鸟，先做高端访问，再拍纪录片。花最少的钱做最多的节目，这是凤凰的传家宝。

张晓雯力图改变采访资源缺乏的被动局面，她跑去找王纪言说：“我们应该办一次高规格的酒会，因为在外交圈子里，这样的酒会非常重要。”

这个由凤凰主办的外交官酒会在北京举行，他们运气不错，时任外交部部长的李肇星亲自来了，几十个国家的大使都来了，还有使馆的新闻官，被张晓雯一网打尽。这之后，她和阮次山带着两个摄影师满世界跑，到哪个国家都是边访问边去拍纪录片，这叫“套拍”，特别节省成本。比如在阿尔巴尼亚，他们访问了霍查夫人[①]，还做了一部5集的专题片。

① 霍查夫人涅奇米叶，是阿尔巴尼亚领导人恩维尔·霍查的妻子。霍查在二战中领导阿尔巴尼亚人民先后打败意大利法西斯和德国纳粹，随后担任阿尔巴尼亚劳动党第一书记兼阿尔巴尼亚部长会议主席，掌权达41年之久。死后被公开批判，并被掘坟。涅奇米叶也度过了1862天的铁窗生涯。

张晓雯做得最成功的一次，是2006年5月参加上合组织的会议，一次安排阮次山访问了五位总统，包括艾哈迈迪·内贾德，那是伊朗核问题最严重的时候。张晓雯记得很清楚，内贾德住在总统套房，新闻官告诉她明天到这儿来，总统会接受你们的访问。第二天到点的时候，所有的记者都在电梯下面等着，内贾德的新闻官从电梯走出来，一挥手，叫上凤凰卫视的人绝尘而去。CNN、BBC的人仰着头，只能眼巴巴地看着，他们知道，这些人上去拿到的就是全球独家新闻。

3

阮次山4岁时随父亲离开海南到了越南，然后又到了台湾。

阮家五个孩子，阮次山是老二。中国的多子女家庭，一般老二受到的优待较少，所以阮次山从上初中开始就学着自己养活自己。他最感得意的是在高雄中学读书时，校长规定，谁在校外媒体发表文章得到了稿费，学校再给你同等数量的奖金。重赏之下，阮次山自力更生写稿谋生。从那时起，所有学费都是他写稿赚来的，这样的孩子在学校绝无仅有。多年以后，阮次山每每提及这种一篇稿件得双份稿费的“制度”都赞不绝口，“很好，很好。”

阮次山进入政大新闻系后，他在班里的专业成绩名列前茅。政大新闻系有两个非常优厚的奖学金，一个叫陈布雷奖学金，一个叫陈博生奖学金，阮次山全部收入囊中。

1976年，30岁的阮次山跨海越洋，到美国深造，先拿了东亚硕士学位，然后又到纽约大学去念国际政治。

阮次山的声音出现在电视里，是2000年的事了。他结结巴巴、磕磕绊绊，有几个音节死活说不清楚，听得人心里起急。就这，还有观众夸他呢：“您的普通话最近大有长进，希望加倍努力，争取再顺溜点儿。”

问他：“您是不是普通话说不好，英文说得好？”

阮次山把头无奈地摇上几摇，“不是不是，问题就是出在舌头上，说英文也是有几个音死活说不出来。R和S如果连在一起，舌头便转不过来。我从小说广东话，到了台湾又跟着一个四川人学普通话，更是讲不好。

由于长相有点特别，常有革命同志问阮次山：你长得像日本人，名字也像日本人，是不是与日本有点关系？阮次山就怒了：呔！哪里！次山者，古已有之，金元之际伟大的文学家、诗人元好问，就名次山。

凤凰卫视一位女主持乱点鸳鸯谱，出道题询问女性观众愿意与哪位男主持人共结连理，一位美眉坚定地选中了阮次山，理由是“他聪明智慧，身体健康，又很有钱”。阮先生听了，哈哈乐得合不拢嘴。

当然，针对他的言论色彩偏红偏左，也会有学生在他的讲堂上尖锐地提问。

学生（武汉大学）：您教育我们要爱国，为什么自己却加入了美国国籍呢？我们为什么需要加入美国国籍的中国人来教我们爱国？

阮次山："嫁出去的女儿"教育后代要爱自己的娘家，有何不对？如果这样的话，侨办、港澳台办还设它干吗？

刘长乐的目的就是把凤凰卫视打造成"左中右"各种观点都能展现的平台，"偏红偏左"也代表了一部分人。

4

阮次山说："任何采访都有困难的，尤其是采访那些政要。例如我采访美国前国家安全顾问布热津斯基。这个人挺傲，我在美国念政治学的时候是我的老师，如果问题不够深度，他根本不理你。由于我准备得充分，他说，阮先生，你刚才提了很多非常有意义而且很有深度的问题。那天的谈话超过了预定时间 30 分钟。这一点让我感觉到，采访再困难的人，如果两个问题问下来他愿意和你谈，他是不看时间的。"

影响力最大的应该是他 2004 年 10 月 26 日独家采访美国国务卿鲍威尔。

那一年的 3 月，台湾大选，因为发生了怪异的枪击案，导致主张"台独"的民进党胜选。两岸关系再度紧张。

2004 年 10 月，阮次山采访鲍威尔

阮次山说："当时，鲍威尔来华的时候，朋友说能不能试一试专访？当我听到这句话时，心中的那种激情就开始荡漾，坐立不安，情不自禁地放弃假期去促成这件事。"

鲍威尔是美国布什政府里的鸽派代表人物，在布什第二次当选后他辞去了国务卿职务。没料到，他在任内最后一次访华时，由凤凰卫视搅起了一场滔天大浪。据说有90多个媒体同时向鲍威尔先生提出了采访要求，最后美国国务院选择的中文电视媒体是凤凰卫视，英语媒体是CNN。采访地点是在中国大饭店，凤凰和CNN分别在两个不同的房间。中国大饭店把两个标准房间变成了两个工作室，还特意在凤凰的采访间放置了一个中式屏风。

隔壁当然就是CNN了。采访时间是下午。为了万无一失，凤凰的记者上午11点就去了。不一会儿，CNN的人也到了。两边的人都没有吃午饭。在这段时间里，凤凰的人一直在认真准备功课，看相关资料，讨论对策，调机器和灯光。而旁边CNN的兄弟们一直大声小气地讨论事完之后大家一块上哪儿去"撮"一顿。

那一天，刘长乐也在现场，与鲍威尔握手后做了简短的交谈。刘长乐说，也许我们是受宠若惊，大牌媒体什么都见惯了，无所谓，我们却一直忙到晚上9点才吃饭。

鲍威尔好像有意奖励敬业和专业的人，他对阮次山说出了三个非常有力度的判断：只有一个中国，这仍然是我们坚定的政策；台湾不是独立的国家，不享有作为一个国家的主权；"我再次重申：我们不支持'台独'。"

媒体称，美国务卿鲍威尔昨天在北京鲜有地发表台湾非"主权国家"的言论，引起外界关注。北京的涉台问题学家认为，鲍卿的言论无疑是布什政府4年来对北京最善意的表达。

鲍的话在海峡两岸激起了非常大的震撼。第二天，台湾的股市暴跌4%。

在与强势媒体的角逐中，凤凰卫视没有丢分。

最费周折也最感人的采访是在中东。

为了采访阿拉法特，阮次山曾经于2002年9月21日到耶路撒冷，例行事先约好的访问。可是飞机一降落到耶路撒冷机场，就听到当地新闻说，阿拉法特的官邸已经被以军包围，并遭到炮轰，摄制组等了好几天，还试图闯关，但都没有成功，只好黯然而回。到了2003年5月，凤凰再度与阿拉法特接触，对方同意让他们再去，但SARS暴发，又推延了。直到当年7月，以色列解除对阿拉法特官邸的包围。阮次山再度到耶路撒冷等待，两天后，阿拉法特捎话说，晚上10点钟可进入官邸采访。

一行人经过一个小门进入一个廊道，那个廊道很特别，并不算长，却九曲十八弯，为什么呢？如果以军真的要袭击的话，不能直捣黄龙，而来访者也感到了阿拉法特的神秘。阿拉法特不论会见谁都在他的小办公室——一个两平方米的小房间，穿着那件大家熟知的厚军装。他一进来，冷气就关掉了，可能因为他怕冷。他的脸色很苍白，但目光炯炯有神。阮次山在浑身汗透的状态下采访了45分钟。

那时候，阿拉法特危机重重，身体不好，跟总理阿巴斯之间有心结。因为以色列总理沙龙拒绝跟他谈判，沙龙坚决的态度影响到美国，美国也表示不跟巴勒斯坦民族权力机构主席直接会谈，逼着他选出一个总理阿巴斯，阿拉法特认为他被冷落、被架空了。阿拉法特认为以色列人缺乏起码的诚意，“我的朋友拉宾，他们为什么要杀害他？就是因为以色列人从来没有和谈的诚意。”

阮次山问：“现在是否是巴勒斯坦建国最有希望的时期？”

阿拉法特回答，并不是，每天都充满希望，每天都充满挑战。

阿拉法特奋斗了38年，他的危机在于他没有接班人。但他依然斗志昂扬。阮次山问：“从事革命这么多年，将来你如何告诉你的女儿，或是巴勒斯坦的孩子们，你这辈子做了什么？你希望对他们有什么影响？”

阿拉法特睁大了眼睛，忍着要掉出来的泪水：“我要和平，我希望巴勒斯坦能够得到和平。”

阮次山说，我相信他心里还有话，可是他毕竟是个领导人，他只说“要和平”。他为这和平付出多少代价，从一个腰佩手枪的年轻人变成一个须眉皆白的老人，手都抖了，走路也不稳了，来日无多。所以，这个问题击中了他内心最敏感的地方。

5

但是，阮次山也有好心把事情办砸的时候。比如在菲律宾劫持香港人质事件中，阮次山的言论就受到了香港民众前所未有的抨击，也受到凤凰的严厉批评，被停播节目一个月。这个事件的教训是，在涉及人的权利、人的生命的时候，所有的言论都要三思而后发，如果我们承认人的生命高于一切，承认人的权利与尊严是世界自由、正义与和平的基础，那么所有保护、捍卫生命权利的举动都是可以理解的。

在这里，似乎出现了一个价值理性的悖论——我们对于生命的敬重与珍惜，需要通过什么方式来展示？在这里，涉及的不仅是一个事关伦理、秩序的生命观，而是一个民族对生命本身的理解与感悟。

生命高于一切，这不仅事关一己，亦事关所有人。

文化节目："知道分子"的困惑

1

瘦削的身体，走路时身体微微前探，好像总是在孜孜以求地找寻着什么。

肩上挂个半新不旧的挎包，里面永远放罐可乐，了解他的人知道，那是糖尿病人救急用的。他的腰部还被安放了一个能测血糖、注射胰岛素的小仪器，主食单调到只有可怜的两种：意大利面条和黑面包。家里还有病重的亲人需要照料，整日游走于医院、演播室、采访对象、文化讲堂或遗址之间，这就是王鲁湘。

这个身压千斤担子、脸上略带愁苦的王鲁湘与电视里那个精神焕发、侃侃而谈的王鲁湘相比，多了一份辛酸与苍凉，多了一种无奈与忧郁。

他在接受记者采访时说："我 50 岁了，从来没做过一件我想要做的事情。"

说这句话的时候，王鲁湘表情平静，语调亦不激昂。被问及最喜欢什么样的访谈对象，他说"凡老人都喜欢"，然后，悠悠地加上一句："老人的太太都很喜欢我。"

他自称性格平庸，但做节目却一定要特立独行，决不重复别人说过的话。他行事低调，但思想张扬。

与他并不健康的身体相对应的，是他有一个极其强大的内存系统——他的头脑出奇地好使，能量巨大且藏书丰富。

他有中国传统知识分子的傲气，充满韧性，虽然备受摧残，却从不因此改变。

做电视老板的，能得到王鲁湘是一大幸事，因为他一个人起码可以顶三五个人用。电视行当里，只要不是重体力劳动，他几乎全部能拿下。他可以是节目策划、编导、撰稿、主持人、嘉宾、文化顾问……他的专业可以是哲学、美学、历史、绘画、书法、考古……是名副其实的"王大拿"。

本来应该是枯坐书斋的学者，却成了无所不知的电视人，频频出现在屏幕上，甚至成为影像时代的一个文化符号，不少读书人对此是不以为然的，把他评为"知道分子"，这称呼，除了佩服，不能排除些许对时代的嘲讽。

程鹤麟写了一篇文章，叫作《王鲁湘喝没喝李奶奶的酒》："在许多观众看来，既然是专家，总该是有所专亦有所限有所长亦有所短，怎么王鲁湘倒像是喝了李奶奶酒的李玉和，什么样的酒全能对付？起初，面对观众的诘问，我只回答，找一个像王鲁湘这样的既有学问又善口头表达的人不容易……"

王鲁湘说话颇有激情，文笔又犀利，外表也不让人烦。这样的人对于电视媒体来说，是难得的尤物。

但是，不管是文人还是学者，抛头露面多了，物极必反，中国的环境尤其容易对这类文人嗤之以鼻。只要你火了，肯定认为你是炒作，至少也有炒作的嫌疑。而一直以来，王鲁湘自己思考最多的，也是“做一个有社会良心的代言人，还是回到本来的状态，做一个传统的文人”。

当他一直为自己的角色定位而困惑和惆怅时，岳麓书院的院长在一次采访中说：“王先生，你现在是中国文化的喉舌。”

这句话让他感动不已，这是他找了多年一直没找到的定位。

如果能把这种“喉舌”做好，我就三生有幸了。

2

王鲁湘是湖南人，全国恢复高考后的第一批大学生，据说高考分数是全国前40名，但却被“分配”到湘潭大学中文系读书。

湘潭大学让从大山里走出来的王鲁湘最吃惊的是，这里可以借到无数的书。当时的湘大虽然没有图书馆，“书虫”的王鲁湘却找机会爬进了书山。书的来源有三：一是钢板蜡纸刻印。现在的学子们可能一听就傻了，刻印就是早期共产党印《挺进报》的方法，先从老师的藏书中挑出篇幅不长的中外文学作品刻印，同学们戏称为“蝌蚪文”。二是借阅抄写。记得他从湖南南师借了老师一本法国丹纳的《艺术哲学》，然后用了一个星期的时间把它全部抄完。那是一本约30万字的厚书。三是购买，那时的书便宜，几毛钱一本，家里给的钱，除了留下11块钱的生活费，剩下的全部买书，你很难想象那时的一个穷学生先后自费订阅过《历史研究》《哲学研究》《文艺研究》《诗刊》《译林》等11份期刊。那时，书店到学校去摆地摊，别的书摆了不少，但钱锺书的《管锥篇》只有一套，这套书最后被节衣缩食的王鲁湘买下。

考入北大哲学系读研时，最幸福的事是北大有图书馆，里面有你一生也读不完的书，随便看。早上5点半准时起床，晚上11点半学校准时关灯，他就在蚊帐里点着蜡烛继续读，眼睛的视力从1.5变成了0.1，高度近视。

王鲁湘在大学读书的时候，正好撞上发生在20世纪80年代初的中国第二次美学大讨论。因为刚刚结束的“文化大革命”毁灭文化、毁灭美，因此寻找美、追求美就成为当时青年思想者的一种人生理想和境界。美学那种远离尘嚣的陌生的思辨话语本身充满了魅力，当时几乎所有先进的观念，都是借着美学的名义被引进来的。

因为喜欢美学，王鲁湘试图为自己搭建一个文学、心理学、社会学等方方面面的知识体系。他协助北大一位美学教授编写了40多万字的《现代美学体系》。还研读了中国古典哲学的经典《道德经》《庄子》《大学》，接触了笛卡儿、康德、黑格尔等西方哲学家的理念，为日后成为“电视人”埋下伏笔。

而这期间，一件关乎知识分子尊严的事，最终促使他走出了书斋。

他的老师是宗白华。当时90多岁的宗先生虽然被公认为美学大师，可在那个时候，却连副教授都不是。老人患有前列腺肥大的毛病，总是要去厕所，晚上起夜时不慎摔跤受伤了，王鲁湘带着老人去北京一所大医院看病。北京初冬，医院还没烧暖气，哆哆嗦嗦的宗先生在医院的走廊里等了一个下午，每隔不到5分钟就要去一次厕所，常常解了裤子要站半天。但医院仍要这个90岁的人等着。王鲁湘火了，冲进门诊理论，差点与人家发生肢体冲突。为了给老人看好病，王鲁湘找教研室主任，找系总支书，直至找到学校党委副书记，请他打电话让北京那家大医院收留老人。

“我当时专门去了解了，那家医院至少有3间病房。”王鲁湘说。

可是，对方的回复是：“宗白华不够格！”

20多天后，宗白华去世。

“那句话对我打击特别大。”至今王鲁湘依然有一种绝望的感觉，“就这么被一泡尿给憋死了。我感受最深的伤害是知识分子没有尊严，这是我为什么对尊严这么敏感的原因。”

说穿了，没有尊严的另一个原因是没有钱。

李敖曾经讲过一个故事：司马光接见后进的时候，先问你家里有没有钱。大家很奇怪，说国务总理级的人怎么见面问这么一个不上路的问题呢？原来司马光知道，家里没有钱的人，两个口袋空的人，腰板站不直，没有竞争能力。金钱是一种力量，竞争的力量。你可以说我不在乎，我不要钱，像颜回一样，一箪食，一瓢饮，在陋巷，人不堪其忧，回也不改其乐。可是，32岁，痨病鬼，死掉了。为什么？没钱。如果颜回结婚了，儿子得了盲肠炎，需要开刀，你要不要求爷爷告奶奶，双膝下跪？你会的。当你没有金钱的力量的时候，你就没有支撑点。

对传统知识分子命运的反抗，似乎成了王鲁湘生活的意义。

3

后来，他写了《河殇》，当了大学老师；再后来，他隐姓埋名为央视当专题片的撰稿。由于他是学艺术的出身，画面感强，文章的起承转合能给编导启发，他的稿费是最高的，这在圈内是公开的秘密。

但是，一旦深入这个行业，不对了，电视专题从策划开始，组织拍摄队伍，编导到位，摄像到位，下去拍摄，后期编辑、合成，然后找播音员把词说一遍，找作曲的配音乐，整个过程中间谁拿钱最少？策划最少，撰稿是倒数第二，反而是配音的拿钱最高。好的配音一天挣的相当于撰稿人一个月的收入。

王鲁湘说，我在中央台做专题节目，是策划、编导、撰稿三合一，最后这三个活拿的钱不及一个配音的多。这个环节中间，凡是搭上技术和设备的人，收入都高，也就人们常说的，机器比人贵。所以中国电视行业最早“发”起来的人是灯爷（灯光师）和棚爷（演播室管设备的主儿），而原创性的、对整个体系起支撑作用的环节往往是报酬最差的。如果这是普遍规律的话，谁也不是傻子，哪怕我40岁去学一个灯光怎么样？

这就是中国凡是与原创性沾边的事就搞不起来的原因之一。

后来，王鲁湘主持的《世纪大讲堂》也谈到，国家专利局有一个数据统计，中国每年申报的专利数，从数量上看非常庞大，在世界上都是领先的，但是80%以上的专利不是原创性专利，真正原创性的、带有知识产权意义的专利少得可怜。

“所以，像我这种埋头写稿的到现在还是穷儒。”王鲁湘说。

4

王鲁湘在2001年加盟凤凰，名分是高级策划。他第一次真正意义的出镜是做《寻找远去的家园》时。前面说过，凤凰那种“掠地而走式”的拍片方式特别匆忙和艰苦，而做这种节目要请策划、嘉宾和特约撰稿，涉及时间安排、交通住宿、劳务费用等种种“成本问题”。后来发现，如果有一个人把任务全顶下来的话，所有这些麻烦都没有了。这个人可以是王鲁湘。于是，他参与的《纵横中国》《永远的三峡》《文化大观园》等节目沿用了这个模式。

《纵横中国》是一档到全国各省巡回去做的脱口秀节目，每个省分为“人杰”“地灵”“风情”“经济”四个篇章，在这个节目里，除了主持人胡一虎之外，在场的六位嘉宾负责起这个节目的大部分内容或任务：探讨该省的风土人情、地缘文化……这些嘉宾里，王鲁湘是任何一个省份都在场的唯一固定嘉宾。按照胡一虎的说法，只有王鲁湘在场心里才有底，因为他不仅懂历史地理，还懂电视，知道录制现场应该朝哪个方向引导，这非常重要。

王鲁湘回忆说：他是那个节目的总策划人、总撰稿人、总主持人，还和同事合力担当公关人，长期在外地奔波，一个月必须出产8个小时制作难度极大的节目。“我刚拿起麦克风那会儿，听到了很多争议声。有人在网上问为什么主持人是王鲁湘，后来又问为什么总是王鲁湘？渐渐地，质疑声没了，最后成了‘必须是王鲁湘’。这个结果说明，我干这一行是称职的。”

摄制组与文化专家在长江上拍摄《永远的三峡》

比如在“纵横”湖南的时候，有嘉宾说，李白很奇怪，李白在长江，从上到下都走过，就是在洞庭湖这地方，他不怎么作诗。王鲁湘当场辩解道，说得不对，李白最通透、最灵气的七绝和五绝都写在洞庭湖。

山青灭远树，水绿无寒烟。
来帆出江中，去鸟向日边。

观众说，有时候他的见解甚至比当地学者更地道、更独到。

这几年，可以用两个形象比喻王鲁湘：烤鸭与行者。

《纵横中国》作为一种节目形态结束后，凤凰高层觉得王鲁湘已经在前台这么长时间，有一部分观众比较认可，给他量身定做了《文化大观园》节目，同时又回归主持《世纪大讲堂》。两档节目相同之处是都很文化，内容磅礴，框架严密，百家争鸣。不同之处是一个从头到尾坐着一动不动，一个是云天雾地满世界乱串。

先说这《世纪大讲堂》，录制时王鲁湘要两面作战：一面与各行各业顶尖专家学者一起进行思想碰撞与交锋，一面与头顶的灯光较劲儿。录制棚常常很热，却不能开空调，一开空调有声音，影响录制效果。“每一次录完我的衣服要湿透好几次，特别是夏天，几十个灯如同几十个浴霸烤我8小时（一般一次录4集），我都快变成烤鸭了。一点儿都不夸张，下来时脖子都转不过来了，脸上这层皮灿烂如烤鸭。”

王鲁湘是主持《世纪大讲堂》栏目时间最长的。这个节目2001年1月开播，最早的主持人是阿忆，接下来是许戈辉，王鲁湘2002年接手后，因为时间冲突，换了曾子墨，然后再由王鲁湘接回来。

发达国家早就意识到，通过卫星电视进行的远程教育是一种特效药，也是先进思想与高新技术的推销员。凤凰让最高学术殿堂的思想以通俗的语言和方式在电视上传播，成为国人观念更新的强力推手。这个节目还开创了一种“口述历史”的模式，让不同观念、不同观点的教授讲述他们各自心中的历史思想，让读者自己去判断和吸收。如朱维铮的《从“戊戌”到“五四”》、朱学勤的《从文化革命到“文化革命”》、许纪霖的《二十世纪中国六代知识分子》、吴思的《潜规则——在历史中拆解人间对局》、沈志华的《中苏分裂》都是前卫而深刻的学术思想。

《世纪大讲堂》扮演的是启蒙者的工作，只不过这种启蒙跟20世纪80年代的启蒙有重大区别，80年代启蒙是思想观念启蒙，现在的启蒙是建立在专业知识之上的一种专业启蒙。讲课的学者往往是某个学科里一流的、前沿的学者，他们不仅仅做过基础理论、基础学术工作，参与金融、社会问题的实践，甚至直接给决策层建言献策、起草法律法规文件。所以这些学者在理论方面、学术方面所进行的启蒙更加有力。

5

王鲁湘是属猴的，书上说，属猴者爱动爱跳、永不满足、有进取心、善于掌握很多知识，能成为优秀的演员、作家或社会活动家。

他主持的《文化大观园》遍访中国文化的神明之地和文化高人，分享生命的绚丽，享受文化的盛宴。所以他和摄制组只能一刻不停地出差、出差、再出差。这不免让人想起了《西游记》里的孙悟空，为了西天取经，做了和尚，戴了紧箍儿，还得天天跋山涉水，过风餐露宿的苦日子。在这个意义上，说王鲁湘是“孙行者”也恰如其分。虽然我们不能断定孙悟空是不是属猴。

这个节目居然能让广告商青睐，有段时间有了不错的广告收入，同时也出了一批粉丝。据说网上还有女孩写文章向他示爱，但更多的粉丝是中年女性，可见“王大拿”只能当师奶级的杀手。

将王鲁湘评为“知道分子”的《新周刊》给他的评语是：他示范了一位学院

派的知识分子通过电视向公众释放知识能量，转向“知道分子”的成长历程，这位电视布道者及他的“知道分子”同行们……试探出了中国文人价值最大化的另一出口。

但是，这位找到了另一出口的“知道分子”却依然困惑。不能确定这就是他向往的生活方式。唉，管他呢，人生得意须尽欢，莫使金樽空对月。不管岁月如何变幻，有能力掌控自己命运的人，心里总会有一份暖暖的希望与自信。

广告换将，周军出手就有

1

2002 年 6 月 12 日，刘长乐联手香港中华厂商联合会会长主席陈永棋，收购了香港亚洲电视台。刘长乐由此成为亚视的最大股东。收购方拒绝透露收购作价，但新闻稿形容是“有吸引力的价格”，陈永棋也在记者会上说：“一定是一个满意的价钱，否则生意人作风的封小平不会放弃有关股权。”据知情人士透露，封小平是两天前才答应让出股权。

这一着棋，使凤凰卫视领导层也出现了重大的调整：凤凰卫视副总裁余统浩出任亚视营运总裁。而余统浩主持的凤凰卫视广告业务由谁接手，成为凤凰此时最具悬念的问题：第一，谁将接替余统浩，统领凤凰广告队伍？第二，凤凰一直在酝酿的广告营销改革是否如期进行，继任者将如何应对这场改革？

7 月初，凤凰广告销售部和下属 16 个分公司的总经理全体集合到北京国宾酒店，听刘长乐亲自宣布任命。

出乎所有人的意料，由凤凰卫视节目副总裁兼凤凰影视（深圳）公司总经理周军接替余统浩出任凤凰卫视有限公司执行副总裁；主管广告的李吉瑞接手周军的工作，担任凤凰卫视副总裁兼任节目副总裁和凤凰影视（深圳）公司总经理。

周军出现的时候，众人不错眼珠地盯着他看，只见他身材魁梧，面红齿白，大眼睛双眼皮，说一口山西普通话。此时正谦虚地含笑看着大家。

由于周军属于一方诸侯，平时主管自己的一亩三分地，凤凰广告系统的人对他知之甚少。对这一任命，不仅整个广告系统感到意外，节目系统的人也错愕不已。

这是一着险棋。

面对众人不解的目光，刘长乐向大家解释说："凤凰卫视今后要加强节目和广告的岗位轮换，使我们的节目更有市场导向，让广告队伍更了解节目。"

广告与节目虽然同属电视台统辖，实际上是完全不同的两个部门、两种完全不同的技术活。与李吉瑞干过广告也干过摄像、编导不同，周军此前并没有涉足过电视广告的具体操作。此人早先任职于山西电视台新闻部，后任山西黄河电视台台长和深圳电视台台长。1999 年加盟凤凰卫视后，地方电视台的称呼被带了过来，人称"周台"。因为人在深圳，周台一到凤凰就主管凤凰电影台和深圳影视基地，担任凤凰（深圳）影视公司总经理。他素以管理严格、作风硬朗著称，有一次，刘长乐到深圳办事，秘书调影视基地的车辆急用，司机说："稍等，出车单填好了，周总还没签字呢！"

2

凤凰卫视的财政年度是从每年 6 月算起的，周军上任时，新财年已经开始，所以，他在散会后连夜赶回深圳，召集核心幕僚彻夜不眠地研究营销改革方案。

凤凰的广告系统从最初的游击队到发展成有模有样的正规军，创下了让人惊异的成绩，也累积了不少问题。周军讨论的这份改革方案，是在凤凰高层的授意下，半年前就成形的。周军在此前的基础上又进行了大幅修改，思路更加激进。新财年的广告政策、人员调动、区域合并和组织布局都有重大调整。

7 月 10 日，16 个分公司的总经理再次集合到深圳，周军正式宣布营销改革方案。台上，念方案的人声如洪钟、斩钉截铁，台下，听方案的人手心冒汗、心跳加速。改革内容几乎牵涉到每一个人的去留、收入和前程。

第一，撤销北京广告销售部，成立凤凰卫视广告管理中心，国内营销总部南迁深圳；

第二，撤销分公司建制，将全国销售区域划分为五个大区，被裁撤区域里的所有人员原地待命，等候工作安排通知。

第三，所有广告客户按新区域归位，归位之后，五大区域各司其职，不准交叉跟进；

第四，五大区域的负责人，实行浮动年薪制。

以往讨论中阻力重重的营销改革方案，这一天明白无误地摆在所有人面前。幅度之大、动作之快、态度之坚决，令在场的所有人瞠目结舌。

这次改革的难点在于 16 个分公司的 16 个总经理，这些人都是凤凰发展壮大的有功之臣。俗话说，请神容易送神难，16座庙拆得剩了5座，有11尊神需要找地方安置，周军有这个能耐吗？

改革之难，首先难在人事与人情。

这种动筋骨的改革，要么彻底失败，要么大获成功。

这节骨眼上，周军的硬朗作风派上了用场。他规定，分公司撤销之后，被裁撤的分公司总经理可以继续留在当地做销售业务，不愿意留下的，悉听尊便。

然而，周军也有铁汉柔情的一面，在这个硬性规定的后面还有一条怀柔措施：深圳广告管理中心特设了销售“别动队”，不愿留在大区的分公司总经理，一律可以选择到深圳加入这支“别动队”。据知情人说，周军是真心想挽留这些人员，他在自己的强硬措施中设了一个特区，给这支由前总经理组成的广告“别动队”许多特权，他们可以跟进全国各地的客户，没有区域上的限制。

结果，除一人调任亚视北京分公司总经理外，凤凰广告分公司的总经理们没有一个离开凤凰卫视。其中七人选择留在当地，继续卖凤凰广告，另有三人加盟深圳“别动队”。

前后不到一个月时间，采取了“休克式”疗法的凤凰卫视历史上第一场营销改革宣告完成。这场改革，实施前顾虑重重，一旦推行，完全没有想象中的复杂和痛苦。

然而，挑战说来就来。一天，周军和副手刘庆东正在办公室里商量事，一位新商定的大区广告负责人打来电话，说是一个老客户正准备与凤凰续约，计划投放1000万，但客户要按老政策签合同。

周军一听火了：“我已经说过了，按新政策执行，任何客户、任何业务员都不能例外。”

能拿到订单的销售人员说话气粗，对他说，如果这样，我不干了。

周军此人，吃软不吃硬，二话不说，立马讨论人选，准备换将。

此时，刘长乐把电话打了过去，表态道：“周台，我同意你的意见，该怎么做就怎么做。”

打这之后，新规矩立住了脚。

3

8月8日，一个“双发”吉祥的日子。按照南方习俗，凤凰广告中心举行了一个简单的开张仪式。一头烤得金黄的乳猪，摆在办公区门口的一张案台上，不少人在焚香叩拜、祈求好运的同时，心里犯嘀咕：这支被内部人员视为“惹不起”的队伍，能不能被周军调教好？

说白了，他们要看周军如何唱成这出戏。

刘长乐给周军的财年指标是5个亿。这5个亿，不是指广告合同金额，而是实实在在的收入进账。按照以往的经验和惯例，广告要进账5个亿，至少需要签出10个亿的广告合同。他没有把周军当作一个广告新手看待。在他的算盘上，这5个亿，是凤凰发展必需的，谁也更改不了。

周军没有退路，向刘长乐丢下一纸“军令状”，上路狂奔。

一个细节很有意思。在深圳办公区，周军给他的下属配备的办公设施是凤凰系统最高级的，但他自己的办公室里，却连一张桌子都没有，他就坐在一个茶几前办公。行政部要买一张板台给他，他俩眼一瞪，不要！

而且他这个只有一张茶几的办公室正对着电梯门，谁上班迟到早退看得一清二楚。他还把皮鞋换成了软底的布鞋，走进员工的办公室一点儿声音也没有，这时候就要警惕了，谁不干活干别的，非罚你个底儿掉不可。

周军不要办公桌，这一细节隐含的意思是，如果达不成销售目标，谁也别想在这里待多久。这种架势，让所有人暗自紧张。

新财年的头两个月很不顺利。按往年的进度，财年开始的头两个月是签约高峰，至少应该签到1亿广告合同。但当时的月度统计报告显示，除了上一财年的老合同仍在投放外，没有新的广告合同入账。凤凰营销改革之后的第一个季度，几乎以“零业绩”告终。第二个季度如果再没有起色，这一年可能就泡汤了。有人甚至提议预备应急方案。

凤凰管理层开始揪心。

“再等等，再看看。”刘长乐在幕后把关。

周军心急火燎，他亲自上阵，跑市场，见客户，对部下又表扬又批评，恩威并施，胡萝卜加大棒。

周军看人，首先看他对流程的理解能力，然后才看业务能力。流程是他管理团队的核心内容。他经常说，他接手的这支队伍，有许多“毛病”，主要就是“流程意识”不足。

为了打造高效率的营销队伍，周军让每个人都签订了《责任书》，把个人的薪酬一分为二：一半固定，一半浮动。看薪酬的固定部分，少得可怜；加上薪酬的浮动部分，就多得吓人。不论是官是兵，一视同仁。新政初始，有人以为是“逗你玩儿”，没当回事，但3个月过去，不少大区总监发现工资卡上竟然没有数字，才开始傻眼了。《责任书》有一条规定：当月没有完成销售任务的，按照实际完成比例发放工资。没有业绩就没有工资，年底赶上来了，年底补发。深圳办公区有一块小黑板，上面经常贴出告示，告示一出，就知道有人被“下浮”了。越是他信得过的人，越有可能在这块黑板上被“公告”。后来有人看出了道道：“被周军罚过的人，才是他最信任的人。”员工春节期间放假，互致短信问候，不写“新年快乐”，写的是：“祝你明年被罚！”

为了拿到年薪的浮动部分，大区总监就不敢把销售资源捏在自己手里，必须调动所有下属销售人员的积极性，帮助每个人把业绩做起来。下属业务员的劲头也上来了。大区内部开始形成多个增长点，每个人都能拿到订单。喊了几年的“群体销售优势”，在此次改革之后，才真正凸现出来。

收缴了权力，确立了流程，调整了薪酬方式，整个销售团队像一台刚刚大修过后的机器，澎湃而有力。此次改革的核心，归根到底是薪酬方式上的变革。薪酬是企业的动脉，沿着它，可以打通企业内部的每一处“瘀血”的地方。

周军还有个特点，再忙再累、训人再凶，却从不忘部下的生日，只要在家，部下的生日他会亲自订蛋糕亲自到场庆生，同时说话算数，敢为部下争利益，该给的奖励一分不能少，这使他铁汉柔情的形象深得人心。

周军不按常理出牌，还体现在广告政策上。新官上任，一般用新的促销措施安抚市场，但周军不仅没有降低代理门槛，还抬高了广告公司的准入条件。他一再把广告折扣往上挺。“六五折”是凤凰卫视的传统折扣，周军却把黄金时段的广告折扣挺到了七折。客户购买《时事直通车》等 3 个时段的广告，按七折计算，一分钱都不能少。指定位置播出，还要加收 20%。

周军在收款方面讲究言而有信，有历史欠款的广告客户，必须先与凤凰卫视签订《清欠协议》后，方可签约。新签的广告合同，必须在播出前付款，付多少播多少。有一家广告公司与凤凰卫视签了一份年度合同，付款条件是“先付后播”。刚开始这家公司没把这句话当回事，因为没有电视媒体敢停广告客户的广告。但是，几天后，这家广告公司真的收到了《停播通知书》。如果广告突然停播，广告公司的麻烦就大了，因为它已经与下游企业签约在先，没法向企业交差。这才知道，凤凰卫视玩真的。

4

从周军接手广告的第三个月开始，新的广告订单终于如雪片一样翩翩而至，市场恢复正常。接下来，区域重组后的优越性显现出来，到 2003 年 6 月 30 日，周军主持的第一个财政年度结束，凤凰卫视共完成广告到款 6 亿港币，超额完成 1

亿港币，广告收款创历史新高。

这个数字超出所有人的意料，连广告系统内部也觉得不可思议。此次营销改革，最终有惊无险，但凤凰高层却承担了极大的压力。从改革内容看，要打散一支成形的队伍，所有政策推倒重来，招招都是险棋。但早在改革启动之前，刘长乐对营销改革的最终结果，已经有相当正面的估计。

他在评估此次营销改革的时候，得出的结论是：风险很大，但不至于不可收拾。

第一，广告客户选择凤凰卫视，首先看中的是凤凰频道的价值，其次才是某个业务员和某个分公司的个人魅力与人品。只要凤凰品牌在市场上一呼百应，只要广告客户的手里还有钱，凤凰卫视就死不了。

第二，稳定了广告代理公司，就稳定了凤凰卫视的市场大盘。凤凰卫视内部营销改革，不会影响与代理公司的合作关系。相反，代理利益进一步向有实力的代理公司倾斜，更有利于提高它们的代理积极性。广告公司是趋利的，它们只看政策不看人。只要凤凰卫视保持代理政策张力，两者之间的关系就牢不可破。

第三，营销改革没有撼动凤凰卫视的根基。节目风格个性依旧，市场推广力度超强。客户买的是产品，至于谁来推销、用什么方式推销，对终端消费者不是很重要。此次改革，目的是解决内部“区域交叉”“激励方式”和“流程意识”三大问题，引导代理商和终端客户接受国际通行的广告购买流程。

第四，由做节目出身的“外来和尚”主导广告营销改革，没有顾虑，“动手术”时心理负担轻，改革更彻底、更干净。做节目出身的人操盘市场营销，通常不会按“常理”出牌，正是这种操作，给当时的凤凰营销带来不少新的东西。这也是一种创新方式。

此次营销改革，显示出凤凰卫视在重大问题上的决断力。关于企业内部变革，很多世界知名企业都曾经经历过这样的阵痛。这就是所谓的“变革的普遍性”，没有持续不断的变革，任何企业都会走下坡路。

杰克·韦尔奇说：“我们当中没有一个人能够准确地预测未来，但是有一点是肯定的，也就是变革是永远存在的。我们身为企业领袖，我们的工作不是要向员工准确地预测未来会发生什么事情，而是让你的员工、你的团队都能将每一次变革视为是一个机会。无论你做什么、在什么地方，千万不能在面对变革时瘫痪、裹足不前，很多人一遇到变革，往往变得惊恐，而把自己保护起来。”

许多研究表明，在企业业绩上升过程中推行变革，付出的代价是最低的。等到业绩下滑，在逆境中被迫进行变革，就会成为一场非死即活的大赌局。所幸的是，凤凰卫视在赌局到来之前就成为赢家。

唐人街

1

李吉瑞这边干得也不错。他到了深圳影视基地上任后，凤凰正在企划《唐人街》，计划拍摄一部全球华人的移民史，反映世界各地华人生存状态和华人对世界文明发展所做出的努力。

那时候凤凰高层已经准备把《唐人街》交给北京节目中心来做了，李吉瑞就去找刘长乐，磨磨叽叽要求把这个节目交给深圳做。因为深圳影视基地靠制作费才能生存，没有片子做，就没有制作费。

刘长乐答应他，节目给他做，但必须保证质量。

李吉瑞心里有点打鼓。他一看人员简历，有将近一半人没接触过大型节目，甚至有人还没有拍过专题片。于是他就连续开了几次企划会，请刘长乐和王纪言、钟大年、刘春、王酉年分别来讲话、做指导。李吉瑞这人，不管心气有多高，表面上是非常随和谦虚的，"你不能充老大啊，人家看你谦虚才给你节目做。说白了，都是一家人，但我觉得首先应该和总部搞好关系。人家是创意，我们是制作加工的概念，虽然应该有自己的想法，但一定要尊重总部的意见。当时就把这个节目的调子定下来了：面向全球华人。先拍两年，搞 100 集，拍全球华人的生存状况。以人物为主，以人为本，讲述每个人不同的经历和在国外打拼的过程。

凤凰深圳基地的编导钱玉、曲韵、石峰、邓纯、苏园、耿伟等人，年龄都很轻。最大的二十七八，最小的二十三四。有些是传媒大学科班出身，有些则是学外语的、学经济的，甚至还有学无线电的。20 多人组成 6 个小组，分赴世界各地。他们出去了一个月，最长的大概一个半月，每组都带回来两三集片子。李吉瑞就坐在机房里审，与编导们从每集片子的布局开始讨论，主题是什么，立意是什么，哪儿是切入点，靠什么来烘托主题。

这种讨论对大家提升很大，思路清晰了，技艺熟练了。李吉瑞说，我们这里年轻人很多，都想投身凤凰干点事。第一遍做不好你可以提醒他，第二遍做不好可以指导他，第三遍他自己就会了。不要去说这个不行、那个不行，我一向都是谁能干谁就上手，谁能干谁就当制片人。靠嘴说的人我不信他，拿片子给我看。

2

《唐人街》2003年1月开始正式播出，每周一集，到2004年年底，共播出了100集。每个摄制组最多的时候四个人，最少只有两个人，分别在不同的国家独立作战。出于成本考虑，他们两个星期要拍出一集30分钟的纪录片——必须是成品，传回来就能播出的。

编导们说，在国外出差的时候，每天最想接到的是电话，最怕接到的也是电话。如果这电话是台里打来的，神经立刻就会绷紧，十有八九是催片子的。领导用和蔼可亲但又不容商量的口气告诉你，这周没有片子可播了，已经定了上你的片子，千万不要开了天窗啊！这时候，你可能连拍摄对象的面都还没见上呢，急得人想死的心都有。

反响最大的纪录片有两部：一部是讲华人在日本做皮条客的《活在东京歌舞伎町》。日本歌舞伎町内有5000多家酒吧与色情场所，是日本著名的红灯区，但凡有华裔旅客路过，主人翁李小牧会彬彬有礼地递上印有东京塔的彩色卡片："你想玩些什么？这里所有地方我都熟，我可以给你介绍！"说穿了，他就是一个从小姐皮肉钱里赚佣金的皮条客，特殊的地方只在于，他是一个在日本讨生活的中国皮条客。李小牧穿的是Jean Paul Gaultier西装，踩的是Gucci皮鞋，戴的Chanel腕表，连用的牙膏都必须有美白效果，头发永远吹得服服帖帖。他大大咧咧地跟记者说："我们是专业的！"他知道别人看不起他，却不因此而觉得丢人，他甚至想要建立一个"李小牧文化产业王国"，堂堂正正地成为文化界一分子。

另一部是讲留学生问题的《失速青春：奥克兰中国留学生的生存现状调查》，片子绘制了一幅在奥克兰的中国留学生的群像，反映了当地中国留学生酗酒、飙车、沾染暴力的一些问题，是《唐人街》中争议最大的一部片子。

有人说，这些东西不能反映海外华人的真实生活，因为大多数海外华人都是勤勤恳恳诚实工作的，拍摄他们才是正途。这种说法有道理，但如果我们承认纪录片是一种艺术的话，那么，真实就是个性，真实就是忠于我所看到的、大家感兴趣的事件与人。

这两部片子成为《唐人街》的标志性符号，李小牧甚至因此成了名人。他的微博就叫"歌舞伎町案内人"。他还因此在国内出版了一本同名的书，卖得相当火。

在拍摄纪录片的同时，李吉瑞在基地开展了半年的业务强化培训，让技术部人员教会所有的编导后期编辑与特技制作，提高专业化程度。

《唐人街》还没有播完，王纪言用他一贯的大嗓门表扬了深圳影视基地："呵呵，虽然影视基地的一些弟兄不是科班出身，但活儿干得还是说得过去的。"

李吉瑞赶紧谦虚，这说明总部领导得好，对我们的节目质量很包容。当然，客观地讲，我们还是很努力的。

不久，负责节目创意的刘春就把《冷暖人生》《文涛拍案》《环球新闻追击》(后改为《小莉看世界》)等四五个栏目都交给深圳来做，栏目最多时达11个，制作团队扩充到100多人。长江以南的新闻、电视剧、节目的出版发行、广告的制作、频道的包装都交到了这里，深港一河之隔，总部指挥起来似乎也更加方便。

2003年12月25日，在第九届中国电视纪录片学术奖（经视杯）颁奖仪式上，凤凰卫视的《唐人街》在全国参赛的256部作品中最为耀眼，获得了特别奖和录音奖两个奖项；《冷暖人生》获得了一个单项奖；由台湾分公司拍摄、深圳影视包装的《李敖有话说》获得了最佳创意奖。

《唐人街》关机的时候，凤凰在深圳办了一场晚会——《永远的唐人街》，把当时拍摄的一些主人公都请到了深圳。他们还组织了一次研讨会，中国纪录片界的大腕儿都到了。余秋雨说：中国移民文化由唐人街开始有了一个新的局面，用影像记录中国移民文化，这是一个史诗般的工程。

《唐人街》还在节目推广和衍生制品的开发上有了突破性的尝试，节目发行到全国70多个城市电视台，播了两年，光盘制品销路也不错。仅这一项收入，就收回了节目的全部成本还略有盈余。

“玫瑰军团”的伊拉克战争

1

2003年3月20日，美军代号“斩首”的军事行动开始，美国第二次对伊拉克的战争拉开大幕。

伊拉克战争前，为防新闻报道认识不统一、观念不一致，主持工作的资讯台副台长程鹤麟专门写备忘给所有部属：

> 一旦发生战争，立即：
>
> 播出滚动字幕；
>
> 主编通知程鹤麟、潘红星、阎立宏中间任何一人。导演通知邱伟华、骆北荣中间任何一人。
>
> 中断资讯台、中文台节目，立即启动直播。无论哪位主播当班，先播出，

再找陈晓楠、何亮亮等同事。“中断”的概念是：无论两台正在播出什么节目，无论节目播到哪里，统统不理，立即停止，立即直播。

《海湾最前线》的片头、罐头、广告标榜，已经就位，随时可上线播出。请阎立宏（副台长）再次落实。

程鹤麟这个备忘录是有所指的，香港的传媒业者非常专业，执行命令很坚决，但却有些机械，一般没有直接上司的指示，他会拒绝更改既定程序。程鹤麟的目的就是告诉他们，对于新闻频道来说，专业的意义有时候恰恰来自于“中断”的决心和速度。何况此次战争直播的意义特别重大：一是要解决大事发生时凤凰在不在现场的问题；二是 CCTV 的新闻频道也将首次进行全景式的直播，这样的大台一旦动用自己的全部资源投入直播，凤凰是很难与之抗衡的。专家评论说，这可视作新一届政府执意中国新闻改革的新气象，更应看作媒体开始按新闻传播规律办事的开端。

许多观众手里的遥控器开始在央视和凤凰之间频繁切换了。凤凰怎样高人一招？

此时，全国各地的传媒都在关注凤凰，打进凤凰的电话应接不暇。资讯台对所有询问和采访电话的答复一律是：不便透露细节，只要锁定凤凰卫视资讯台，相信不会使各位失望。

2

2003 年春节过后，关闭了政治对话途径的小布什和萨达姆都知道，武器的对话马上就会开始。

虽然不知道第一枪何时打响，伊拉克人的脸上已经一片苍凉和茫然。

凤凰资讯台一刻不停地抓紧部署。

他们讨论了从外围所有国家进入伊拉克的可能性，并且把可能上前线的记者队伍进行位置排列，包括每个记者所持有的护照类别，以及哪些国家可能对香港护照免签证放行，哪些国家给中国护照发签证最便捷。

第一个提出愿意上前线的是编译主任何明礼。这位个子不高但很强壮的香港人，对伊拉克武装力量部署颇有研究，在 1 月份就制作出了伊拉克外围地形图。他提出的上前线理由很简单：“我没有父母，也没有结婚，最适合进行战区采访。”

而真正第一个成行的是凤凰驻莫斯科首席记者卢宇光。2 月 15 日，也就是中国农历正月十五元宵节那天，卢宇光离开莫斯科的家，飞抵约旦首都安曼，两天之后，他搭乘俄罗斯国家杜马议员团的飞机进入巴格达。

与此同时，华盛顿方面正式发布消息：五角大楼已经向各大媒体发出报名通知，将组织 500~700 人的记者团前往中东，分别安排记者到美国陆军第 101 师、第 82 空降师、海军陆战队和航空母舰作战群随军采访。凤凰卫视可以报名两个人。但是最后，他们争取到了 6 个名额。

卢宇光之后，郑浩于 2 月 27 日进入了巴格达。郑浩前往巴格达之前，曾经电话询问宇光需要带哪些物品，宇光提出的要求很细致：大米、火锅调料，最好带个小电炉子——虽然在国外混了多年，还是吃不惯西餐，最喜欢吃的是大米粥和咸鸭蛋。就是在形势紧张的巴格达，他也不愿意亏了自己的胃口！这哥们儿在巴格达给自己照了几张相，一张命名为“追悼会不知道何时开”，另一张的题目是“最好马上离开这里”。不久，卢宇光接到指示，返回莫斯科。他说，那一刻，我甚至有点高兴，老婆也很高兴，和我一起喝了酒，毕竟没有人喜欢战争。

3 月 4 日，凤凰驻华盛顿记者站记者隗静和摄影萧燕这对男女搭档启程上前线。3 月 6 日，他们抵达科威特城，并获得美军的许可，成为可以采访美军导弹部队的中文电视台记者。他们在美军拟订的“生死状”上签了字——保证“理解战地采访的危险性，并且在一旦出事的时候不要求美国政府负责”。

3 月 7 日，凤凰卫视驻美国西部记者沈玫绮飞往卡塔尔的多哈，进入美军的中央战区司令部。同时，巴黎记者站的严明也做好了前往土耳其的准备。不久，华盛顿记者站又传来消息说，莫乃倩、赵宏也获得了美国军方的许可，将登上游弋于波斯湾的美国第五舰队航空母舰。

如此一来，凤凰就在伊拉克外围形成了一个信息包围圈。

谁也没有想到，凤凰报道伊拉克战争的五路记者中有四路是女将领兵，她们被称为伊拉克战争中的“玫瑰军团”。至今，还没有人能从理论和实践两个方向解释凤凰卫视的女人们为什么总是在跑位中最先冲刺并一举成功。

3

3 月 6 日至 10 日，郑浩多次电话告急：接到北京外交部方面的通知，中国驻伊拉克大使馆将很快撤离巴格达，中国记者也必须随使馆撤离。

3 月 14 日下午，早就向公司申请去战区的闾丘露薇在北京拿到了伊拉克大使馆的签证。本来这个名额是胡一虎的，可惜的是，他拿的是台湾“护照”，当时他在大陆采访，工作人员用这个“护照”到哈萨克斯坦驻北京大使馆办签证，那个外交官看了证件后，脸一沉说，我只知道世界上有中华人民共和国，不知道有中华民国，把证件扔了过来。胡一虎因此失去了一次名满天下的机会。

3 月 15 日，闾丘露薇回到香港。

3 月 16 日，闾丘和同事陈汉祥一道搭乘飞机前往安曼。公司出于对记者安全的考虑，决定他们抵达安曼之后原地待命。

3 月 17 日，包括大使张维秋在内的中国使馆 7 名馆员、新华社常驻巴格达 2 名记者、中央电视台 3 名记者和香港有线电视台 1 名记者，撤离伊拉克，郑浩也奉命随团撤离。先后进入各自阵地的凤凰记者表示：有十足把握能够在第一时间向观众报道第一手新闻。

3 月 18 日上午 9 时，布什向萨达姆发出限时“流亡海外”的 48 小时最后通牒，伊拉克战争进入倒计时。在最后通牒发布后，联合国一口气安排了多架飞机，分批将所有驻伊拉克人员撤退到塞浦路斯的拉纳卡。

3 月 19 日，撤离的中国官方机构和记者抵达安曼。与此同时，安曼飞往巴格达的航班可能被取消，闾丘露薇和陈汉祥进入伊拉克的可能性变得微乎其微。

在香港总部，刘长乐亲自制订的“海湾最前线”全方位报道计划立即付诸实施：以现场直播、现场评论和现场翻译报道为主轴，通过《时事开讲》《新闻今日谈》《风云对话》《有报天天读》《时事辩论会》等言论、评论节目，带给观众深入独特的深度报道。此外，还专门开辟了由马鼎盛和董嘉耀主持的《军情观察室》节目。资讯台所有的新闻编辑、翻译、主播、剪片编辑和资料搜集员等均接到战时命令：全体人员在战争期间工作时间延长两个小时。

王纪言 22 日对记者说：“为了揭示战争的残酷，本着注重人文关怀的理念，凤凰卫视从战争爆发之日，开始推出战争人文关怀系列片，以此来呼唤和平。”凤凰卫视已经制作完成了《战争与和平》《哭泣的伊拉克》《战火巴格达》《哀伤巴格达》《文化巴格达》等专题，令人们思考战争给人类带来的灾难、痛苦与忧伤。

特别是片花《命运》：

> 那首诗歌刻在巴比伦花园历经战火、残破不堪的墙上：
> 多谢命运对我的宠爱和诅咒
> 我已不知道我是谁
> 我不知道我是天使还是魔鬼
> 是强大还是弱小
> 是英雄还是无赖
> 如果你以人类的名义把我毁灭
> 我只会无奈地叩谢命运对我的眷顾

一边是阿拉伯古老民居上刻写的诗歌，一边是美军轰鸣的战机、军舰和滚滚推进的大军，巨大的时空落差和强烈的环境对比，让人对战争与生命产生无尽的困惑、无奈与疑问。不仅看到安拉的子民在默默承担命运的“眷顾”，像荒漠一样忍受世代的苦难，也看到战争无法战胜时间的荒唐、蛮横和对人性的无情摧残。

根据报道方案，凤凰成立了伊拉克战争报道总指挥部。刹那间，凤凰卫视的管理结构变身为军事统帅部、前方指挥所。

4

2003年3月20日上午，北京时间10时35分，美国开始对伊拉克进行军事打击，10时41分，央视第四套《中国新闻》“飞”出“伊拉克战争打响，巴格达发出爆炸声”的字幕，同时切入美国轰炸伊拉克的战争画面和同期声，10时43分，央视第一套中断正常节目，播出《伊拉克战争直播报道》，10时50分，央视第九套也及时加入，跟进直播战争。

此时，凤凰卫视资讯台早已直播了48小时。因为他们从美国最后通牒48小时期限届满时，径直进入了直播状态，此后再没有停止过。而其他各台，直播了一天多后没有见到动静，就暂停了直播改播正常节目了。王纪言说，我们一分钟也没有停，因为战争随时可能在下一分钟打响。我们一直坚持到白宫的新闻发言人站在白宫的某个地方，召开了可能是新闻史上最短的新闻发布会，那个发言人只说了一句话：解除萨达姆武装的战斗已经打响。

战争爆发后，凤凰卫视中文台也同时进入直播状态。24小时之后，中文台停止直播，资讯台继续对伊拉克战事进行24小时滚动报道。到24日下午，凤凰卫视资讯台的连续直播报道突破100个小时（在香港回归时进行了60小时的连续直播；在“9·11”事件当中进行了36小时连续直播），创造了华语电视直播最长纪录。

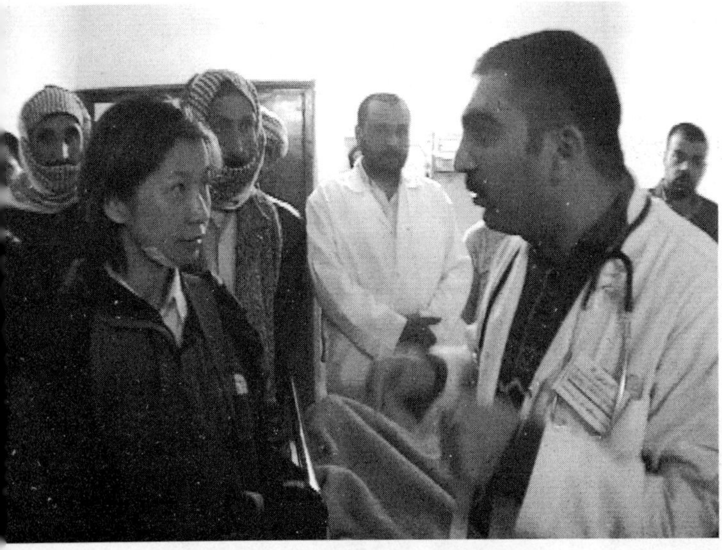

闾丘露薇在去巴格达之前，曾遭遇车祸。在医院里采访伤者时，下巴上还贴着胶布，浑然忘记了自己也是个伤者

3月20日，闾丘和摄像陈汉祥到约旦与伊拉克的边境采访，深夜返回首都安曼途中遭遇沙尘暴，汽车在公路上撞上一辆油罐车，汽车损坏，闾丘下巴擦伤，陈汉祥颈椎骨移位。幸亏油罐车没有爆炸，否则一定会出人命。总部立即把陈汉祥调回香港治疗，另派出摄像记者蔡晓江飞往约旦。

此时，收到来自北京高层的

意见，要求中国记者（不论是中央电视台还是凤凰卫视）均不要进入伊拉克。3 月 22 日，程鹤麟交代吕宁思，让他向闾丘转达公司高层的指示：不要进入伊拉克。当天晚上，吕宁思与身在伊拉克边界的闾丘通了电话，他一字不差地传达了凤凰管理层的指示——伊拉克局势十分危险，公司高层很关注她的安全，请她留在约旦进行报道。——但在通话结束时，吕宁思意味深长地补充了一句话（他相信她能够明白）："如果是我，我的想法同你是一样的。"不久，刘春也打来了电话，他传递的信息更明确——"能不能进去，你自己定。我们支持你。"

闾丘遥望远处的伊拉克，分析公司高层这些信息的意思，她突然明白了，这些电话事实上在告诉她，凤凰高层在反复分析战争形势后，从提高华语媒体影响力的角度考虑，已原则上同意她冒险进入伊拉克，只是从策略上考虑不能明说。

即使没有这样的暗示，闾丘照样会进入巴格达，这是她职业精神和个性决定的。这是一个靠个性与执着显示出美丽的女性。她早已暗中办好了进入伊拉克的手续，随时准备闯入战火纷飞的战场。

5

那是一个杀机四伏的黑夜，因车祸脖子上扎着绷带的闾丘乘车绕过一个个弹坑，从约伊边境向巴格达进发。她关了手机和卫星电话，把这些通信工具用胶布绑在小腿上，独自闯进了巴格达并迅速发回有关报道。

2003 年 3 月 23 日下午，凤凰卫视的伊拉克战争报道出现第一个高潮：闾丘露薇和蔡晓江在与大本营失去联系 24 小时后，出现在巴格达！闾丘露薇说，她要把战争最前线的第一手消息报告给全球华人观众。她曾露宿约伊边境，是全世界记者中唯一采访到战后第一批逃离伊拉克难民的记者。

当闾丘风尘仆仆的影像出现在电视画面时，凤凰的一群人挤在王纪言办公室里等着看她的现场报道。这时候，刘长乐一步跨了进去，他面对着电视画面，好一会儿工夫一言不发，因为他的眼中满是泪水。

可以说，凤凰卫视多年的努力、多年的梦想，为的就是这一刻：大事发生我在场。

根据刘长乐的要求，闾丘从巴格达发回来的画面，不加任何修饰和改编，配上表现"战火中的青春"的音乐，被反复播放。

回想等待闾丘消息的分分秒秒，刘长乐当时真是焦急万分，他曾经与美联社、路透社的记者联系过，还告诉身边的人：闾丘一有消息，马上打电话给我，不管有多晚。结果，闾丘打回来的第一个电话没接通，她留下号码后，刘长乐亲自打了过去。当时两个人都激动得说不出话来，哽咽了。

战争进入第四天。

3 月 24 日早晨，北京街头的报纸格外抢手，几乎所有报纸都刊登了闾丘露薇进入巴格达的消息。媒体称，这是战争打响后第一批进入巴格达的中国记者。

有记者在北京街头采访市民，了解他们的想法。市民们表达了对闾丘的赞扬与祝福。凤凰网上许多网友除了为她感动、祝福外，还批评凤凰高层不应该让女记者上前线。国内媒体和互联网则对中国的男记者发出了嘘声，这场讨论最终引发中国新闻界关于职业精神和职业道德的反思。就在那一天，凤凰卫视用最快的速度播出了闾丘的形象片《战地玫瑰》，将记者明星化做到了极致。

而闾丘有自己的看法。她说，这次去巴格达，我没有想到会引发关于是不是应该去的讨论。对于一名记者来说，到第一现场进行报道是个人的职责，也是传媒机构的职责。有的人说，一个传媒机构不应该为了自己能够有独家新闻而不顾记者的生死。我想，当一个媒体具备了一定的规模，而且受众也达到了一定的规模、具备了影响力的时候，在大事发生时没有自己的声音，是非常不应该的。

有一个现象让闾丘心有不甘：伊拉克政府官员对于西方媒体的重视度，或者对阿拉伯媒体的重视度要比对华人媒体强得多。华人记者少，华语媒体形不成气势，所以他会觉得你不会给他带来太大的好处。因此，政府高官把接受访问的机会大部分给了西方主流媒体，像萨达姆的专访给了英国和美国，阿齐兹的专访给了美国。一些比较重要的记者会，他们最关心的是英美的记者能不能到会。

这也许不公平，在同等的机会面前，华人媒体遭到了忽视。这也许很公正，

凤凰记者隗静与萧燕跟随美军采访

你的声音不能远播，被忽视也在情理之中。

在“闾丘方面军”的鼓舞下，好消息接连出现：

莫乃倩从地中海上的美国海军“罗斯福”号航空母舰上发回连串现场报道。

沈玫琦从美军中央战区指挥部发回了现场报道。

然而，就在各路记者捷报频传之时，隗静和萧燕却差点打了败仗。隗静平时爱穿一件个性化的绒线衣，上面写着：“隗静，做什么都超出一般！”

跟随美军导弹部队采访的隗静和萧燕一路跟踪报道，很是热闹。萧燕有摄影的业余爱好，初次深入美军采访，脖子上挂着个相机，到处“咔嚓”。你想，那美军本来就对华人有戒心，他这一“咔嚓”不打紧，人家不由分说，马上下达驱逐令。萧燕虽然有点越位的嫌疑，但是也没有到被驱逐的份儿上。美军代表桑普特不管这些，友好的笑容换成公事公办的铁青：“你们违反了随军采访的规定，必须在午夜12点之前离开基地。”

隗静认为桑普特不够男人，有什么事不当面说，而是暗中打小报告。萧燕试探着问：“是不是因为我们是中国的记者而遭此待遇？”

桑普特犹豫了一下说，以我个人的猜测，可能与你们的中国背景有关系。

此时是香港时间凌晨两点，资讯台得到这个消息，相当震惊，台里表示，会立刻与美国大使馆和五角大楼联系，为记者“讨个说法”，并关切地问到他们的安全问题。接着，陈鲁豫与隗静进行了离开基地前的最后一次连线。隗静想到自己无端被人猜忌，不免阵阵心酸，忍不住哭了起来。哭，在隗静也是一种武器，在华盛顿的若干次采访中，人家给了冷脸或是对华人记者有歧视的时候，她常常会一个屁股蹲儿摔出去号啕大哭。她的本事是，不仅有哭声而且有眼泪，所以效果颇佳。

凌晨3点钟，一辆军用吉普将隗静等人拉出营地。在隗静的一再抗议下，美军在出了基地大门后，又多走了半个小时，把他们丢在一个叫阿卜杜拉的科威特警察局后绝尘而去。临走，桑普特再次道歉，对不起。隗静把头扭向一边，不理他。

事实上，由于伊拉克战争与美国起初梦想的速战速决、摧枯拉朽的“完胜”相去甚远，所以立即关紧了新闻报道的窗口，由一开始让各路大军都有记者公开报道的“大度”变成了步步设限。曾因报道战争获得“普利策新闻奖”的美国全国广播公司资深记者彼得·阿内特，因为在伊拉克国家电视节目中表示美国的伊战计划已经“失败”而被解雇；另一位著名战地记者热拉尔多·瑞弗拉，因将地图摊在地上查看，被斥责为泄露美军所处的位置而遭军方驱逐。

战争为政治服务，新闻也是如此，无论当事人有多少堂而皇之的理由。

刘长乐得知隗静与萧燕被驱逐，当场把电话挂了过去，听到隗静在那边带着哭腔“喂”了一声后，他百感交集。

他尽量稳住声音对隗静说，我马上与中国大使馆联系，先解决安全问题再说。

那一刻，哭泣的隗静是美丽的。

事后，隗静不依不饶地对驱逐她的美军基地进行投诉，坚持让美军就这件事情做出说明。美军说不出个所以然，又没有过硬的证据，只好恢复了隗静的采访资格。这一次，隗静说，我再不跟导弹部队了。她从伊拉克南部边境几度冲刺，终于进入乌姆盖斯尔港，后来又随着美军主力一路进行报道，最后抵达巴格达。

凤凰记者尤其是闾丘露微的表现，给央视带来了极大的压力，之前，他们已经按照国内的部署，统一撤出了巴格达。未几，央视记者水均益再度回到巴格达，不然没法向国人交代。

6

战争期间，刘长乐每天工作 18 个小时，整天围着伊拉克地图转，亢奋得不得了，恨不得自己也“杀将过去”。然而，他不能只当“欲饮琵琶马上催”的诗人，还要组织凤凰的笔杆子们总结经验，上升到理论。每次直播，大家对电视的理解会更深一步，直播已成为当今电视媒体的主要表现形式之一。凤凰这次与 CNN 一样，做到了真正意义上的直播，它对记者、主持人能力的要求、对技术的要求都非常高。

对这场大战的报道也是新兴网络媒体、电视媒体、平面媒体之间的一场比拼。网络媒体因其容量大、快捷、互动性强的优势而备受关注。但是优势最大的媒体还是电视，它用画面说话，现场感强，而且完全是实时的，这些特点在当时是其他媒体形式无法取代的。

熟知人民战争的中国军事专家没有想到，伊拉克战争只打了一个月就熄火了。所谓雪藏的共和国精锐卫队不见踪影，全民巷战没有出现，气球防空、炸桥断路都成了笑谈。萨达姆政权驻联合国大使阿尔·杜里告诉凤凰驻联合国记者罗晓莹，“游戏结束了”，然后就打起铺盖离开了美国。而萨达姆政权派驻中国的阿勒阿尼先生，则没有那么容易屈服。这位对凤凰记者表示“我对我们获胜信心十足”的前大使拒绝离开，天天在大使馆院内手持短枪狂喊怒叫，说是谁敢驱逐他，就打死谁。

然而，美国也用胜利证明了自己的荒唐。所谓的大规模杀伤性武器被无情地证明纯属捏造，美国为了石油、为了区域政治和安全而消灭一个主权国家的强横大白于天下。伊拉克战争和之后美国掌控伊拉克期间，伊拉克死亡达10万人，美军等盟军伤亡也达数千人之多，美国的一位官员在美军即将撤出伊拉克时说，也许我们错了。

中国社科院新闻所研究员、教授张西明说，美国媒体一向自诩以新闻自由、公正报道为圭臬，对政府的任何限制都会做出反击，即使欧洲流行的新闻道德自律制度（Self-regulation），也往往被美国新闻界视为“自我新闻检查”（Self-censorship）而不屑一顾，但此次战争中美国媒体却一反常态，既接受政府和军方的种种限制，也对行业内部严苛的自律无怨无悔，不仅连连出现“造假”、传谣等“专业硬伤”，而且也似乎忘记了公正评论、居中报道的职业准则，或公开偏袒，或公然攻击，倾向性立场到了毫不隐讳、“旗帜鲜明”的地步。

对于努力跻身于世界媒体行列的凤凰来说，这次战争直播是好评连连。传媒专家说，此次凤凰的战争报道有几个特点：首先，前线的力量非常强，凤凰记者在战争前后三个月内分四个批次深入伊拉克采访，不断拿到第一手的东西；其次，在美国陆、海、空三军都有记者，美军也网开一面，一口气给了凤凰六个记者指标；第三，凤凰在美国、俄罗斯、英国、法国等联合国常任理事国和海湾周边主要国家都派有记者，每天必做连线和采访；这种全方位的出击，使资讯台这支小米加步枪的游击队成长为十八般武艺齐备、敢打大仗的正规军，整体作战能力空前提高。

还有一个收获，有两个节目变成了经典——《时事辩论会》和《军情观察室》，《军情观察室》的收视率永远在凤凰排第一。凤凰用直播画面精心制作的几个片花也很经典。如《一个伊拉克小姑娘的日记》《命运》、闾丘露薇的《亲历战火》、伊拉克人与英军士兵在一起踢足球的场面，以及伊拉克人面对镜头说“布什先生很好”等，这些镜头，引发人们在一个大的历史框架下去认识、评价这场战争，思考关于人、人权、人道的真实含义。

有观众来信说，他们对凤凰诠释的《西线无战事》作者雷马克的一段话印象深刻，“有这样一群人，他们虽然侥幸从战争中生还，但还是被战争毁掉了，战争给他们留下了难以磨灭的痛苦记忆……”

7

凤凰总结了自己直播的要则：

一、充分设计。面对重大的新闻事件和媒体竞争，事前策划设计尤为重要。总编室要提前策划，协调相关国家和地区的记者、主编、编译、导播、技术人员分头准备，保证各个环节处在直播状态。

二、提前预热。新闻大事发生前，在日常的新闻中开设小专栏、系列报道和专题类节目预热炒热话题，吸引观众收视关注。同时准备与主事件相关的一批背景片、地图、动漫效果图，展现事件的前因后果，做到信息立体化。

三、凸显现场。现场讯号是直播的重中之重。在关键时间点、关键地点的SNG[①]设计，强化本台记者（评论员）现场报道观察，注意其他直播讯号的切入使用。特别是事件看似结束时不要关机，这时往往会有意想不到的事发生。

四、强调重量级效应。在重大直播的关键点，凤凰重量级的主播、评论员、记者要出场，往往收到事半功倍的效果。

五、及时追访。在SNG直播现场的同时或之余，要及时访问相关动态，对重要人士的即时“堵访”往往是精彩之笔。

六、反应式报道。新闻大事整体报道的尾声要收集后续反应，这种反应信息量大、收视率高，不可小看和遗漏。

七、做好宣传。直播报道要强调频道内和凤凰网和其他媒体的呼应。如制作有气势的宣传片反复播出、字幕条中预告等。

八、专业精神。在报道（评论）中，记者、评论员、主播都秉持着客观、中立、冷峻的专业精神，以事实、数字为依据作评述；同样，主编对标题、编译对文稿的用词，亦专业理性，不搞情绪化。技术支持不出问题也是专业主义的具体表现。

九、强化包装。直播（特别节目）中的多窗设计、专门制作的片头、出题样式、镜头运用等都力图使观众产生特别的收视体验。

非典透明记忆

1

闾丘从伊拉克回来的时候，刘长乐亲自到香港机场迎接。让闾丘惊讶的是，人们都戴着口罩，甚至女儿与她拥抱时，也没有摘下口罩。原来，香港与大陆，正笼罩在非典的威胁与恐怖之中。

那一天，是2003年4月29日。

---

① SNG，指卫星新闻采集的移动式发射站点。

随着伊拉克战争接近尾声，人们的关注点转向已传播到全球32个国家的非典疫情。据说，非典引起的恐慌在一些国家和地区早已经超过伊拉克战争，而非典造成的直接经济损失更是无法计量，仅北京一个城市损失就达100多亿人民币。世界卫生组织4月9日称：“目前全球32个国家已经有2601人感染此疾，有98人不治身亡，而且还在迅速传播之中。”

各种国际间的商业活动骤然减少、学校停课、航班取消，不少国家政府警告国民不要到亚洲有关国家出差旅游，更有一些国家宣布禁止有关国家、地区人士入境。这一切使本来已经十分疲软的世界经济雪上加霜。

非典，百度的解释为：是一种因感染SARS相关冠状病毒而导致的以发热、干咳、胸闷为主要症状的严重急性呼吸综合征，严重者出现快速进展的呼吸系统衰竭，是一种新的呼吸道传染病，极强的传染性与病情的快速进展是此病的主要特点。

更可怕的是医学界对此病没有有效的治疗办法。

2

中国最早的个案于2002年11月出现在广东省佛山市。

2003年1月2日，河源市有病例报告；1月21日至22日，中山市也发现同种病例。广东省卫生厅组织专家组前去调查，确认这是一种非典型肺炎，属病毒传染，病因不明。其间有一记者试图采访，但被有关方面封杀。此后，“非典”流入人口稠密的广州。与此同时，非典病毒通过流动人口快速在中国流动，越来越多的内地城市发现了病例。

一时间，流言纷起，恐慌蔓延。但是，在最需要权威声音的时候，主流传媒集体失语。这是延续下来的一种习惯性做法：不声张，不发言，内紧外松，家丑不外扬。

对于一些地方官员来说，他们的价值观决定了他们的处事态度。从来没有学习过如何处理公共危机，只学过反话正说，把一些负面消息赋予积极的意义，以安抚百姓情绪。如报道矿难，不去分析如何发生、责任在谁，而是宣传如何积极有效地奋勇救人、救人行动中发生了哪些感人的故事。这是机制导致的价值观畸形和思维定式，所以也不能完全怪罪他们。

3月初，据香港政府及媒体称，广州中山大学一名非典病人入境香港，将病毒带进入住酒店，在酒店发病入院后不治身亡。

这使香港社会震惊和恐慌。

3 月下旬，位于香港九龙观塘地区的淘大花园再次传出令全港震动的消息。一名曾经入住威尔士亲王医院 8A 病房的肾病患者，数次到淘大花园 E 座探望自己的亲戚，竟使这座由 19 栋住宅簇拥在一起的人口高度密集的居民区成为这场疫情的重灾区。3 月 26 日，港府卫生署证实，淘大花园 E 座有 5 个家庭 7 人受感染。28 日，感染人数增加到 63 人。31 日，感染人数激增至 213 人。特区政府决定，对淘大花园 E 座实行香港 40 年来的首次隔离令。

即使如此，有关方面对非典的报道依然半遮半掩，不愿使信息完全透明。

3

2003 年 4 月，解放军总医院退休医生蒋彦永给境外媒体写信，披露了北京非典疫情的真实情况。境外媒体报道说，对这一事件，中国政府不仅予以容忍，而且还以积极的态度予以看待。它预示着中国政治和社会将变得越来越透明和开放。然而，蒋先生的信却让凤凰卫视背上了道义债务，他在信里说，他是分别给中央电视台、凤凰卫视写信，披露疫情未果的情况下，才给美国媒体写信的。事后，刘长乐专门派人咨询蒋先生：您的信写给了凤凰卫视的什么人？能否确认他（她）收到了这封信？蒋先生说，此信是电子邮件，由于他爱看凤凰卫视的《军情观察室》，就把信件发到了栏目公开的邮箱里。遗憾的是，没有人看到这封信。

刘长乐说，我不敢说看到了这封信会把它的内容公布出去，但是，我一定会给蒋先生一个回应，商讨一个妥善的解决方法。

当政府意识到对非典信息的公开透明已经成为维护稳定和公共安全的最后一道钢铁长城时，情况已经是相当紧急。

2003 年 4 月 20 日是中国新闻史上不平凡的日子。对非典的报道，成为媒体推动政治透明的一个范例。

北京非典疫情的真实情况，在这一天下午国务院新闻办举行的新闻发布会上正式宣布。

这是一场最具新闻性的发布会，它对中国、对世界的意义不言自明。但是，细心的人们发现，参加会议的电视媒体里，只有凤凰卫视进行了现场直播。人们从画面上看到，时任国务院副秘书长的高强（随后任卫生部部长）阐明了中国政府将直面危机、不许隐瞒任何疫情的决心。

为什么只有凤凰卫视的直播？

原来，因事先被告知此次发布会不能做实况转播，各家电视台无功而弃，收拾家伙打道回府。此时，只有凤凰卫视不肯放弃。为了申请这一直播，负责新闻的潘力一整天都在进行各方联络沟通，同时还留了个心眼，没有撤销预定卫星国际传送信号。刘长乐和王纪言也在现场，一直在与国新办负责人赵启正探讨直播的必要性和意义。刘长乐说，电视直播是挽回影响的重要手段，赵启正表示同意。他认为，国际舆论是国家发展的重要环境，非典的爆发是一种危机，处理这种危机的原则是及时告诉公众，公众了解了非典的有关情况，就变成了防治非典的支持者，也就变成了政府的支持者，就可以使我们早日渡过难关。甚至已经走进了电梯，他们还在那儿脸红脖子粗地讨论呢。

接下来的一幕非常经典：新闻发布会开始前3分钟，国新办一位局长一脸涨红，冲出来问潘力："凤凰卫视能不能直播？"话音未落，国务院副秘书长高强已经大步流星地走向主席台。

人常说，成功总是垂青有准备的人，但这准备的时间也太短了点。就在这短短的两三分钟里，潘力迅速打通香港总部、北京电信局等几个重要环节的电话，然后笃定地告诉对方——凤凰卫视已经启动直播！

这一次，央视用了凤凰的画面。

4

4月20日，既是中国大陆直面疫情的转折，也是凤凰卫视打赢这场抗击非典战役性报道的总攻令。人们发现，凤凰卫视的电视画面已经从硝烟滚滚的伊拉克，转向了中国北京抗击"非典"第一线。凤凰卫视在用镜头为中国医务界谱写《新儿女英雄传》的时候，自己也不知不觉成为人类抗击非典的一个组成部分。

4月29日下午才从伊拉克的巴格达返回香港的闾丘露薇在当晚就接到凤凰高层的电话：

"明天你去北京参加非典报道，怎么样？"

"没问题。"

当晚，闾丘没敢跟女儿告别，悄悄地离开了。尽管女儿戴着大口罩到机场去接她的模样让她心酸。

5月1日清晨6时30分，北京街头悄无人迹。有非典病人的小区和高校被隔离了，许多企业告诉员工不要去上班，人们不再上街，以减少感染的概率。

5辆采访车从凤凰会馆驶出，在空旷的大街上，车上的新闻采访字样和凤凰台标格外显眼。按照凤凰高层部署，凤凰记者将兵分五路访问直面非典严峻考验的北京城，报道北京市领导、普通市民、医务人员和患病者的一天。

闾丘这天的采访内容是，追踪报道代市长王岐山察看居民社区、学校，了解民情。

8时30分，王岐山代市长走进天坛公园，看望晨练的市民。闻讯赶到的闾丘露薇把话筒伸向代市长。王岐山看到风尘仆仆、稍显疲惫的闾丘，像见到了老朋友："我正关注你在伊拉克的事呢！"闾丘答："我关注的是你昨天的记者会呢！"两句话拉近了彼此的距离。有了这段铺垫，接下来的采访对话更是妙语连珠。

王岐山代市长边走边对左右说："我今天犯了一个严重错误，想早上8点出发，结果因为我怕迟到，一紧张看错表了，6时38分就起来了。"

闾丘露薇赶紧跟进一句："那起床早了一个小时干点什么呢？"

王岐山幽了一默："起床以后我就没办法，就看你们凤凰台吧。"

闾丘又问："昨天的记者会，北京市民特别熟悉您了，您自己是不是有这个感觉？"

王岐山："恐怕会有一点印象吧，熟悉还谈不上，真正的熟悉是有内涵的，不是一个形象的熟悉。"

看到王岐山边走边跟晨练的市民聊天。闾丘问："跟老百姓聊天什么感觉？"

王岐山："说实在的，看见他们轻松，我就轻松了一大块。但同时我感觉到责任更大了，就是怎么能够真正把这些疫情，赶紧应对过去，战胜它，让我们这么好的市民，能够过一个非常好的生活。"

一个上午，王岐山跑了5个地方，他节奏很快，从天坛公园出来，又查看了两个居民小区，随后又从大运村学生公寓直奔清华大学。

闾丘露薇："待会儿您想告诉学生们什么信息呢？"

王岐山："我想问问他们，就是我接到的信息和他们对对号，因为现在我们的很多重要的主张、很多的规则，我要下来感觉一下，是不是落到实处了。"

下午2点，闾丘露薇出现在小汤山医院，发回现场报道。

下午6点30分，闾丘露薇与香港连线报道。

午夜12点，在编辑室剪完一天的专题节目带后，闾丘露薇坐在地上，背靠桌子，沉沉睡去。周围十几个人的喧哗和节目播放的声响，对她来说，就像是渐行渐远的硝烟。

记者："到这里采访的感觉与在伊拉克有什么不同？"

闾丘："走进病房那一刻，我突然意识到，它与硝烟战场有很大不同，因为在这里，你好像与每个人都有着千丝万缕的联系，如果自己得了病，要牵涉到很多人，那我会感到内疚、自责的。在伊拉克战场上从来没有这种感觉。所以，走进病房时，我总是提醒摄像要小心。"

记者："凤凰卫视的记者职业很适合你吗？"

闾丘："凤凰是最适合我的平台，能把我的外语水平、新闻理念和工作热情全部发挥出来。我喜欢我的工作，不但可以接触不同的人和事，更重要的是，可以时时刻刻提醒自己保持客观的态度来对人对事。我一个朋友说，当你每天早上醒来，没有想到不想去上班。这就是我的现在的状态。

"以前曾在其他媒体做过，常常会觉得在采访题材方面受到制约，直至到了凤凰，我找到了一个最适合我的平台。我感觉在凤凰发挥的余地更大，看问题的角度更广，世界观也变了。我喜欢这份有挑战的工作。"

地坛医院是北京市指定收治非典病人的专科医院，累计收治非典患者200多人。这是一个人们避之唯恐不及的地方，许多人宁愿绕道走也不从这家医院门前经过，"好像每一个角落都弥漫着非典的味道，如果深吸一口院子里的空气可能就会致命"。而这个医院的临时工也因为害怕非典，集体逃跑了。

凤凰卫视记者郑浩5月1日一大早进入地坛医院非典病房，开始了他一天10多个小时的采访。晚上11点半前，地坛医院将有17名病人转往小汤山，为了拍到病人的真实情况和记录这次转移行动，郑浩在这里守候了一天。他两次进入病房，与非典病人零距离对话，历时两个多小时。这个过程是《北京一日》节目里的重头戏，节目播出的时候，人们惊讶地看见郑浩不仅坦然地出现在病房，还帮助两个转移的病人收拾衣物，捎带着给一位山东口音的妇女做思想工作。

"要挪动了，俺病又厉害啦？"妇女担心地问。

"不会的，那边是轻病人，你放心吧。"郑浩鼓励道。

"是吗？急煞了。"

"放心吧，有医生和护士呢！"

"吓人呢！"

"不要怕，戴上这个（黄色袖标）。"

"戴上这个做啥？"

"有信心啊，战胜非典。"郑浩一边说，一边协助妇女离开。

事后同事问郑浩："你怎么可能不害怕？你的家人又怎么会不担心？"他笑了笑说："有过害怕的瞬间，我的父母、妹妹担心极了。担心是他们的，工作是我的，不能不做，这是职业。既然来了，你就应该踏踏实实地把活儿干好。"

与郑浩搭档的摄影师魏永林在5月1日深夜进入了小汤山医院的隔离病区，他没有说过一句话，却忍不住感慨生命的脆弱，拍完最后一个镜头后，他在带子上贴了一个字条："这是用生命拍摄的带子，使用的时候请小心。"

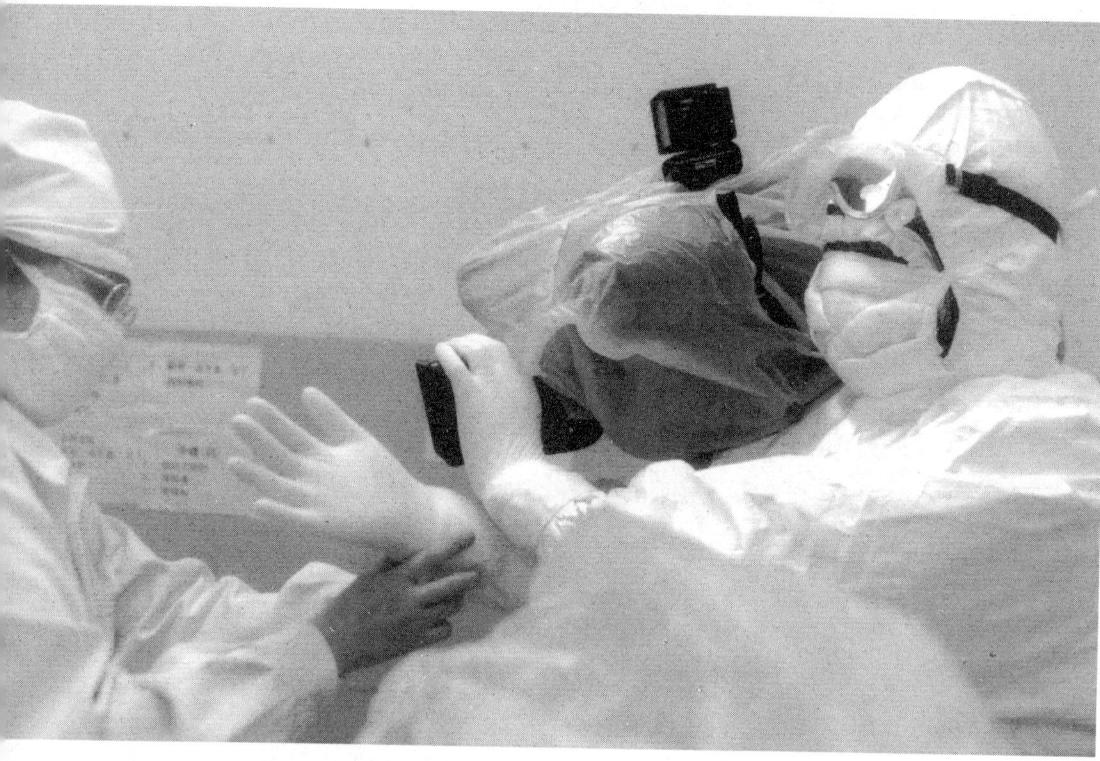

凤凰卫视记者魏永林“非典”期间进入小汤山医院拍摄

当所有媒体把目光都集中在医务人员身上时，凤凰卫视把报道的目光从疫情的源头延伸到源尾——垃圾处理厂。凤凰卫视是第一家亲临这么危险的地方进行现场报道的媒体，垃圾厂的工人很感动。摄制组还把垃圾处理场因防化服不够用，洗干净重复使用的严重不科学的真实情况拍下来，并在第二天的新闻发布会上，经记者提问，把情况向北京市政府反映。

事实上，当时的防护服严重缺乏，甚至连一线的医生都穿着不合格的防护服，灾难来得太快，而信息不透明又导致应对的时间极其仓促。

古希腊的哲人说，人是一切的尺度。

非典危机对中国又进行了一次刻骨铭心的教育。必须以人为本，而不是以口号、事件、运动为本，更不能以一个团体、个人的荣誉为本。

非典也给不同国界、不同利益集团、不同的媒体提供了一个毫无二致的标尺，用它可测出机制的灵敏与迟钝，检验措施的得当与错位，丈量人员的素质优良与低下，做得好是应该的，做得不好要迎头赶上。

唯有真诚与理智最应珍视。

一位大陆记者在反思国内的“非典”报道时说，大陆的“非典”报道只使我感到紧张、紧张、再紧张，煽情、煽情、再煽情，眼泪跟着流了不少，但记不住几个细节、几个面孔，只觉电视上天天泪眼蒙眬，中国人仿佛林黛玉转世，北京城仿佛哭城。作为观众，我好像只是做了旧时人家办丧事时陪哭的角色，为谁哭，有点闹不清。而凤凰卫视一个“五一”特别节目，把北京人抗“非典”的一天交代得清清楚楚，从书记、市长到大爷、大妈，从小汤山医院到居民区垃圾通道，从病人转院到小护士的眼泪，应有尽有。看了这期节目，我知道北京人是怎么过的，我知道是谁、是什么精神在支撑北京的运转。

而凤凰卫视也在事后进行着反思：如何更好地做一个负责任的媒体。

2003 年 8 月 15 日，世界卫生组织公布的最新统计数字，截至 8 月 7 日，全球累计“非典”病例共 8422 例，涉及 32 个国家和地区，全球因“非典”死亡人数上升至 919 人，病死率近 11%。最新统计显示：中国内地累计病例 5327 人，死亡 349 人；中国香港 1755 例，死亡 300 人；中国台湾 665 例，死亡 180 人；加拿大 251 例，死亡 41 人；新加坡 238 例，死亡 33 人；越南 63 例，死亡 5 人。

回顾凤凰在伊拉克战争和“非典”中的表现，有一位媒体人写了一篇评论，指出了媒体的一个通病：

> 在官方报刊和通讯社中，是走记者—编辑—编辑部主任—总编辑的发展方向。这种发展方向隐含一种等级评价，那就是做记者最低级，做制片人和总编辑最高级，价值取向是官本位的。在这种官本位的等级评价体系中，做记者、做新闻都是晋身之阶，不是终生的事业和理想。一个报道打响，则立即登堂入室，跻身领导行列……结果就是干记者越长久的越是平庸之辈，越优秀的记者越高升得快，越远离新闻一线……一线记者永远是新手，新闻报道水平走不出一到高峰就回落的恶性循环。

其实，不仅是媒体行业，所有行业的专业人才在等级评价上几乎都是一个模式，比如做一辈子护士、做一辈子乡村教师、做一辈子农业技术员，都会自觉不自觉地被看成没大出息，甚至像袁隆平这样解决了世界性难题的人，也不能当上中国科学院的院士。

学而优则仕，“官本位”是中国知识分子的“心病”，这个“心病”一日不解决，行业内惧怕风险、急功近利、心浮气躁的毛病就一日不可能去除。

刘长乐不止一次在凤凰内部告诫记者和主持人，要学习欧美知名媒体的“行规”，甘心于在自己的行当里做到最好。即使给了“官”的，实际也是为了让他们更加安心专业，并不参与实际的管理。

别斯兰，华语媒体冲上去

1

凄厉的枪声是在这时响起来的。

2004年9月3日下午5点25分，凤凰资讯台正常的播出突然切断，画面上出现了遥远的俄罗斯高加索地区，它颤抖、摇晃、充满惊慌。一场挟持与反挟持的枪战正在打响。正在现场报道的电视记者虽然非常专业，但是，透过镜头就知道他们心跳剧烈、呼吸急促、双手控制不住地发抖。枪弹不是尖叫着掠过，而是发出“噗噗”的闷声，这是子弹打在身边的声音。枪战的原因是，别斯兰——俄罗斯北奥塞梯共和国的一个仅有6万人口的小城里，有1000多人被恐怖分子劫为人质，其中大部分是妇女和儿童。

这是人类最无耻、最下流的武装挟持事件之一。

世界各大媒体的300余名记者拼命赶往别斯兰。还好，这里面有一名黄皮肤黑眼睛的华人。之所以强调这一点，不是想表达民族情绪，而是在这一行业的竞争中，中国人常常是被忽略不计的。而在以往的国际事务中的突发事件，华人记者迅速抵达现场进行电视直播的，更是凤毛麟角。现在有了一个凤凰卫视的记者，就让人兴奋，虽然那厮剃着光头，样子有点像大侠。王纪言说，卢宇光光头的含义深刻：一是说明俄罗斯局势严峻；二是说明要深入虎穴，必须与匪徒长得很像；三是说明秃顶的人留长发，以利“地方”支持“中央”，长发的人剃光头，以利环境卫生。见得宇光，仔细观察其秃瓢，才知其秀发虽然比正常人少一些，但远没有达到秃头之水平，剃秃瓢是为了受伤后便于包扎。这是俄罗斯的特殊环境决定的，没办法。

卢宇光本不是凤凰卫视派出的记者，此前也没有做过职业记者，只是当兵时做过新闻干事。2002年的时候，他频频往凤凰总裁和副总裁办公室里发传真，要求当凤凰记者。当时大家都没在意这事，因为记者是要有资质的，要经受现场画面考验的。10月23日，莫斯科剧院人质事件发生的时候，他们突然想到了那些传真。真是“肚饥送来热馍馍”，凤凰卫视当即任命卢宇光为特约记者，让他全权负责报道此事。第二天，刘长乐仔细一了解，发现宇光原来是他在中央电台办培训班时培训过的学员，怪不得卢宇光的报道还算专业，语言和角度都到位。于是，屏幕显示，卢宇光为凤凰卫视驻莫斯科记者。第三天，卢宇光已连续播报 30 多个小时，连饿带累，一度晕倒在现场，屏幕的称谓又变了：凤凰卫视驻莫斯科首席记者。

王纪言说：“有些人是专门为当记者而出生的，身体里流淌着记者的血液。”非专业记者卢宇光就这样自己跳出来了。

卢宇光是杭州人，却有剽悍之气。他回忆说，当年学习太差，便稀里糊涂去做了“知青”。1978 年当兵，全家老少都来送，又是吃的又是用的，而他则像是去“偷渡”，包里藏了套《水浒传》。那天从上海到大连的兵船遇到风浪，三天两夜，卢宇光给新兵讲了“一百零八回”，连接兵的“李大个儿”都听得如醉如痴，直问：“卢俊义是不是你亲戚？”卢宇光说，这部书会教一个男人怎么去做人，怎么去报恩，怎么去讲忠义，这个忠义包括有三种层面：你的恩人，你的亲人，还有你服务的媒体。忠义是做人最起码的原则。

2

1000 多名师生是 9 月 1 日上午开学典礼上被恐怖分子劫持的。两辆行踪诡秘的汽车驶近学校，20 多个黑衣蒙面的绑匪与学校保安发生了短暂的交火。保安 10 人被打死，绑匪一人被击毙。别斯兰的学校保安荷枪实弹值班，足以说明当地的局势早已剑拔弩张。可惜，10 名保安的生命并没有为孩子们赢来逃生的时间。

绑匪把人质全部赶进了学校的体育馆。这帮冷血动物居然带着摄像机。从他们的镜头中可以看到这样的画面：引爆导线拴在两个篮球筐上，一包包用塑料布和油纸包着的炸药，悬在人们头顶。一只穿着野战靴的大脚踩在引爆装置上，边上站着一个惊恐的男童。

绑匪枪杀了十几个成年男子，尸体被拖出去时，鲜血染红了地板。人们惊恐地躲避着这道血迹，使它在拥挤的人群中成为一条“路”。绑匪提出的要求是俄罗斯军队撤离车臣。

如果说，在两次车臣战争中，车臣人表现出的是对俄罗斯人的仇视，那么，在别斯兰人质事件中，这些绑匪表现出的是对整个人类的仇视。

绑匪拒不接受外面送来的食物和水。有个绑匪看上去心软一些，他冲一个男孩儿笑笑说，你们不会死。他还拿水给一个小女孩儿喝。当那个女孩儿开始喝水时，另一个绑匪大声训斥他，他连忙将水拿走。

学校外面，人质亲属和整个俄罗斯情绪激动。很多民众要求普京向恐怖分子让步。有人打出大标语：“普京！！！送出我们的孩子！满足他们的要求！”

9月2日下午4点左右，面容苍白、神情多少有些无奈的普京发表了讲话：“最主要的任务，是在复杂的形势下救助人质的生命和健康。我们拯救人质的所有行为，都要特别服从这一任务。”普京还呼吁约旦国王伸出援手解救人质。阿卜杜拉二世表示，穆斯林世界站在俄罗斯一边。

稍有政治常识的人都知道，普京这位强硬的前克勃格官员是绝对不会与恐怖分子达成任何协议的，与前不久发生的莫斯科大剧院人质事件一样，他所做的一切都是为了拖延时间，迷惑恐怖分子，以便于在适当的时机动武。人质的生命很重要，但他认为不妥协的原则可能更重要。所谓“满足他们的要求”的民众呼声，普京想都不会想的。

不向恐怖分子妥协，是国际规则。

别斯兰人质案，是世界恐怖主义者与反恐势力的角力，对于极力推动世界反恐大势的媒体来说，也是一场角力。

恐怖分子劫持别斯兰人质是9月1日上午9点10分。俄罗斯国际文传新闻社当日上午10点发布了这一消息。美联社不愧为全球新闻界的老大，反应最快，约5分钟后已经把特急新闻电讯稿传给了世界：“武装分子在俄罗斯北奥赛梯地区劫持了一所学校……细节不详。”

几乎同时，凤凰资讯台的编辑在海量的新闻稿中立刻发现了这条信息，吕宁思马上打电话给王纪言和程鹤麟。他分析说，现在互联网上还没有任何消息，但根据以往经验，俄罗斯的此类事件都是人数众多，何况这次还是学校。王纪言马上明白了事件的严重性，决定立刻派卢宇光前去采访。

卢宇光听到吕宁思电话里的声音，有点目瞪口呆，他刚刚给香港传了8月31日莫斯科地铁恐怖爆炸案的电视新闻，连一口气都没来得及喘。那场爆炸导致8人死亡，这一次又是凶多吉少。

卢宇光预言过，车臣问题不解决，俄罗斯永无宁日，我的人身安全也没有保障。

这个男人，似乎成了专职反恐报道记者，总是出现在俄罗斯恐怖袭击的现场。

卢宇光出发了，有些兴奋有些惶恐也有些胆怯。还好，他还没有脑袋发晕到分不清人民币、美元和卢布。这小子随身带了许多美元——还别说，美钞在许多关键时刻最管用——背上器材，与他雇来的俄罗斯搭档赶赴机场。

唯一一架飞往别斯兰的飞机已人满为患，多是“嗅觉比狗还灵”的外国同行。你以为你快，有人比你还快，这就是世界级传媒。

卢宇光开始拉关系、找熟人，企图混上飞机。其间，又接到吕宁思打来的电话：“宇光，立功的时候到了！不过，如果这次搞砸了，老板一定炒你鱿鱼。”

宇光智勇双全，就是口头表达有点那个……说穿了……就是……结巴……嘿嘿！行家评价：这小子平日播报表现一般，观众还没听明白怎么回事呢，他自己先激动得嘴唇乱颤；但是，一有大事，这种结巴就传神，特有现场感——紧张！

此时，香港那边每15分钟就有一个电话过来，问他是否已经上了飞机。卢宇光获悉下午1点另有一趟运送医生的专机——旅客就是那位赤手空拳只身与恐怖分子谈判的心理医生罗沙利。

好男儿卢宇光，一个健步，三箭齐发，百步穿杨。给你们1000刀（Dollar，美元），岂有搞不定的。果然，一步登机。

飞机降落的机场离别斯兰市区有25公里，道路被封锁，车辆只许出不许进。卢宇光与BBC、CNN记者租用的出租车一起被拦在半路。这时，事发现场，除了别斯兰当地媒体，只有一家外国电视台——半岛电视台在场。他们正好在当地采访。

好吧，车不让进，就走进去。卢宇光从车上卸下设备，与摄影师肩背手提，开始“土八路”行军。“土八路”有“土八路”的好处，轻装简从，灵活轻便。王牌部队BBC和CNN就惨了，他们的器材太多，什么稳定仪、编辑台，个个都有几十斤，新闻灯就装一箱子，家什齐全啊！除非再雇三个挑夫，不然只能眼睁睁地看着咱们光头哥们儿绝尘去了！

不过，这支“游击队”没走远就进入了俄方新闻官员的视线。老鼠见猫，规规矩矩，他们被收容了。天黑了，卢宇光对俄国摄像安德烈说：“你老乡可能不太注意你，你先溜。”此后，卢宇光假装上厕所，也溜了。

北高加索高原初秋的夜色在他们脚下缓缓铺展，月光如泻，没有树也没有草，只有空旷的脚步声。

他们背了两台摄像机、5块电池、两支脚架，每人负重20多公斤。但是事情紧急，二人只穿了T恤，在高原的秋夜中有些发抖。二人12小时粒米未进，腿肚子转筋。幸亏飞机上给发了两块巧克力，不然，这会儿随时有可能瘫倒在地。一时间，真有不知此身在何处，不知为何要如此的茫然。

没有人要求凤凰卫视的记者此时此刻必须赶往别斯兰。他们为什么非要冒着危险，费时费力，不惜血本，拼了命地向前冲？道理很简单，如果你是一个新闻记者，你就必须站在现场，不论是生是死。这是职业要求。

真正的勇气不是在不知情时的无畏，而是明明知道死亡就在前面，仍能正视自己内心的恐惧，带着对死的厌恶和对生的渴望，迎上前去。

卢宇光说，岗位有时候比生命还重要。比如军人在战场，比如医生在SRAS一线。你在那里，是应该的；你不在那里，是失职。

他们在9月2日凌晨1时到达别斯兰人质现场，并于1小时后与香港做了连线报道。媒体到场的顺序是：卡塔尔半岛电视台、俄罗斯独立台、俄罗斯国家电视台、俄罗斯地方电视台，第五家就是凤凰卫视。凤凰卫视成为第二家到达现场的非俄罗斯媒体。这对于一个立志成为世界媒体的电视台来说，非常重要。

3

9月3日凌晨，一位瘦削的俄国男子手持麦克风出现在焦虑的人群中。卢宇光认出，他是北奥塞梯总统新闻秘书祖加耶夫、自己的大学同学。祖加耶夫向记者和人质亲属说，政府一直在与绑匪对话，并要求人们冷静。

下午1点，祖加耶夫宣布，已经同恐怖分子达成协议，将运出早先被他们射杀的10~20具人质尸体。他同时承认："根据最新情报，人质数字多于早先认为的354人，死者也比以前以为的多。"由于是同学，这一最新消息他提前1小时告诉了卢宇光。凤凰资讯台也因此提前1小时发布了这条"独家新闻"。10分钟之后，一辆设备车开进学校，工作人员开始搬运尸体。

突然，学校里传出了一声震耳欲聋爆炸，接着又是一声，枪声大作。有人事后说，情况的突变是由于绑匪内部出现了变故，导致炸药爆炸，引起误会。但是特种部队强攻的时间如此之快，还是让人感觉他们的攻击时间就在此时。卢宇光看到，枪声一响，就有臂绑白毛巾的持枪男子往里冲，甚至比特种部队的士兵冲得还快。他说那是学生的父亲们，他们已经快疯了。而暴露在枪林弹雨之下的，是数以百计的他们的儿女。

双方数百支自动步枪吐着火舌，几十公斤与铁钉、插销混装在一起的炸药包一次次爆炸。关押人质的体育馆在爆炸后浓烟四起，奇热难耐。

9月3日下午，刘长乐的手机响了，编辑部报告，别斯兰反恐战斗已经打响。他下令资讯台立即中断正常播出，开始对别斯兰人质事件进行直播。

由于事先已经预订了卫星线路，资讯台的画面立即切换到了别斯兰现场。那是一次中国大陆独家的、充满震撼力的现场直播。

据俄罗斯《权力》周刊的记录：

BBC、CNN和欧洲新闻电视台从当地时间下午1点20分钟开始直播；俄罗斯独立电视台从当地时间下午 1 点 30 分开始直播；而俄罗斯两家国营电视频道，“第一频道”和“俄罗斯频道”仍然在播送原定的节目，直到当地时间 2 点整，才进入直播状态。按照后来英国《金融时报》的一篇评论俄罗斯媒体现状的文章所说，“第一频道”报道 10 分钟后，又恢复播出巴西肥皂剧《恋爱女人》，“俄罗斯频道”则做了 1 小时报道。

镜头中的卢宇光

相比之下，凤凰卫视的直播与西方知名电视台基本同步：资讯台从香港时间下午 5 点 25 分，即当地时间下午 1 点 25 分开始直播，并持续了 20 小时。

别斯兰枪战开始的时间，就是俄罗斯反恐部队阿尔法发动进攻的时间。事后众多迹象表明，他们没有准备好。

直播刚刚进行了五六分钟，子弹就向卢宇光所在的方向扫了过来。

子弹是不长眼睛的，他们立刻往后撤退，摄像机被落在火力区。

卢宇光在撤退的过程中跑丢了一部手机，但他还没有忘记用另一部手机与香港总部连线。下面是他与女主播王菁锳现场连线的录音：

战斗是 5 分钟以前开始的，大概在现场 100 米的地方，能看到孩子被不断地往外面送，我们的机器落在火力圈里，我们撤到了一个墙角……

现在又冲出一批人，我们不知道是从哪个方向来的，躲在汽车后面。我们看到不断有部队往里冲。

现在情况可能松弛下来，部队行动有些缓慢。

哎呀呀！恐怖分子向我们这边冲过来。突围了，已经打伤了很多人。哎呀，我们现在正在跑（急促的枪声和喘息声）。

王菁锳：宇光，你要小心。

现在不要紧。

冲出了好多人，恐怖分子冲过来了。向我们开枪。打伤了好几个。现在有几个人都躺在地下，在我们周围。

王菁镆：你能判断出来的人是人质还是武装分子？

根本看不出来到底是谁，我现在趴在地下。现在有妇女和记者受伤……哎呀，太危险了。

王菁镆：宇光，你所在的位置安全吗？

王菁镆：宇光，宇光，听到吗？

……

4

电话断了。10分钟、20分钟、40分钟……电话那头一直是“嘟嘟”的断线声。国内正在看直播的观众和凤凰人，心一下提到嗓子眼。电视画面上到处是血淋淋的伤者和死者。卢宇光凶多吉少！

刘长乐急了：马上派人给卢宇光送防弹衣。

1小时后，电话线那头奇迹般冒出卢宇光的颤抖男中音：“各位观众，卢宇光在别斯兰现场继续向你报道……”

原来，俄方反恐机构屏蔽了别斯兰的无线电话信号。

事后，有人说，王菁镆你问人家“所在的位置安全吗？”岂不有点傻！人都跑成那样了，喘成那样了，结巴成那样了，能安全吗？

也有人说，问得好！显示出中国传统女性对亲友那种不顾一切的关心挂念。王菁镆在那一刻已经忘了自己的主播身份！这就是凤凰卫视的人文精神。

刘长乐从战略角度看待这次惊险的别斯兰事件报道。“9·11”直播，解决了中国媒体在世界大事面前“有没有声音”的问题；伊拉克战争直播，解决了在国际大事面前中国媒体“在不在现场”的问题；而此次别斯兰人质危机，由于卢宇光充满了震撼力和恐惧感的现场播报，解决了中国媒体在报道世界重大新闻方面“行不行”的问题。虽然只有卢宇光一个人、一个声音通道，但这是一种姿态、一种状态。

卢宇光在战斗打响后5分钟里的现场报道，被称为“中国传媒史上的经典声音”。而卢宇光记住的，则是枪响那一刻，一群孩子从楼上的窗户探出身子，挥着白色的衣服，瞪着惊恐的眼睛大喊：“叔叔，不要开枪。”

5

2004年9月6日晚，俄罗斯电视台播放了一名绑匪招供的录像。绑匪说，他们被召集到树林里，一名绰号为“上校”的人宣布，他们要占领别斯兰一所学校，这是马斯哈多夫（车臣非法武装重要头目）和巴萨耶夫下达的命令。这名“上校”称，必须在整个高加索地区发动战争。

2005 年 12 月，负责调查惨剧的俄罗斯检察官员发表报告说，政府当局在处理事件时没有犯错。

但是，普京策划的攻击行动受到了来自观察者和民众组织的大量批评，甚至俄罗斯议会调查委员会也承认，有关方面在防范恐怖袭击和解救人质过程中存在一些严重问题和不足。有批评者认为政府并没有认真与绑架者谈判，当地领导人就下令允许强攻。俄罗斯特种部队的专业水准也被质疑。人们认为对学校的强攻中使用火箭推进榴弹和坦克炮是野蛮而不必要的；行动指挥者对现场的安全失去控制，使得武装分子有人脱逃。

然而，无论活着的人们对事件如何评判，331 条无辜的生命就这样消失了，其中有 172 名花朵一般无邪的儿童。

敬业精神还是敬名精神

1

卢宇光还没有回过神，就遭到大陆一家新闻权威杂志的指名批评。

批评者在《反恐报道中的新闻管制与媒体自律》一文中说，此次反恐报道过度，其表现为报道现场失控、报道内容失控、机密信息失控、细节报道失控、血腥场面报道失控。文章结论有三：一是这样的报道危害国家利益，二是加重了反恐部队的伤亡，三是有可能成为潜在的恐怖分子的教科书。

文章说，作为一个有社会责任感的行业，媒体不能仅仅强调追求利润的职业精神、敬业精神。对媒体及从业人员来说，仅仅为了经济效益和个人名声的敬业精神，说穿了是“敬钱精神”“敬名精神”。

多年来，由于这种被扭曲的敬业精神作祟，一些媒体及从业人员在面临重大事件时，往往唯恐天下不乱。于是，好事不是新闻，坏事才是新闻，大坏事才是大新闻，杀人、放火、强奸、抢劫往往成为某些媒体一味追求的新闻焦点。

不能将类似“千载难逢”的杀人事件，当作记者自己一举成名的阶梯……解救人质事件的报道中，一位活跃的电视记者被称为英雄，其实，这是新闻界莫大的悲哀。作为在场的新闻记者，面对 326 名死难者（当时公布的人数），面对那些失去孩子的家人，谁能坦然接受这一“英雄”称号呢？

2

不知从何时开始，有了这么一种风气，干的不如看的，看的不如装蒜的。卢宇光拼死拼活冲向现场，是假英雄、是恐怖分子的帮凶，但这位连家门都没出的批评者却正义在手、真理在胸，振振有词地指责冲上前线的同行。

但是，“我可以不同意你的观点，但我誓死捍卫你发言的权利”。面对批评，凤凰资讯台通过《时事辩论会》，请香港的大学教授、学者和大陆的电视观众展开电视辩论。

评论员江素惠说，恐怖事件危及每一个人的神圣安全，我们既然要揭发恐怖分子的恶行，同时要制止恐怖主义的行为，靠什么呢？靠新闻媒体的传播，把他们的恶行传播到世界的每个角落里，让所有人有一个共同的认知，共同来制止。

博士谭志强说，对反恐报道一味强调限制，渐渐会影响到个人的基本权利，甚至公众的知情权，这才是我们最恐惧的事情。那位学者说很多记者是为了敬钱精神、敬名精神来干记者，我想这个人假如是新闻工作者的话，我劝他赶快辞职，如果他是新闻学院的教授的话，他赶快向校长递辞呈。

刘春更是不屑：如果报道反恐就是对潜在恐怖分子的教唆，那报道矿难就是希望多发生矿难哪？

卢宇光也看了这篇文章，他无奈地笑着摊开手，“我从来不认为自己是英雄。什么英雄、什么战地记者，说句心里话，都是屁话。在战场上，突然发现了震撼你心灵的画面，能和你生命中的很多东西联系在一起，让你暂时地忘掉恐惧，但是，几分钟以后，回到生与死的真实环境里，你会逃生的，你是手无寸铁的记者，不是战士，只有保存自己才能完成工作，我可不想让我老婆当寡妇。那些坐办公室的人要骂人，就让他们骂好了，反正他们不骂我也会骂别人。

卢宇光强调，俄罗斯有专门的反恐法，里面对媒体报道的规定很清楚，违反了是要坐牢的。事实上，俄罗斯政府对凤凰的报道给予了肯定，还给这位光头记者一个表彰。

有个报社的记者问他：“如果以后再有这样的突发性事件，再出现这样悲剧性的后果，你还会再去现场吗？”

卢宇光说，别无选择啊！这是我的工作，要不凤凰就把我辞掉了。

与默多克用数字解构人生

1

2004年2月28日，早春的洛杉矶西风强劲，美国新闻集团董事会主席默多克和刘长乐走在风中，有逆流而上的感觉。虽然默多克对进军中国这件事有些沮丧，但对刘长乐还是非常友善。

从商业的角度看，刘长乐与默多克合作从一开始就存在着战略目的不同的矛盾。凤凰卫视就是这个矛盾的“结”。刘长乐办电视，目的是向世界发出华人的声音。默多克把STAR TV中文台交给他办，是为了变相进入中国大陆。尽管双方在凤凰卫视的股权上份额对等，但从节目的风格和文化取向上看，凤凰承载的是中国人的梦想和理念。时代华纳的一位官员断言：“凤凰卫视的合资双方将会有一方在具体操作上出局，充当单纯投资人的角色。”现在看来，那一方是默多克。但是，如果因此认为默多克是输家，那就太幼稚了。默多克要的是市场和利润，只

刘长乐与默多克在洛杉矶进行了一场关于东西传媒的对话

要能赚钱，没有什么节目是不能做的。他的商业目的很明显：就是要坚定不移地进入中国市场。通过种种向中国示好的行动，他们获得了回报：在中国三星级以上酒店，可接收的22个境外频道中，新闻集团占了7个。

有媒体撰文指出，在默多克未来的媒体帝国版图中，凤凰的位置似乎正在下降。

对此，刘长乐的回应是不在乎。

汤姆林说，恶性竞争的问题在于即使你赢了，你还是鼠辈。

刘长乐与默多克把凤凰卫视这个矛盾的“结”编织成了一个双赢的“中国结”。

对新闻集团不断落户中国市场的节节进逼，刘长乐提出“不捣乱、适当提供帮助”的策略。开放的媒体是开明政治的推手，中国的市场应该容得下更多的海外频道。刘长乐对凤凰卫视的影响力充满信心，不惧怕挑战和压力。中国人越来越不能甘心蜷缩在西方控制话语权的世界里。

凤凰卫视与新闻集团的关系，还得益于邓文迪的斡旋。默老爷子很有意思，他每年都会选一张照片做成新年贺卡，寄给他的朋友。刘长乐最初收到的贺卡上站着老默与前妻安娜；有一年，变成了孤零零的一个人；到了2000年，贺卡变成了老默与邓文迪的合影。

邓文迪是老默同志的第三任妻子，中国人，生于“文化大革命”期间的1968年，原名邓文革。她生在济南，长在徐州，曾经是徐州市第一中学排球队的队员。她的名言是：“我是一个积极进取凡事追求完美的人。无论做什么，我都尽心尽力。在家人和朋友需要帮助的时候，我总是随时伸出援助的双手。”

邓文迪说到做到，2011年7月19日英国议会针对《世界新闻报》“窃听门事件”召开听证会，默多克这位80岁的传媒大亨不得不在一片鄙夷的抗议声中前去接受问询。他说这是他一生中最卑微、最黑暗的一天。但是，就在这一天，邓文迪极其漂亮地展示了一回她那“援助的双手”。当一名英国男子端着一碟剃须膏试图摔到老默脸上时，大部分时间都安静地坐在丈夫背后的邓文迪以迅雷不及掩耳之势，从后排座位上跳起来，拿出了当年排球女将的身手，一巴掌向袭击者当头拍去……那一瞬间，她一洗自己傍大款的负面形象，摇身一变成了铁骨铮铮的“中国虎妻”“年度最佳护夫品”。这华丽清脆的一巴掌，愣是打得新闻集团股价逆势飘红，成功地帮老公在“最卑微”的时刻完成了一次“危机公关”。

邓文迪与默多克结婚前是STER TV的中层干部，与凤凰卫视的管理层关系熟络，她嫁入豪门后，凤凰与新闻集团的关系协调，经常是双管齐下，于公于私邓文迪都能说上话。

2

刘长乐与默多克是在福克斯电影厂见面的，二人还登上洛杉矶市郊矗立着HOLLYWOOD字样的比弗利山，到默多克西班牙风格的别墅里做客。念及当年在香港，凤凰的几个哥们儿经常请自己吃饺子的情谊，邓文迪亲自下厨，为他们做了顿中国饭。比弗利山是全美著名的富人区，在这个崇尚个人奋斗的国度，住在这里的人被演绎成一个个所谓的美国故事。澳大利亚人默多克也把自己当成美国故事，还希望把这个故事讲到中国去。

由于不涉及股权与经营的具体事务，这次见面显得轻松，这是一种观念与方法的交流。两位传媒界盟主级人物在洛杉矶讨论世界传媒发展趋势、中国媒介市场的开放，应该是一件有趣的事情。更有趣的是，两个习惯用文字和图像说话的人竟然不约而同地是用数字解码自己的人生。

默多克说，我来到这个世界已经613000小时。童年和青少年以及接受教育占去201000个小时，剩下的412000个小时有三分之一花在了睡觉和休息中，于是只剩下了275000小时。而我用来工作的时间最多只有20万个小时，而有效的工作时间也就只有10万个小时。我可以乐观地期待还有175000个小时可以挥霍，这其中应该至少有7万个小时可以高效率地工作。

对于他这段有趣的数字，刘长乐回应说，我喜欢2，我的电话号码都有2，我的手机号码也有2，我在家里排行也是老二。这倒不是我不想名列前茅、不想争第一，我的意思是我喜欢低调做人、低调做事。

默多克那年71岁，刘长乐51岁；默多克是小报人出身，刘长乐是小记者出身。默多克对事业的追求和工作的疯狂劲，应该说是传媒人共有的特征。他很大的成功是靠兼并，资本运作方面很高明，而凤凰在资本运作方面经验不足，奢望也不大，反而对媒体本身投入了太多的精力和热情。刘长乐说，这是我的缺点也是优点。

虽然都是干传媒的老戏骨，但是，当二人面对三部煞有介事的摄像机和强烈的聚灯光正襟危坐时，还是不能像手下那些电视主持人一样轻松自如，都有一些拘谨。

默多克对化妆师说，你好好干，一定要把我打扮得年轻20岁，这样我才好与比我小20岁的刘先生对话。

在客客气气的对话中，刘长乐发现他们的传媒理念有明显的不同。刘长乐希望在强势的西方文化和优秀的中国文化之间达成一种均势；而老默则强调，我们不是在推行一种文化霸权，不是把我们不需要的东西强加给中国人。言下之意是，你们有需求。

但是无论如何，刘长乐对这位年长 20 岁的朋友与对手，还是怀有敬意。其一，默多克认可了创立凤凰卫视的建议，双方联手打造了一个中国的传媒奇迹。其二，默多克在凤凰上市时，一分钱不要，把集资的钱全部用于事业发展。其三，默多克从来不插手凤凰的管理。当然，默多克也从凤凰那里学到了许多，比如对中国文化的理解、对中国市场的理解、对中国政府的理解……更重要的，是他懂得了东方文化之中那些只能意会、不可言传的东西。

这次对话后，随着默多克收购青海卫视的努力受挫，新闻集团进军中国的步子明显放缓。2006 年 6 月 7 日，香港《南华早报》报道，中国移动香港上市公司计划于当天宣布从新闻集团手中收购凤凰卫视约 20% 股份，为推出 3G 服务积极准备。作为全球最大的移动运营商，中国移动计划以超过 10 亿港元入股凤凰卫视，全部以现金支付。收购揭示了中国移动觊觎成为全球 TMT（通信、多媒体及技术）市场龙头的愿望。

按照凤凰卫视当时的 1.46 港元的收盘价，凤凰卫视市值在 70 亿港元左右，20% 的股份涉资 14 亿港元左右。新闻集团持有凤凰卫视 38% 股份，目前尚不清楚默多克将如何处置手头剩余的股份。

《南华早报》的报道说，有关默多克计划退出凤凰卫视的传言开始流传，传言称，由于中国对媒体的监管，新闻集团已无心继续进军中国媒体市场。此前有报道称，默多克一直对凤凰卫视的发展心存不满，认为没有推动新闻集团在中国的发展。他在 2012 年 9 月接受媒体采访时表示，他的公司“在中国碰壁”。

2013 年 3 月，新闻集团再次减持凤凰卫视股份，持股比例将降至约 13%。

2013 年 10 月 19 日，新闻集团将其持有的全部凤凰卫视股份出售给全球最大私募基金公司 TPG，至此，默多克不再持有凤凰卫视股份。

尽管如此，凤凰仍在使用 FOX 提供的电视新闻素材，二者仍然是重要的合作伙伴。

2013 年 11 月 20 日，传来了老默要与他的虎妻邓文迪离婚的消息。原因是不可挽回的危机。这是他第三次离婚。默多克的代理人丹尼尔·贾菲说：“他的每次离婚都像一场商业谈判。”

第五章

善意　最好的通行证

（2005—2008）

半拉黄瓜，一束鲜花：中日电视大辩论

1

2005年夏天，一场《破局之辩——中日热点大交锋》在凤凰播出。当天，凤凰的《时事辩论会》节目成了媒体炒作的焦点。从新华社到《亚洲周刊》，从CCTV到各大门户网站都详尽地报道了这次辩论的细节。从辩论内容到辩论意义都有精辟的阐述，无不肯定此次辩论会是中日民间交往的一次有益的尝试。

特别引起主持人黄海波注意的是名叫“天蝎蜕变中”的网友，他用“半拉黄瓜，一束鲜花”来形容这次辩论会。他说：“期待中的荡气回肠更多的时候成了半拉黄瓜，有滋有味但是不过瘾，不过总比一束鲜花来得妙，因为我们需要更多有滋有味的沟通。”

这场令人瞩目的中日对话，没有想象中的荡气回肠、冲突迭起，辩论双方几乎是相敬如宾、意犹未尽。黄海波作为这期节目的策划者和主持人，回忆了在那个中日之间的交流严重缺乏维生素、叶绿素的时期，这半拉黄瓜的出台过程。

2005年6月底的一个下午，王纪言用激情澎湃的语调对黄海波说：“日本朝日电视台的辩论节目向我们的《时事辩论会》挑战来了，马上准备应战！”

话音未落，黄海波桌上的电话铃响起，一个操着标准普通话的低沉声音传来：“喂，是黄先生吗？我是朝日电视《周日时政论坛》的高桥政阳，我可以到香港来见你吗？”

好快！

几天后，黄海波见到了高桥政阳，电话中的他听上去是个50多岁的老者，见了面像是个不到40的壮汉，嘴巴上一撇胡子，额头上一缕头发，有着日本人难得的丰富表情。他已经带着他的宏伟计划四处游说了许多人，包括刘长乐在内。

他的计划对凤凰来说是个挑战，搞不好是个费力不讨好的事情。

2005年是“二战”胜利60周年，按理应该是中日之间好好反思历史的时候，但历史好像在专门戏弄人类，这一年恰恰是战争的血腥味泛得最浓的一年。日本首相小泉纯一郎在靖国神社上的固执，东海油气田、教科书、钓鱼岛等方面巨大的分歧和矛盾使中日关系全方位地进入了冷冻期。中国各地的反日示威和5月份吴仪副总理中断对日本的访问，更标志两国关系跌向谷底。在这样的情况下，中日两个电视台想要进行一场辩论，明摆着是要去擦火花。

《周日时政论坛》是日本电视的王牌栏目。主持人田原总一郎做这个节目近20年。往横里说，现任日本首相、内阁大臣、明星要人都是这里的常客；从纵向上说，历届日本政要都是他的座上客。10多年前小泉还是参议员的时候也参加过这个辩论。另一位出场的辩手则是资深外交家冈本行夫，曾任首相小泉的辅佐官，是个对国际事务有着透彻洞察力的民间外交分析家。此二人长期在无所不言的辩论节目中磨炼，如果临场发力，让人担心辩论形成一边倒。

当然，双方都有一个不用辩就可以得出的结论：凤凰卫视不希望这是一场以中方失败而告终的辩论会。而朝日电视台大老远来，也不希望垂头丧脸地回去。也许，大家谁也不会败，却闹到不欢而散、无果而终。

2

日方的辩手已经决定，中方的辩手成为大家讨论的焦点。凤凰首先推出的评论员是何亮亮。然而另一位辩手就费了周折。日方希望请以对日新思维而著称的马立诚出场，可以看出日方无心恋战、以和为贵的意图。有人提出请曾任驻外大使的外交家吴建民先生，他本人亦表示非常有兴趣，但是不巧那时他要去美国开会。最终，社科院的日本问题专家、曾经提出“政冷经热”概念的冯昭奎成为最终人选。

在国内的舆论方面，学者马立诚2003年提出“中日关系新思维”，遭来骂声一片之后，中日关系问题上就没有什么争论的声音了。人们期待从这场辩论中得到冲突感、交锋感是可以想象的。

刘长乐对此次辩论重视有加，在商讨这次辩论会的名字时，他随手写下了一句话：“破僵局，话不说不透；巧沟通，理不辩不明。”

这话后来成为宣传片中的主题词，也是《破局之辩——中日热点大交锋》辩论题目的由来。虽然以交锋作为形式，但最终目的是要讨论中日关系向积极方向发展的可能性。破的是僵局，谈的是和局。

日本方面同样期待通过这次辩论打通中日之间对话的渠道。田原到达香港后一个劲儿地感谢凤凰能举办这样的辩论会。在他看来，中国媒体能答应进行辩论已经出乎意料。他说没有想到中国的言论自由达到了这样的程度。而冈本也已完全有异于他那严肃狡黠的外表，显得格外谦恭，对凤凰的要求也是百依百顺。一直到辩论会直播临上场前还叫住黄海波，我待会儿能说一下台湾问题吗？

黄海波对他说：“想说什么都行。”

3

毕竟是在中国的地盘上辩论，两位日本嘉宾一上来就按凤凰设定的，在战争认识问题上表示了对侵略战争的反省，后又表示反对小泉参拜靖国神社，田原说自己还因此受过右翼的攻击。田原和冈本可能是分外珍惜这次来之不易的对话，再加上是客场，都少了往日在朝日辩论会上的犀利和攻击性。

中方的冯昭奎教授显得有些激动紧张，有一种无形的压力扛在他肩头。

现场最紧张的人是主持人黄海波。他的紧张不是电视操作层面的，而是担心两名日方辩手说出过分刺激的话，引起观众的强烈反弹。作为辩论会的主持，他应该做到公正，但是另一个强烈的下意识就是不愿意让不利于中国的场面发生。比如第一小节结束时，他打断日方嘉宾的话插播广告，很多观众为此替日方叫屈。

主持人的担心，冯教授的过分紧张，田原、冈本的过分小心，都说明中日之间对话的环境多么不正常。所有人说话都赔着小心，生怕不小心触及那根敏感的民族自尊的神经。

4

也有不同声音。凤凰卫视的军事评论员马鼎盛在《亚洲周刊》上发表题为“告别中日友好的幻想”文章，声称：“从‘中日大辩论’可以看到日本人笑里藏刀的绝技。”在评论“中日不是双赢就是双输”的论点时，马先生说：“一山不容二虎，为什么不能争取中国赢、日本输的前景？在传媒战领域，中国人理直而气不壮，还能力争政治、经济和军事胜利吗？”好战、好赢的马先生也算快人快语。

黄海波争辩道：“世界的格局形成带有物理性的作用力与反作用力，此时赢，彼时输，此处赢，彼处输，此消彼长，某一方不可能处于长赢状态。日本刚刚侵华时不也是赢得一时风头吗？然而最后签署战败条约的还是日本。和日本这个我们不得不处的邻居寻找一个合理舒服的相处空间，是两国政治家、外交家和媒体的责任。”

在中国的媒体上，用电视直播的方式来听取日本人观点的机会非常稀少，不管是左翼、右翼还是中间的。而在日本，很多电视台都会直播中日双方的学者或当事人探讨中日话题的节目。前国新办主任赵启正、原驻日大使陈健以及多名中国的教授学者都在朝日电视台的《周日时政论坛》节目上表达过观点。应该说日本媒体开放程度要高一些。

这次，凤凰与朝日的辩论不但把该说的都说了，而且在两国的电视台上无修改播出。

《破局之辩——中日热点大交锋》现场

2006年7月25日，凤凰又举行了第二次中日辩论会，此时，激进的日本首相小泉纯一郎已经下台，中日主要讨论后小泉时代问题。这次辩论气氛更为理性，中方嘉宾冯昭奎没有出现上一次的激愤情绪，除了讲靖国神社时有点激动之外，总体上相对比较平和。表面上看来还是没有“争”起来，牺牲掉一部分看大戏心态的观众，但是同时也吸引了一批希望踏踏实实恭听各方观点的人。中方嘉宾把辩论控制在一个不卑不亢的尺度上，而两位资深的日本政论专家，状态跟去年一模一样，说话的语气、语速、表情，甚至举出的部分例子，都给人强烈的“重申”感。

日方的高桥政阳先生来信说，《中日辩论会2006》播出了30分钟的摘要版。这一栏目的收视率达到9.8%，在当天此节目所有栏目中高踞第二。按收视率计算，1.2亿日本人当中，有1000万以上收看了这次中日辩论会。此外，朝日新闻社经营的卫星电视台“朝日新闻卫星台”也两次播出了60分钟的摘要版。这意味着共有数千万日本观众收看了这一辩论会。节目播出后，反响热烈，获得了超过去年的好评。我们认为，这次最大的收获，是中日两国国民都能够冷静地对待中日关系了。

在解决中日关系问题上，两国都必须面对强大的民间压力，凤凰卫视和朝日电视台举办的中日辩论会，对于纾解民间压力、找到问题症结、消除政治障碍，是有益的、有效的。一位中国观众评论说：“应该为中方专家的表现鼓掌。毕竟是有修养有智慧有国格的国民代表的交流和辩论，沉着稳重，不卑不亢，有深度有艺术，有坚毅有幽默。让世界感受到中国的理智，也感受到中国的礼仪。”

作为《时事辩论会》的创意者，刘长乐认为这个节目有两个突破：第一，凤凰率先在华语媒体中创立了评论节目后，众媒体效仿，开始办对话式访谈和评论，凤凰必须再往前走一步，用黑白两党辩论的方式来进行评论，把辩论的方式引进到新闻评论里面。第二，把即时互动引入到辩论会中，让观众通过互联网和节目互动。参加节目的网虫名字很有意思，有“元帅”，有“上将”，还有一个“狗不理大包子”。刘长乐说，后来凤凰搞活动的时候，我有幸见到了这位“狗不理”，还没有我胖呢！

《时事辩论会》被日本NHK看中，这家电视已经连续5年买下了这个节目的播映权，每天固定时段在其卫星频道上播出。根据日方的反馈，该节目的收视率在其外购节目中是最高的。

李敖快意还乡

多年以前，在台大文学院印度近代史的课堂上，一位风度翩翩的年轻老师，要学生交出笔记给他看看。全班都交了笔记，可是一个学生却交不出来。老师问他：“你怎么没有笔记？”这个学生说：“笔记是中学生抄的，大学生不抄笔记。”这位老师有雅量，欣赏特立独行的学生，给了不交笔记的学生最高分。

这位老师，是台湾大学教授吴俊才。这个学生，是李敖。

多年之后，李敖在军队服役期满，考取台大历史研究所，但研究所的薪金不能按时发放，李敖穷得当了裤子，并写信给研究所的后台老板胡适表示抗议。胡适知道此事后，特别送他1000块台币救济生活，让他把裤子赎了回来。李敖对此大为感激。

早年李敖是胡适的粉丝，认定胡适是真正的文化旗手。他说：“先一代的蛟龙人物，陷在这个岛上的，我看来看去，只有两个人够格：一个是胡适，一个就是殷海光。”殷海光，是台湾著名杂志《自由中国》的创办者，名声如日中天，但李敖认为自己很快会超过此人，而胡适却如大海，要浩瀚丰富得多。胡李二人第一次见面时，胡适笑称：“你简直比我胡适之还了解胡适之！”意思是我胡适自己写的东西都忘记了，而你却如数家珍。李敖颇为得意地认为：胡适“显然把我看作北大系的一个传人”。

无论怎么看，李敖算得上是20世纪30年代那批中国文化大师的一缕余脉，他

14岁去台湾，国学底子厚，大陆情结深。他在两岸人气超旺，是知名的文坛怪杰。他身上有一股中国传统知识分子威武不能屈的傲岸之气，不向权势屈服，不向官府献媚，坐牢也罢，查禁也罢，就是坚持自己的观点。因为反抗国民党的党禁和对言论自由的打压，他几次坐牢并终生痛恨国民党。当然，更痛恨"台独"。他的名言是"不能因为五十年的分歧，割断了五千年的文化"。他多次在电视节目中痛骂陈水扁是王八蛋。"别人都骂人是王八蛋，可我有一个本领，我能证明你是王八蛋。"

李敖这样的气场和底蕴，自然会进入刘长乐的视野，觉得他是一个可以沟通两岸的重要人物，并因此促成了2005年的一个重要文化事件："李敖神州文化之旅。"

当然，这件事风险很大。李敖的一位朋友王昭藩说，李敖什么事情都能干得出来。当年，他的书不能出版，结果他用色情书做封面，实际上里边是自己的书，那些读者不问价买走了，回家一看上当了。李敖能够把白的说成黑的、死的说成活的，他的话不知道哪句是真哪句是假，听他的话是有风险的。他对人说过，什么都不重要，钱最重要。

世界上完全没有风险的事是没有的，怎么走好这步险棋，那就看刘长乐的本事了。

凤凰卫视与李敖结缘在2004年，双方为李敖到凤凰卫视做一档名叫"李敖有话说"的节目展开谈判，最后以每年300万元人民币的价格成交，商定节目为日播。

从20世纪90年代开始，李敖陆续在台湾的5个电视频道做过节目，如东森台的《李敖黑白讲》、环球电视的《挑战李敖》和中天台的《李敖大哥大》。

作家一般分两种：一种是会写不会说，一种是会写又会说。李敖属于后者。他知识渊博，自信满满，口才一级棒，但也有毛病，经常由着自己的性子指东骂西，给电视台惹麻烦，甚至是官司。因此，台湾的电视台与他合作没有超过一年的，有的只两三个月就散伙了。李敖说他做节目如同游牧民族"逐水草而居"，走到哪儿算哪儿，不做了自己也乐得清闲，专心写书。

但他与凤凰的合作却长达3年，共做《李敖有话说》735集，其间，也多次发生过拧着劲干的事情。比如他的前妻胡因梦在《鲁豫有约》上谈了与李敖相识相恋的一些往事，不知为何惹恼了李敖，他竟然在《李敖有话说》上连骂胡因梦7集，才觉得扯平了。连战到大陆访问，是国民党党魁自1949年离开大陆后，首次回家乡访问，政治意义颇为重大，可是，痛恨国民党和连战的李敖却在这期间连做5集节目骂连战，并且要求必须播出，否则就让你们开天窗，弄得制作人员头疼不已。

李敖甚至在《李敖有话说》节目中说："在我们的祖国，有一个人为了我吃了不少苦头，他的名字叫作刘长乐。""可是告诉大家，我一点都不可怜他，什么原因呢？我们这种人，为了一个理想的实现，牺牲别人在所不惜，牺牲自己也在所不惜。”

刘长乐说，牺牲就牺牲吧，没有胸怀，怎么能让政治观点尖锐对立的两岸真正实现文化交流呢？总不能规定人家专门讲你的好话吧！

刘长乐拜访李敖，试探他愿不愿意回大陆。李敖一口回绝，说是“没有可能”。刘长乐分析，李敖拒绝回乡有以下原因：第一，他曾夸下海口，一辈子不离开台湾。他的理论是，这样他就最有资格说自己爱台湾，这样一种清白，能使得他的言论更具攻击力。第二，李敖怕坐飞机。他小时候曾经坐过一次飞机，老旧飞机出了点状况，他从此再不愿坐飞机。第三，李敖很怕回乡后会破坏脑海中存留下来的那种旧梦，梦碎就再不会有梦了。

2005 年 3 月，刘长乐再次向李敖谈起回乡问题，李敖的态度有松动。李敖问，大陆能不能善待我？他说，要不然我 80 岁再回去吧。刘长乐说，你今年已经 70 岁了，人生易老天亦老，你到 80 岁的时候身体可能就不好了，很多从大陆出去的文化大师，像张大千、钱穆、胡适、林语堂等，最后都没能再回到自己的故乡。如你能回来，不仅了却自己的心愿，也能帮一代人圆梦。

李敖终于同意了凤凰策划的“神州文化之旅”：双方约定，从 2005 年 9 月 19 日到 30 日，此行共 12 天，李敖走访北京、上海、香港三个大都市，在北大、清华、复旦三所大学演讲，并回访母校，参观著名文化景观。李敖一家及随行人员的所有费用由凤凰担负，包括坐头等舱、住总统套房。而李敖此行参与与凤凰有关的节目或采访，版权归凤凰所有。

也许是为了证明不敢坐飞机是“谣言”，也许是象征自己一步跨越 56 年，李敖在登机前特别摆出夸张的姿势：他右手拄着拐杖，左手举起登机牌，抬起左腿在空中做出一个跨越的动作。但是，不喜运动的李敖动作不够优雅，怎么看都有点像孙行者在向人们招手。

对于外传他不敢搭飞机，李敖说，我是勇敢的人，怎么可能会紧张？飞机恐惧症其实只是借口。陪李敖到大陆的小儿子李戡，面对媒体也是力挺老爸，爸爸是个勇敢的人，不会害怕搭飞机。

李敖的拐杖是他的好朋友陈文茜送的。李敖说，出发前感觉身体有一样器官一直在阻挠，最后发现是右腿不听使唤，这才拄上了拐杖。

BBC 记者报道说，这次李敖到大陆进行 12 天的“神州文化之旅”，是他自 14 岁离开大陆后，56 年来首次重返大陆。行前在机场，他调侃道，我曾公开赞成“一国两制”，所以大陆应对他有“基本信任关系”，而且早年国民党执政时期，我多次被人向警备总部检举是“匪谍”，既然曾被当作是“共产党的间谍”，我这次去北京会“向党中央报到”。

除了调侃自己，李敖也右批蓝军、左批绿军。他说，不喜欢国民党当年把北京改名“北平”；至于他登机时拿着“中华民国”新“护照”，他也指着民进党政府在“护照”上加注的“TAIWAN”字眼，批评民进党只敢“偷偷摸摸搞台独”，而不敢写中文的“台湾”二字，“像个贼一样”。

李敖在大陆一落地，媒体就铺天盖地蜂拥而至，他一举手一投足，都能听到照相机快门的咔咔声连成一片。那阵势一点也不比连战、宋楚瑜访问大陆时差。

在首都机场，有记者问：“您此行会就哪些学术问题展开与大陆学者的讨论？”

李敖说：“我不喜欢做学术讨论，太高雅，太学究，太钻牛角尖，我有一点点 ××× 的毛病，就是反知识，只注重实际的问题。”

9 月 21 日上午 9 点 30 分，身着黑西装、白衬衫，系着深红领带的李敖在众人的掌声中进入北大校办公楼二楼演讲报告厅。一些不能进入报告厅的热情的学生，打出“敖哥欢迎回家”“敖视群熊”的横幅。有的“敖迷”甚至从青海专程赶来一睹大师风采。一位正在北大考研的人大毕业生匆匆赶到，恳请凤凰卫视的工作人员带他进去。他说，我的名字特好记，叫马六，在家排行老六。问他为何不留在家里看凤凰的直播，他说，我就是想看看真人。问他，为此在外面等一上午值得吗？他说，值。结果，把守大门的是北大的工作人员，马六被无情地拦在了门外。李敖演讲开始时，他和一大群无法进入会场的学生一起来到校长楼礼堂的窗子下面，一起喊着：“李敖！李敖！听不清！听不清！”声音之大，让台上的李敖也笑了。他说，这是支持我还是反对我？

一位现场执勤的警察不解地问楼外满头汗水、徘徊不去的学生：李敖有那么大魅力吗？学生说，当然。

讲台上，李敖说：“我在这儿有很多人眼睛看着我，说李敖骂过国民党，骂过民进党，骂过老美，骂过小日本，今天你在北京，你敢骂共产党？很多人不怀好意，幸灾乐祸看着我。我告诉你，我先不骂共产党，我先赞美共产党和国民党曾经打倒的势力，那就是北洋军阀。为什么赞美北洋军阀？大家知道北京大学怎么出来的，什么人叫蔡元培做北京大学的校长？那时候他是国民党人身份，是北洋军阀有这个肚量把全国最好的大学交给他敌对的一个政治势力的手里。这就是黎元洪当时干的事情。我们现在骂北洋军阀，我们有什么资格骂北洋军阀呢？北洋军阀比我们肚量宽大得不得了。今天，除非把我李敖放这儿来做北大校长（笑声）——对不起！好像在抢副校长的位置——否则，我们就不要骂北洋军阀，我们要做历史性的反省。”

当然，李敖也有许多建设性的话。

他说，人民要聪明，争取自由要靠智慧。

他说，开放、言论自由会更安全，有些言论开放了以后，是火山一样的喷火口，让它喷出去。言论自由像看A片一样，让他讲了，让他骂了，让他说了，老虎屁股让他摸了，没什么了不起。

他说，癌症不是很可怕吗？但是医学院的学生专门要学习癌症，要想出招来解决，我觉得作为一个大学，要什么言论都敢接受，可以把它当成癌症来看，所以我认为，在大学里面，没有什么是可以害怕的、不能讲的、不正确的。

台湾记者只嫌水不浑、火不烫，在李敖当天下午参观法源寺时故意追问：“如果有人认为早上的演讲很不适合的话，你会怎么感觉？”

李敖：“那是他的知识浅薄。”

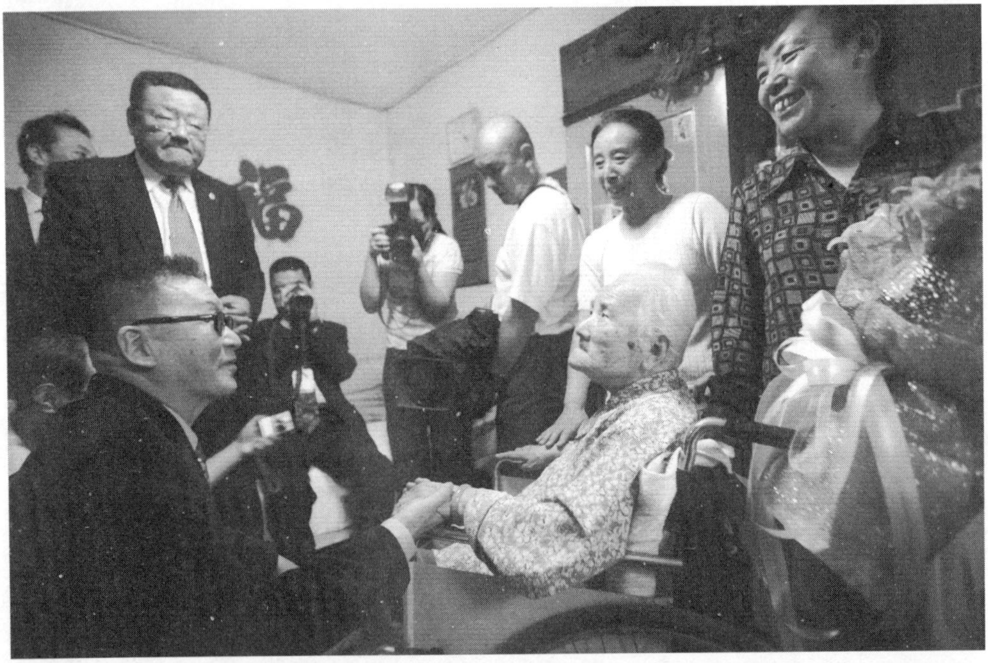

李敖拜见恩师

台湾记者："清华如果拒绝你的演讲呢？"

李敖："那怪清华，不怪我。"

李敖当晚说，我与北京情缘已尽。

而刘长乐承受的压力比李敖大百倍。当晚，他召集手下开会讨论对策，因为后面还有两场演讲。他说，要镇定，镇定就是一种办法。每临大事有静气，要沉住气，不能把好事变成坏事，更不能把坏事变成大坏事。

9月22日上午，李敖按约定去北京四季青桥外的一个影棚录制《鲁豫有约》。一上中巴车，他对刘长乐说，我是不是现在走了对你更好哇，我走了你就没有压力了吧？

刘长乐回答说："您怎么想、怎么做，那是您的自由，是您自己的事，我这人为人做事就是交朋友，而且要交长朋友，不是一件事就'翻儿'的那种。您看，这个车里，我的秘书，我的搭档，都是交了十几年的朋友，他们想跟我'翻儿'我还不干呢！"

李敖听了，没再说话。

在与鲁豫对话时，现场很活跃，李敖仍是语带机锋，几次想提起"我与北京情缘已尽"的话头，都被鲁豫巧妙地遮拦回去，一次没捞着说。回来的路上，刘长乐打趣李敖，我们鲁豫够聪明吧？李敖哼哼两声，不接话。

回到下榻的钓鱼台，气氛为之一变，因为刘长乐已暗自将李敖读小学时的14位同学找了来，这里面有一位李敖的"把兄弟"——大哥詹永杰。李敖见到詹永杰，连叫"老大哥"，说这是我一直崇拜的人。当年李敖在小学是"民间领导"，而詹永杰是官方封的大队长——"三道杠"，学习也是第一名，长大后又官拜副部级，是中国东欧中亚学会副会长。李敖说，我本来讲话是很厉害的，因为可以骂人，今天在场的都不能骂，所以今天讲话就为之失色。有大哥在，李敖照相时不敢往中间站，别人拉他，他连说四遍"不可以"，还加上一句"那不礼貌"。

这次同学会，使李敖心情大好。他本来就是一个朋友很少的人，现在有了刘长乐这么个朋友也是缘分。这一点很重要，因为在此后的演讲中，李敖开始妥协，用他的话说："我们要做一个聪明的人，不要做一个糊涂的、蛮干的人。这是孟子的教导。"

清华大学演讲时，校长、书记都没有到场，由人文学院院长出面接待。

李敖一开讲就说，从1840年开始，中国就一路挨打。民族英雄林则徐被流放新疆时写了一封密信给他的好朋友说，和英国人打仗，关公、岳飞出来都束手无策，因为我们看不见敌人，敌人就打到了我们，为什么？他们有大炮。那时的中国面临两个问题，就是如何避免挨打和挨饿。经过这么多年下来，现在没有人敢打我们中国了，香港也收回了，我在这里公开和大家说，只有一个党能够做成这件事，就是中国共产党。

他说，大家以为我喜欢骂人，不晓得我也喜欢捧人，该属于谁的就是属于谁的，我在中国的一部分——台北也是这样讲的，告诉大家这个功劳是共产党的。我们的确富强起来了，当时穷的时候，日本人奚落我们的外交部部长陈毅，说你们中国人穷得裤子都没有穿的，你们还要造原子弹，虎虎有生气的陈毅外长说，我们光着屁股，没有裤子穿也要造原子弹，这个气势是很了不起的。

他说，我们中国这么穷，这个账不能算在共产党头上。1949 年共产党所接收的摊子是什么摊子？国民党最后跑的时候能拿走的全拿走了，留给中国大陆的是一穷二白，国库掏空了，能破坏的桥都炸掉了，能带走的东西全部带走了，并且留下了 300 万的坏分子捣乱，引起共产党的紧张，又穷又要解决这些治安问题，我们是在这种情况下成长的。今天大家知道吗？现在是中国自汉唐以来所没有的一个盛世。

他说，今天在我们的祖国大地上，没有谁不爱中国，没有谁是要捣你的乱，和你过不去，可是有的人说你们言论有问题，这就是邓小平同志所讲的，有些同志的思想需要慢慢地改过来，我愿意等待！

还有两句话别人可能不在意，可是刘长乐却听得真切。李敖说："外面谣言说我和凤凰的情缘已尽。我告诉大家，胡扯！"他还说："有一个朋友描写我，说李敖真够朋友，对所有人都够朋友，绝不会先出卖朋友。"

李敖，用自己的厚道回报了刘长乐的厚道。

在复旦的演讲，李敖上场的第一话是："刘长乐先生，感谢你，没有你我今天不会站在这儿。"

"我刚才在车里和刘长乐老板说，天行有常，立身有本。我们这种人该说的就要说，该说对的就要说对的，该说错的就要说错的。可是，我们知道讲话要有技巧，硬邦邦地讲话是不好的。所以我给大家演讲，第一次讲演（北大）是金刚怒目，第二次讲演（清华）是菩萨低眉，第三次演讲（复旦）是尼姑思凡，为什么叫作思凡？我的意思是说，我们现在不要再谈理想问题，可以谈一点现实问题。"

"我已经七十开外了，已经垂垂老矣，我赞成什么，反对什么，我敢说绝对是独来独往，我不受人左右。可是我再讲一遍，我该凶的时候凶，该温和的时候温和，该开玩笑的时候我会开玩笑，可是当你笑过以后，你才想到你的眼睛里面可能有泪。”

“我这个年纪对人生有某种程度的悲观，我不相信基督教，可是《新旧约全书》最后的启示录第六章第八节有一段说，见有一匹灰色马，骑在马上的，名字叫死。我告诉你，我随时会骑上灰色马，再见！”

由于李敖在节目里多次批评鲁迅，说鲁迅老是横眉冷对，写的不是真正的白话文，在演讲现场，一位教师面色严厉地质问李敖，你为什么说你的白话文写作是500年来的中国第一人？这个结论怎么得出来的？鲁迅是伟大的思想家，请问，你凭什么讲你比鲁迅高明？

李敖把右手放在耳朵上：“什么？我耳背，我的耳朵常常听不到对我不利的声音。”

“为什么我说我是500年来写白话文的前三名？因为我在陈述一个荒谬。拉丁文有一句谚语，因为它荒谬所以我才相信。这件事情很荒谬，所以我深信不疑。

“我这一阵子对鲁迅的批评只是想告诉大家，鲁迅有他的时代性的功劳，可是今天我们还抱住鲁迅，就太落伍了。我这次花了35万元人民币捐铜像给胡适，我说得很清楚，我捐的是新文化时代的胡适，不是跟蒋介石交朋友的胡适。鲁迅的功劳我没有否认，可是俱往矣，数风流人物还看李敖。”

复旦讲罢，李敖前往香港，在蔡元培墓前发一通宏论，乘游艇在维多利亚海湾一番游览。走这一趟，李敖尽享一个学者的殊荣，在故宫看了《三希堂法帖》《韩熙载夜宴图》，在国家图书馆地下几十米深的库房里看了敦煌卷子和世界上保存最完好的一套《四库全书》，这些稀世之宝只有够资格的人和有缘分的人才能偶然一见。他还去了他读过书的新鲜胡同小学、北京四中、上海市市东中学，看了“洋和尚”利玛窦的那座被义和团和红卫兵砸了两次的墓，收获满满。

9月30日，李敖在香港登机前往台湾。在贵宾通道，李敖发现迎面站着一位漂亮空姐，完全符合他的“高瘦白秀幼”美女标准，忙满脸堆笑上前招呼，但定睛一看，发现对方不过是一个与真人同样大小的纸板相片，不禁笑言，我就是一个“老土”。

56年没出过远门的李敖，第一次坐上飞机的头等舱时，空姐把他的座椅前后打开，表演如何让他躺下，李敖就说，嘿嘿，这么多人围着看一个“老土”。走在电动滚梯上，他问：“这是什么东西？”刘长乐回应，这东西就是为了让你走路省点劲。

李敖用一个喜剧细节，结束了为期12天的“神州文化之旅”。

李敖的“神州文化之旅”，看似热热闹闹，实则惊心动魄，能圆满而安全地结束，真是谢天谢地。

刘长乐随后到美国参加中国文化周，一位美国政府高官对他说，从李敖和香港 59 个立法会议员一南一北的访问，我们看到了中国政府进一步走向了政治开明。南方的 59 个议员里，有近三分之一的人过去是不能进入大陆境内的，现在不仅来了，而且还对话了。北方是自由主义者李敖来了，而且在北大、清华和复旦三个地方进行演讲，媒体进行了公开的报道。这是中国政治上一种新的开放，在国际上树立了正面形象。

刘长乐坦陈，当初策划这次行动时，知道会产生影响，但产生如此的轰动效应，还真是没估计到。李敖神州大陆行是继凤凰的电视行走之后一次崭新的电视行动，从内容到形式都是一次创新。

李敖，这个发誓不离开台湾的“大陆人”，这个永生难忘大陆的“台湾人”，终于回家。这是文化人对“文化原乡”的认同，这是海峡两岸对一个中国的认同。

这足够了。

李敖至今也没有同刘长乐分手，每有新书出版，一定会送上一本，刘长乐去台湾，必会去看望他。2015 年，李敖过八十大寿之前，刘长乐还专门飞到台湾为这位老朋友祝寿。

善意是会传染的

1

台湾与大陆，一衣带水，互为情结。

多年以前，兄弟反目成仇，政治敌对，军事对峙，相互间妖魔化宣传，使两岸生分了。找出一个能跨过政治、地域和历史宿怨的办法，舒缓两岸民间的对立，是凤凰卫视必须担负的一个文化使命。

凤凰的历史定位，使它有可能成为两岸善意的使者，也使它享有了独家的话语权。吴小莉说，虽然我们现在做大了，但是我们不能忘记，做两岸三地是我们的强项，只有我们可以直播。

无论你愿意不愿意承认，都得接受一个事实：谁也没有对台湾事务的报道拥有凤凰这么便利的条件。了解台湾，首选凤凰，这是凤凰最大的优势。

台湾新闻和台湾节目，对大陆观众是耳目一新的。好奇是最基本的原因，而

“台独”势力这几年也确实没让人省心——特别是那位已经进了班房的前“领导人”阿扁，让人眼花缭乱的小手段层出不穷，做人如同变魔术。因此，凤凰对台湾的关注，不仅仅是收视上需求，也是为提供两岸资讯平等互补、维护国家主权的责任与义务。

但是，活儿干得辛苦。

凤凰成立了一个台北分公司和节目中心，聘用土生土长的台湾人为凤凰制作节目，让大陆人知道台湾人怎么生活、怎么做事、怎么判断事情。开播了1008期的《台北直播室》为两岸交流立下头功。

凤凰的节目几乎把台湾的超级名嘴一网打尽，除《李敖有话说》外，还有被李敖称为“聪明到令人讨厌的女人”陈文茜主持的《解码陈文茜》，以及台湾政治“金童”、会让陈水扁出冷汗的《新闻骇客赵少康》。美学家蒋勋、哲学家傅佩荣、历史学家周功鑫，都为凤凰做过很好的节目。

凤凰台北团队制作的纪录片品质上乘。

《台湾天空的秘密》揭秘的是20世纪中叶，美国出钱出飞机，蒋介石出人，派遣由国民党精英飞行人员组成的黑猫中队、黑蝙蝠中队从高空、低空两个方向对大陆进行军事侦察的故事。持续10余年的军事侦察，遭到大陆的强硬反击，国民党空军先后有150多人丧生或被俘，由此演绎出百余个家庭和人物的悲情命运。领航员黄福洲的儿子黄鸣栋每天都盼着爸爸回家，因为爸爸执行任务时，会把美军发的一个餐盒原封不动地带回来，那里面有自己最爱吃的三明治和炸鸡。但某一天，他被告知，爸爸再也回不来了。从此，爸爸餐盒的滋味成了他永远不敢触碰的痛。

《春蛰惊梦——还原二二八真相》，是对1948年台湾“二二八事件”的真相探寻。一名在台北街头卖私烟的寡妇被缉私队员逮了，冲突中一名民众被缉私队员枪杀。第二天，时任台湾省政府主席陈仪下令用机枪扫射围攻长官公署的群众，引发了大规模流血冲突，国民党不得不派军队来镇压。1950年，陈仪在台湾遭枪决，理由是在大陆涉嫌通“匪”。这次冲突给台湾人留下了惨痛的记忆，一个永久的历史十字架也背负在国民党的身上。“台独”势力借“二二八事件”，把一个原本死亡几百人的事件扩大为死亡几万人的事件，把政府对民众的弹压说成是族群冲突，把省籍问题变成一个难以化解的矛盾。凤凰卫视访问了“二二八事件”中官民两方的关键性证人，用事实证明，“二二八事件”的根本原因是官府腐败和军纪涣散，不是族群问题。

这个纪录片最后说，人是会做错事的，政府也会做错事，最要紧的就是道歉。

受难者要虚心、要接受、要原谅。

《民国人物在台湾》讲述了蒋介石重要的文臣武将的晚年生涯，这些人当年在大陆叱咤风云，晚年在台湾失意惆怅，也许台湾人很少会注意他们的命运，但大陆人的历史记忆里他们的身影总会时隐时现。这部片子创造了收视的新高。

台北的制作团队从主管苏静芬到制片人丁雯静，大多是有事业心有见地的女性，所以刘春说："纪录片是一个电视台叙事艺术与历史文化把握能力的综合体现，台北团队体现出的独特的叙事气质，既有超越意识形态与文化局限的历史宽容，又有女性特有的对于个体生命的温婉尊重，这种独特的历史抒情气质使我们的台北纪录片在两岸纪录片界独树一帜。"

这些节目获奖时，苏静芬上台的第一句话："看一看，我们就是那个被蹂躏的制作团队。当我们接手节目的时候，听说香港这边高兴得鼓掌，我们那边难过得跳脚。这么一点儿人，这么多的任务，我们都不知道自己是怎么完成的。"

台北的女性知识分子，有一种特别的朝气与活力，做事时有一种气定神闲的自信，世事练达，招人喜欢。

2

台湾团队的编导丁雯静说，初来乍到，感受最强烈的是，两岸新闻语汇大不相同，面对全球华人市场和面对台湾，思路是不一样的，所有台湾的生活用语，都须加以解释，对新闻事件的判断，也完全不同。记得刚入职不久，在采访的路上，遇到某知名大厦发生火警，立刻打电话回报，结果坐镇新闻指挥的同事说："雯静，凤凰不报这种新闻！"从此，我对于放眼全球有了新的感受。我必须易地想象，如果大陆发生了相关的讯息，我会关心吗？这是相当有趣的训练过程。

台湾的"大选"，对中国来说，是重大的政治事件，很不容易拿捏，凤凰敢于对此进行直播，并牢牢掌控报道尺度和言论空间，其专业程度绝不亚于职业政治家。直到今天，台湾新闻和两岸新闻仍然是敏感的"雷区"，台湾"新闻局"拒绝凤凰资讯台"落地"的主要理由，是凤凰的新闻主播把"总统"称为"台湾地区领导人"，有故意歧视之嫌。这些年来，台北记者站直播大型选举 10 余次，其中以 2004 年的台湾"大选"最为经典。

选举投票前一天（2004 年 3 月 19 日），王纪言带着台湾主播群到台湾加入 3 月 20 日的直播行列，他们回台湾，除了报道大选新闻，重点是投票，由此也可反映出台湾"大选"选情的白热化。

2004年的凤凰台北直播室，主持人吴小莉和曹景行紧张地关注选情

3月19日下午1点半，台湾各家新闻媒体以跑马方式发出，陈水扁疑似遭到炮击的讯息，半小时后，又订正为枪击；从下午2点到晚上12点，台北和香港的连线未曾中断。当天下午，丁雯静到民进党竞选总部、陈淑琬到国民党竞选部、林佳昕坐飞机到台南的枪击现场，苏静芬、孔繁菱、颜嘉璐、杨明哲，从各个管道接收新讯息，协助现场直播，并制作相关的新闻。由于消息变化迅速，他们几乎不吃、不喝、不尿，整整10个小时，等香港总部收线，已经是午夜1点。

凤凰在台湾跑选举，其实并不容易，尤其面对本土意识浓烈的民众。客气的叫你"大陆来的"，不客气的干脆叫你"匪台"。有一次，丁雯静在"中正纪念堂"进行直播，一位四十出头的中年男子，看到凤凰的"麦牌"，大声嚷嚷道，大陆来的！说着就想动手。为了避免纠纷，丁雯静立刻用闽南语跟他说："这位老大，我是台湾团仔，我住台湾，我是台湾人！"连续说三个"台湾"，立刻让这位激动的选民放下心防。

李昌钰从美国到陈水扁遭枪击的现场进行勘验，丁雯静在线和总部的胡一虎进行全球连线，不料当地居民竟将她团团围住，挡住了摄影镜头，她用闽南语跟他们说："各位乡亲父老，如果你们挡住了镜头，在我连线时，全世界的人就不知道李昌钰博士正在为阿扁办案。"

凤凰的台北记者还有人遭遇围堵、殴打。电视里许多精彩的画面，其实是记者们冒着危险采访拍摄而来的。

丁雯静是台湾原住民，个子不高，能量不小，一次能喝半斤高度的金门高粱酒，每周要练跆拳道，与同行会面，总会亮出又细又瘦的胳膊，握紧拳头说，加油！丁雯静想让大陆民众知道，新闻激情的画面和少数选民不理性的表现，是台湾的政治现象，但与真实的台湾有落差。身为凤凰驻台记者，她一直想让全球华人知道：并不是所有台湾人都是政治狂热分子；有本土意识的人，并不等同于“台独”；那些激进的“台独”人士仅是台湾的少数，维持现状是绝大部分台湾人的想法。很多台商跟刘长乐说，他们在大陆都是透过凤凰和台湾接轨。

台湾的选举文化，从外向看起来激情，但实际上，却有着自己独特的历史脉络和传统文化色彩。这种选举起码有一个好处，就是让官员变得很谦卑，他知道自己的权力是选民给的，所以见了选民很尊重，做了错事就鞠躬道歉，态度一不对就会丢选票。这样，就不会出现拦路喊冤枉的、下跪求青天的。

丁雯静说，大陆想要理解台湾，必须要先喜欢台湾；同理，台湾想要理解大陆，也要先认同大陆。

善意是会传染的，可以通过心灵进行传递，凤凰这些年在台湾的努力，得到了台湾人的认可，现在在台北，提起凤凰卫视，几乎无人不知，民众的态度也越来越友善。前不久，刘长乐和王纪言到金门岛访问，当地人向他们赠送了味道与红星二锅头相似的金门高粱酒，让他们到贴了毛泽东画像的毛氏餐馆，品尝了红烧肉。更有趣的是，金门一位老师傅把两军打来打去、爆炸或未爆炸的炮弹收集起来，打制出上好的钢刀。由于钢好，刀的锋利程度令人吃惊，成为声名远播的名牌产品。他们各买了一把当纪念品。

刘长乐说：“当共同的血脉使我们彼此宽容时，文化奇迹出现了，怒目金刚变成了微笑的菩萨，拔剑而起变成了互相学习……也许这正应验了佛陀的思想，你的伤口在哪里，你的生命之花就绽放在哪里。”

舍利的启示

1

一颗小小的舍利在台湾引起了巨大的轰动。

佛指舍利赴台盛况

先后有 500 万人走上街头，争睹神圣，恭迎礼拜。

那是 2002 年的事情。当时，中国政府以“星云牵头，联合迎请，共同供奉，绝对安全”十六字授权，委托台湾佛光山法师星云联合台湾佛教界共同达成“恭请西安法门寺佛指真身舍利来台供奉协议”。凤凰卫视经过重重协调，对此项盛举进行同步转播，使两岸三地目睹了那种万人空巷争睹佛指舍利的景象。

屏幕上，一位台湾妇女伫立在高雄的街角，当佛指舍利出现在面前时，她双手合十，闭目诵经，泪流满面，祈祷佛陀赋予她战胜困难的勇气。她在不久前的地震中失去了亲人。这位妇女的形象给刘长乐留下深刻的印象。如果说，有什么力量会让全世界华人自觉自愿牵手的话，这力量就来源于中华文化的三大支柱之一——佛教。

这是一种平时看不到的力量，它深埋在每一个华人的心底。

佛教是中国信众最多、历史最长、影响最大的宗教。

佛教的经典语言由中国最有学问、最受尊敬的人翻译而来，多数成为民众的口头禅。

佛教融合于中国传统文化，中国传统文化也包容着佛教。

中国是重“君子”轻“小人”的国度，“和尚”则常与“君子”相伴，互为师友。

原国家宗教事务局局长叶小文说，《周易》讲，“天行健，君子以自强不息”，君子效法天之日月星辰，从不间断地刚健运行；“地势坤，君子以厚德载物”，君子效法广袤大地，有容乃大地宽厚、包容。佛教在中国生生不息，正是吸取了这许多的“君子”之精气神，于是有了“狮子林中狮子吼”的刚健，有了“无缘大慈同体大悲”的慈悲，有了“是法平等无有高下”的宽厚包容。

也许可以说，是孔子和释迦牟尼这两个流浪教育家和流浪思想家最终奠定了30亿东方人的思维方式和精神力量。

头头是道，处处有法，你会吗？

因为这个启示，刘长乐一直有意识地在凤凰的节目中加入一些宗教文化元素，凤凰卫视与台湾四大名山佛光山、法鼓山、中台山、慈济基金会合作制作电视节目，此次直播“真身舍利来台供奉”，可以说是一次融合测试、文化狂欢、血脉鉴定。

回顾几十年来两岸沟通的不懈努力，凤凰可以聊以自慰的是，宽容已经成为共识。

原则是坚硬的，结果是柔和的；

妥协是困难的，利益是共享的；

容忍是痛苦的，收获是圆满的。

2

从2007年元月到2009年，刘长乐与星云大师分别在高雄、扬州、深圳、香港等地进行了多次对话，谈话的主题是“包容”。

2007年是星云大师八十高寿，他宣布“闭关”。自许80岁以后的人生要为佛教、大众做更多事，将不再有公开性的演讲，把更多时间用在阅读、写作上。

“闭关”之前，大师前往欧洲进行一个月的“弘法之旅”，在梵蒂冈与教宗会面，在日内瓦国际会议中心演讲“融合与和平”，听众超过千人。在香港红磡体育馆的4场佛学讲演，听众更是高达4万人。而在中山大学为凤凰卫视《世纪大讲堂》录制的演讲《般若的智慧》，更被称为“收山之作”。

那年夏天，带着不舍的心情，刘长乐前往佛光山，与星云大师进行了长达6个多小时的对话。那是他们10余次对话的第一站。

佛光山位于台湾省高雄县境内。冬日的佛光山，空气中弥漫着湿润，苍林掩映着庙宇，盈盈檀香和潺潺溪水，袅袅梵音和蒙蒙天光，交织在一块人间净土中。

星云大师慈眉善目，说话和蔼，碰到有人向他提要求，总爱说，随你。如果有人想求他写幅字，他会说：“我写得不好。你一定要要，我就写给你。”

他端一杯清茶与刘长乐相向而坐时，能感到一种传道解惑的智慧在他的脸上荡漾。

也有人看刘长乐的相貌，觉得“与佛有缘”。

身着袈裟的星云大师办报、办杂志、办电视台，也可以称得上是“媒体中人”。

刘长乐由于对佛教文化的推崇和热心，外界看来也算是“佛门中人”。

同中有异，异中有同。

大千世界，芸芸众生，上下五千年，纵横八万里，智慧典籍，浩如烟海，但仔细想想，“包容”二字全已囊括。包容修的是心，包容练的是心，心一点一点扩大，大到能包太虚、能盛宇宙。如果说做人、成功要靠智慧，那么包容就是教你如何才能拥有智慧。

包容是善，善是胸怀。

文化通常拥有比政治和信仰还要强大和持久的精神力量，但也有其惯性和固执的一面。有一种极端的观点，叫“人对人是狼”。冲突决定论者说，同行、同事，都是你的对手。而文化与文化、国家与国家、企业与企业之间，从本质上说，都是竞争关系。亨廷顿教授的哲理是：冲突（也就是斗争）是绝对的，和平、合作（也就是同一）是相对的。

星云大师说，敌人不一定是战场上两军对阵，杀得你死我活，才叫敌人；商场有商场的敌人，同行有同行的冤家，利益有利益里的对手。敌人，不是以消灭它为最高手段。在战场上，最高的战术是“不战而屈人之兵”。人之所以会成为敌人，有多种原因：有的是家仇国恨，有的是利益冲突，有的是思想理念不同，有的是因故气愤不平。其实，人生最大的敌人是自己，病痛是自己的敌人，烦恼是自己的敌人。外交上有一句话说：“国际间没有永久的朋友，也没有永久的敌人。”凡是能“化敌为友”的人，必是社会上的能者。

他告诉刘长乐，一次在美国康奈尔大学讲演，该校的约翰·麦克雷教授在叙谈时说道：“你来美国弘法可以，但是不能开口闭口都是中华文化，好像是故意为征服美国文化而来的。”当时我听了心中就有一个觉悟：我应该要尊重别人的文化，我们来到这里只是为了奉献，如同佛教徒以香花供养诸佛菩萨一样。所以由此事例可以看出，美国人吸收他国文化，但是他们害怕被人征服。文化是自然的，是民心发展的结果，不是用武力强迫加诸就可以要什么文化就有什么文化。俗语说“有容乃大”，世界上任何一个国家要想雍容华贵，就要有“泰山不辞土壤，大海不弃细流”的胸襟，愈是多种文化融合，国家愈是伟大。

星云大师也有让刘长乐意外的地方，他的内心也充满了激情。他说，忍让不是你骂我，我不回口；你打我，我不回手。忍让是一种智慧，拳头没有伸出去是有力量的，你随便打出去一拳就没有力量了。所以，要含住眼泪，化悲泣为力量。要储蓄力量，不随便打出去。但是，你不要把佛教看成是很消极的，虽然我现在老迈了，没有力量了，假如现在有什么样的事情不合法、不合理，我也会以老迈之身跟他拼了！

他还说，男儿做事的第--要义，就是敢冒险。菩萨第一义就是大勇敢、大慈悲、大智慧，如果这三样东西你缺少一样，你怎么能当菩萨呢？

星云大师曾给年轻人讲述了一个生命本质的故事：

一位长者，踽踽独行于一条最艰辛的山路上，攀登了一座别人难以企及的高山，如今站在山顶，回答年轻人一路上来的心境。

长者说："是一步一步往上爬的，不是一步登天的。"

爬到山顶，回首自己的脚印却是：

"动容杨古道，处处无踪迹。"

在传播中华文化的过程中，星云大师与刘长乐的共同体会是，佛教文化是超越政治、超越历史、超越地域的，是连接全球华人的一座桥梁。

凤凰卫视在两岸播撒的文化交流的种子，正在长成绿影娑婆的菩提。学习友善，彼此宽容，生命是一个逐渐展开的奥秘，也是一个胸怀和视野由窄向宽的进程。

凤凰欧洲台

1

2005 年 7 月 7 日，伦敦夏日的清晨，朝阳让整个城市金光灿灿。今天应该是一个好日子。就在昨天，伦敦击败了强劲的竞争者，获得 2012 年第 30 届奥运会的举办权，整个城市洋溢着喜庆与欢乐，伦敦市中心的特拉法加广场上散落着青年们彻夜狂欢留下的饮料瓶和纸屑。

凤凰卫视驻伦敦记者站里，只有女记者李源一个人当值。这天恰逢苏格兰八国峰会开幕，记者站的两个男记者正驱车前往现场，与闾丘露薇会合报道会议。

李源是伦敦大学国际新闻学硕士，入职凤凰才一年。她习惯性地打开电脑、电视，把频道调到天空卫视新闻台，打开手中的报纸，搜索值得报道的新闻。

突然，天空卫视插入突发事件报道：伦敦一辆地铁列车在行驶途中发生事故，整辆车卡在隧道中，数百人无法出入。抬眼看看时间：9点05分。画面上只有定格的地铁图片，播音员说，好像是出了地铁高压线路爆炸一类的事故……哎——该死的伦敦地铁，多亏没让我碰上！李源这样想着，又开始看报。

大约15分钟后，播音员又说，有接二连三的地铁列车在行驶过程中出了类似的问题。

天空卫视请出交通专家，在地图上指指点点，分析这三路地铁的高压电为什么会出问题。

手机响了，凤凰资讯台当班编辑要求马上就伦敦地铁事故做视像连线。

10分钟之内，李源匆匆往脸上涂抹了点粉底，拿着所有能收集到的地铁事故的最新消息，进了演播室。她能够记得的是开始滔滔不绝讲述伦敦地铁百年历史、安全悖论、事故隐忧等等。

节目之后，阮次山又打来电话，他的《新闻今日谈》也要讲伦敦地铁高压电爆炸的事。他要李源印证地铁的高压电事故是否确切，他们一面对答，一面开玩笑："伦敦地铁真是老骨头啦。"

2

9点55分，又一则突发事故新闻映入眼帘：伦敦市中心一辆巴士车发生爆炸！没有现场电视画面，只有几张目击者用手机拍摄的照片，主播和现场记者的解说词不搭调，讯息非常模糊。电视里开始出现字幕：Terror Attack（恐怖袭击）。

是谁先提及的？主播、嘉宾还是记者、目击人？无从查证。李源心跳骤然加速，浑身血液开始变凉，一种大难临头的感觉若隐若现。

手机乍响，总部编辑大声询问："李源，你听说这是恐怖袭击吗？"

李源感到一阵毛骨悚然，难道这就是传说中的"恐怖袭击"？

说时迟那时快，伦敦所有的电视新闻频道和网站几乎都在这一时间报道伦敦在一个多小时前发生了连环爆炸案。凤凰资讯台也停下所有节目，进行突发事件直播。

李源焦急地大声问："我可不可以出现场？"

"你不能出去，我们要和你做连线报道！"总部编辑大声说。

李源只能窝在屋里盯着当地电视台和网站与总部连线。

在伦敦恐怖袭击发生的头几个小时里，新闻媒体被突发的事件震惊了，各种声音、图片、目击者，劈头盖脑砸过来，让人难以明察。天空卫视获得一张目击者拍摄的巴士爆炸手机图片，显示双层巴士没有顶棚，座位炸得到处都是，伤者遍地。新闻播音员说，从画面上看，被炸的有可能是一辆游客观光巴士（观光专线巴士没有顶棚）。片刻之后，他们发现车尾疑似有伦敦公交牌号。因此即刻更改讯息，称此车极有可能是伦敦公交车，其顶棚是被炸飞了。

不管怎么说，凤凰资讯台的直播有现场画面，有同声传译，像模像样。但转瞬之间，李源与总部失去了联络。

按照惯例，伦敦的演播室与总部的视像连接使用海底光缆专线，但演播室与总部没有音频连接，因此主播的问话和直播间导播的指令都需要透过前方记者的手机来接听。通常每 15 分钟连线一次，连线后双方都会挂线。需要连线时，总部再把电话打回到记者的手机上。

李源的手机不通了。

李源只好跑过去用座机电话拨总部，居然全是忙音！再打，再打，五遍之后，电话那端传来冷冰冰的有些粗鲁的英文提示音：“抱歉，我们不能为您接通电话。”

用手机直拨香港，更绝，连冷冰冰的提示也没有，直接是忙音！

李源急了，该死的英国电信。

11 点 10 分，手机终于又响起。电话那端传来一个气急的声音：“你的电话怎么这么难打？要保持线路畅通！”

来不及解释，马上入棚连线。为了不再失去联络，总部咬牙说，国际长途也无所谓了，一直连着吧，别挂机了。

此时，刘长乐和王纪言正在内地参加一个活动，看不到任何电视节目，只能通过电话遥控指挥整个直播过程。看到李源一个人播报明显吃力，他急调巴黎记者站徐林平、严明两位记者，第一时间赶往伦敦，在直播的同时增加评论；再调闾丘露薇从苏格兰的八国峰会会场赶往伦敦；三调凤凰卫视欧洲台台长邵文光亲自做连线直播。

实在找不到更合适的人了。

然而，通信再次中断了。座机一拿起来就是忙音，手机没有信号，只显示“SOS only”。打 999 报警，电话那端说，如果您是一般匪警或无生命危险医疗报警，那么请换个时间再拨，如果您生命征兆微薄，那么请不要挂机，但是需要等候……

在大不列颠王国的心脏，心跳停止了，时间瞬时拉长了，伦敦上空忽然一片死寂。伦敦人惶恐万分，到底发生了什么？大灾难真的降临了吗？

事后才知道，伦敦遇袭之后第一时间，英国反恐部门怀疑是遥控炸弹所为，遥控炸弹可以透过手机遥控引爆，因此当局关闭了部分空中网络。恐怖袭击明朗化之后，数百万英国民众争先恐后打电话寻找亲人或报告平安，使得仅剩的无线通信网路完全瘫痪。

3

12点55分，凤凰总部严厉询问李源："记者！我们的记者呢？"

按刘长乐的指令，邵文光将凤凰欧洲台能抓到手的所有人员都当成记者派往现场。

第一小分队出发了，前往市中心国王十字车站。然而，从他们的身影消失的那一刻起，总部同他们的联络就中断了。

一个小时之后，第二小分队又出发了，前往公交车发生爆炸的tavistock广场。然而，他们又失踪了。

疯狂地拨打了5个多小时的电话之后，第一小分队终于浮现，透过他们的口述和镜头，观众们看到了凤凰的独家画面：伦敦整个交通系统瘫痪，通往市区的公路被拦截。环城的M25高速公路上显示出警告字样："避开伦敦！区域关闭！请打开收音机！"

此时，外交官出身的凤凰欧洲台台长邵文光亲自坐上主播台，虽然是第一次

2002年4月凤凰高层与欧洲台员工在一起

出镜，但他不愧是牛津大学的博士，凭着对英国内政外交多年的研究和了解，他对这起突发事件点评还算到位。

总部传来消息，凤凰在历经千辛万苦的游说和寻找之后，终于联络到当地一家卫星公司，允许凤凰租用其卫星设备20分钟。当时，10分钟的卫星时间，通常价格800美金，事发后已经被炒至2000美金！管他呢，先拿下20分钟再说，但时间只能定在次日凌晨5点。这已经是不幸中的万幸了。

7月8日凌晨5点，邵文光带着李源来到爆炸现场——地铁罗素广场站，只见整个广场全部被封锁，警方搭建的白色帐篷把入口处遮得严严实实。向警员出示记者证后，他们被获准通行至卫星转播车停靠位，但距离罗素车站入口还有将近200米的距离。

5点05分（北京时间中午12点05分），凤凰发自伦敦爆炸现场的卫星直播开始了。

凤凰卫视在8日上午撤销了中文台《凤凰全球连线》的回放，改为直播伦敦恐怖袭击。那次全球连线的主编8日上午在家看节目回放时，看到了和头天晚上完全不同的内容，吓出一身冷汗，以为昨晚犯了什么错误。

截至此时，伦敦77连环自杀式恐怖袭击造成的创伤已经明朗化，四名“人弹”都是年轻的穆斯林，其中三人是巴基斯坦裔英国人，没有确切证据表明他们受基地组织的直接指挥。爆炸共造成52人死亡、700多人受伤。成为“二战”以来伦敦遭受过的最严重的大规模袭击事件。

总部同事打电话来说：“李源，你该休息休息了！”看看表，李源才意识到从爆炸发生的那一刻起，自己已经连续不间断地报道了36小时。

刘长乐和王纪言在完全看不到电视画面的情况下指挥了一局“盲棋”。

4

成长中的凤凰欧洲台交了一份满分的卷子。他们不容易。

凤凰卫视在海外办电视台，欧洲台是第一家。

欧洲台的前身，是香港徐展堂先生创办“欧洲东方卫视”，英文缩写“CNE”。

徐展堂是实业家和文物收藏家，他热心文化事业，在大陆和香港有很好的口碑。欧洲东方卫视设在英国伦敦，1992年开播，每天播出4小时的华语节目。节目的来源，主要靠徐老板的人脉，让大陆各省市电视台免费提供。节目的名字带有很强的地域区，如《上海滩》《北京之窗》《看江苏》《中国四川》《今日广东》，等等。由于缺乏整体的谋划和运作，CNE的影响力不够，基本上享受不到媒体待遇，遇到大事根本采访不到当地的主流人群。

1998年，东南亚发生严重的经济危机，香港被重创，徐展堂本人的资产几乎被腰斩。在这种冲击下，CNE的财务困境凸显，不好办下去了。

刘长乐与徐先生是好朋友，听说了他的难处，觉得自己应该挺身而出。欧洲是世界经济、文化最发达的地区之一，生活着100多万华人，凤凰卫视理应在这里发声。但是也有不同意见，因为从经济角度考虑，虽然欧洲华人不少，但是居住分散，没有主要聚集区，所以电视台盈利的可能性几乎没有。

但是刘长乐认为，中国作为一个新兴大国，如果在欧洲没有一家华语电视台，似与大国身份不相符。欧洲也是世界传媒列强的争夺之地，其新闻事件往往引起世界的关注，凤凰在欧洲办台可提升影响力，而且在不远的将来，欧洲台可以与即将创立的美洲台播出同一套节目，节省大量的制作费用。

1998年8月21日，凤凰卫视欧洲台启播，曾任中国驻联合国外交官邵文光担任台长。

当时，欧洲台的办公地点在伦敦西部一个叫主教街的地方，一栋三层小楼，他们租了其中的100多平方米，设一个演播室，一间编辑机房，不少员工们是坐在楼道里办公的。播出方式也很原始，工作人员按照播出表，从中国寄来的录像带中找带子，然后一盒盒地播出，中间还要插播广告、预告片什么的，很容易出差错。

凤凰接手后，首先把欧洲台的节目增加到每天6个小时，过了一阵又增加到8个小时，但还是经常接到观众投诉，说看不到节目。这时候，凤凰资讯台和美洲台启播了，从2002年7月1日起，凤凰香港总部开始把一套节目用两条光缆分别传送到美洲和欧洲，美洲台和欧洲台全部实现了全天24小时播出。到2006年，欧洲台通过Telstar-12号卫星，节目除覆盖整个欧洲外，非洲北部的阿尔及利亚、埃及、厄立特里亚、利比亚、苏丹、摩洛哥、突尼斯和非洲南部的南非、莱索托、纳米比亚、津巴布韦、博茨瓦纳、莫桑比克和赞比亚等国都能接收到凤凰卫视。

那阵子国际经济不景气，直接的一个影响就是卫星传送费价格大跌，这对凤凰是一个利好，他们抓住时机，透过香港最大的电讯商盈科公司，将凤凰节目通过海底光缆传到英国电讯接收中心，然后上传卫星，进入欧洲的主流卫星电视网Sky Digital以及英国、法国、德国和荷兰四国的有线电视网络。

欧洲国家林立，人口分散，市场分割严重，在这种情况下，凤凰决定先把收视率、覆盖面做大，然后再谈盈利。

在英国，凤凰的电视信号打包在英国天空电视的服务系统里，天空电视有1000万用户，因此，收看凤凰节目非常方便。英国、法国、西班牙的有线网络中也有凤凰频道。

欧洲的华语卫视节目主要有三家：一是中央四套，二是凤凰，三是香港无线。

香港无线是粤语节目，是收费的，一年300多英镑，这使它在欧洲的销售特别困难，只有大约两万用户；中央四套在欧洲大陆收看相对容易。总体看，华语电视在欧洲，无论是从播出时间、信息量、时效性，还是覆盖人群及范围，凤凰卫视占有一定的优势。长住欧洲的100多万华人里，60%以上的人会收看凤凰卫视。

过去一些驻欧洲的华语媒体，因为不能进入主流媒体的视线，想采访重要一点的人和事都会被谢绝，有时候只能采访几个熟人应付差事。

而凤凰彻底改变了这一状况。他们对记者的要求是：为什么不能采访总统？

如果你是一个民营媒体的记者，有人问你这个问题，你一定怪怪地看着他，心里骂他脑袋里除了锯末什么都没有。可是，凤凰就是这么问的，他们不是精神病，除了想法有点“疯”，其他零件都正常。

凤凰每个月都会有记者工作述评。

吕宁思在一次述评中提出四个问题：

1. 我们特别强调对重头新闻的追踪和职业能力的提高。

2. 新闻记者要进一步疯起来。

3. 人有多大潜能，电视就有多大潜能。

4. 驻英法两国的记者还是上不了大台面，比如在中国领导人访法之前，驻法国记者为何不能提前采访法国总统、总理或部长等高级官员？

为什么采访不了总统？其一，说明记者能耐还不大，没有影响力，人家看不上你。其二，说明你不够敬业。驻北京和驻美国的记者不比你多个脑袋，也没有后门，人家为啥能采访到总统？其三，说明你缺乏成名的欲望和勇气。欲望是一种内心深处的冲动，这种冲动有时比理智还要强大。成名带给记者的方便是显而易见的，成名对采访高官的作用是立竿见影的。如果没有成名的欲望，你就永远采访不了总统，只能尴尬地接受质问：为什么？

职业精神是一种内心的力量。一个人工作态度折射着人生态度，而人生态度决定人一生的成就。

如今，凤凰驻欧洲记者不仅采访到了法国总统、英国首相，一度还成为总统专机的乘客。英国王子查尔斯甚至派了一个团队到中国与凤凰洽谈合作。

小布什多给凤凰记者三分钟

明尼苏达大学新闻硕士莫乃倩是中国台湾人，公认的才女＋美女，当过台湾几家电视台的主持人，2003 年加入凤凰，担任驻华盛顿特派员。

从 2007 年 6 月开始，陈水扁搞的台湾“入联公投”喧嚣扰攘；8 月间，陈水扁的南美之旅更闹到美国常务副国务卿内格罗蓬特发飙，主动约见凤凰卫视驻华盛顿记者莫乃倩，并透过凤凰卫视同时向北京和台北当局喊话：美国公开反对台湾“入联公投”。于是，就有了莫乃倩被“约见”的专访。

内格罗蓬特为何指名要约莫乃倩？因为这位 MM 在 2005 年 11 月初对美国总统小布什进行了一次成功的专访，可谓一战成名。

美国时间 2005 年 11 月 8 日下午 2 点，莫乃倩进入白宫，对即将出访亚洲四国的小布什做独家访问，这是华语媒体第一次对小布什进行一对一的电视专访。经常搞负面报道的美国《新闻周刊》也破例说了好话：布什访华前选择一家非官方的中国媒体接受访问，说明中国正在形成一个开放、多元的媒体环境。

小布什与莫乃倩合影

一共有 9 家媒体的记者采访布什，莫乃倩是唯一的女记者。可能是异性，布什的态度很友好，采访时间竟比预定的超出不少，最搞笑的是布什居然打听莫乃倩当了妈妈没有，真够八卦的！布什还跟她合了影。

原定采访时间为6分钟，采访时，小布什侧后方一个摄像机拍不到的地方，坐有一个打手势的官员，不时举手告诉莫乃倩还剩下几分钟。最后，当那官员举起一根手指，示意还剩 1 分钟的时候，莫乃倩着急了，想打断布什的话头，再多问几个问题。

小布什笑了，他知道身后在发生什么，这位牛仔委婉地对莫乃倩说：“如果你还有时间的话，我可以多回答一些你的问题。”

这不是天上掉馅儿饼吗？莫乃倩静下心，问了最后一个问题：“你在 1975 年访问北京，当时你父亲是美国驻华联络处主任，你在那里度过 29 岁生日，后来你又几次到访中国。你可否与我们分享一些中国让你印象深刻的记忆？”

于是，小布什讲了 30 年前在中国的大街上骑自行车的奇妙经历，他说：“我在 1975 年去中国，是很愉快的经历。真的很棒。我对那个时候有几个印象：第一，所有人都骑自行车，看不到很多汽车，我也是骑自行车的人之一。我骑车转遍全北京，这是很奇妙的经历。第二，我仍然记得人们觉得我是多么的奇怪。那时人们对西方没有太多接触。突然间，他们看到一个美国人在他们之间骑自行车，感到很意外。第三，我注意到人们穿着非常统一，穿同一样式的衣服。现在这些都改变了。这意味着，有了市场经济，人们开始表达他们个人不同的需求，然后有人推出产品，满足这些需求。当我在2001年‘9·11’之后访问上海，看到在机场和老城区之间修建的那些高楼大厦，感到无比惊讶。这个国家从1975年以来，取得了很大的进展，展示出巨大的潜力，这就向美国人民说明了，为什么我们和中国建立良好的工作关系至关重要。尽管两国关系很复杂，但我们有良好的工作关系。这不仅符合我们各自人民的利益，也符合世界的利益。”

布什这段充满个人情感色彩的话是莫乃倩采访中最出彩的内容。

香港时间11月9日早上5点左右，凤凰美洲台传回了采访布什的电视画面，刘长乐看完后打电话详细询问了拍摄时几台摄像机的摆放、录音等情况，然后要求美洲台补发了一些声音和画面。

为了这次访问，他半年前就操刀策划，并亲赴白宫商议，甚至帮前线记者拟订问题，虽然真正的访问仅有8分半钟，但这是全球华人媒体的独家访问，是具指针意义的。路透社记者阳歌说，就连平时每天去白宫找消息的记者也鲜有采访总统的机会，作为一个外地媒体的凤凰卫视却得到白宫的允许，真的了不起！

美国人的态度，证明凤凰卫视已成为国际舞台上备受重视的信息平台。

“凤凰”号下西洋

从现在起向前追溯600年，也是一个炎热夏天的早上，有一位大明王朝的宦官率领240多艘海船、27400名士兵和船员组成的远航船队，从上海附近的太仓出发，沿着海岸线向南向西航行……这是1405年的7月，那个颇有才能的宦官叫郑和。

当时世界上最大的无敌舰队在郑和的正确指挥下，直挂云帆，穿越马六甲海峡，横渡印度洋，绕过好望角，最终抵达肯尼亚。他勇敢的远航，一共进行了七次。

关于他此行的目的，多年来一直众说纷纭。有人说，这是搞了宫廷政变的明成祖朱棣没有见到被他搞下台的侄子、明惠帝朱允炆的尸体，心里不踏实，派兵到处去找，郑和的任务就是到海外去抓那个可怜的皇侄。也有人说，这是新皇帝想向四海宣示国威。

中国作为一个内陆国家，海洋意识一直很淡薄，无论官方还是民间，对老祖先郑和的举动并没有特殊的感觉，直到近些年，那些海洋大国成为世界霸主的例子惊醒了人们，于是，郑和的形象光辉起来，成了唤醒民众海洋意识的一个符号，所以当郑和下西洋 600 周年这个时刻来临时，大家需要做点什么。

2004 年夏天，美籍华人航海家翁以煊接到凤凰卫视打来的一个电话，请他去参加一个名叫"'凤凰'号下西洋"的航海行动。翁以煊的老祖先是清朝安徽巡抚翁同书，他们这个家族的成员长时间担任皇帝的老师，是官方文脉的传承者。到新中国成立，他们的家族作鸟兽散，翁以煊甚至当了美国人。但贵族的血脉还有点作用，他一不留神竟成了华人独自驾驶无动力帆船环球航海的第一人。

接见翁以煊的是王纪言。王纪言用他一贯的大嗓门说："郑和的事我们肯定要搞的，你不要再找别人了。你那艘船就叫'凤凰'号！"然后还拍了下桌子。

这叫"拍板"吧？翁以煊心里想。

"凤凰"号是美国生产的无动力帆船"胡德 -38"，单桅双帆，船长约 12 米，帆高 15 米，船非常结实，入舱口在船顶，密封得很好，便于在大风大浪中行驶。船上装有可藏中心板。放下去近 4 米，拉上来只有 1.5 米。这样既保证了可帆性，又可在浅湾河道行驶。船内分三舱，前舱有一 V 形床，较宽敞，有可淋浴的洗手间。中舱有两长椅，左边可睡一人，对过是看图桌。后舱有一双人床，简易洗手间。也就是说，此船如果长途旅行，最多容纳三人。

凤凰确定要搞的电视行动，名叫"'凤凰'号下西洋"，成员为三人：船长翁以煊，领队兼编导郑浩，摄像兼技术黄睿。这是凤凰历史上第一次派出如此少的人走如此远的路。

2004 年 8 月 8 日，他们从江苏太仓的刘家港出发。出发时，翁以煊没忘记炫耀自己家族的光荣，"我们家曾经是江浙大户……"，郑浩插话说，"我们郑家也是大户，郑和就是证明。我这次有一个愿望，就是要看一看，郑和与郑浩到底有没有关系。"

站在长江边上为他们送行时，刘长乐想起多年以前，在一次远洋航行中，他乘坐的船遭遇了大风浪，浪大得让人无法想象。那船有 47 米高，刘长乐站在船的顶部向下看，一个大浪打来，居然从他头顶上盖了过去。船上的 300 多号人，能站起来走到餐厅的只剩下六个。幸好他是那六个人中的一个。所以刘长乐对自己乘船远航的能力充满信心。他说，我将在适当的时候登上"凤凰"号，与船员一起航行。

扁舟一样的"凤凰"号在众人的欢呼中离岸，在滚滚热浪中慢慢驶进长江主航道，立刻显得孤零零的，它一点一点变小，然后从人们的视线中消失。

“凤凰”号上路了，编导叶扬说在电脑上装了两套全球卫星定位系统，24 小时监看、记录“凤凰”号经纬度位置。电脑上还连着 12 个专业气象网站，用来察看海浪预报、天气公报、热带气旋警告、台风紧急警报、气压分析图、卫星云图……看懂的看不懂的统统都有，关键是要及时转给“凤凰”号作参考。叶扬每天还要学习海事法规和港口进出的方法，为此起草了无数文件，盖了无数次的章，每天淹没在传真、电话和电子邮件里。她使用的电话种类繁多，有铱星电话、海事卫星电话、手提电话、固网电话，她在专家、船员、领导之间来回穿梭，口气活像《黑客帝国》里的主机操作员。

三个男人一条船，他们把“上辈子，这辈子，下辈子，该讲的，不该讲的，统统说了 N 遍”。最后意识到自己有点像《西游记》中的三个徒弟。翁以煊自诩是“孙悟空”，胖乎乎的黄睿自然就是“猪八戒”，郑浩和后来接替他的何明礼分别是“沙僧 A”“沙僧 B”，还有那匹“白龙马”——“凤凰”号。

何明礼写的日记里，记下他们怎么“熬”过每一天：睡眠 4~10 小时，根据航行情况而定，每次睡眠长度一般 2~4 小时，中间穿插着收拾个人卫生、造水、清理船舱、值班、吃饭、上厕所、轮流做饭洗碗、写稿、剪片、打电话、联机报道、聊天、互相拍马屁、起诨号、发呆。

叶扬说：“几个大老爷们儿走这一遭，中途有点脾气，不仅正常，从心理健康的角度说，那是必须的……郑浩和船长一上船就开始吵架，‘海上的规矩’和‘电

“凤凰”号下西洋，三个男人一条船

视的规矩’不断拉锯。他们吵起来那种雷霆万钧，那种咬牙切齿，让电话这一头的我非常担心。船长甚至告诉我：‘我跟你说，总有一天我要把他一脚踹海里去！’把我吓得，心说这还没出中国海呢。结果，从中国海到阿拉伯海，郑浩也没有被踹下去。”

2004年10月2日，“凤凰”号进入南海大片暗礁群地带。下午4点半，风暴袭来，风速每小时40海里，瞬间达到73海里。三名船员让风暴用“跷跷板”把他们玩了12个小时，晕船的黄睿跳海的心都有。5日上午，他们终于看到了陆地——中国南沙群岛双子礁。双子礁是两个岛，北面的北子岛，被菲律宾人非法占据；南面的南子岛，被越南人非法占据。毕竟是人不是鱼，他们太需要上岸了，翁以煊满心以为他们的落魄会让岛上的同类心软，准备登岸求助。

上午10点20分，翁以煊正拿着望远镜眺望南子岛上的灯塔时，突然听到“嗖”的一声，一粒子弹飞速从他们头顶掠过。吓得他一下子趴在了船上，大喊：“别拍了，趴下。”说着，爬向驾驶舱，把船往回开。但是对方没有因船掉头而停止射击，枪声还在响，子弹纷纷从他们身边飞过。

当时他们船上挂的是美国国旗，但是越南人显然知道他们是中国记者。

在紧接着的外交交涉中，越南人给出了以下回复：

一、“凤凰”号是美国籍帆船，船长翁以煊亦为美国华人，而“凤凰”号至今没有取得任何入境批准，故不得进入越南境内。

二、如“凤凰”号船员需要人道援助，船长应当发出SOS国际救援信号，由越南方面提供援助。

三、对于前来看望“凤凰”号船员的凤凰卫视有限公司代表，其签证必在“凤凰”号抵达越南后才能签发。

“凤凰”号只能放弃进入越南的计划。

但是，厄运似乎还远没有结束。7日，逃离双子礁的“凤凰”号来到了“国军”驻守的太平岛海面，这时他们急需补给，三次试图靠近太平岛。不料，两艘台湾“海巡署”快艇冲过来，艇上的人端着冲锋枪，架着轻机枪，如果他们认为“凤凰”号构成威胁，是可以随时不予警告直接开火的。毕竟血浓于水，人家没开枪。翁以煊向他们要求人道救援，可对方不仅没有允许，还没收了“凤凰”号的器材，让他们在3海里外等待。

此时，黄睿连吃块巧克力都往外吐，何明礼的皮肤溃疡继续恶化，船上的食物和淡水也不够。叶扬在卫星电话里逗黄睿，问他想用担架抬还是用轮椅推，黄睿说，我想喝一瓶冰可乐。听得人鼻子直发酸。

好在刘长乐动用人脉关系联络台湾有关人士，驻岛台湾警察部队不仅送还了器材，还送来了淡水。双方合影留念，正欲挥手告别，忽传上峰指令，允许“凤凰”号成员上岛住一宿。

天大的好消息！

叶扬通知“凤凰”号掉头上岛时，声音都在颤抖。

就这样，“凤凰”号三进三出太平岛，对方不仅提供了淡水和柴油，还让船上的哥们儿上岛好好睡了一觉。寂寞的台湾阿兵哥人好情深，甚至帮黄睿理了发，把三人的衣服洗得干干净净，烘了一夜。歇了这么一脚，他们缓过点儿劲来。

不幸的是，他们又遭遇了2004年12月26日印度洋发生的死亡20多万人的大海啸。

海啸发生的前一天，“凤凰”号在印度的安达曼群岛没找到靠岸的地方，就在海里抛锚了，这步棋救了他们一命。当时海啸袭来时，岸边一片混乱，几万吨的大船都失控了。但在海里边，只是感觉到海水在往上涌，一波又一波。三人赶紧打开橡皮艇向码头开去，想去采访。那里正在被海浪夷为废墟。

开着开着，翁以煊发觉不对劲，马上掉头往回跑，黄睿和何明礼出于职业习惯，发现危险和吸引人的东西就血脉贲张，坚决不同意回去。他们说，地震完了，没事了，逼着翁以煊再回头。三人闹得差点打起来。翁以煊吼道：“我是船长，我考虑的是船和船上的人，如果没有船，我们就没有一切！”

下西洋的行程就好像下棋一样，无论走哪一步都是死棋，只有一步能逃生，他们靠撞大运碰巧走了那一步。

终于航行到了肯尼亚，这是传说中郑和船队到达的最远的地方。

单桅帆船“凤凰”号远航8个月，走了12500海里，途经15个国家，于2005年3月16日抵达肯尼亚的蒙巴萨。

在那里，不安分的郑浩和黄睿等人还不辞辛苦地收集传说，最后在拉穆群岛的帕泰岛找到了一位黑皮肤的肯尼亚女孩儿，并认定她就是当年郑和船队的船员留下的小种子，因为她家里有一只祖传的中国瓷碗。

为此，《新民周刊》记者不无幽默地写道：“不过一切正像船长翁以煊所言，《‘凤凰’号下西洋》其实也是一场秀，能够在这场秀中增加一两个亮点，实在是再自然不过的事情。从吸引眼球的角度来看，郑和船员后裔乌瓦玛卡·沙里夫的出现，实在是一个在合适的时间、合适的地点出现的合适人物。”

“其实，乌瓦玛卡·沙里夫是不是郑和船员的后裔，已经不重要。重要的是，有这么一群人，他们像结实的蒲公英种子，被一阵风吹散到地图上都难以找到的海岛，却在这里扎下根来，顽强地开拓了另一种人生。尽管语言变了，生活方式变了，宗教信仰变了，甚至肤色也改变了，但始终记得风吹来的地方……”

刘长乐来到蒙巴萨的海岸边，给俊俏的“凤凰”号拍了许多照片，其中一张是站在“耶稣堡”最高处的凤凰记者。照片如大写意的水墨画般留出大片天空，他为这张图起名为《志在云天》。

汶川，我该怎么问

1

灾难没有征兆。

2008 年 5 月 12 日，星期一。吃过午饭，稍微休息了一下，北川县曲山小学教师朱贵平走进教室准备上课。突然脚下轰的一声，房子摇晃了一下……不到 1 秒钟，他意识到是地震，大喝一声：“快跑！”他和学生刚冲到了操场上，就被震趴下了，身子下面仿佛一股波浪在翻腾，人像树叶一样飘起来。然后就听到山崩地裂的声音。2 分钟后，近视眼朱贵平摸到了自己的眼镜，发现整个县城不见了。

在什邡市云峰化工厂片区，52 岁的高启良到对面商店买了一包烟，转身往厂区走，突然脚下一晃，被狠狠地摔倒在地，等他爬起来，“整个化工厂一下子不见了”，“没看到有人从工厂里面跑出来”。

同一时刻，北川县 26 岁的司机陈坚被塌下来的预制水泥板砸倒，那块水泥板留下了一个不到 20 厘米宽的缝隙，他被压在那里，动弹不得，但人还活着。

山崩了，河断了，树倒了，屋塌了。

天崩地裂之后是一片死寂。电信信号全断，没人能向外报信。

汶川 8 级强震是中国 1949 年以来破坏性最强、波及范围最大的一次地震。重创了约 50 万平方公里的地区。震源深度 14 公里，震中烈度 11 度。地震瞬间造成 6 万余人遇难，3 万余人受伤，1 万余人失踪。

2

凤凰资讯台 14 点 28 分最先在台湾东森电视台看到台湾地震局测到的地震消息，起初以为是台湾地震，但 14 点 42 分路透社发布消息：美国地震监测网测量到中国四川成都附近 92 公里处发生 7.8 级地震。资讯台立即将这条新闻由滚动字幕率先播出。编辑部开始紧追各路消息，寻找四川联络人的电话，并要求相关人员绘制四川地图。14 点 46 分，新华社发稿，确定四川成都附近发生 7.6 级地震。15 点，凤凰正点新闻播出了四川发生大地震的消息。15 点 05 分，中央电视台播出了地震消息，称北京地区有明显震感。15 点 10 分，凤凰资讯台开始突发事件直播，正准备下班的评论员何亮亮被拉进直播间，坐上了主播台他才知道发生了大地震。此时，美联社传来北京民众因感受到地震而上街聚集的画面，这些画面立即被用到凤凰的直播中。15 点 45 分，中央电视台新闻频道中断正在播出的节目，开始突发新闻直播。

在直播的同时，凤凰记者兵分四路赶往灾区。香港派出何润锋、任韧、郑家劲一组，北京派出胡玲、周铭吉、赵伟一组，深圳派出令狐列、刘海燕一组和王莹、郑雨丹、梁培伟一组。13 日凌晨 6 点，凤凰的海事卫星在都江堰架起，灾区即时新闻与画面出现在凤凰的屏幕上。

之后，何润锋小组直奔震中汶川，胡玲小组北上绵竹、什邡，令狐列小组前往灾情最重的北川，王莹小组按总部指令，携带海事卫星赶往映秀镇，与何润锋会合报道灾区情况。

14 日早上 7 点，资讯台新闻副总监刘粤英接到了何润锋的电话，他被堵在去汶川的公路上，手里只有一部卫星电话和一瓶水。刘粤英听得清楚，电话那端有滂沱的雨声。刘粤英想说，如能进去，哪怕只有一部电话，也可以告诉大家里头发生了什么事，总比在这里堵一天强。但这个话她不能说，“因为走那条路是会死人的，能不能去要靠记者的现场判断，我不能说你不要命也得给我进去。我只是说，所有的人都在期望得到里面的消息，一定要想想办法”。

何润锋说，明白。

刘粤英听出了“风萧萧兮易水寒”的意思，不禁红了眼圈。

何润锋先上了一辆满载灾民的拖拉机，被武警拦下后，又跟随灾民徒步两个小时，走到一座幸存的大桥上。在那里，他得知一个水库大坝附近有武警借助冲锋舟前往汶川。于是，厚着脸皮拦了一辆军车，以最快的速度抵达大坝。武警拒绝他乘船，他干脆来硬的，直接爬向山下的临时码头。正爬着，一股泥石呼啸而下，身后的武警一片惊呼。万幸，没伤着。他到了码头，一屁股坐在冲锋舟上，不断诚恳而又无辜地对武警说：“我是记者，我体重很轻，没有行李，只占一小块地方就行。”他这股玩命的劲头似乎感动了救灾的士兵们，他们默默地发动冲锋舟，犁开水波，向汶川疾驶。

在失去联络近 7 个小时后，14 日晚间，何润锋终于给总部打回电话：已到达汶川映秀，可以立即电话连线报道灾情。

这是中国所有电视媒体中第一个进入映秀的记者，他报道了军人正在一批批冒死向汶川进发，给灾民们传递了希望。

但是，也有不好的消息，凤凰记者王莹、郑雨丹小组已经失踪一天一夜。同组携带海事卫星的梁培伟被留在一个河滩上，也没有消息。

3

就在指挥部焦急地联络王莹和郑雨丹时，令狐列和刘海燕顺着山坡，踩着松动的乱石，下到了受灾最严重的北川老城区。那里，小半座山整体滑下，把山下的楼房冲出近百米远，然后掩埋。令狐列在菜市场附近的废墟上看到一个物体，上前摸了一摸，竟然是个屁股，他心惊大喊，引来了几个军人。军人看了一眼说，死了，不管了，先救活的。

到处都有尸体，苍蝇胡乱地飞着，让人不敢细看。突然，余震来袭，大地剧烈摇晃，一个妇女一声尖叫紧紧抓住刘海燕不放，把她差点吓傻。

人们的神经已经绷紧到了极限。

一个稍微平整的区域整理出来遗物存放处，有笔记本、文具盒、钥匙扣，都是学生的东西。令狐列看到一位妈妈在这里低头行走，就说："大姐，再努力找找吧，还有希望的。"大姐叹了口气说，孩子的尸体已经找到了，他身上的钥匙扣是我亲手取下来的。每天来这里，只是为了再看一眼孩子最后待过的地方，让回忆不要消失。

面对伤痛，灾民有的在废墟上大声地号哭和呼叫，在接受采访时泣不成声，有的神情木然喃喃地诉说着自己已死的父母、伴侣和子女。在这场天人之战中，伤痛、绝望、温情和希望不断更迭上演，一面是担架上的伤者被亲人发现喜极而泣；一面是废墟中的尸体被亲人发现的伤痛欲绝……

5 月 15 日 7 时，天刚亮，王莹、郑雨丹、海事卫星工程师梁培伟，在向映秀进发。他们知道何润锋有可能已经到达了映秀，但他没有设备，无法传回图像，他们应该带着海事卫星冲进去。于是，他们背上海事卫星和摄像机、四瓶水、两袋饼干，走了。

山路太险，头顶上随时会有石头砸下来，脚下是泥石流流过后的稀泥，有时要手脚并用爬过拦路的大石头，任何一步踏错了，掉下去就是滔滔岷江。走到都江堰紫坪铺大坝上，他们终于知道，他们根本无法把 50 磅重的海事卫星扛进去。商量再三，王莹和郑雨丹带摄影机、话筒，爬山进入映秀。海事卫星和梁培伟暂时留在大坝上，等他们找人来接应。

梁培伟是港人，四川话基本听不懂，他的普通话在这里也只有他自己能听懂。此时他手里只有一瓶水、两块巧克力，那是出发前夫人塞给他的。他蹲在大坝上，守着大箱子，无奈无助。下雨他成落汤鸡，出太阳他被晒成烤肉干。有灾民看他可怜，给了他一把伞，算是能遮风挡雨了。晚上，这里的气温只有 10℃，他哆哆嗦嗦拿几个裹尸袋来盖在身上，吓得人们都绕开他走。

王莹是哭着爬进映秀镇的。她恐高，一路上都在想，也许下一步就要死了，“如果掉下去死了，爸妈要怎么办？”于是眼泪就不争气地流下来。

“不要哭，精神不集中就会掉下去。”在两位解放军战士手拉手的帮助下，王莹爬过了那条生死路。

小战士的手很有力，虽然他的年纪比王莹还小。

5 月 15 日 19 点，经过艰难的寻找，王莹辗转找到何润锋和《社会能见度》拍摄组的张小玲、周宇。这是凤凰记者在映秀废墟中的第一次集合。没有拥抱，没有笑容，他们要保证自己活下去，还要把新闻报出去。

5 月 16 日 13 时，郑雨丹在两名武警战士的帮助下，重返紫坪铺大坝，找到了梁培伟，两名战士背上海事卫星，进入灾区。21 时，在失去联系两天后，王莹出现在了镜头中，凤凰总部人员看到她的第一个想法是“还好，她活着”！

5 月 17 日凌晨 3 时，又一次 6 级以上强余震袭来，听到山体滑坡的石头从身边掠过的声音，所有的人都往帐篷外跑，王莹他们也踉跄逃出。王莹说，眼前的地动山摇你完全无法掌控，生命也无法掌控，只能任由大地疯狂地摇动。那一刻，活着也好像死了。

5 月 18 日 21 时，武警在帐篷里挑选第二天徒步挺进卧龙的队伍，他们要选出 100 名官兵和 30 名军医。这是生死路，探路的一个战士已被山上的巨石砸中，生命垂危。王莹看到，这些敢死队队员不过是些 20 岁刚出头的大男孩儿，他们眼中也有惶恐，他们的队长说：“不想去也要去，死也要去，不去的，军事法庭上见！”

天下起特大暴雨，凤凰记者借住的帐篷塌了，武警战士们一夜没睡。5 月 19 日 10 时，凤凰记者要返回成都发稿，而士兵们则要冒死前往卧龙。王莹让战士们写下家里的电话，答应一回到成都立即替他们报平安。有个战士写道：“爸妈，我一切都好，不要担心，我没给你们丢脸，即使死亡，也无法阻隔我的心和你们连在一起！”

王莹哭了……

在映秀的五天五夜，凤凰记者基本没睡觉，每天喝一瓶水，吃两块萨奇马，不上厕所，不洗澡，不洗脸，不刷牙，不脱鞋……

映秀地区共有12000多居民，除了成功地逃出2000多人外，其余的都与我们阴阳两隔。万余名死者被一一包裹好，排列在空地上，掩埋在一个巨大的坑中。

4

5月15日15时，有人突然在一块巨大的石头下面发现了一个还活着的年轻男子，他的身上压了三块巨大的预制板，露出两条手臂和半张脸，他神志还清楚。在零星的对话中，他告诉凤凰记者朱卫民，他叫陈坚，绵阳市安县人，在北川打工，是一名司机，他的老婆叫谭小凤，怀着身孕。他说得最多的话是，我不能死，我还有个怀孕的妻子。

镜头中被压在三块预制水泥板下的陈坚

陈坚：躺在底下，死活不能动弹。我三天三夜没有吃过一粒粮食，我只喝了点水，来维持自己的……来补充自己的水分。但是我觉得，怎么说呢，我觉得我命很大，大难不死，必有后福。我不想放弃我家里面的任何一个人，所以说我要坚强，我必须坚强，为了每一个深爱我的人，一定要安安全全地活下去。

朱卫民：好，好，坚持住！坚持住！你一定能出得来的。大家都在陪着你，我们都在陪着你的！

老朱单腿跪在地上，递给陈坚小半杯可口可乐。

朱卫民：喝少点，不要喝得太多。

陈坚：有点呛人，这个可乐没有百事可乐好喝。

朱卫民：你不要睡，不要睡。

陈坚：我不睡的原因就是想喝这个。

朱卫民：对，你休息，不要说话了。我们都在旁边等着呢。你保住体力。

陈坚：再帮我倒点放在这儿。

朱卫民：好，你还要的时候跟我说，好吗？

陈坚：我自己抿就行了。

朱卫民：好的，好的。你休息，但不要睡。

陈坚：不睡。

下午4点，来自江苏省消防队的救援队员，取来了两个液压千斤顶，试图用它们将压在陈坚身上的层层楼板顶起一个缝隙。他们爬进了石缝，用千斤顶顶开水泥板。这时候，由于平衡被破坏，陈坚身上的重量陡然增加，他努力忍受着巨大的疼痛，但仍然无法克制自己的大声呻吟。

陈坚：哎哟，痛得很！痛得很！痛得很！

朱卫民：坚持住，最后坚持一下。忍受不了的话，你就数数。

陈坚：1、2、3、4、5、6、7、8、9、10……21、22、23、24、25、26、27、28、29、30……

生命到底是什么？真的很难讲清楚。这个男子竟然背着如此沉重的水泥板，在这堆废墟里坚持了70多个小时之久。在救援过程中，陈坚先是数数，然后开始呻吟着唱歌，想以此来缓解肉体的痛苦，以此来鼓励救援他的弟兄们。

陈坚唱歌（《红高粱》）：妹妹，妹妹……

救援队员：底下得垫个东西。

救援队员：上面垫下面垫？

救援队员：下面！高度不够，垫下面。

陈坚唱歌：好酒，好酒……

在救援过程中，外面不断地有两种声音交织着：一种是鞭炮声，按当地习俗，每挖出一具遗体，人们就会放一挂鞭炮，给死者送行。在这不绝于耳的绝望的鞭炮声中，又不断听到鼓掌声和呼喊声：又救出了一个人。人们的心，就这样被撕扯，在生与死、悲与欣之间来回跳跃。凤凰记者朱卫民静静地守着陈坚，守着生命的希望。

陈坚在呻吟，一声比一声更高。

救援队员：把头侧一下，好，坚持住，马上出来了，再拧一点就可以了，坚持住，马上出来了。

晚上9点10分，经过将近6个小时的奋战，陈坚终于被救出来了。但是，他极度衰弱，呻吟声也听不到了，这样的挤压，很可能已经造成了他的内脏出血，而这时候，并没有救援的医生能来到这里。

朱卫民：别着急，没事了，陈坚，好好的。陈坚，你感觉怎么样？

陈坚：听得到。

朱卫民：你怎么样啊？感觉怎么样啊？

陈坚：感觉就是，实实在在有点痛啊！

朱卫民：好好休息一下，你不用说了，你好好地休息，担架马上就来。

陈坚：谢谢你们！谢谢你们！谢谢你们！

可是，要把陈坚送到最近的救援指挥部，也要两三个小时的路程。天已经全黑下来了，整个城市一丝灯火都没有，只有一轮大大的月亮，高高挂在天上。晚上10点，大家终于将陈坚抬到半山腰的废墟，来到地势平缓的河谷。救援队长发现，已经听不到陈坚的任何声音了。救援队长开始为他做胸部按压，又开始口对口的人工呼吸。

救援队长：傻子啊，你都坚持到现在了。

朱卫民：再坚持一下。

救援队长：傻子啊！叫他名字！

2008年5月15日22时22分，陈坚停止了呼吸。救援人员把他头朝东方平放在地，一轮明月陪伴他走过此生的最后一夜。

陈晓楠说，在整个营救的过程当中，我与前方的摄影记者通了几次电话，所有人都屏息以待。直到最后，也没有人会愿意相信一个年轻的生命就这样离我们而去。

一位观众评论说，挤压伤一旦开放，压力突然骤减，会引起内出血，应该立即建立静脉通路。救援队应和医疗队一同救人。看到电视画面，我心急如焚……我无意否认参加救助陈坚的人的爱心、努力与伟大，但我从他们抢救陈坚的过程中，总觉得救助的方法不对头。比如，在陈坚身上的水泥板尚未完全移开到位时，抢救人员就将其硬拉出来，这是否已消耗陈坚的全部体力了，这从陈坚喊痛的呻吟中可看得出来。另外，在抢救陈坚5个小时过程中，没有一个医务人员等在现场，在陈坚被救出来的第一时间给予及时的救治。在我看来，如果救助陈坚的方法正确的话，陈坚是不会死去的，他本可以与其妻子重逢，并能迎接其尚未出世的孩子。陈坚，一路走好！我们将为你的妻子和尚未出世的孩子祈祷！

事实上，凤凰的记者也一直在为此困惑着、矛盾着。

5

在香港直播地震消息的时候，陈晓楠每一次连线记者，都下意识地身体前倾，直到有人提醒："你怎么老趴着？都快钻到监视器里了！"

陈晓楠说，香港太远了，演播室太豪华了，我没法相信眼前的一切。《冷暖人生》摄制组已经在那里拍摄了5天的时间。有一个晚上，和朱卫民通话，他气喘吁吁，声音也有点儿不对劲。他说，这几天满脑子都是陈坚的歌声，在瓦砾下坚持了三天三夜之后，这个26岁的年轻人用世界上最微弱的声音唱着《红高粱》："好酒，好酒……"

那声音，从几根巨大的横梁下传来，响彻整个北川城。

"晓楠，你知道吗，我们现在周围一片漆黑，只有一个大月亮在天上，我们正走过死尸堆。"

陈晓楠呆了半晌，一个字也说不出来。

那个一片漆黑的地方，就是北川。

陈晓楠是传媒大学外语系的学生，主持风格清新睿智，是个非常动脑子的人。她在地震现场，提出了一个重要的问题：我该怎样问？

> 这场巨大的灾难，对大多数人来说，都是人生的第一次。它挑战着每一个生命，也拷问着传媒人习以为常的新闻伦理与新闻道德。在灾难的第一现场，我们作为记者的同时，更重要的还是要被还原成"人"。
>
> 每当我蹲下来，问孩子们是哪个班的，叫什么名字，他们总是会高高兴兴地回答，于是我就更没有勇气，问出那个世上最残忍的问题："地震的时候你在哪里？"
>
> 这句话，像一把刀子，开启生命最黑暗的回忆。
>
> 有一个女孩子，被砸在一块大石板下面，后面一个男孩子，也在瓦砾堆

里。女孩的伤比较轻，救援人员决定先把她抬出去，当他们返回来的时候，男孩子已经没有了气息。女孩哭着对我说："都是因为我……"

我抓着她的手告诉她这不是她的错，旁边的女生紧紧搂着她安慰，脸上却是微笑着的，那笑容，有一种坚定，远远超越了她的年纪。

我的采访断断续续地进行，从来没有哪次采访像这样总是长时间地停顿，有时候，我需要长长地舒一口气，才能问出下一个问题。

我该去问吗？

在新闻价值、个体隐私以及个体生命尊严之间，孰轻孰重，应该如何抉择？长久以来，新闻学界一直存在着截然相反的评价体系：一是新闻价值至上论，一是个体价值、社会价值至上论。这种争论是不会有结果的，因为它涉及的是关于人性与人道的价值观判断。

多次进入汶川采访的闾丘露薇则从另一个方面提出了问题——媒体灾难报道的研究。

（1）灾难报道的技术保障。

（2）灾难报道的人员保障。比如人身保险、安全培训、自带装备等。

（3）灾难报道的新闻伦理，比如如何避免对灾民的二次伤害。

（4）灾难发生后，信息的作用，特别是所谓负面报道的正面和负面作用。

（5）也是最重要的，灾难的后续跟进报道，媒体如何监督。

闾丘露薇认为，记者无论承受怎样的艰苦，都是短暂的，而留在那里的人们，却要承受更长时间的苦痛。除了这一点，媒体人还从灾难本身和经历灾难的人们身上获取了经历、人生感悟、名声和荣誉。所以，记者更需要感恩。

凤凰的灾难纪录片《陈坚的76小时》获了奖，但是他们无法为此感到高兴，面对陈坚逝去的生命，他们只是多了一种怀念的方式。

对于《冷暖人生》这个栏目，刘长乐有如下评价：

这是凤凰卫视获奖最多、获奖级别最高的栏目，他们两次获得芝加哥国际电影节银雨果奖。这个栏目在10年间500多期节目中所记录、回味和思索的，正是"活着"二字。在传媒形式高度发达、栏目形态朝生暮死的今天，一个能慢慢吞吞不急不慌埋头于记录时代人物命运，并且活了10年的栏目，"活着"就是胜利，"活着"就是力量。《冷暖人生》的力量不是来自高声的喊叫，也不是来自犀利的进攻，而是去享受职业赋予他们的责任，去感受现实社会给予人们的幸福、苦难、无奈与抗争。这是一个小栏目，却是大主题；反映最底层的生活，却拥有最高端的观众；他们拍摄的都是小人物，却显示了大情怀，人物虽然是渺小的，但是活生生的大写的“人”，人性的光辉在这档节目中体现得非常明显；他们记录的是小场景，却反映着大社会，浓缩了丰富的社会和时代问题。

假如从佛家角度讲，这是一个慈悲为怀的栏目。慈，是讲为乐，给别人快乐。悲，是讲拔苦，拔除苦难。冷峻地揭示苦难，是为了拔苦。这个栏目有冷峻的一面，分析很冷静，有时也会让人感觉很清冷，但它又非常温暖、虔诚，并不是没有希望的哭诉和宣泄。这种感觉，就如同让人穿云破雾地看到一抹阳光，看到浩瀚天空中的繁星，也可以看到黑暗中的黎明曙光。他们的坚守非常不容易，这种做节目的定力是现在一些电视人甚至媒体人所缺乏的。对于不断变化着的传媒环境，媒体人要变，但也要有所不变，社会责任、人文关怀、道德追求不能变，对人和生命的关注与关怀不能变。

2008 年 5 月 29 日，刘长乐在成都的凤凰地震报道指挥部召集一线记者、主持人讲了一次话，他说，这次大地震，让我们的专业精神经受了一次最残酷、最困难的挑战。

凤凰历史上几次对突发事件的大型报道，都是遭遇战。比如“9・11”事件，阿富汗、伊拉克战争报道，有短促突击的味道，事发突然，但结束得也快。但这次是一场大的突发战役，持续时间长，范围大，覆盖了 10 万平方公里的土地，相当于 3 个台湾。报道现场交通和通信都不通畅，记者没吃没喝，整个过程充满了危险。

面对这样需要大兵团作战的战役，凤凰在许多方面暴露了自身的局限，人力、物力，包括通信力、传输力都不如一些主要媒体。凤凰的人力是人家的十分之一、二十分之一，设备上也有差距。

经过这次报道，凤凰下决心对装备进行了一次彻底提升，以适应这种打大仗、打恶仗的情况。

这次中国媒体开放让刘长乐感到压力很大。他说，有人认为，由于凤凰一个劲儿折腾新闻，把“狼”给招来了。现在“狼”的确已经出现了，这是好事，有“狼”我们才会变得更强壮。

第六章

诚者　从优秀到卓越

（2009—2014）

宽恕与对峙

1

多年以前，邓小平针对中国在南海、东海问题上与日本、菲律宾、越南等国的争议说了一句话：搁置争议，共同开发。

国际比赛有国际裁判，国际争端却不行，任凭裁判把哨子吹破，也没人听你的。

研究历史的人都知道，边界是一个国家政治、军事、经济实力的延伸。实力越强，边界向外扩张得越多。这一点，看看美国和沙俄的领土扩张过程就清楚了。争议地区很敏感，不能碰，因为事关爱国与卖国。

所以，历代的当政者都小心翼翼。他们知道，解决领土与领海的争议，只有三种办法：一是战争，二是谈判，三是搁置。

搁置是一种用时间换空间的办法，是一种自信的解决手段，还需要足够的智慧与宽容。

一直以来，中日关系在各怀戒心、或敌或友、利益攸关、争吵不断的状态下维持着。来自日本的不同声音，最容易激起民族情绪。因此，找到宽恕与对峙的平衡点，成为凤凰驻日本记者报道新闻的要点。

2007 年之前，凤凰在日本没有记者站，后来，来了李淼。

李淼是东北人，有张娃娃脸，上大学时学的就是日语，之后又在培养了多名日本首相的庆应大学读了硕士和博士，是典型的“知日派”。

她的正式身份是凤凰卫视驻日本首席记者，这职位在日本叫支局长，大家就调侃她是“局级干部”。这个局级干部其实只能领导她自己，既当出镜记者，又兼任灯光摄像，还负责拍专题片。

李淼虽然读书读出了一堆头衔，却不是书呆子，知道局级干部首先要做的不是写稿子，而是去公关。进入凤凰没几个月，她就使凤凰顺利加入了日本的外国记者俱乐部。但是她知道，如果不能加入首相官邸记者俱乐部——永田俱乐部，她这个记者就只能在核心新闻之外兜圈子。

永田俱乐部地处永田町。

永田町地处日本东京都千代田区南端。

首相官邸、国会议事堂、众参两院议长公邸等机构都在永田町，这里是日本国家政治中枢。

首相官邸从外表上看和普通的建筑没什么两样，实际上，这里汇聚了日本的核心人物，地下有强大的核防护层，有指挥中枢和通往东京各处的紧急避难通道。

永田俱乐部设在首相官邸内，占据整整一层楼。这是日本最高规格的记者俱乐部，其成员可以自由出入首相官邸。在等级森严的日本，进入永田俱乐部意味着有了报道日本首脑的“特权”。

中国记者一般不可能进入永田俱乐部。

李淼说，这个令所有驻日外国记者深恶痛绝的记者俱乐部制度（英文称 Kisya Club），能在日本顽强地存活 120 年，最根本的原因，是它符合日本媒体的垄断性利益。俱乐部记者被赋予直接联络政府高官的资格。凤凰要想报道日本高层的最新动向，除了进入永田俱乐部，别无他途。

那天，李淼总算见到了官邸俱乐部的干事、F 电视台负责人，先鞠躬，再说话。没想到，那人一听李淼的要求，火冒三丈，粗暴地吼道：“什么？拍摄官邸会见？哼！你们外国记者别异想天开了吧！既然从来没有先例，以后也永远不会有！懂吗？这是规矩！”

好孩子李淼从来没有想到，在这个彬彬有礼的国度，会遭遇这等语言暴力，眼泪不听使唤地夺眶而出。

那一年，是李淼此生中鞠躬最多的一年，几乎每一天都以同样的方式度过：带着摄像机、麦克风，披星戴月地在外采访、发新闻、与总部联机播报，同时又想尽办法让日本社会和政界认知和接受凤凰。

为了加入俱乐部，李淼逐一约见各大媒体在外务省记者俱乐部及官邸俱乐部的负责人，那些反华媒体是她工作的重点。说一大堆话，鞠一大堆躬，希望他们知道，中日之间的误解，与中国记者无法同日本高层沟通也有关系。

临走，仍忘不了鞠一大躬，说声拜托。

每当夜深人静、留宿办公室的时候，她也感慨，若不是真爱这份工作，无论如何是坚持不下去的。

李淼甚至能找到她的校友、前首相福田康夫诉说苦衷。

那是 2007 年 9 月，日本首相安倍晋三突然以身体不佳为由闪电辞职，此前，安倍答应参加世界华商大会并致辞，而中国政协主席贾庆林为与之对应，已在乘机前往日本的途中。面对安倍撂挑子导致的尴尬，凤凰作为华人传媒必须救场。凤凰要求李淼采访到继任首相人选，请其为华商大会致辞。

当时，呼声最高的是自民党前官房长官福田康夫。李淼与福田康夫曾有数面之交，当时，她在庆应大学读博士，拿过福田首相设立的奖学金，也算熟人。

李淼采访日本前首相福田康夫

李淼带着摄影师从神户赶到东京，看到大批日本记者守候在福田的办公室门口，由于事先约好了，他们把摄像机藏在衣服里走了进去。福田先生见到李淼，对她进入凤凰表示欣慰。福田说，我要鼓励其他留学生像你一样成为“知日派”，这样才能保证中日两国更好地沟通。福田不仅录了一段致辞，还爽快地接受了李淼的专访，谈了他就任首相之后如何处理中日关系，这正是中国官方最想了解的内容。

采访结束，李淼还说了希望加入永田俱乐部的事。福田康夫的政策秘书无可奈何地说，就算你以前拿过福田首相的奖学金，也没见过你这样见缝插针的记者。

经过长期的、反复的、坚定不移的游说，投票表决时，首相官邸和外务省俱乐部所有成员全部投了赞成票。

永田俱乐部的记者在官邸被当成“自己人”。每天早晨，大门口的警卫看到李淼的官邸记者证，都会举手敬礼，非常客气地说“您辛苦了”。

那一刻，李淼百感交集。

几年来，李淼先后采访了5位日本首相和前首相，甚至让日本同行也望尘莫及。

2

70年前的中日之战，中国是战胜国，但是中国人却因“不胜而胜”，怀有难以启齿的屈辱感，这使他们在面对中日关系时很难冷静。

比如，凤凰在世界各国的演播室里都挂一面所在国的国旗，内地民众对镜头上的他国国旗都没什么反应，唯独看见李淼身后的日本国旗就不舒服，抗议声不断，最后只能摘掉了事。李淼的一言一行都要拿捏分寸，稍有差池都会影响到她的形象和凤凰的声誉。

为什么近年来中国民众的仇日、反日情绪始终处于一触即发的临界状态？如果一个国家的民族尊严需要一次又一次的游行示威来维护和张扬，那么这种民族尊严的脆弱性是不是值得警惕和反省？

中日关系，应该少一些感情发泄，多一些理性研究。所谓的“反日”示威，如果得不到制止，会对中国自身的现代化建设造成非常恶劣的影响，对中国的国际形象也非常不利，“抵制日货”是可笑的，因为很多日本产品已经是“中国制造”的一部分。

这种表达被包括日本在内的国际传媒界认可。

2009 年 3 月，对于钓鱼岛是否属于《日美安保条约》保护范畴，美国政府做出了响应，李淼在第一时间向日本官房长官提问，但是，官房长官由于未能及时得到日本外务省的汇报，竟然回答说“没有收到美国政府的回复”。一小时后，官邸办公室十万火急打来电话，说官房长官“希望再开一次记者会，重新回答凤凰卫视的提问”。

重开记者会，一方面，因为钓鱼岛触动中日关系的敏感神经；另一方面，据官邸人士说，也希望不妨碍“像凤凰卫视这样重要的媒体”传达有关日本的正确消息。

让别人说话，自己也会得到发言权。

凤凰维护着中国形象的方式如下：

（1）以西方人乐于接受的方式表达中国人的意志。

（2）承认西方对自身价值观的表述和做法并不是故意让我们为难。

（3）不用誓不两立的、贬低的、敌视的态度评论争议事件。

（4）不搞情绪化，保持中立、客观、诚信。

（5）国际争端没有国际裁判，容忍不同声音和文化偏见，保护思想自由。

联合国教科文组织在《人权与文化多样性》文件中说：容忍是 21 世纪国际关系必不可少的基本价值观念之一。

“容忍”与我们现在经常使用的“融会”“包容”“宽容”等词汇意义不同，它没有任何居高临下的意思，也没有大度、接纳、施舍的色彩，而是在不太舒服的状态下的共存。在英文中，tolerance 可以解释为一种忍耐力：承认并尊重他人的信仰或行为的能力或行动。

比如，“小日本”和“支那人”的叫法，都令对方无法忍受。己所不欲，勿施于人。

3

李淼用女性的细腻告诉人们，中国作为一个大国，要有大国的包容与慈悲。非理性对抗只能伤害人心，导致敌意。她用在日本的所见所闻告诉人们，那里是同一片蓝天，也住着上苍的子民，他们与我们一样有生存的权利。不忘记昔日的仇恨，不是为了恨上加恨，而是为了防止产生新的仇恨。大丈夫要能左右自己，大其心究天下之物，虚其心受天下之善，平其心做天下之事。

2011 年 3 月 11 日 13 时 46 分，日本发生 9.0 级地震。此次地震是日本有地震记录以来的最强烈地震。地震引发的海啸浪高达 24 米，巨大的破坏力造成 14063 人死亡、13691 人失踪。特别是福岛核电站严重的核泄漏，引发日本“二战”后 65 年来最严重的危机。

那天，李淼刚刚做完日本首相菅直人政治献金丑闻的直播连线，突然感觉到强烈的震动，人站立不稳，屋里的灯在晃动。李淼的第一反应就是东京发生了大地震。

两分钟后，李淼发出地震的第一条微博：东京又地震了！不是狼来了。

接着的一条是：“太厉害了。天哪！”

还好，设备没有损坏，李淼把摄像机架好、照明调好，却一直联系不上香港总部的导演，电话不通。李淼赶忙通过微博发私信，登录 MSN 寻找能帮忙的同事，终于在资讯台编导张力的帮助下，开始了日本大地震的直播。

第一次连线之后，总部电令李淼马上撤出大楼，李淼镇定地回答：“没关系，如果需要，我就留在这里，继续做连线。”

15 点，第二次连线之后，李淼和摄影师撤出办公楼，去街头采访受灾的民众。

16 点，李淼回到办公室，继续直播。从当地电视台直升机航拍的画面中，李淼第一次看到了海啸，当她看到汹涌的海水经过之后，房屋瞬间被冲毁，船只顷刻间被粉碎，她的眼泪一下子就落了下来。“我知道直播中不应该出现这种状况，应该特别冷静，但是我就是克制不了自己的情绪。”

李淼播报时手一直在颤抖。

人们记住了她不由自主地惊呼：天哪！

但是，在中国的互联网上，却有一些人“热烈庆祝”或幸灾乐祸。李淼说，一些网友对日本地震的反应让人痛心。中国汶川地震，很多日本老百姓在街头组织捐款，餐馆、24 小时店都有捐款箱。日本救援队为尽快出发（要等中方说 yes），在成田机场整整一晚待命；自民党甚至包了一架飞机向成都运送物资。

地震是日本的灾难，也是人类的灾难，没有什么大过生命的权利和生命的尊严。

李淼不厌其烦地给我们讲述许多日本人的感人故事：

远藤未希，24 岁，是南三陆村政府职员。海啸时，她没有逃难，而是立刻冲到广播室对村民广播，“6 米海啸要来了，请立刻避难”。不少村民因此而逃生。广播 30 分钟，远藤声音颤抖地说完最后一句话，至今下落不明。广播大楼只剩下钢筋。电话采访她的同事时，对方哽咽：“本来远藤秋天要做新娘的，还那么年轻。”

3 月 11 日 15 点 22 分，8 米高的海啸袭来时，正在海边采访的 36 岁的日本记者千叶东也，巨浪已没到腰部，他手中还紧紧握着相机不停地拍摄，不肯松手。所幸他仅受了点轻伤，奇迹生还。千叶记者供职的东海新闻社，设备被海水冲走，震后再也没发行过报纸。

宫城县石卷市在海啸中遭受毁灭打击。当地报纸《日日新闻》是只有 30 名员工的小报社。震后，10 名编辑自愿留下来，手写长 2 米、宽 1.5 米的报纸，送到避难所供灾民阅读，直到 6 天以后供电恢复。报社负责人说，传递灾情是自己的职责，任何时候都不能放弃。有的编辑回家后，才知道亲人遇难的消息。

NHK 的地震报道值得中国媒体借鉴。震后 33 秒发布预警；2 分钟后，主持人进入直播间，连续直播 8 天；在全国有 460 台遥控摄像机，随时切换最新地震画面。不少人问，NHK 何以拍到海啸吞噬房屋的逼真画面，因为 NHK 有 14 架直升机在全国各地 365 天待命，地震当天，仙台机场正好有一架，地震 14 分后，直升机已载着摄影师升空，在名取川上空拍到了海啸画面。电视直播期间，随时有 3~4 架直升机待命。

NHK 是日本公共电视台，没有广告，每个家庭每月须支付 100 元人民币左右收视费。

李淼的讲述让人感动，她让我们更深入地了解这个国家和它的民众，了解是和解的前提。

4

2012 年 8 月 15 日，是中国抗战胜利 67 周年纪念日。

这一天上午，日本内阁大臣、国家公安委员会委员长松原仁和国土交通大臣羽田雄一郎以个人身份前往参拜靖国神社。这是民主党 2009 年上台执政以来，首次有内阁成员参拜。

此时，距离东京西南方向约2000公里的太平洋上，一艘叫作“启丰二号”的香港船只正在奋力驶向钓鱼岛。

北京时间12点30分，“启丰二号”发回消息，航行位置为北纬46°，东经123°，有五六艘日本舰艇出现在保钓船的右后方，航速每小时7~8海里。

大约1小时后，东京都知事石原慎太郎参拜靖国神社。2012年4月，石原提出东京政府将向私人“购买”钓鱼岛部分岛屿，引发了中日自邦交正常化以来最尖锐的冲突。

下午2点50分，“启丰二号”距钓鱼岛只有约15海里，船只已经进入钓鱼岛海域！大约有10艘日本舰船对“启丰二号”形成包围，并开始发射水炮……

“启丰二号”上除保钓人士外，还有一家媒体的两名记者，凤凰卫视的蒋晓峰和梁培锦。

蒋晓峰是凤凰风头正劲的新锐记者，在推翻卡扎菲政权的利比亚战争中，他与摄影师吴建明、工程师邓谅棠被忠于卡扎菲的武装分子当成人质扣留在酒店里，生死难料，一时牵动全球目光。然而，这个“人质”居然还在酒店里做直播。

窗外流弹横飞，《凤凰全球连线》开辟了最古怪却又最靠近新闻事发地的现场。

为了获得自由，他们还对效忠卡扎菲的武装分子展开强大的思想工作，讲明外面已经变天，死忠毫无意义。终于，一名武装分子将枪支交给媒体安全顾问，枪内的子弹被悉数退出，扔进垃圾桶。几十发金属子弹掉到空荡荡的金属垃圾桶底，发出沉闷的回音，那声音在蒋晓峰脑海里久久回荡。

5月份，从利比亚刚回来，中国与菲律宾发生黄岩岛争议，蒋晓峰和摄像梁培锦雇艘菲律宾渔民的小船前往争议海域，当渔船不愿再靠近时，蒋晓峰脱衣跳到绿色的海水里，在东经117° 51′，北纬15° 07′的洋面上，一个人朝黄岩岛方向横渡。

为什么要这样做，蒋晓峰说，你懂的。

梁培锦和哥哥梁培伟都在凤凰卫视效力，都是摄像。哥哥在汶川地震中曾经只身留在水坝上看护海事卫星，无粮缺水，身披裹尸袋，熬过两天一夜。梁培锦与哥哥不同的是比较幽默活泼，他登上“启丰二号”的时候，很有把握地对蒋晓峰说：“99.99%出不到。”

按照惯例，一般是保钓船一出香港海域就被海警拦截，此事也就无疾而终。

也许是这样吧，蒋晓峰心里接受了这个不具挑战性的结局，但还是为了那个没说到的“0.01%”有针对性地准备了几样东西：Nikon 相机，一双登山鞋，一本《东海油争：钓鱼岛争端的历史、法理和未来》。

香港媒体对“启丰二号”大力宣传，很高调。有趣的是，船长竟然同意日本 NHK 电视台记者登船拍摄相关细节，比如食品储备、船的性能等。

蒋晓峰觉得这会给日本政府提供信息，不利于保钓船完成使命。

中午时分，“启丰二号”出发了。梁培锦给家人打电话说，晚上回家吃饭。

“启丰二号”自出发到抵达公海这段时间，有 6 艘香港水警船艇尾随。保钓成员罗堪就说，水警晚上 7 时许要求他们停船检查，但船员不理会，继续航行。晚上 8 时，水警快艇 4 名警员登船要求停航，但保钓人士全走入驾驶舱内反锁自己，不让警员进入。保钓人士隔门对水警说：“记住你们是中国香港水警！不是日本海警！”

虽然香港海事处早有指示，拒绝允许“启丰二号”离开香港水域，但是在那一晚，“启丰二号”上登船的水警却在该船驶离香港水域前撤离了。

蒋晓峰和梁培锦只好在心里说：“再见，香港，再见，我的晚饭。”

保钓船总指挥罗堪就说，我是抱着“有去无回”的心态启程的，这条船可以舍弃，登岛的决心不会放弃！

凤凰记者又一次歪打正着。

为什么运气总是属于他们？因为早起的鸟儿有虫吃。

蒋晓峰拉开锈迹斑斑的冰柜，看到里面除了冰块，没什么可吃的。罗堪就说只准备了两天的食品，他严重怀疑根本没准备，船上的食品是上一回“启丰二号”出海储备的剩余物资。

他们还像模像样地撒网打了一回鱼，可技术有限，只打上来小小的两尾。

在终于没有吃食和淡水的时候，他们抵达了台湾台中附近，赶紧申请停靠补给。台湾“海巡署”上船检查之后，说是没有达到紧急人道救助的级别，拒绝“启丰二号”入港。但是，他们还是把船上的淡水都给了“启丰二号”，并说如果有要求，可以提出来，在下一个港口补给点尽可能提供。果真，在抵达淡水时，蔬菜、米、鸡肉、矿泉水等物品都被送到了船上。“附近可能会有台风经过，你们一定要小心哦！”在孤单的航行中，这样的话语，让船上的人心头一热。

一直趴在船上的最高点拍摄的梁培锦终于用肉眼看见了钓鱼岛，距离不到 12 海里。如临大敌的日本海警开始行动：逆光中，使用重柴油、冒起团团黑烟的海保船不停地紧逼贴靠“启丰二号”，阻其前进。“启丰二号”船长杨匡在日舰贴身靠近时，佯装要带五星红旗跳上日舰，日舰放弃紧逼，横亘过来，在距离“启丰二号”

不到30米的正前方做T字形拦截，轮机长张金满双手大幅度摆舵，擦日舰尾部惊险通过……日舰向"启丰二号"发射水炮，并撞击"启丰二号"。

蒋晓峰说，日本人也许低估了"启丰二号"破釜沉舟的决心，如果多艘海保船部署马蹄形口袋，"启丰二号"很难有机会抢滩。但日本人只是从侧面方向用船头来顶"启丰二号"的船头，没有正面对撞"启丰二号"中间的脆弱部位，也许他们不愿面对船毁人亡的后果。

船被撞击的时候，梁培锦在最高处，是最容易被掀翻到大海里去的。一度他非常紧张，双手紧紧握住栏杆。但经历了一次撞击后，他就不怕了，继续奋不顾身地拍摄。

蒋晓峰于水炮的"轰击"下在甲板上连线报道，结果海事卫星遇水失灵，他事后检讨应该想到有防水措施。其间有一船员举着板子想为蒋晓峰挡水，结果水没挡住，反倒把镜头给挡了。

下午4点30分左右，在钓鱼岛附近，"启丰二号"搁浅。船员们穿着救生衣，举着国旗下水步行登岛。他们想做的事情是，插国旗，唱国歌，用中国制造的电视机和收音机收看中国电视节目、收听中国广播，拆除岛上日本青年修建的灯塔。

在保钓人士登岛宣示主权的一刻，蒋晓峰通过电话向全世界进行现场报道。

他看到，不远处，一群虎视眈眈的日本警察脸色铁青地准备行动。

蒋晓峰和梁培锦也开始着手保护自己的拍摄素材。摄影师梁培锦选择把摄像机带在身边，而把之前拍摄的资料带包在一堆又脏又臭的脏衣服里。他听说日本人特别爱干净，就想出这一招应对。果然灵验，日本人没有找到他的磁带。

梁培锦心想，这就叫有学问。

蒋晓峰则把存储卡从相机里拿出来，放在双肩包一个很隐秘的角落，之后日方多次搜包都没有发现。

很快，日本警察就把"启丰二号"上的所有人都戴上手铐，扣押起来。

晚上8点左右，李淼通过与日本媒体和日本警方的沟通获悉，香港8名保钓人士、4名船员及凤凰卫视2名记者被日本警方扣留。

日本野田首相说，"将依照日本国内法律严正处理"。

凤凰卫视就记者被扣发表声明："凤凰卫视极度关心和关切事件，即将派遣主管前往日本协助中央政府及香港特区政府有关部门处理此事。"

8月16日清晨6点，李淼从东京登上第一班飞往那霸的飞机，根据她得到的消息，"启丰二号"船上14人都将被海上保安厅的巡逻船押解到那里。

在中国外交部、香港特区政府向日方提出严正交涉的同时，16日中午，凤凰卫视向日本驻港总领事馆递交照会：强烈要求日方立即释放包括凤凰卫视两名记者在内的所有相关人士，恢复记者合法的采访权利，并且交还被扣留的所有器材及全部影像资料。

同时，资讯台副台长吕宁思飞往日本，参与中央政府和香港特区政府有关部门对此事的处理，梁培锦的哥哥梁培伟和黄海波等人一道飞赴那霸，接蒋晓峰和梁培锦回家。

8 月 16 日晚 9 点 40 分，蒋晓峰等 9 人被日本警方押抵那霸。日本海警试图让他蒙头出舱时，他拒绝。“我想让家人和同事从镜头上看到我。”

5

李淼大喊：晓峰！晓峰！

蒋晓峰是最后一个走下船的。他在手铐上包一件衣服，因为他不想让家人和同事看到他戴着铐子。

他听到了李淼的喊声，抬头冲李淼微笑一下。接着，又看到匆匆跑来的吕宁思，他大声说：“吕先生，都好！”

听到这句话，吕宁思不禁眼圈一红，“他知道我要问什么，我知道他要答什么，就是这样。”

被蒙面的摄像师梁培锦也听到同事的呼唤，答应了一声，这让焦急的同事们舒了口气。

8 月 17 日上午，提着水和面包的李淼终于被允许进入犯人接见室见蒋晓峰。李淼说，蒋晓峰身上还是那件蓝衬衫，只穿了短裤，说好多天没洗过澡了。这次没戴手铐。

李淼生平第一次去那样的地方，她隔着玻璃窗看到了蒋晓峰，忍不住大哭起来。

蒋晓峰忍了忍，没哭。他用尽量平静的语调说：“没关系，放心，我们都很好。”

后来，凤凰卫视像迎接英雄一样在香港机场拥抱了自己的优秀员工。

刘长乐也在欢迎的人群中。他对大家说，蒋晓峰这样的记者，给个副台长也不换。

蒋晓峰说，可以确定这次保钓报道经历，是我一辈子的记忆，其中包括手铐的滋味。很多人问我两次上铐时的心情，说实话，我当时没有太多复杂的想法，既没有现实生活中罪犯被戴手铐的负罪感，也没有小时候经常看到电影里我党我军人士被敌伪上手铐那种让观众义愤填膺的感觉。我只是清楚地记得，手铐不是金属材质，是高强度的合成材料。

这副手铐没有冰冷的感觉。

郁闷的是，5年内去不了日本。

而且日本国会已经修法，海保可以履行警察职责，获得在钓鱼岛陆地上搜查和逮捕的权力。“国有化”钓鱼岛似乎也在有预谋地推进，让人很自然回忆起当年日本人对中国东北的图谋。

身为光棍的梁培锦曾在一次内部会议上，向刘长乐提了一个问题：“为什么凤凰卫视这么多靓女却都嫁给了外面的人呢？总部难道不能关心一下大龄青年吗？”

刘长乐说，听明白了，你的意思是肥水不流外人田。我赞同。

这一次，在机场，刘长乐握着梁培锦的手说，我先给你当征婚人，然后给你当证婚人。

来自“敌军墓地”的消息

1

2010年是朝鲜战争爆发60周年。

这一年的6月，凤凰卫视的一个摄制组进入韩国拍摄纪录片《异国青春——抗美援朝60周年祭》。编导秦晴很年轻，之前从未触碰过关于志愿军的题材，甚至没有太多地关注过抗美援朝的故事，但那天他们的采访车拐下公路，在山坡边停下时，他们突然感到心跳莫名加速，手脚发凉——有些东西是来自血脉的！

他们寻找的是“敌军墓地”——一处葬有中国人民志愿军和朝鲜人民军烈士遗骸的墓地。这处墓地位于韩国京畿道坡州市韩朝非军事区附近。

2008年8月，《凤凰周刊》的一位编辑在网上发现了这一线索，派军事记者钟坚进行采访后，刊发了《北纬三八线以南被遗忘的志愿军遗骸》的长文，这是中文媒体对在韩志愿军遗骸的第一次深度报道。文中提及，韩国在“韩战战死者”遗骸发掘工作中，找到180具中国志愿军遗骸，遗骸被葬于坡州“敌军墓地”。

韩国军方的“韩战战死者”遗骸发掘始于2000年4月。2005年，韩国政府将该工作确定为国家永久性项目，从国家层面予以重视。韩国国防部也于2007年1月设立了专门处理战死者遗骸的专业部队，即“国防部遗骸发掘甄别团”。甄别团的宗旨是："直到找出最后一名战士为止！"

2008年6月，韩国媒体报道，当年发掘出的包括47具朝鲜军人遗骸和69具中国军人遗骸，再次安葬在坡州的"敌军墓地"。这些墓与当地坐北朝南的传统不同，而是排列整齐地面向北方，遥望着家乡。而第一批志愿军遗骸，是1996年葬在这里的。

秦晴及节目组成员向志愿军墓地献花

在凤凰卫视之前，尚未有中国人到过坡州"敌军墓地"。

为了得到韩国官方批准，秦晴对韩国政府的协调人员说了句事后想想会觉得有些肉麻的话："我是一个中国人，请你们理解我的立场。"但是，韩国国防部以"天安舰事件引发局势紧张"为由，拒绝了他们的申请。

但是，这些年轻人没有就此罢手，而是在一位韩国养鹰人的带领下找到了这处墓地。

墓地里空无一人。

虽然遭到韩国军方拒绝，但是凤凰的拍摄却没有遇到任何阻拦。

也许，作为军人，他们对战死沙场的前辈怀有敬意。

坡州是韩国北部的边境城市，距离首尔40多公里。"敌军墓地"位于两面的山坡上，面积约6099平方米，分为第一墓区和第二墓区，共葬有1100位朝鲜和中国军人遗骸。漆成白色的木桩就是墓碑了，他们都没有留下姓名，"木碑"上用韩文写着"中国军""北韩军""无名氏"。部分"木碑"的右侧写有遗体挖掘出土的地方。

附近的村民告诉他们，除了偶尔会有韩国军人来做整理，很少看到有人来这里。60年来，抗美援朝的故事传唱大江南北，却跨越不了三八线，更无法慰藉埋葬在这里的英魂。

那一天的拍摄，他们只坚持了15分钟，因为突降倾盆大雨，秦晴和摄影师只好撤离，可是车离开不到5分钟，雨停了。秦晴打电话给搭档沈飞峰，大叹运气不好，沈飞峰若有所思地说："那是老兵在哭泣吗？祖国终于来人了。"

秦晴想起，在给韩国国防部的采访信里，她技术性的提问，却得到了令人肃然起敬的回答。

问：韩国军方当初为什么要挖掘朝鲜战争将士遗体？

答：1. 尽管时间已过去了很久，但是把将士遗体归还亲属可以安慰他们的灵魂和50年来的伤痛；

2. 为了向国人表示，国家会照顾每一个为祖国牺牲的人，永远履行对他们每一个人的责任。

2

2010年12月29日，凤凰卫视在《异国青春——抗美援朝60周年祭》系列节目中，报道了来自“敌军墓地”的故事。此节目一经播出，立刻引发了强烈关注，许多观众对志愿军烈士遗骨流落异国表示不忍，纷纷呼吁将烈士遗骨迁回国内安葬。

透过凤凰的荧屏，刘长乐遥望坡州的“敌军墓地”，非常感动，也非常遗憾。

那些为国捐躯的志愿军烈士，死后不仅没有留下姓名，甚至无法回家，只能躺在空寂荒凉的异国他乡，面对着北方——那是他们家乡的方向。

为此刘长乐做了两件事。

一是安排凤凰卫视对此事进行更深入的报道，凤凰的新闻栏目、《冷暖人生》《凤凰大视野》《公益中国》，都派出最强的力量，有的前往韩国采访，有的寻找当年在韩国京畿道地区作战牺牲的志愿军烈士的亲属，把尘封多年的故事，一个个打捞出来。

二是给全国政协写提案，希望能够促成在韩国的志愿军烈士遗骸运送回祖国。刘长乐在提案中说：“据了解，抗美援朝战争结束后，中朝联军和联合国军根据停战协议，从1954年9月起进行了大规模的阵亡将士遗体归还工作，此后在各自占领区内发现的小数量敌军尸体，也陆续通过停战军事委员会移交给对方。1991年3月，美军委派韩军将领担任停战委员会首席代表，由于韩军并非停战协议的签署方，朝鲜愤而撤走其驻‘军停会’代表团。9月，中国方面鉴于‘军停会’已实际停止工作，决定撤回原驻‘军停会’代表。从此，寻找、挖掘和掩埋志愿军遗骨的工作只能告一段落。其后在韩国境内发现的志愿军遗骸，只能由韩国军方草草埋葬。”

刘长乐建议由中国政府出面，将这次发现的志愿军烈士遗骸迎回国内，在烈士陵园妥为安葬，并对此做适当的宣传，以弘扬英雄主义传统，增强民族凝聚力，培养青年一代的爱国主义情怀，同时建议成立寻找战争失踪人员的专门机构或工作组，寻找流落海外的中国烈士遗骸的下落，条件允许时迁回国内安葬。

刘长乐还建议，对国内已经存在的无名烈士墓地和纪念设施加强维护，对今后继续发现的各个历史时期的无名烈士遗骨无论是在境内还是境外，都要尽量搜寻、妥为安葬。

此提案提出后，民政部随即做出回复，表示将做出积极认真的处理。

志愿军遗骸回国一事初现曙光。

2012年2月，刘长乐再次以回复答复的形式向政协提案委员会提出有关具体时间表等问题，并表示如有需要凤凰可以提供支持。

凤凰不间断的大量报道使坡州"敌军墓地"吸引了更多人的目光，从那时起不断有中国的民间团体和个人前往凭吊，甚至一些来自中国的旅行团也会来这里瞻仰。一些民间团体向韩国国防部建议：好好管理"敌军墓地"，可以起到改善与朝鲜和中国关系桥梁的作用。

2012年，韩国国防部接纳意见，耗资5亿韩元整修了墓地，重新修整了道路和卫生间，大理石的墓碑替代了"木碑"，军方不再称此墓地为"敌军墓地"，而改称为"北韩——中国军墓地"。

2013年6月29日，正在中国访问的韩国总统朴槿惠提议，将位于三八线附近墓地中的360具中国志愿军军人的遗骸送还给中方。

据韩国《中央日报》称，总统的这项提议，就连韩国外交部也只有核心负责人知道。报道认为，朴槿惠突然提议向中方交还志愿军遗骸，是希望借此向中方转达韩中应该面向未来，建立新合作关系的愿望。

中韩之间直接移交遗骸并无先例，而此次朴槿惠的提议，使得遗体可以直接从韩国运返中国。

在国家民政部的积极参与斡旋下，2014年3月28日，首尔时间7时30分，中韩双方在韩国仁川机场举行了在韩中国人民志愿军遗骸交接仪式，中韩双方现场签署了交接书，确认交接437具志愿军遗骸以及相关遗物。中国神情庄重的礼仪兵从对方手中接过装有烈士遗骸的木盒，在木盒上覆盖了中国国旗后，在军旗引导下登上飞机。

3

异域漂泊60余年的志愿军烈士终于魂归故里。

在沈阳的抗美援朝烈士陵园门前，聚集了很多从全国各地赶来的老人，他们的手上拿着黑白照片，照片上的人是他们牺牲在朝鲜的父亲。60 多年前，他们的父亲牺牲在朝鲜战场上。那天他们早早来到陵园门口等候烈士的归来。下午 1 点 40 分，多辆装有志愿军遗骸的军车终于缓缓驶过志愿军家属的眼前，60 多年压抑的情感在这一刻爆发了。

现场不知是谁喊了一声“爸爸！爸爸——”顿时，这些已经年过花甲的儿子女儿们，哭成一片。

这群人里有一个叫苗务才的人，67 岁了，他专门给刘长乐写过信，讲述他寻找父亲半个世纪的经历，感谢凤凰卫视的帮助。

苗务才说：“我十五六岁的时候，给中央军委写信，一直写了五六年，最后遇见好心人，告诉我说，我父亲的部队在安徽阜阳。那是 1969 年，我背着半袋红薯干，一边讨饭一边跑，到我父亲的部队以后，找到了我父亲的战友高洵，在他家找着了我父亲的照片。”

苗务才的父亲叫苗维忠，是志愿军一八〇师的侦察参谋。1951 年 4 月苗维忠所在的一八〇师投入朝鲜战场，苗维忠凭借过目不忘的本领，经常潜伏到敌军阵地前沿探测，仅凭目测和记忆就能准确无误地描绘出敌军部署，是部队中公认的侦察奇才。在第五次战役中，一八〇师为掩护友军撤退，陷入重围，全师阵亡 2000 多人，过半官兵被俘。那一次，苗维忠突围成功。1953 年年初，重新建制后的一八〇师辗转朝鲜东线战场，29 岁的苗维忠在一次执行任务中，不幸被炮弹击中，几天后不治身亡。

苗维忠的战友童志安清楚地记得，当时把苗维忠抬下来的时候，看到他身上两处中弹，一处是胸部，一处在头上。童志安用破开的汽油桶当锅，用铁铣铲些雪在里面，用柴火烧化，再用毛巾和纱布蘸水把烈士身上的血迹擦干净，换成新军衣，埋在鱼隐山上一个叫“八一站”的墓地。然后他把苗维忠的“一些衣服啊，鞋子啊这些东西，用一个包袱皮包好，用线缝上，写上地址，通过军邮寄回他家去”。

2010 年，凤凰卫视组织老志愿军和志愿军烈士遗属到朝鲜寻访故地，苗务才跟随前往，希望找到父亲的墓碑，但他未能如愿。从朝鲜回国后，苗务才第一时间赶到医院，把从朝鲜带回来的一瓶泥土放到了已经病危的母亲面前。

他哭着说：“妈妈，孩儿给你圆了一个梦啊，妈你一辈子最苦，我的妈，您辛苦哇，我的妈妈。”

他让母亲的手抚摸朝鲜的泥土，让阴阳相隔的父母做最后的连接，了却他们相聚的心愿。那一年，他的母亲 90 岁。

在《公益中国》录制志愿军遗骸回国的节目时，现场还来了许多志愿军的遗属。主持人许戈辉请他们挨个说出自己的愿望。

嘉宾：我找妈妈的前夫刘义烈士，六十七军二〇一师后勤部战士，1951 年 11 月牺牲于朝鲜，具体的牺牲地点和安葬地不详。

嘉宾：我找我的爷爷，他叫葛丙南，他是 1948 年参加革命，1951 年 4 月 28 日牺牲在朝鲜战场上，他的牺牲地不详。

嘉宾：我找我的大爷，上面写的位置是平康郡江原道赤洞，我大爷是二十四军七十四师二二〇团一连，叫杜月朝。

嘉宾：我找我的父亲李忠益，他是六十八军二〇四师六一二团六连，文书、文教，1951 年 10 月牺牲在朝鲜，杨口郡水入面松亭村，墓地不详。

嘉宾：我找我的父亲曲学俭，三十九军一一五师后勤部救护营三连战士，他是 1952 年 7 月牺牲的，《牺牲证明书》上只写着他牺牲在朝鲜，但是对于我来讲，现在不知道他是在韩国还是在朝鲜，我只想知道我的父亲在韩国还是在朝鲜，我想找到他的安葬地。

嘉宾：我要找我父亲郑海德，1948 年参军，1950 年 11 月 24 日牺牲在朝鲜战场，当时我 3 岁，没有见过父亲的面，父亲牺牲地点不详。

嘉宾：我替我父亲找我的叔叔孙吉田，他是 1948 年 2 月参军，1953 年 7 月在最后一次战役金城战役时牺牲，他是六十八军二〇四师侦察连的副班长、共产党员，牺牲地点不详，他是受伤之后没有抢救过来。

嘉宾：我找我的爷爷胡寿峰，他是六十三军一八九师五六七团六连指导员，1951 年 4 月 24 日牺牲在朝鲜，安葬地是韩国京畿道漪川郡官仁面草木洞。

嘉宾：我大舅叫丁茂林，是炮七师二十团三营高射机枪连连长，1952 年 6 月 6 日牺牲在朝鲜江原道伊川郡金洞里，就安葬在那里。

许戈辉出生在军人家庭，听着这些烈士遗属的愿望，几次语调哽咽："这不仅仅是一个又一个名字，也不仅仅是一串一串数字，或者是一个又一个战斗过的地点，这是我们的父辈，他们给了我们每一个人生命，他们也给了我们民族和平，所以我们想对他们说，尽管现在我们还没有找到你们，但是我们希望你们的在天之灵能够看到祖国的发展，能够欣慰，而且请相信，我们一定会找到你们。"

我们的父辈真的不容易，特别是那些为国捐躯却没有留下姓名的烈士。

俄罗斯红场上的无名烈士墓，火炬常年不熄。不久前，俄罗斯军方在边境小镇伊万哥罗德举行庄严隆重的仪式，迎接爱沙尼亚交还的“二战”阵亡苏联军人遗骸回国，将其安葬在家乡。

美国国防部每年专门投入1500万美元以上的资金，并建立了一个由考古专家、语言学家、人类学家、拆弹专家、老兵与DNA鉴定专家等组成的“战俘及战斗失踪人员联合调查办公处”，只要发现美军失踪将士的遗骨线索，必不遗余力，尽力搜索运送回国安葬。一位美国领导人曾说：“搜寻失踪军人的遗骸是对美国价值观的践行。”

中国政府已设立了专门机构负责有关工作，将以实际行动体现对生命的尊重。据不完全统计，境外中国烈士墓设施有200多处，分布在朝鲜、韩国、俄罗斯等18个国家，安葬烈士20万人。目前，这些烈士墓设施状况堪忧，有的荒草丛生，有的破损严重，有的无人管理；缅甸的远征军数万阵亡将士墓已经损毁殆尽，无处寻找。今后凤凰卫视将配合政府，不遗余力地查找海外中国军人遗骸，修缮他们的墓地，以告慰那些逝去的英烈及其遗属。

这是一个在乎战士生死的国家。

这是一个不会忘记他们的国家。

技术是一种生命体

1

对于一座城市来说，如果这里没有一扇窗户的灯光属于你，你会被看成是过客。

凤凰所在的办公地海滨广场是李嘉诚的房产，STAR TV一直在那里办公，凤凰从STAR TV脱胎而出，自然也栖身这里，多年来与STAR TV共享技术人员，共享设备，共享摄影棚。STAR TV教会了凤凰很多东西，凤凰是感恩的。但是，凤凰卫视越做越大，人越来越多，频道从一个发展到6个，节目大量增加，三班倒的人们经常是在同一张桌子上办公，所有的地方都显得窄狭。他们一共租用了一层半楼，有4个演播棚：名叫“九厂”的录影棚80平方米；新闻棚50平方米；还有一个用办公室改建的演播棚，约30平方米；最小的一个棚被戏称为“狗洞”，

2 平方米，阮次山开始做节目就是在这里。

演播棚太寒碜，只好玩虚拟。在虚拟的布景里，主持人好像还挺风光，但人人都明白，硬件的落后已经严重制约了凤凰的发展。

STAR TV 已经盛不下他们了。

凤凰要有自己的电视大楼，刘长乐认为这是一个电视台落地生根的事。因为技术是一种生命体，是一个电视台的根之所在。

美国技术哲学家凯文·凯利认为，技术是生命体的第七种存在。人类目前已定义的生命形态包括植物、动物、原生生物、真菌、原细菌、真细菌，而技术应是之后的新一种生命形态。对比各生命体的演化时间和过程，你会发现，其实技术的演化和它们有着惊人的相似。技术是生命的延伸，它不是独立于生命之外的东西。

技术是一种生命，它必须在需要诞生的时候诞生，需要发育的时候发育，需要繁衍的时候繁衍。谁能帮它做到这一点，谁就会获得丰厚的回报。

刘长乐本人是一个新技术的粉丝，甚至有点狂热。他的手机、电脑一般都是最新的科技产品，他把这些当作自己了解世界的一种方式：只有把技术看成是一种生命存在的时候，才能更深刻地理解技术。

刘长乐一眼就看中了香港新界大埔工业邨（今大埔工业园）大景街的那栋楼。

那是 2006 年的夏天。这楼是摩托罗拉的一个生产厂，但刚建好就放弃了。建筑面积 4 万余平方米，有车位 250 个，有篮球场、网球场、健身房，如果有必要，还能再扩充建筑面积 2 万平方米。大院独门独户，两面靠海，附近有一海景公园。最重要的一点，是它的楼层比较高，将近七八米的样子，柱子和柱子之间十二米，12 乘 12，至少能在楼内做一个 200 多平方米的演播棚。

刘长乐当时拍板，就这儿了。

然后，1.4 亿港币成交。

为了建好新的凤凰香港总部，刘长乐让两个副台长王西年和邱伟华带着录像机和照相机遍访世界最好的新闻演播室。看了美国的 CNN、FOX NEWS、美联社、美国全国广播公司、哥伦比亚广播公司，英国的 BBC、天空电视，德国国家二台，意大利电视台，法国电视六台。国内的他们看了 CCTV 和东方卫视。看到值得借鉴的，赶紧把技术人员招到现场，探讨细节。

两个人开了眼，但账单挺吓人，机票就花了 60 万。财务人员看着那一大摞单据，心里直哆嗦。让刘长乐签字，刘长乐说，这是研发过程，该花的钱不能省。

看了一圈，王酉年汇报说，世界级的电视台有几个共同特点：一是全部是开放式的新闻棚，在一个空间里，把主编室、编播室、控制室放在一起，大家交流起来特别方便。二是具有展示功能，用高新技术构成的电视台是一道奢华的风景。三是强调个性化，功能相近，长相却不一样。

刘长乐说，我们的个性化，就是圆融。

王酉年让三维工程师把“圆融”演播棚的想法用画面描述出来：去掉大楼的一根柱子，凿通一二三层楼，一个挑高 26 米、面积 576 平方米的演播棚就像出水芙蓉一般玉立了。

看了他们的想法，刘长乐问行政总监：拔了柱子多少钱，不拔柱子多少钱？拔了柱子好处是什么，不拔柱子好处是什么？你们有没有倾向性意见？

行政总监说，不拔柱子可以省钱，拔了柱子，新闻棚更大更气派，但会多占空间，还要多花 1500 多万块钱。

刘长乐二话没说，桌子一拍，拔！说完站起来就走了。

王酉年事后回忆说，刘长乐说完那句话，脸变得通红。

是啊，1500 万元不是个小数，为了建世界一流的演播棚，刘长乐只能咬牙同意。

但刘长乐私下里还是有交代，花钱的事，还是越节省越好，争取用公司一年的利润，把这个大楼设计全部完成，不给公司增加负担，不要让账上出现负数。

凤凰在某些方面的低成本，有点像犹太人：可花可不花的钱，不花；可买可不买的东西，不买；必须买的东西，则不惜花钱买最好的。

2

基本方案定了，凤凰开始招标，最后一家新西兰的名叫“头”的设计公司中标了，因为他们较好地理解了凤凰“圆融”的理念。

这家公司的马克·潘克斯特是个“出场费”很贵的设计师，他做凤凰的项目，到现场工作一天的价码是 9600 元港币，王酉年为了压价，总是对外人介绍说，马克主要是设计超市的，电视理念还得我们给他灌输，有些图纸还得我们自己画，马克主要负责细化和完善。他让马克尽量在家里干活，有事打电话说，万不得已时，才让马克来一趟。

“9600 块呀，我的乖乖。”王酉年心有余悸地说。

马克的公司参与设计了不少的电视台，比如香港 NOW TV、欧洲体育台（Europe Sports）、美国国家地理频道（National Geographic）、美国蓬勃电视（Bloomberg）的办公区。

马克说，与王酉年先生一起合作，他希望整个设计是最好、最先进的，他参考了英国天空电视、多哈半岛电视台的设计，采用大空间的设计理念，演播区可以同时容纳主播、记者、编辑、技术人员近百人。演播区内有多个不同设计的主播台，配有上下飞行摄影机，做节目时，整个演播区，包括记者、编辑的工作区，墙上的地图等，都可以作为各个主播台的背景播出。另外，还设计了一条 VIP 通道，来凤凰参观的客人可以透过圆形的玻璃幕墙看到整个演播室的环境、先进的制播设备，了解由记者、编辑、主播以及设计等制作团队共同完成并播出电视新闻的过程。

为了拉近凤凰和观众的距离，把凤凰新闻制作流程和工作的状态展示给观众，凤凰的新闻演播区以深蓝色为主色调，黑色作为天花板的颜色，让在这里工作的人更容易集中注意力；同时 LED 灯光可以根据凤凰自己的需要去调颜色，比如 LED 灯平时是白色的，如果有突发新闻就调成红色。资讯台的墙面上有一面很大的世界地图，这张图可以作为主播的背景展示出来，能让观众感受到凤凰是一个国际化、现代化的电视台。

3

凤凰的电视人试图充任时代的祭司，赋予生活方向而不冒犯生活。

凤凰资讯台开播时，凤凰进行了第一次技术革命，采用了光纤网络传送采集信息、低温照明系统、自动遥控摄录系统、全方位旋转式取景演播台录影棚、数码存储系统等高科技设备，完成了从单一频道、模拟信号、传统的磁带运作方式到数字化、网络化、无带化的转变。

这一次，凤凰要求所有设备、电子管理系统都必须是顶级的。供货商来了一算账，需要 3 个多亿，于是，王酉年等人就顾左右而言他，大谈凤凰的影响力以及这些影响力带来的政治、经济效益。天花乱坠之时，先把人家的报价拦腰一砍，然后再狠砍一刀，生生把 3 个多亿砍成了 7000 万。

大埔的凤凰香港总部实现了整个公司的数字化、电脑化、网络化、无（录像）带化。新的系统里共有 17 个大的网络管理系统和 5 个分系统，包括新闻系统、MAM 系统、后期制作系统、演播室系统、收录系统、包装系统、节目编播系统、TX 播出系统、卫星接收系统、MCR 总控系统、节目平台系统等，办公方面有电子邮件系统、互联网访问系统、文件共享系统、ERP 系统（采购系统、资产管理系统、财务系统、人力资源系统、内联网系统）、网络安保系统、国际网络系统等。

从运作成本看，传统设备的维护成本及磁带的消耗、存储、管理费用高得惊人。新技术提高了人员的工作效率，减少了人员的需求数量，凤凰的无带化运行，从 2000 年至今，至少节约费用 2 亿元。

凤凰卫视香港总部使用的新技术如下：

——云端技术（Cloud Computing）。简单地说，就是将所有提供服务的工作站和服务器集中在中心机房，这时候，不论用户身处地球的任何一个地方，只要能够有一个符合要求的终端以及连入“云端”的网络，就可以完成任何工作。

——海量存储技术。我们利用了最新的光纤盘阵集群技术，实现大容量硬盘存储空间的建立，实现了海量空间无故障永续运行。最新高密度机器人磁带库系统，使得近线存储容量达到了 5PB（5000TB），可满足凤凰 15 年以上的数据存储需求，而整个带库仅占用 6 个机柜空间。

——开放式新闻演播棚的设计。除了美轮美奂的演播区场景设计外，里面还隐藏了众多高科技的东西。例如，虚拟跟踪技术、高速跟踪飞行摄像机技术、遥控摄像机技术、大屏幕无缝拼墙技术等。

凤凰是全世界第一家把高速跟踪飞行摄像机安装在新闻演播棚里的。开始王西年看这个玩意儿好，给德国的制造公司写电邮，想买。人家只当他是开玩笑，整整半年不搭理他。后来人家告诉他，我们这东西只租不卖。原因是就怕卖给你后你不会用，天天让人过来维修，那成本谁也受不了。我们就说派人去学习，你看技术合格了你卖。

感动于这份诚意，德国公司终于吐口，卖给你们。

凤凰的新闻演播棚用光纤连通全世界最主要的十几个记者站，华盛顿、纽约、洛杉矶、莫斯科、东京、台北……这些记者站里有录音棚，有共享的新闻资源，有 IP 电话连通，影棚、摄像机均由总部控制。也就是说，这些千万里之外的记者站与凤凰总部的联系，与总部内任何一间办公室是一样的，不同的是，背景画面上是华盛顿、东京、伦敦的实时影像。IP 电话一响，记者、主持人要连线播报，只需要把灯光和摄像机开关打开，往那儿一坐就行了，然后所有的系统就由总部的技术人员控制。而在以前，就需要雇用摄像师和灯光师来干。这些技术手段保证了对世界各地突发事件的及时播报。

2009 年 3 月 30 日，凤凰卫视离开了租用 13 年的香港红磡海滨广场一座，搬到了新界的大浦工业邨大景街一号。

凤凰的广播系统投入使用后，获得了亚广联“最佳广播工程奖”。

4

在此之前的 2007 年，8 万多平方米的深圳“中国凤凰大厦”建成投入使用，凤凰深圳影视基地和广告部使用了两万余平方米。同一年，位于北京市朝阳区的

“凤凰国际传媒中心”破土动工。它的西南边是中央电视台的大楼，它的南边是北京电视台的大楼。中央电视台的建筑面积是60万平方米，北京电视台新址一期建筑面积19.79万平方米，凤凰国际传媒中心为9万平方米。三个竞争对手扎堆在北京CBD，而凤凰在财力与面积上又没有优势，所以只能在设计上出新。

凤凰请了众多的国内外设计公司参与竞标，当刘长乐把一家美国公司的设计给北京市领导看时，该领导说，我们想在CBD的黄金地段上看到地标性建筑，这个设计能当地标吗？于是，更多的设计公司参与进来，直到北京建筑工程设计院的一名设计师想出了“莫比乌斯环”的设计。

莫比乌斯是一位德国数学家，他在1858年发现，把一个扭转180° 后再将两头黏接起来的纸条，具有魔术般的性质。因为这样的纸环只有一个面（即单侧曲面），一只小虫可以爬遍整个曲面而不必跨过它的边缘。

莫比乌斯环不仅神奇，而且漂亮，它很像中国的太极图，更像凤凰的LOGO。

凤凰国际传媒中心就是按莫比乌斯环的形状设计出来的。北京人对它的昵称是“小鸟巢”，或是“面包圈”，觉得它别致、新颖、有趣。

刘长乐说，我们的楼不是最大的，也不是最贵的，但我们要搞最新的、最美的，特别强调大楼要表现凤凰的圆融与通达。一个例子是，设计图在凤凰的两个楼之间画有一个衔接通道，财务人员看了，大笔一挥，把这个空中的通道取消了，理由是两个楼距离很近，电梯通达，没必要再建一个悬在半空中的通道。但是，设

凤凰国际传媒中心

计师不同意，他说，不要忘了，这是莫比乌斯环，如果不连接，就不叫环了。刘长乐问，建这个通道需要多少钱？

1500万。

那就建。

通透，不仅有美学上的意义，也许还有风水学上的意义。

凤凰国际传媒中心的设计师依然是马克·潘克斯特，这哥们儿这次表决心说，如果把香港总部的设计看成是上一代的诺基亚的话，那么北京总部就是iPhone。在圆融的大理念之下，他采用了圣托里尼岛的概念。王酉年说，知道圣托里尼岛吗？我电脑的桌面就是这个岛，漂亮死了。

圣托里尼岛是希腊的一个神话般的白色小岛。从天空中看，它的形状就像一弯新月，在蓝色的大海中，岛上清一色的雪白房屋让人心醉。它是柏拉图笔下的自由之地，有世界上最美的落日和海景。圣托里尼岛更独特的地方在于它的房屋造型很随意，随意才自然、才漂亮。

凤凰国际传媒中心的体积虽然称不上壮观，但是外形玩的是莫比乌斯环的神奇，内部玩的是圣托里尼岛的随意。不规则的形状使这座大楼的每一块玻璃都长得不一样，而它的演播厅则追求一种童话般的纯情与率性。

而在技术方面，实现完全的数字化、网络化和无带化，也就是实现全媒体概念，在整个凤凰集团里边，各媒体、各企业全部资源共享。

综上所述，凤凰卫视拥有自己楼盘的办公地有5处：

香港大埔工业园凤凰卫视总部，2009年3月31日启用，楼高4层，总建筑面积近4万平方米，投资4.5亿港币。

北京凤凰国际传媒中心，2013年3月启用，总建筑面积约9万平方米，投资10.5亿人民币。

深圳凤凰大厦，2006年10月26日启用。与开发商合资建设。楼高26层，总建筑面积10万平方米。

凤凰欧洲台，位于伦敦西南繁荣商业区，建筑面积859平方米，投资270万英镑。

凤凰美洲台，位于洛杉矶尔温黛尔市德宾街，2014年投入使用，建筑面积2628平方米，投资1450万美元。

凤凰卫视香港总部的设计与设备，有人说是亚洲第一。刘长乐说，咱们现在不敢吹牛，但是我估计它是一个大亮点。而凤凰国际传媒中心的设计，北京主管建筑的部门认为能得世界大奖，我们拭目以待。创业初期，我们寄人篱下的那种滋味，设备老旧带给人的沮丧和难过，难以生存和发展的惨淡与忧伤，至今历历在目。那时，我们在硬件不硬的情况下，“软件”很硬。因为“软件”做好了，我们的品牌上来了。现在我们下了这么大的功夫，让我们的硬件也硬起来，那我们的“软件”应该怎么办呢？应该更硬，这才是我们的目的，不能说硬件硬了、“软件”软了。

技术既然是一种生命，它就能改变人的思维方式和行为方式，与技术一起繁衍和进化，才有未来。

凤凰新媒体，杀出重围的黑马

1

“什么叫新媒体？真有新媒体吗？阿里巴巴、百度、腾讯QQ、微信、微博是新媒体吗？谷歌、非死不可（Facebook）、苹果是新媒体吗？就媒体的狭义定性而言，信息的生产、管理、传播、运营都被新技术颠覆了，因此，我们所有媒体人都是传统媒体人，做媒体的，注定失落；学媒体的，肯定悲催。”

“一直认为，把互联网叫作新媒体是媒体人的意淫，互联网实际上渗透和颠覆了一切产业，你不能因为有携程网就把它叫作新航空新旅游吧？你不能因为有大众点评网就把它叫作新餐饮吧？你也不能有网络游戏就把网络叫作新游戏吧？庞大的互联网，跟媒体有关系的也就一丢丢，创造的收入更是一稀稀，怎么就叫新媒体啦？”

这是曾任凤凰卫视中文台执行台长的刘春在微博上说的。有网友说：“一丢丢”当为“一丟丟”，“一稀稀”当为“一粞粞”，吴地方言，均极言其少也。

刘春的一家之言也算一针见血。

从人们对新媒体的看法里，就可以知道，在新兴的互联网行业里，规则是没有确定的，竞争是异常激烈的。

“媒体”一词来源于拉丁语“Medium”，音译为“媒介”，意为两者之间。它是指人借助用来传递信息与获取信息的工具、渠道、载体、中介物或技术手段。

也可以把媒体看作是实现信息从信息源传递到受信者的一切技术手段。1943年美国图书馆协会的《战后公共图书馆的准则》一书中首次使用作为术语，现在已成为各种传播工具的总称。

从这个意义上说，中国是把整个互联网都归类于媒体的。

所谓新媒体，就是试图取代旧媒体的运用新技术的媒体。

2

凤凰网2007年的时候，将自己的名字正式改成了凤凰新媒体。一是因为它从传统媒体中脱胎而来；二是因为它此时已不是单纯意义上的新闻网站，而是扩展成了综合门户凤凰网、手机凤凰网和凤凰视频3个平台，准备上市。

在中国，从传统媒体里脱胎出来的网站数不胜数，几乎每份报纸、杂志，每个电台、电视台，每个出版社，都有一个自己的网站。办得好的，有新华网、中新网、人民网、环球网、央视网等等。办得不好的，就只能自娱自乐、自我欣赏了。但是，凤凰网却一枝独秀，把上面这些同行远远甩在身后，还比了个弯弓射大雕的姿势，有点让人生气。

传统的说法是，办互联网是烧钱比赛。谁敢烧、谁能烧、谁烧得大，谁就会在熊熊火光里笑到最后。结果95%左右的网站自己把自己烧死了，5%左右的网站把自己烧成青花瓷或是不锈钢了。名贵了，结实了。

凤凰网在烧钱比赛中是个例外。它一直没怎么烧钱，过得不好也不坏。但是它毕竟是在烧钱而不是挣钱。2000年凤凰卫视在香港上市的时候，凤凰网与《凤凰周刊》都是凤凰卫视的“概念”。所谓概念，就是画一个光明的前景，怎么走，走到哪儿，先按下不表。那时，凤凰网每年得到凤凰总部的拨款800万人民币，从财务报表上看，也就是亏损800万元。

2000年之前，凤凰网似乎没有想过盈利的问题。一是因为它是企业官网，企业官网企业养活，理所当然；二是因为想也白想，没那个能力。

1998年，凤凰网刚成立的时候，挂靠在国家信息中心的中国经济信息网上，借用中国经济信息网的服务器和空间，每天只有发布6条消息的权限，每周访问人数不到200人。当时的创始人之一乔海燕带着现任凤凰新媒体副总裁邹明等三四个人发布内容。

乔海燕虽是医生出身，但他是新华社大院的子弟，其父周原是《县委书记的榜样——焦裕禄》的原创作者，所以他非常懂得新闻的力量。

“做凤凰网的初衷很简单，就是能上传凤凰卫视的节目表，顺带宣传主持人。1997年年底凤凰卫视的几个高层研究互联网，认为建网站是对落地局限的凤凰卫视一个极好的补充。”邹明说。

但是，由于种种规定和限制，凤凰网那时没有发布新闻的资质，如果想发自己的独家新闻，必须先把这条新闻传给关系不错的中新网，请他们审查发表后，再由凤凰网转载，独家就变成非独家了。

1999年5月8日，凤凰网跟着凤凰卫视实时播报北京高校抗议北约轰炸中国驻南联盟大使馆的大游行，一天下来，发了72条。

当天实时播发这个新闻事件的只有凤凰和新浪两家。一天下来，凤凰网的访问量超过了过去一年的总和，国家信息中心的2M带宽全部借给凤凰网还不够。凤凰网第一次开始吸引眼球。

人们关注凤凰网，主要是想看看香港媒体对这件事怎么看。那时，能正常访问的境外互联网站，只有新加坡的联合早报网和凤凰网。

1999年11月，凤凰卫视在北京召开年度广告工作会。会议之前，刘长乐到凤凰网听汇报，乔海燕把网站的业务说了一下，三四个人的业务，三言两语就完。刘长乐就对乔海燕说：“你得上新闻，做新闻你才能活。”

3

凤凰网开始努力做新闻。2000年的时候，30多人的网站用了8个人做新闻。当年2月的美国总统大选，3月的台湾地区领导人选举，还有2001年4月的中美南海“撞机事件”报道，日页面浏览量都超过了百万。

那阵子，凤凰卫视有了让网站上市的念头。他们请来上市咨询顾问安达信公司。安达信调研了两个月，诊断是：凤凰网的流量和用户数根本达不到上市的条件；在大陆做新闻，基本就是死路一条；要想迅速增加流量和用户数量，必须做娱乐和体育。但是，做娱乐和体育是要烧钱的，当时，凤凰卫视刚创办的资讯台每年亏损2000多万，哪儿还有钱给凤凰网烧？

凤凰卫视在对凤凰网的投入上，有一段时间比较犹豫。曾经在凤凰供职的胡舒立说过，一个人一辈子做好一件事就不容易了，刘长乐却想做好两件事。

幸亏有他们的坚守。

2001 年 9 月 11 日晚，美国世贸双子座遭遇震惊世界的恐怖袭击。当晚 9 点，凤凰卫视播出了现场画面，凤凰网的员工在未接到通知的情况下，竟然全部赶到了公司。

那一夜，是凤凰网的不眠之夜。凤凰网不仅成为最早报道此次事件的中文网站，还是第一个实时发表袭击图片和视频的网络媒体。当晚网站页面浏览量猛增至 300 万，导致服务器数次宕机。

凤凰网那时已经有了视频、音频节目——通过卫星将凤凰卫视的节目录下来，然后压缩成网络能用的格式，点击或下载播放，人称凤凰网的“小电影”。音频则是将比较长的节目的录音放在网上，比如《锵锵三人行》。这个音频节目曾经被一位留学生称为“与祖国的唯一连接”。

凤凰网的新闻在中国网民中开始产生影响力，网站每天更新三个头条新闻。大家注意到，凤凰网的网友是一群特别关注政治的人，比如有一次，邹明在头条上放了一篇《求是》杂志的文章，竟然也有好几万的访问量。他们似乎想从中嗅到政治动向的气息。邹明经常鼓励大家的一句话是：“努努力，咱们超过新浪。”

不久，他的话应验了。

2004 年 3 月 19 日，台湾地区领导人选举投票的前一天，参选的绿营代表陈水扁、吕秀莲在台南进行选举造势活动时，宣称遭到不明枪击并受伤。此事震惊了台湾社会。因为此事涉及国民党能否上台执政，也受到大陆民众的特别关注。参选的另一方认为事件“疑云重重”，要求成立“真相调查特别委员会”，彻查真相。那一天，对于有备而来的凤凰网来说，正是大施拳脚的好时机，当天凤凰网页面流量近千万，在全球所有互联网站的访问量里排第 24 位。

到 2005 年年初，凤凰网的日页面浏览量已经从 1999 年的不到 200 万攀升至 1500 万。

4

2005 年年底，中国网民总人数达到 1.11 亿人，网络的普及率及速度都大幅提升，凤凰网的新闻和让凤凰卫视“变相落地”的视频，使凤凰高层对网站越来越重视。2004 年凤凰网要改版，之前的改版刘长乐没有管过，想怎么改就怎么改，这次却不一样了，因为凤凰网长大了。超级网民刘长乐要求凤凰高层集体讨论改版方案。乔海燕记得，那天，凤凰高层在北京郊外某宾馆开会，自己抱着改版意见书，在门外从上午 10 点一直饿着肚子等到下午 2 点。但他等得心甘情愿：凤凰高层终于把凤凰网当回事了！

刘长乐在这一年，决定派三十出头的年轻人、凤凰卫视事业发展副总裁刘爽出任凤凰网CEO。

这一着棋的意图非常明确，就是要让凤凰网立即提速，尽早实现盈利、上市两大目标。在此之前，这个企业网已经亏损了好几千万。

解放战争时期，毛泽东为了打开东北战局，在东北局有彭真、陈云、高岗、张闻天四名政治局委员的情况下，却把东北的党政军大权交给仅是中央委员的林彪，让他担任东北局书记、东北民主联军司令员兼政治委员。那一年，林彪39岁。林彪果然不负众望，率先解放了东北，为新中国成立举行了一个奠基礼。

选派刘爽，学的就是这一招。

刘爽，人称爽总。因为刘长乐姓刘，凤凰里刘姓副总就忽略其姓而代之以名。刘爽人如其名，爽快直率。虽然是典型的高富帅，但一点也不“奶油”，还挺有本事。他是美国杜克大学法学博士，美国纽约州执业律师，有操作企业在海外上市的成功经验，曾经代表百度、网通、阿里巴巴、网易、搜房网等企业参与企业私募融资、并购及海外上市，涉及资金逾50亿港币。刘爽是情商很高的人，他在凤凰卫视任事业发展副总裁时，几次大会发言，想到位卑言轻，自己大声疾呼的建议不被重视，不禁哽咽落泪。

刘长乐当时打圆场说，刘爽这是求发展心切，急的！

上任前，刘长乐与刘爽密谈数次，赋予全权。

刘爽一出手，果然够狠，杀伐果决，拒绝所有的温情，一下子打破了人们对他文质彬彬的想象。

刘爽首先启动的是对凤凰网高层的大换血，从一把手换到了四把手，将网站的创始人、老前辈乔海燕和邹明从核心岗位调离，将他的美国同学、美国坦普尔大学计算机科学硕士李亚请来，担任首席运营官和财务总监，大量引进外来的职业经理人进入管理一线。

刘爽似乎在宣告，网络是属于年轻人的，所以管理层必须年轻。

这批新人闯劲十足，都想用自己的理念改造凤凰网。正如有人形容他们的那样：“带着骚动的青春和强烈的荷尔蒙向着凤凰网呼啸而来，不知此去是为了求爱还是强奸。”一开始，为了大幅度提高凤凰网的访问量，他们动用了非常规的手段。将网站原先每天三个头条改为每天15个，时政、新闻、军事、历史、时尚各占三个。

所谓时尚，其实就是各式各样的漂亮辣妹。这让人想起默多克的三版女郎。凤凰内部对此多有不满，内部版的调侃是：“现在要看辣妹上凤凰网。”

凤凰网的访问量开始飙升。

刘爽知道，互联网时代，没有访问量，就没有影响力。他说：“当时我们把第一把手到第四把手全换了一遍，居然没有任何一家媒体有反应。如果放到今天，可能换个总编辑都恨不得把电话给打爆了。”他放着凤凰卫视副总裁不做，跑到凤凰网当一个诸侯，算是把前程赌出去了，做不好，是没有脸再回去的。于是，他特意把名片上的凤凰卫视副总裁头衔撤掉，只留下“凤凰网 CEO”。这么做的结果是，在外面“基本就没人搭理我了”。所以，他要拼智商拼情商，把“大事发生看凤凰”变成“天天都上凤凰网”。

凤凰网再次改版，由刘爽亲自主持，确定了凤凰网的 LOGO。刘爽到处问他的朋友们，怎么样？如果朋友说好，他就笑，说不好，他就满脸狐疑地盯着你，不会吧，你的审美一定出了问题。

刘爽和他的管理层这样解释自己的 LOGO。凤凰网 LOGO 由灰色和红色组成。灰是高级灰，代表和谐、宽容、力量、国际化；红是血红，代表中华情怀的血统、凤凰的血性。

可能还有血拼和血战的意味。

刘爽给每个凤凰网的员工订制 T 恤衫、运动衣和春秋衫，他要求自己和管理层首先要穿着。外出活动或开会，别人衣冠楚楚，他们每个人却把凤凰网的 LOGO 背在前胸后背，整个一个活广告。聊以自慰的是，大家一起穿，不会被人说成现眼，也算一道风景。

凤凰网开始在北京街头的公共汽车上做广告，还死缠烂打地要求凤凰卫视免费播他们的广告，要求与凤凰节目互动。刘爽说，那时候，我们是姥姥不疼舅舅不爱，求爷爷告奶奶没人搭理，但我们不达目的决不罢休。

5

2005 年，互联网的冬天似乎已经过去，移动互联网应用服务的收入救了各大门户网站。在付出领跑代价后，各大门户网站风光重现，股价已经陆续超过了刚上市时的高位。中国互联网出现新一轮的格局变化。

那一年的 8 月 5 日，百度在美国上市，当天股价暴涨 353%，有人说“门户的时代已经过去，搜索的时代来临了”。

那一年，阿里巴巴将总部搬到杭州，那时阿里旗下的淘宝网已经全面超越了竞争对手易趣。

那一年，“博客”和“web2.0”兴起，网民可以以个体身份深度参与互联网。美国《时代周刊》称，个人正在成为“新数字时代民主社会”的公民。

互联网竞争格局逐渐清晰，门户、游戏、搜索、网购，各路大佬分兵把口，一直困扰凤凰网的到底走什么路的问题又一次被摆上台面。

刘爽的团队于2006年年初，确定了凤凰网“新闻垂直门户”的发展战略。当时，一些业内人士不看好凤凰网的这一战略定位。

他们认为，门户时代已逝，搜索时代来临，应该去找新的出路。

但刘爽们的判断是，门户网站格局还未确定，“新闻垂直门户”还有机会，他们认定，多数情况下，网民上网并没有非常明确的信息需求，浏览依然是上网的主要目的。如果没有门户网站充足的信息提供，网民可能不知道自己要搜什么。所以，搜索时代需要门户提供搜索刺激，门户是搜索引擎的源头之水。

事实证明，刘爽是对的。

到2007年，在“新闻垂直门户”这条不被看好的荆棘路上，凤凰网的PV增长了600%，UV增长了300%。[①②]

现在，凤凰网俨然成为斜刺里冲出来的一匹黑马，让那些以为已经卡好位的网络大佬们有点吃惊。

2008年4月，凤凰网的流量排名在全世界所有新闻门户网站中上升到了第一位。

直到这时，人们才发现，那些最初为凤凰网贡献了不少访问量的辣妹们的图片悄然不见了。

2007年11月29日，凤凰网在钓鱼台国宾馆芳菲苑举行了新域名启动仪式。

凤凰网各位新的领导人在刘爽的要求下，一律跑步登台。这是一种国际范儿。凡是参加过国际会议或仪式的人都知道，主讲嘉宾都是跑步上台的。

刘爽宣布，www.phoenixtv.com将改域名为www.ifeng.com。凤凰网改名为凤凰新媒体。

改域名是一着险棋。域名是网民登录的地址，将网民熟悉的域名改掉，可能使许多人就此不来了。但是刘爽下决心改。

① PV（访问量）：即Page View，即页面浏览量或点击量，用户每次对网站中的每个网页访问均被记录一次。用户对同一页面的多次访问，访问量累计。

② UV是unique visitor的简写，是指不同的、通过互联网访问、浏览这个网页的自然人。

凤凰网之前的域名 phoenixtv 是凤凰卫视的意思，刘爽认为，这个词许多人拼不出来，解释清楚也需要老半天。他提出来的方案是中西结合：ifeng.com。i 是英文的“我”，与中国的“爱”谐音，feng 是中国的拼音“凤”，组合起来的意思是“我爱凤凰”，字面的读音是“爱凤”。

这种组合的好处是将原域名的 9 个字母变成了 5 个，在中国人看来，意思也清楚，比“菲尼克斯”好懂，写着也省劲。

但是，包括凤凰员工在内的许多人都说，不觉得新域名有什么好。有调皮的员工还在自己的车上贴了卡通画，“我疯了，别理我”。

刘爽可能真的疯了。他改域名和网站的名，背后可能还隐藏了更疯狂的“野心”，一是从此将与母体凤凰卫视分开，成为独立的个体。二是从垂直新闻门户向综合门户跨越，以更快地长大。

他要在互联网里占据一席之地，就必须盈利。新闻网站的盈利能力与门户网站相比，一个是小鹿，一个是大象。

6

凤凰新媒体冲杀到了新闻门户网站第一位的时候，并没有体会到天下无敌的快乐与没有对手的独孤，相反，刘爽们看到的是，前面路远坑深，后面追兵滚滚，长安米贵，立足不易。

与腾讯、网易、新浪、搜狐相比，凤凰没有拿手的绝活。

中国民间俗话说：“一招鲜，吃遍天。”

没有“一招鲜”的凤凰新媒体靠什么吃下这个天呢？

刘爽说，锁定高端人群，打造稀缺资讯。

刘爽再次做出重大战略调整——打造差异化主流高端综合门户。

这个新战略读起来有点绕，说白了，就是凤凰网也要挤进腾讯、网易、新浪、搜狐的队列，成为综合门户网站。

这是刘爽没有办法的办法。

凤凰新媒体的硬件、技术、资金都比不上别人，硬拼必死，他们只能用田忌赛马的办法，用自己最强的与人家最弱的比——用自己独家的新闻资源、评论、访谈、视频服务于核心受众。

举目四望，当时国内四大综合门户网站的凶猛势头无人能敌，腾讯、新浪、搜狐、网易占中国综合门户营收额比例高达 76%，广告收入占据整个门户网站广告市场 96.2%。综合门户网站的格局似乎已经是铜墙铁壁，无缝可钻。

在新闻门户的队列里，新华网、人民网、中国新闻网、央视网、北青网、环

凤凰新媒体（NYSEFENG）于北京时间 2011 年 5 月 12 日晚在纽交所上市，发行价为每股 11 美元，凤凰卫视董事局主席、行政总裁刘长乐太平绅士在纽交所敲响了开市钟，标志着凤凰新媒体正式在纽约交易所上市

球网无不虎视眈眈，随时可能颠覆现有格局，抢走凤凰网新闻门户的头把交椅。

因此，有业界人士断言，如果凤凰网在这个时候分散自己的资源和精力，主攻综合门户，就会走上不归路，落一个东施效颦的下场。

刘爽回应道，我们必须颠覆自己，颠覆自己的观念和工作方式。这可能是个很不舒服的痛苦的过程。诺基亚公司的 CEO 史蒂芬·埃洛普从微软调过来接手诺基亚，他做出了一个重大决定——放弃诺基亚 Symbian（塞班）操作系统，选择跟微软合作。塞班是诺基亚投资多年的操作系统，这个放弃让整个公司难过，人们甚至称他是微软的间谍。埃洛普就此说了一番话：现在的诺基亚就像一个人站在着火的北海石油钻井平台上，我们有两个选择：一个是在原地待着被烧死；另一个是从 30 米高的平台上跳到北海里，海水冰冷，最后结果可能是被冻死。现在，“这个人站在‘燃烧着的平台’上，他必须做出选择”。

有人批评刘爽，说他作为 CEO 不应该讲这个话。但刘长乐认为，凤凰卫视保住自己地位的唯一办法，就是勇敢地进入新的领域。

机会在于差异化。

你不是要变得更好，而是要变得不同。这句话是竞争宝典。为了这一点，刘爽做得很辛苦。一年下来，他翻看手机，发现自己竟然给部下发了7万字的短信，整理出来活脱脱就是一部《凤凰新媒体大战略》。

凤凰新媒体在时政、历史、军事、社会新闻等方面有稀缺资源，但是，要成为主流门户，还远远不够，他们围绕高端目标受众，一口气强力推出了凤凰视频、财经、汽车、读书、传媒、教育、公益、游戏、房产等频道，使凤凰新媒体的频道总数达45个之多。他们每年都保持60%以上的用户增长，用户保留网页，或通过外部搜索引擎找到凤凰网的反馈量在中国的互联网企业中排在第十位。

刘爽启动的凤鸣计划，宣称要斥资1亿元，使凤凰视频在免费点播和付费业务上成为业内领先者。

无线业务，因为有大股东中移动的传播平台，手机凤凰网也非常抢手。

从2009年开始，凤凰网“主流门户，中坚力量”的主题口号开始出现在北京街头的电子大屏幕上和公交车上。调查公司称，凤凰网的主流人群呈现高学历、高收入、高职位的“三高”特点。凤凰网的员工总数也由刘爽上任时的百余人变成了1000余人。

7

2010年6月1日，爽直的爽总对新浪微博的一番快人快语，使他一夜成名。来自搜狐IT消息称，刘爽在一次讲座中发表鄙视微博的言论，称“微博是个屁，没有人愿意闻”。

当时，中国微博突然爆发，正在大红大紫，刘爽的这个被特意截取并放大的言论立刻引来一片哗然。有人认为，他的话太轻率，是对“带头大哥”新浪微博的酸葡萄心理；也有人认为，他的话有见地，指出了当下中国微博的问题所在。

对于铺天盖地的批评与痛骂，搞互联网的刘爽真正见识了互联网的厉害。他唯一能做的就是没有让网管删帖，想怎么骂就怎么骂。

江湖上有句话，想打人就要能挨打，想骂人就要能挨骂。事隔8个月，刘爽对前来采访的记者说：“微博有特别大的生命力，这是毫无疑问的。微博在代表民众和政府之间的对话、消除话语不对称空间这方面，对历史的推动力巨大。但微博只有140个字节，在微博里产生不了逻辑，没有事实，就是口水，就是观点。如果你有个孩子，让他看大量口水的话，对他知识的获取、对他逻辑思考能力的建立是极为有害的。现在，微博变成了明星拉近与粉丝的距离和商业领袖包装自己的工具，花大量的时间看微博毫无意义。从这个意义上讲，我依然坚持‘微博是个屁’！”

尽管仍然是个屁，微博也仍然是凤凰网必备的一个产品，他们还推出轻博客与之抗衡，但效果不明显。新浪依然是个强势的老大哥。在凤凰卫视举办的全媒体论坛上，新浪的首席执行官曹国伟微笑地看着刘爽说，我认为微博是未来互联网发展的一个趋势，在中国尤其有它的发展潜力。我们相信微博会进一步整合更多的优势资源，成为未来数字内容的一个非常重要的发行渠道，这是我们对未来的界定。随着用户数量不断增长，它会给我们带来很多惊喜。

但是，曹国伟话音未落，腾讯的微信风靡起来，微博立刻式微。

下一步是谁的天下，谁也不知道。

8

2011年5月12日，凤凰新媒体于当晚正式在纽交所上市，股票代码为"FENG"。

刘爽在任5年多，终于如愿以偿。

此次IPO主承销商为摩根士丹利、德意志银行、Macquarie Capital，Cowen and Company和中国国际金融有限公司（CICC）为副承销商。

上市消息称：2008年、2009年及2010年，凤凰新媒体总营收分别为2.2亿元人民币、2.6亿元人民币和5.3亿元人民币（8010万美元），年均复合增长率为54.1%。2010年，凤凰新媒体广告营收和付费服务营收的年均复合增长率分别为125.3%和33.4%，2010年的净利润为9060万元人民币。

凤凰新媒体上市首日发行价11美元，当日收盘价14.75美元，涨幅超过34%，融资金额1.4亿美元。

凤凰新媒体在凤凰内部也刮起了一股旋风。

在刘长乐痛切地感到凤凰要涅槃重生的时候，凤凰新媒体上市给公司带来了非常重要的改变。

举目四看，传统媒体办起来的新媒体没有几家堪当大任。正如一位研究者所说，在传统媒体业绩大幅下滑的时候，才发现自己的新媒体养兵千日，到要用的时候，却发现这个新生儿根本不能挺身将这个家的担子担起来，还在后院斗蛐蛐呢。

结论是，传统媒体的新媒体战略总体失败。

更有学者认为，传统媒体的人办新媒体，80%要失败。

凤凰卫视很幸运地成为另外的20%。

2005年以前，凤凰网像其他传统媒体的网站一样，基本上是凤凰卫视的从属，账务报表上是亏损的，独立生长的环境是脆弱的。照此下去，实际上会面临非常严重的危机。新媒体并不是把平面媒体或电视节目的数字版，尤其是不能把新媒体当成是传统媒体的一个业务部门，或者是从属于母体的接班人。而是要把它们从母体中彻底剥离出去，自己去打拼，去学习生存知识，去创造利润，去创造一个新时代。

因此，刘长乐策动了凤凰网的全面转型。

刘长乐的要求是，凤凰网在互联网的世界里要成为佼佼者。凤凰网要成为凤凰卫视传媒集团最大的利润增长点。

刘长乐最主要的举措就是放手让年轻人去干。他说："因为我没有他们新锐，没有他们那种知识结构，没有他们那么清楚地知道潮流在哪里、互联网的生命和曙光在哪里。"

"我最主要的一个成功，就是彻底地放权，你们爱怎么干怎么干。大约有一年时间，我甚至没有去过凤凰网，我怕自己去了，会忍不住发表点'指示'什么的，让年轻人听也不是，不听也不是。所以我干脆不去。因此，刘爽率领这帮人实际上没有任何束缚，也没有任何框框。在这样一种状态下，他们自由地飞翔，才有了今天的凤凰新媒体。"

根据 2015 年 8 月的统计，凤凰新媒体目前日均覆盖用户数（UV）超过 4300 万，月度覆盖用户数约 4.3 亿人。手机凤凰网日均浏览量（PV）6.61 亿。

凤凰新媒体已经稳居中国第四大门户网站。

腾讯财经评论道："老实说，在电视媒体转型道路上，凤凰算是相当成功了，有多成功？建议对比央视网。凤凰网在腾讯、新浪、搜狐、网易四大门户强势的情况下，硬生生挤了进去，成为了第五大门户，凤凰这个品牌从电视屏到电脑屏实现了延续，而且以凤凰网为载体，凤凰视频等也都取得不错的发展。总之凤凰新媒体能从凤凰卫视中分拆出来，单独赴美上市，就足以证明其发展力。"

全媒体：涅槃之歌

1

2013 年，凤凰卫视建台 17 周年的时候，上海第一财经电视栏目主持人曾捷采访了刘长乐。曾捷问了现场观众一个问题：你是坐在电视机前收看这期节目呢，还是在通过电脑、手机或 iPad 收看？

曾捷说："如果答案不是电视的话，你大概就能理解我作为传统电视人所感受到的压力。随着新媒体的兴起，电视正在遭遇越来越大的挑战，北京的电视开机率已经从3年前的70%下降到30%，上海也已经跌到了27%以下。

"比我更焦虑的是那些传媒业的大佬们，比如凤凰卫视董事局主席刘长乐，面对新媒体的步步蚕食，他有着怎样的应对之道？在新旧媒体的巨型转变中，他的凤凰能否浴火重生呢？"

刘长乐的确很忧虑。作为凤凰卫视的领军人物，他的责任，首先是制定战略。《孙子兵法》里有一个原则：胜在于算。凤凰卫视在华语媒体中占有一席之地，在某种意义上，靠的就是"算"。

这一次，他把目光盯在"全媒体"上。

因为他看到了严重的危机。

长江后浪推前浪，前浪死在沙滩上。

技术革命的潮水不仅仅有建设性，还有强大的破坏性。当不了弄潮儿，差不多就得被淹死。

时代就这么残酷。

有人说这是最好的时代，有人说这是最坏的时代，最好与最坏，全在自己的一念之间。今天的传媒世界，无论是百年名企，还是昨日新贵，没有哪一条船会永不沉没，稍一打瞌睡，就可能是下一个泰坦尼克号。

2010年，美国华盛顿邮报公司将旗下亏损累累的《新闻周刊》，以1美元低价出售。

2011年，将近90岁高龄、美国销量最大的杂志《读者文摘》待价而沽。

2011年8月，拥有132年历史的新西兰报联社正式关闭。

2012年11月，拥有67年历史的著名报纸《法兰克福评论报》宣告倒闭。

还有，红极一时的德国《金融时报》申请破产，美国《时代周刊》变得越来越薄。这些现代报刊业的标杆，大多以报道别人的坏消息而闻名，如今自己本身成了坏消息。

电视也很危险。

2012年美国有线电视黄金时间段收视率普遍下降，CNN减少36%，BBC减少11%，FOX下降5%。

特别是CNN，曾经是刘长乐心目中的王牌新闻频道。想当年，第一次伊拉克战争时，这家电视台几乎是在直播战争，全世界的人都在通过它了解战争进程。CNN的老板特纳是传媒人心中的英雄。但是，到2012年的时候，它的好日子似乎走到了尽头。CNN创了21年的最低收视纪录，收视人群从2008年的1500万人下降到了 58 万人。

如果说，这些数字只是让人感叹唏嘘，柯达的破产真正让刘长乐震惊了。

2012 年 1 月 19 日，美国柯达公司及其美国子公司已正式提出破产保护申请。

刘长乐是个摄影超级发烧友，照相器材长枪短炮少说有十几件，在非数码时代，他最喜欢用的胶卷就是柯达。尽管数码相机已经达到了几千万像素，但胶片的细腻与质感仍然是数码相机无法替代的。

柯达在技术上曾经是一个相当前卫的公司。2000 年悉尼奥运会柯达公司是主要赞助商之一。柯达辉煌的时候，主体企业人数 7 万，围绕柯达的相关从业人员如胶卷销售、洗印行业人员将近 100 万，不能说不辉煌。

但是柯达自己把自己给毁了。

1975 年的时候，柯达第一个在世界上研究出了数码相机，但是生产胶片的柯达不想自己跟自己竞争，把数码照相机的研发束之高阁。

柯达以为它的纸能包住这团火，但没想到这火从外面燃烧进来了——别人把数码相机研发出来，超越了它。这时候，如果回头也许来得及，可是柯达没有回头。

这是战略失败。

柯达最重要的失败是观念的失败。

柯达失败的另一个原因是没有认清自身行业优势搞多元开发。它为了自救，向两个方向做了很大的努力：一个是基金；一个是房地产。把宝贵的资金投向了虚拟市场和房地产，造成非常大的损失和风险。而在它自己熟悉的领域里，却对前瞻性技术视而不见，市场网络和销售体系也没有向新技术延伸，使得这些东西都化为乌有。

中国有句老话，不要与别人争，只与自己争。一个人或一个公司如果不与自己争，与别人争是瞎忙活。吉姆·科林斯在《基业长青》中说，能长久享受成功的公司一定拥有能够不断地适应世界变化的核心价值观和经营业务。

而莱卡相机就聪明许多。当年只有机械照相机的时候，白宫规定，采访美国总统时，不允许莱卡以外的相机品牌进入。因为莱卡快门的声音非常轻微。莱卡的聪明在于该低头时要低下高贵的头。莱卡在数码化和电子化的大潮中，选择了和 Panasonic 连体合作，形成一种你中有我、我中有你的数码功能，把机械相机的优势和镜头的质感与数码科技完美融合。有人说，莱卡是相机中的劳斯莱斯，Panasonic 充其量相当于丰田或者尼桑，但是莱卡俯首称臣了，这就是一种包容的智慧。现在，经典版莱卡相机成了收藏品，越来越珍贵，在拍卖会上很活跃。而它的数码版，表现也很抢眼，人们以拥有一个名品牌的莱卡数码相机而自豪。莱卡的经典版和通俗版、数码相机和机械相机比翼双飞，成为非常有意思的一个传奇。

看着这些曾经称霸过天下的企业一个个惨烈地倒下或爬起，刘长乐用荀子《劝学》里的一句话说明任何企业都必须顺势而为："登高而招，臂非加长也，而见者远；顺风而呼，声非加疾也，而闻者彰。假舆马者，非利足也，而致千里；假舟楫者，非能水也，而绝江河。"

重要的是借势，借势很重要。

凤凰这只大鸟，到了非涅槃不可的时候了。

2

传统传媒业何处去？

结论是"全媒体"。

刘长乐在凤凰内部提出"全媒体"的那一天，正好60岁。

那是2011年11月，凤凰高层开会，崔强、王纪言、周军、杨家强、刘爽等人参加。

刘长乐在发言中说："全媒体实际上就是生物链、价值链，是我们赖以生存的、能够生存得更好的唯一选择，否则，我们下一步很可能生存不下去，这是毫无疑问的。我们要建立一个机制，全力推动这件事。刘爽牵头，先论证方向：一个是技术方向，一个是收入模式方向，一个是平台方向，一个是合作方向。时不我待。我想在60岁的头一天把咱们这事做了，也对大家有个交代。"

"英国有一句谚语，人生60才开始。我的意思不是说我赖着不走啊！人家柳传志都辞职了，当然，还是联想控股的主席。"

于是大家都跟着打哈哈，邵逸夫老先生不是还没辞职嘛。

好了好了，先不提这个事，刘长乐说。反正不管怎么样，咱们要有这么一个压力，要找到今后发展的空间和科目。

就在半年前，默多克给纽约时报公司董事长亚瑟·苏兹贝格（Arthur Sulzberger）发邮件："Let the battle begin！"（开战吧！）新闻集团在面临新媒体挑战时，凤凰的老朋友默多克选择了一种应对方式：进入战争状态，而他将这场整个战役命名为"阿莱西亚计划"。阿莱西亚，那是成就恺撒大帝一世英名的决胜之役。

10年前，当许多杂志、报纸、电视台创立时，道路只是通向一本"百年大刊"或打造"传媒集团"；但在今天，当登上web2.0高峰向web3.0眺望的时候，我们会发现：打造全媒体才能"一览众山小"。虽然对于全媒体的解释仍然莫衷一是，但其终极必然是传统媒体与新媒体的有机融合，其意义不外乎两个字：到达。

到达就是胜利。

谁能最高效、最精准地到达谁就是最大的赢家。

从书写开始出现，人类就开始为“到达”动脑筋。铭文、石刻、木刻、造纸术、印刷术……最高效的到达率，就是全媒体。

3

百度对全媒体的解释是：“全媒体”指媒介信息传播采用文字、声音、影像、动画、网页等多种媒体表现手段（多媒体），利用广播、电视、音像、电影、出版、报纸、杂志、网站等不同媒介形态（业务融合），通过融合的广电网络、电信网络以及互联网络进行传播（三网融合），最终实现用户以电视、电脑、手机等多种终端均可完成信息的融合接收（三屏合一），实现任何人、任何时间、任何地点、以任何终端获得任何想要的信息。

刘长乐给出的全媒体定义是：

全媒体分为媒体、受众、组织三个层面。

媒体：就是把已知所有传播工具及各种技术手段全部加以应用，使文字、声音、图像、画面，有效、及时、精确、贴心地传递给受众。具体可概括为“八化”：

媒体活动的数字化。

传播主体的多元化。

传播管道的复合化。

传播终端的移动化。

媒体产品的多媒体化。

媒体受众的分众化。

媒体声音的平民化。

媒体品格的精英化。

受众：就是让受众面对媒体时，是从静止变为动态，从被动接受到亲身参与，每个人既是受众，也是信息发布者。与媒体品格的精英化不同的是，受众代表底层的声音与力量，他们是能载舟亦能覆舟的水，决定着媒体的生存状态。受众是全媒体的有机组成部分。

组织：也就是顶层设计。管理就是界定企业的使命，并且组织人力资源去实现这个使命。全媒体化的实质是媒体在新的技术、新的传播方式不断出现的情况下，信息资源的整合及运营的整合。所以，全媒体的核心在于组织。需要在战略层面制定策略，有重点的投资，有吸引人才的激励机制，有激发创造性的奖励机制，有研发机构和理论研究机构，从上至下推进全媒体。

刘长乐很清楚，这种整合必然是痛苦的、矛盾的、冲突的，需要壮士断腕的勇气和决心。

此时此刻，尽管竞争激烈，但凤凰卫视的优势在于，与传媒媒体比，凤凰是唯一拥有强大新媒体平台的传统媒体；与新媒体的竞争对手相比，凤凰新媒体又是唯一具有强大传统媒体做后盾的媒体公司。

当然，时代给凤凰的时间并不多，腾讯、百度、阿里这些互联网中的超级巨无霸都在大把地烧着钱进入网络视频和移动终端。搜狐、CNTV、乐视、芒果网、新浪已经开始对全媒体进行有效的探索，凤凰必须快跑快飞。

4

在传统媒体兵败如山倒的时候，刘长乐找到了一个可借鉴的榜样：1843 年创立的《经济学人》。

这家百年老店在传统媒体哀鸿遍野之时，在新媒体转型中游刃有余。

这首先归功于它的内容。别人都在为海量信息大干快上，而经济学人却在经营内容。2006 年，研究媒体产业的专业杂志 *Campaign*，将当年最佳媒体颁给了《经济学人》，谷歌（Google）位列第二，理由是：“在数字媒体占统治地位的时代，《经济学人》却证明，富于洞见的时事评论加上敏锐的市场定位，仍然能够给传统媒体带来巨大的收益。”

与那些大牌美国杂志不同的是，《经济学人》把自己智库化。财经新闻网的署名文章说，《经济学人》的叙事方式完全不同于美式的潮流。美国的资深新闻人也承认：其围绕着一种从容感，笔调中透露出自信与优越，似乎羞于仅仅表达“新闻事实”。2007 年面对经济形势的冲击，时任集团总裁的海伦 · 亚历山大说：“还是回到‘我们如何理解世界’这个基本点，这绝对是品牌的亮点：形成判断和拥有观点。我们是观点纸（viewspaper），不是新闻纸（newspaper）。”

《经济学人》的新媒体亮点迭出。以内容为核心，《经济学人》继续保持对杂志数字版的投入，其网站浏览量持续上升，每个月有近百万读者访问经济学人网站。《经济学人》在 Facebook 上粉丝有 100 万，Twitter 上粉丝 200 万，可以让其内容到达更多的读者，并提供 1997 年 6 月至今所有文章的搜寻调阅以及网络相关资源和文章的链接。“经济学人在线”已经成为集网络出版、小区交流和广告功能于一身的在线平台。他们还在 iPad 上也推出了《经济学人》的副刊《智慧生活》。

而在 100 个国家有超过 650 名分析和编辑人员的《经济学人》资讯部更是爆出猛料，这个部门 2011—2012 年度产生了创纪录的利润，它通过电子报告和传统印刷等方式向各个国家和城市提供国家经济分析和比对、运营风险评估、经济模型和客户数据分析、市场进入规模、行业战略等。比如，它们就向中国 40 个最大的城市提供经济发展优势、生活成本、市场机会等调研成果及评比排名，并作为年度产品销售。

刘长乐特别向凤凰管理层推荐了《经济学人》和BBC发展全媒体的成果及经验，以推动凤凰卫视的全媒体化。

5

按照刘长乐的战略布局，凤凰的全媒体战略构想如下：

（1）章鱼计划

章鱼有8个腕足，俗称八爪鱼。凤凰借助这个形象，于2010年开始，在先前“全球新闻供稿平台”的基础上，将卫视的后台业务系统和新媒体系统进行互联互通，并从纵深层次整合传统媒体以及新媒体业务相关的后台系统，实现信息共享。“章鱼”其实就是一个三网合一的平台，是一个资源整合的重要概念，凤凰总部是章鱼脑袋，世界各地的记者站和凤凰网、《凤凰周刊》等品牌资源形成8个甚至更多的触角，然后把现有的新闻资源、内容资源完成信息汇总、整理、融合、检索等方面的提升。

章鱼计划是在资讯台网络基础上重新架构的，其规模更大、复杂度更高。资讯台的网络是单一频道的网络，相对简单，涉及的人员也相对较少，而“章鱼”对公司所有频道、对凤凰网和《凤凰周刊》是完全开放的，在节目制作方面有新闻系统、MAM系统、后期制作系统、演播室系统、收录系统、包装系统、节目编播系统、TX播出系统、卫星接收系统、MCR总控系统、节目平台系统等10余个系统，办公方面有电子邮件系统、互联网访问系统、文件共享系统、ERP系统（采购系统、资产管理系统、财务系统、人力资源系统、内联网系统）、网络安保系统、国际网络系统等等。大系统套小系统，小系统下还有子系统，将以上这些系统链接在一起，让它们能够很好地协同工作。

为此，凤凰有针对性地选择了一些较为超前的技术来解决我们所面对的一些具体问题。

A. 云端技术（Cloud Computing）

这在传统IT领域暂时是个新概念，凤凰将它用在了广播电视领域。云端技术说简单一些，就是将所有提供服务的工作站和服务器集中在中心机房，用户可以通过不同种类的访问终端来访问他所需要的软件和服务。云端技术的应用，最大的好处就是解放了用户。用户不论身在何地，只要有一个符合要求的终端以及连入云端的网络，就可以完成任何工作。这是第一个好处。

采用云端技术的第二个好处就是系统维护方便，可以保证系统不间断地运行。由于云端对于用户是透明的，因此，用户每一次登录都可能使用到不同的服务器和工作站，如果系统某一台或几台工作站或服务器失效，只要不是全部失效，系统依然能够利用有效的服务器或工作站为用户提供服务。而系统维护人员对于系统的维护操作，用户也不会察觉到，这给维护人员带来了很大的灵活性，用户体验也更好。

云端技术的第三个好处就是可以动态地管理系统，使得系统运行更为高效，运作成本更低。例如，凤凰的新闻系统 24 小时运作，三班倒，并不需要每个人都配备新闻工作站，工作站占员工总数的三分之二，这些工作站放在云端可保证所有人上班都有机器用，同时还降低了运作成本。

B. 海量存储技术

由于是全数字化运作，对于存储的需求就大大增加了。凤凰利用最新的光纤盘阵集群技术，实现了大容量硬盘存储空间的建立，全台在线硬盘空间总容量达到 700TB，同时，利用多重硬盘保护技术，实现了海量空间无故障永续运行。

另外，在 MAM 系统中，他们采用了最新高密度机器人磁带库系统，使得近线存储容量达到了 5PB（5000TB），可满足凤凰 15 年以上的数据存储需求。由于是采用全球最高密度存储方式，整个带库仅占用 6 个机柜空间。

C.10GB 高速网络技术

凤凰在网络架构设计上采用了先进的 10GB 网络交换技术，以保障 HD 节目制作过程中对带宽的需求。

D. 其他有利于节目品质提升的技术

比如开放式新闻演播棚的设计、虚拟跟踪技术、高速跟踪飞行摄像机技术、遥控摄像机技术、大屏幕无缝拼墙技术等等。这些新技术的应用大大开拓了节目创作人员的想象空间，提供了更多的选择和可能，对提升凤凰节目品质起到了有益的作用。

2014 年 6 月 12 日，凤凰卫视与华为集团联合发布了凤凰卫视全球“2+7”分布式云数据中心。这个中心基于云计算和 SDN 网络的分布式云数据中心架构，将物理分散的数据中心资源进行逻辑统一管理和调度，空间上实现跨区域业务部署，支撑凤凰卫视的全媒体需求，可实现全球热点新闻 5 分钟内播出。“2+7”中的“2”指北京数据中心和香港数据中心，“7”则代表在上海、深圳、台北、洛杉矶、华盛顿、巴黎、伦敦 7 个主业务地区建设独立的区域数据中心，从而实现在全球范围内进行信息共享，为全球互联统一管理提供高品质全媒体信息服务平台。

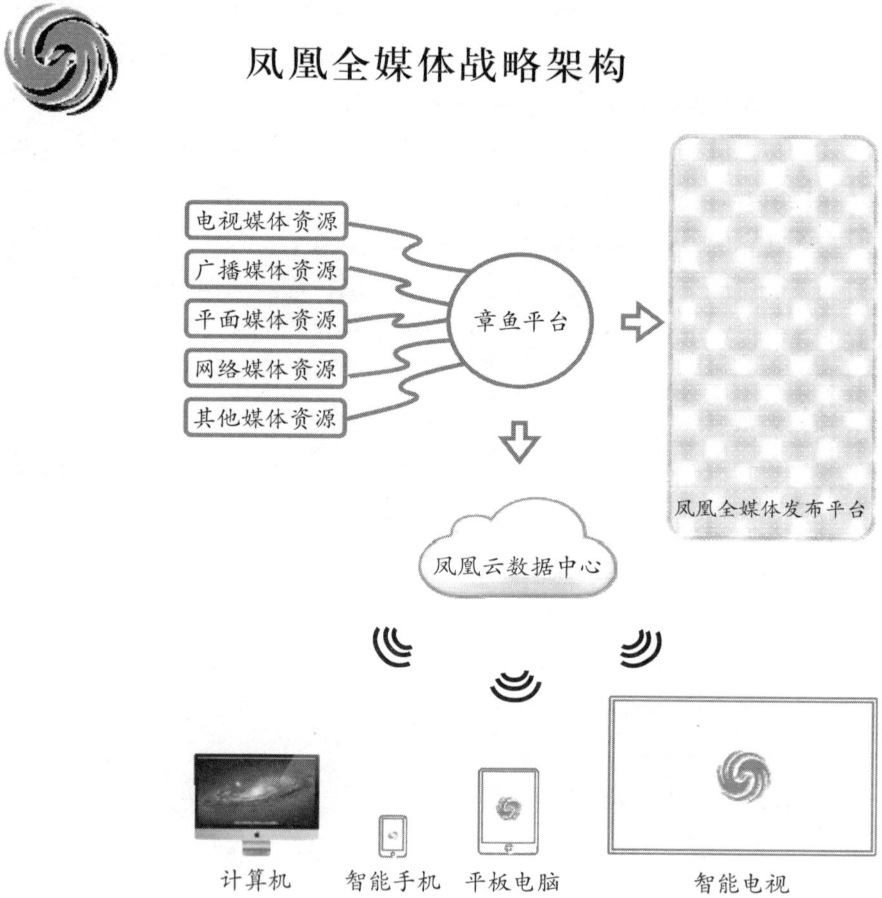

凤凰“章鱼”系统现在主要还是后台内容制作的一个支撑系统，还没有跟最终端的用户做互动，未来要增加跟用户的直接互动，把用户的数据和节目内容制作相结合，让自媒体成为全媒体的重要一环。

（2）占领终端

有效地到达各种终端才是媒体信息传播的最终目的，特别是移动终端。“凤凰终端研发”已经通过手机凤凰网、苹果 iPad、凤凰新媒体视频直播等方式落地并到达用户，还利用品牌知名度与有实力的厂商联合研发凤凰自主品牌终端，推出凤凰自主品牌的智能手机、掌上电脑、智能电视机，通过凤凰的云平台，实现内容和终端的紧密结合，将自己的高品质内容推送给最终用户。

凤凰新媒体自 2014 年以来，累计对“一点资讯”投资约 7000 万美元，成为该公司第一大股东。同时，小米公司持股“一点资讯”约30%的股份。小米生产的中国智能手机及平板电脑上全部搭载“一点资讯”客户端。

“一点资讯”是一款基于用户兴趣、个人订制的资讯APP。“一点资讯”能够让用户在移动设备上有效定义并探索其感兴趣的内容。凭借其独家的由业界最前沿的搜索引擎和个性化推荐引擎交融进化、以算法推动的“兴趣引擎”，依据用户已有兴趣数据向其推送个性化内容，从而实现精准化的新闻推荐。

2014年，“一点资讯”的用户覆盖量增幅高达1950%，成功跻身为国内用户覆盖率第五的资讯新闻移动应用。目前，“一点资讯”的活跃用户总量已经接近4000万，日活跃用户量近600万。

凤凰控股“一点资讯”后，将把凤凰客户端、凤凰视频客户端、凤凰移动网站、凤凰FM客户端等产品与“一点资讯”相互打通，形成一个巨大的移动新媒体联盟。依靠凤凰在媒体界的影响力和内容资源及小米在用户渠道上的全力支持，“一点资讯”将快速成长。福布斯中文网称，“一点资讯”对“今日头条”的威胁最大。凤凰对“一点资讯”的增持，将让“一点资讯”迅速成为移动新媒体中的一匹黑马，同时也将掀起一场移动新媒体的武林大战。

（3）更强大的内容创新

坦率地说，全媒体的理念在公司内部推广是费了很大劲的。刘长乐先在高层开了若干次的研讨会来讲什么叫全媒体，讲全媒体给凤凰带来空间和危机，更重要的是讲清楚，如果你不全媒体化，你就要走向灭亡。

刘长乐要把全媒体的意识，变成公司上下的一种自觉行为。

一位品牌大师说，一个人真正的敌人就是自己，怎么战胜自己，这是非常重要的。

在品牌营造方面，凤凰卫视只有超越自己、颠覆自己才能创造新的奇迹。

这是创新的最高境界。

内容是能够使全媒体的生物链、产业链、价值链真正串联在一起，产生叠加效应的东西。因此，除了继续加大内容制作方面的投入，还要考虑引入更多青年才俊，引入发达国家的电视节目模板，真正实现形式上活泼、思想上深刻。

6

2013年，凤凰卫视市值达到143.31亿港元，凤凰新媒体市值达到7.86亿美元，总收入45亿港元。

在收入达到45亿的时候，刘长乐在凤凰高管会议上提出了总收入450亿的目标。

实现从45亿到450亿的跨越式发展，成为“10倍速公司”是一个必然的选择。这个战略发展的重要基础是凤凰对于核心价值和核心品牌的坚守。

吉姆·科林斯在《基业长青》中说：“能长久享受成功的公司一定拥有能够不断地适应世界变化的核心价值观和经营业务。”

要适应世界，凤凰将自己的核心价值观归纳为四个词：

独特创新
开放包容
以人为本
追求卓越

凤凰的核心竞争力来自于十个坚守：

（1）弘扬中华文化，拉近全球华人距离。这是凤凰最大的企图心。如果没有出类拔萃的企图心，你就干不成事业。

（2）“大事发生我在场。”在第一时间出现在第一现场，向世界华人传递第一手资讯，争夺华人话语权。

（3）沟通两岸三地。搭建两岸三地主流民意和信息资讯的媒体平台，促进不同制度下的民间文化交流，使和解、理解、包容成为主流。

（4）不断创新。乔布斯说，谁要说创新容易，就立刻让他上刑场。凤凰的节目曾经是媒体争相“复制”的样本，凤凰还将努力创新，吸引世界的目光。

（5）以善意揭示真相。积极、善意、建设性，是凤凰的新闻操守。只有站在善意的平台上，才有大的空间。不能老是兜里揣着刀与剑，瞅到空子就扎人一刀，泄愤的、拆台的事虽然解气，却于事无补。

（6）宽厚包容，声音多元。严守新闻报道的“平衡性”原则，反对单一消息源和单一观点，尽可能地从不同角度报道新闻，提供不同观点供观众选择。

（7）精英品格，国际视野。对专业品质有刻意追求，用西方可以接受的方式表达东方之见解。瞄准BBC、CNN、美联社等世界一流媒体，成为具有世界影响力的华语媒体。

（8）激情四射。凤凰喜欢遇到大事就“疯”起来的专业主义激情，喜欢爱做大梦的人。

（9）善待员工。善待员工是实现组织高效与成功的关键因素。一个天天被员工痛骂的老板不会成功。在意员工对企业的感受，不轻易批评人，更不能动不动就“炒”人。建立奖优罚劣的薪酬体系，激励大家把工作当事业干。

（10）图腾品牌。一个社会的成功，起决定作用的是文化，只有把品牌打造得如民族图腾一样深入人心，才能真正具备软实力。凤凰要把自己打造成图腾性品牌，胜利属于坚守者、变革者、挑战者和创新者。

庄子在《逍遥游》中说：“北冥有鱼，其名为鲲。鲲之大，不知其几千里也。化而为鸟，其名为鹏。鹏之背，不知其几千里也；怒而飞，其翼若垂天之云。”

不经意间，凤凰20岁了。

附录 1

柔性管理：我的管理之道

刘长乐

美国应用物理学家迈克·哈特在其著作《影响人类历史进程的100名人排行榜》中写道："在卷帙浩繁的中国书海当中，有一卷薄而又薄的书可能在国外拥有最多的译者和读者，这本书名叫《老子》或《道德经》，是解释道教哲学的主要经文。

"一个道教徒可能会指出水是无限柔软的，它驯服地流向最低点，甚至对最弱的力也不加抵制，但它却是不可毁灭的；而最硬的岩石是最终会被磨掉的。

"人们不应该寻求改造世界，而应该尊敬世界。对政府来说，稍有消极的政策通常也是最英明的政策。"

中国大哲学家老子通过对水之特性的把握，通过反向思维的方法，告诉了我们以退为进的道理：管理是一种艺术，它是超越勤勉、拼搏、奋斗、辛劳之上的一种新的境界。

一、包容

管理学大师孔茨说，管理是在正式组织的群体中，通过他人达到目的的艺术。亲和力与圆融性，是东方文化的特质。"天下之至柔，驰骋天下之至坚。"包容之难，其实难在人生哲学上，难在尊重他人的自由上。包容不仅意味着平和、宽容，也意味着忍辱、退守。没有黑暗，哪来光明？没有罪恶，哪来善美？没有错误，哪来正确？凤凰管理层的大陆人和受西方教育长大的香港人在决策、投资、法律等问题上，经常意见相左。这种争执，使简单的事务变得烦琐，使应当及时做出的决定悬而未决，增加了成本，降低了效率，有时竟使企业错过了大好的机遇。但是，我从来没有因此开罪任何人。因为，一个在决策层能够允许别人发表不同意见，允许吵架的企业，一定是一个有胸怀、有眼光的企业。让自己心里有别人的存在，这样才能够将自己的心管理得慈悲柔和，将自己的心管理得人我如一。

二、坚守

《道德经》说："水善利万物而不争，居众人之所恶，故几于道。"在社会转型、价值失范的大环境中，面对重大是非，我们难以做到难得糊涂、眼开眼闭。因为人生还有另外一套价值准则：诚信、正直、公平……在这个意义上，敢于坚守，或许也是一种包容。我们守护和包容的，是正义的价值。为了弘扬中华文化，沟通两岸三地，向世界发出华人的声音，凤凰卫视一直在默默耕耘。作为一家商业电视台，我们的《冷暖人生》《文化大观园》《世纪大讲堂》《开卷八分钟》等栏目，都是在长时间没有广告的情况下，自己投入真金白银，咬牙坚持办下来的，其中甘苦，为着两个字："坚守。"

美国人罗伯特·鲁宾写过一本书《在不确定的世界》。他说，生活中唯一可以确定的是没有什么东西是可以确定的。这句话很有哲学意味。人生是不确定的，世界是不确定的，唯一能够确定的是你自己进入真相的能力，你自己的真诚处世能力。人生的危机随时可能发生，但只要能守住爱与善的基本原则，一切都能迎刃而解。所谓"车到山前必有路，柳暗花明又一村"，"心如一杯茶，各有各的泡法"说的也是坚守。坚守诚信、正直、公平，定会别有洞天。

三、处下

道德经说："江海之所以能为百谷王者，以其善下之，故能为百谷王。"

李嘉诚曾经送给儿子两句话：一是"树大招风，保持低调"；二是"做事要留有余地，不要把事情做绝，有钱大家赚，利益大家分享，这样才有人愿意合作。假如拿10%的股份是公正的，拿11%也可以，就不如只拿9%的股份，那样，就会财源滚滚"。我以为这就是"处下"精髓所在。

有对手是好事，不要互相仇视而要全力做好自己。

柔弱者生，坚强者死。

柔弱不是逆来顺受，而是为了聚气聚力，厚积薄发。

把自己的身段放低，可以看到许多以前看不到的东西。

还要善待自己的员工，并不是所有外来的和尚都能念好经，忠心耿耿的员工才是企业深不可测的宝藏。

四、搁置

作为一个由不同国籍、不同人种、不同文化人员构成的媒体集团，难免发生文化观念、办事方法、表达习惯的冲撞，研究这些思想冲突，比较东西方管理文化，可以发现许多不同之处：首先是思维方式上的不同。西方的管理思维是一分为二。它明辨是非，一定要追究对或是错；东方的思维是二分为三的，它试图寻求一个中间路线，不去追究对错，不去追究是非和黑白。其次是目的上有差异。西方的管理目的是要解决问题；东方管理是要化解问题。化解问题和解决问题是有差别的，所以有的时候，我们对那些一时难以解决的问题采取拖、推或者挂起来的方式。为什么呢？“解决”问题，有的时候会治标不治本，解决了一个问题，又牵连出来另一个问题，问题越解决越多。而搁置的方法，是通过时间的延续，产生人员、观念、关系此消彼长的变化，从而化解问题，达到了新的和谐。

明白了这些道理，凤凰员工中出现的文化冲突反而转化成了国际化优势，体现出凤凰的全球化视野和泛中华定位。

“万物负阴而抱阳，冲气以为和。”道是独一无二的，阴阳二气相互激荡而成新的和谐体。

五、善意

老子说，圣人常无心，以百姓之心为心。善者，吾善之；不善者，吾亦善之，德善。信者，吾信之；不信者，吾亦信之，德信。

罗曼·罗兰说：“清白的良心是一个温柔的枕头。”我们所说的善吻合人心最本真的需求，我们所做的善其实是一个人最本位的责任。

凤凰卫视的新闻观是“积极、善意、建设性”，“以善意揭示真相”。既以柔弱的态度、仰视的视角，善意的价值取向、化解问题的方式方法来表达自己的观点，探索解决之道。这种态度用在我们的管理之中同样有效：其一，作为一个管理者，无论是打造品牌，还是管理下属、协调团队，最重要、最根本的态度就是善意。人心是最精微敏感的，人与人之间的互动，很多时候是一种情绪上的互动，只有彼此释放出善意的情绪，感应到对方的善意，才能达到人与人之间的互相信任，使整个团队融洽、和谐、步调一致。其二，企业更大的善意是要怀有进取心，付出极大的恒心和坚持的勇气，提供优秀的产品和服务，体现专业化和职业精神，由此来形成优秀的文化和人文精神。

六、归零

不管你以前有多少辉煌、多大的官职，到了凤凰就要把自己归零。这是我对别人的要求，也是对自己的要求。包括凤凰卫视在内，所有的人与事都要有归零的境界。

归零是苛刻的，但细细想来，也是柔性的一种。把你放在弱势地位，如果你一直“弱”下去，说明你的确是个“零”，只有你把自己变成了“1”“100”“1000”，在陌生、恶劣的环境下，遇山落瀑，逢土滋苗，遭寒凝冰，蒸腾化云，你才能证明自我、完善自我、战胜自我。

我的凤凰的同事们，都多多少少有“怀才不遇”的经历，他们在原来的工作单位都干得不错，许多人已经进入了管理层，但他们期望有更大的舞台、有更广阔的天地，并因此选择了凤凰。但进到这里来，就得从头做起。如果你真有梦，这里是最适合有志的传媒人做梦、圆梦的地方。如果你真有才，你就要拿出超越常人十倍百倍的努力。《伊索寓言》里说，有个人说自己在罗陀斯岛跳了很远，另一个人反驳他说，这里是罗陀斯，就在这里跳跃吧。

凤凰也会这么说：“这里有玫瑰花，就在这里跳舞吧！”

七、放权

老子说，天地所以能长久存在，是因为它们不为了自己的生存而自然地运行着，所以能够长久生存。因此，有道的圣人遇事谦退无争，反而能在众人之中领先；将自己置于度外，反而能保全自身生存。这不正是因为他无私吗？所以能成就他的自身。用人不疑，彻底放权，是我管理的重要方法。承认自己不是神，承认自己有不如部下的地方，所以他们爱怎么干怎么干。凤凰网从 1998 年成立，一直亏损了 7 年。后来我策动了凤凰网的全面转型，从凤凰卫视的羽翼下独立出去，并派了一个年轻人刘爽去领导。刘爽上任之初，遇到了很大阻力，投诉很多。但我坚持彻底放权，只有建议，不参与决策，特别注意在决策形成后不干预，使年轻人真正放手放胆。2014 年，他们全年营收超过 12 亿人民币。所以放权是一种快乐。

八、义气

柔弱，其实是我们每个生命的真实性质。无论你处何方，无论你自视多高，恐怕都无法否认自己在苍茫人世间的孤独之感。宇宙之中，普天之下，微尘般的生命于浩浩荡荡的时代洪流中辗转时，我们一定要心怀谦卑，以感恩之心、柔弱之身，采取好的方法，达到我们的目标。

在凤凰卫视，只要是事关生命，义气可以大于原则。凤凰一位员工的老父亲病重，提出留职停薪，回去照顾几个月。我说，工资照发，回去代我问候老人，好好照顾。有人说，这不符合《劳动法》。有一次，为了挽救一位员工的孩子，我甚至把电话打到了香港特首那里，安排到香港最好的医院，麻烦了许多人，直到孩子转危为安。

凤凰给每一个战地记者和主播都买有国际 SOS 救援组织的保险，我们的记者、主持人在全世界的任何地方受了伤、得了病，都会有 SOS 组织负责救援，有时甚至是专机护送。刘海若在英国发生车祸，尽管她是在休假，我们还是用 SOS 把她从伦敦运回北京，民航为此拆了好几排椅子。

2014 年 7 月 24 日，凤凰女主播刘珊玲因脑血管瘤破裂，紧急送往香港伊利沙伯医院抢救。我得知消息后，立刻赶往医院，并第一时间给抢救过刘海若的脑科权威专家凌锋教授，请她到香港协助抢救。在刘珊玲抢救期间，我陪着她的母亲在医院的走廊里守候，直到她脱离生命危险。当年 10 月，刘珊玲由该组织送返她的家乡台湾高雄，继续康复治疗。临行前，刘珊玲的母亲递给我一张卡片，上面写着："此次珊玲身体遭逢巨变，因刘董事长倾全力为其寻找最佳医疗，给予最优照护，让珊玲回来了，我们全家人深深感受您的恩、您的情。再要谢谢您细心的安排，关照我们家属在香港的日子，让我们紧张、担心的忐忑情绪得以逐渐安定，而能全心全力地照顾珊玲。"

凤凰这些年，身患重病的员工在治疗期间，不论多长时间，都是发全薪，我都会去看望，并尽自己的力量打电话给医院请求帮助。

有人说，我在帮助这些员工时，做法不符合《劳动法》。但我认为，人的生命只有一次，在向生命致敬的意义上，"法"与"德"大道相通。

有人说，我是得之于义、失之于义。我不后悔。

附录 2

凤凰卫视的宏观意义

余秋雨

文化缺少统一和及时的评判标准。因此无论古今中外，人们对文化的评价要比经济、民生、军事、政治更容易出错。往往是，把不重要的文化现象看重了，却把真正重要的文化现象看轻了。有时，要过很多很多年，人们才会把轻重颠倒过来，嘲笑当年的前辈"近视"了或"老花"了。

我认为，凤凰卫视的出现，就是真正值得重视的当代文化现象，可惜大家常常低估了它的宏观意义。

从表面上看，凤凰卫视在香港市民间的收视率并不太高，在内地，有些城市和地区还没有落地，收视率也远远比不上有些电视剧、娱乐节目和大晚会。但是，我发现，全国高校师生、各级官员、企业高管，看得最多的还是凤凰卫视。这就是说，它有效地影响着社会的精神脉络。对海外华人世界的影响也极大，例如前几年我和妻子在马来西亚离吉隆坡 60 公里的一个小村庄被很多人认出，就是因为他们都看凤凰卫视。

那么，我可以来说说它产生那么大影响的原因了。

第一，凤凰卫视以空前的规模普及了国际新闻观念。这在历史转型期，意义极大。中国内地很多官员有一种误解，以为有了国际新闻报道就算有了国际新闻观念。其实，国际新闻观念是一种整体态度。例如，不以本国领导人的职位高低来划分新闻主次排列，不以主观宣传需要来制作没有接收兴趣的观念性报道，不以既走的立场来选择应该报道的事件，等等。这里边包含着一种重要的新闻原则，那就是："真实"比"正确"重要。或者说，先有"真实"，然后才谈得上"正确"。因此，凤凰卫视即便在力量并不充裕的情况下也追求现场抵达，追求第一时间，追求在尚未确定立场前的首度真实。由此，出现了闾丘露薇、卢宇光、严明等不少现场记者，并被观众熟知。凤凰的这种态度，使它在海内外取得了基本的公信力。这是它取得成功的根本原因。

第二，凤凰卫视在追求"现场抵达""首度真实"的过程中，又避免了香港和台湾不少电视台陷入的琐碎、狭小、无聊、低俗的泥潭，保持了中华文明和世界文明对接时的高格调。这一点，看似容易实则很难做到，因为时至今日，每一家电视台都会受到收视率的强大压力。这种压力构成一种诱惑，又构成一种逼迫，把越来越多的电视台逼向小格局的市民趣味。有的电视台在走向国际化的道路上并没有什么障碍，现在却会陷落在一对老妻少夫、两个低智男女、一只变态禽鸟、一起冗长弊案的旷日持久的厮磨之中。内地有些地方台，这些年来也会长期沉溺在一种地域性的小圈子里沾沾自喜。凤凰卫视完全没有这样的毛病，它尊重观众的方式，不是跟着他们蹲下身去看脚下蚂蚁打架、听街边闲言碎语，而是引导他们走出几步到山口高台上看山河风云、整体气象。它不玩"假大空"却有一种高爽俊朗之气，结果也使全世界中华民族的优秀群体找到了一个精神吐纳场所。我一直认为，中华文化不管是走向更加国际，还是走向更加本体，都可以，怕只怕走向更加低下。低下不可避免，却要有一些保持高位的中流砥柱来支撑平衡。在中国近10年急剧市场化的过程中，凤凰卫视作为一家非官方的民营电视台能一直保持这种高位，格外值得尊敬。

第三，凤凰卫视当然也有自己的立场，但支撑这种立场的，是理性和客观，而不是偏激和夸张。这在当代，也是一种艰难的选择。思想解放带来的结果，除正面的外，必然也有极端思维的宣泄，因此又常常带来极权思维的蛮横。这几乎成了一种摆脱不了的"轮盘转"，弄得两方面都气急败坏。在这样的"轮盘转"中，如果得不到理性控制，两方面都会越来越过分。凤凰卫视不仅没有陷入两端，而且成了一种协调双方的理性力量，展示出一种当代意义上的正常思维。这种态度当然会受到以上两方面从不同方向的指责。一方面会指责凤凰卫视不敢挑战既有体制，不够辛辣刺激；另一方面又会指责凤凰卫视立场不够坚定，过于容忍异见。但时间一长大家就发现了，只有凤凰卫视所坚持的理性和客观的态度，才能克服两端的片面，使社会心理获得一种定力。在凤凰卫视中也会出现一些极端言论，例如在《一虎一席谈》和《时事辩论会》中都有，甚至在《全球连线》中也会出现，但凤凰在容忍它们、展现它们的时候，又容忍和展现了它们的对立面，因此虽然看起来剑拔弩张，最终还是让观众看到了多元世界中的相辅相成。一次次对决的结果是理性的中道，而这种中道又抚慰和调解着两端，这是凤凰卫视在理论姿态上的一大贡献。

第四，凤凰卫视集中了一批受人喜爱的文明思考者，他们居然以长年累月的对话方式抵拒了观众的“厌倦抛物线”，成了当代文化人的群体范型。与世界各国一切电视台一样，他们的话语难免会受到一些限制，但是，我作为他们的朋友却知道，凤凰的评论员们只是悄悄地绕过某些限制罢了，只要他们从嘴巴说出来的话，都从他们自己心头自然流出，没有多少被动“接受任务”的违心和勉强。按照凤凰卫视的管理体制，他们并不受到自上而下的严密控制和审查。他们为自己的良知负责，为自己的形象负责，为观众的感觉负责，也为自己热爱的祖国和文化负责，为人类大道负责。在中国内地，随着言论自由的推进，不少电视台的财经评论、足球评论、国际事件评论和流行音乐评论也渐渐取得了越来越大的自由，而凤凰卫视从一开始就不存在这种行业疆界。这使它的评论员队伍成了中国文化人中很特别的一群，一个个以个人身份站立在公共领域发挥影响而被广大民众认知。他们与官方电视台的讲述者有很大的区别。我此刻随便一想，脑子里立即出现一批“其貌不扬”的男子，例如政治评论领域的阮次山、曹景行、石齐平、何亮亮、邱震海、杨锦麟、胡一虎、朱文晖、马鼎盛，文化领域的王鲁湘、许子东、梁文道、窦文涛……他们的专业水准，一点儿不低于大学和研究所里的专家，不同的只是他们更广博灵敏、更善于表述。女性评论员也让人赞叹，吴小莉、卢琛的国际政治，曾瀞漪、刘芳的世界财经，陈晓楠、曾子墨的社会民生，都体现了游刃有余的学者风范。我记得十几年前中国还有不少知识分子鄙视电视，曾经展开过“学者该不该上电视”的荒唐讨论。我想，凤凰卫视的这个名单，就为那个讨论提供了最好的结论。也许仍然有人说他们算不上知识分子，但是，康德早就说过，知识分子的最高标准就是“敢于在一切公共领域运用理性”。请注意康德这个论述中的三个关键词：敢于、公共领域、理性。相比之下，中国长期以来迷信的那种逃避一切公共领域、既胆小又激烈的文化人，实在算不上合格的知识分子。

一提凤凰卫视的团队立即发现漏说了很多重要的名字，例如鲁豫、戈辉、谢亚芳、吕宁思、董嘉耀、程鹤麟以及躲在他们后面的刘长乐、王纪言、王酉年、钟大年……就是这些人，天天在辽阔的公共空间承担着各自的使命，架起了连接中国和世界、过去和未来的文化大桥。

凤凰卫视的这种宏观意义，是历史性的。中华文明目前正处于一个继公元7世纪、11世纪之后的又一个整体飞跃期。在这个时期的每一个重大作为，分量都远超其他历史时期。可惜我们中国历来有一种“祖父崇拜”的习惯心理，以为前辈的成就总比当代大，以至经常把一些不知对社会民众带来过什么帮助的前辈学者塑造成神话人物。其实，如果要以历史飞跃期的实际贡献来衡量，这些前辈所做的事情、所走的路程、所发出的声音、所产生的影响，实在太小了。前不久凤凰卫视在评“影响世界”的华人奖项，最有资格的得奖者之一，就是凤凰卫视自己。

参考文献

《邓小平文选》第三卷　人民出版社 1993 年版

《修好这颗心》星云大师、刘长乐著　江苏文艺出版社 2010 年版

《东西论剑》刘长乐、(美)默多克著　北京人民出版社 2004 年版

《麦克卢汉精粹》(加)埃里克·麦克卢汉、弗兰克·泰格龙编　南京大学出版社 2000 年版

《媒介与权势》(美)戴维·哈伯斯塔姆著　国际文化出版公司 2006 年版

《足音》吴小莉著　华艺出版社 1999 年版

《大事背后》张林、蓝艺著　和平出版社 2005 年版

《心相约》陈鲁豫著　长江文艺出版社 2006 年版

《阿富汗战地纪行》闾丘露薇著　昆仑出版社 2002 年版

《凤凰私家相册》第一卷　张林、王多多、师永刚等著　北京出版社 2004 年版

《凤凰新闻总监手记》吕宁思著　昆仑出版社 2003 年版

《靠近》蒋晓峰著　香港凤凰书品文化出版有限公司 2014 年版

《梅铎的中国大冒险》(澳)布鲁斯·多佛著　台湾财信出版有限公司 2008 年版

《世界传播与文化霸权》(法)阿芒·马特拉著　中央编译出版社 2001 年版

《解密凤凰》师永刚著　作家出版社 2004 年版

《凤凰术》张林、麦楠等著　友谊出版公司 2005 年版

《501 个疯子》张林、王多多、程鹤麟、麦楠著　文化艺术出版社 2011 年版

《快意还乡》张林、麦楠著　友谊出版公司 2005 年版

《文明之旅》凤凰书品编著　北京联合出版公司 2013 年版

《飞越黄河》作者：周志兴　共识网

http：//www.21ccom.net/articles/lsjd/mjls/2012/0816_65806.html

《解码凤凰新媒体》作者：邹玲　中国企业家杂志

《媒体风暴》作者：胡朋